商务新知书系

高效
招商引资管理

罗熙昶 著

Efficient Investment
Promotion Management

上海财经大学出版社

图书在版编目(CIP)数据

高效招商引资管理/罗熙昶著. —上海：上海财经大学出版社，2024.3
(商务新知书系)
ISBN 978-7-5642-4296-1/F·4296

Ⅰ.①高… Ⅱ.①罗… Ⅲ.①外资利用-研究-中国 Ⅳ.①F832.6

中国国家版本馆 CIP 数据核字(2023)第 229161 号

□ 责任编辑　李成军
□ 封面设计　桃　夭

高效招商引资管理

罗熙昶　著

上海财经大学出版社出版发行
(上海市中山北一路 369 号　邮编 200083)
网　　址：http://www.sufep.com
电子邮箱：webmaster@sufep.com
全国新华书店经销
上海叶大印务发展有限公司印刷装订
2024 年 3 月第 1 版　2024 年 3 月第 1 次印刷

710mm×1000mm　1/16　21 印张(插页：2)　366 千字
定价：88.00 元

前言

进入新时代,国内经济发展由高速增长阶段转向高质量发展阶段。通过贯彻"创新、协调、绿色、开放、共享"五大新发展理念,着力推进高质量发展,推动构建新发展格局,实施供给侧结构性改革,我国经济实力实现历史性跃升。2023年,国内生产总值超126万亿元,稳居世界第二位,成为推动世界经济增长的第一动力。在此过程中,招商引资扮演着"关键先生"的角色,成为地方经济高质量发展工作中的"重头戏"。

展望未来,战略机遇和风险挑战并存,不确定、难预料的因素日益增多,"黑天鹅""灰犀牛"事件随时可能发生,地方政府必须始终心存忧患意识,保持谦虚谨慎的态度,立足地方产业发展实际,持续创新招商引资方式方法,推进产业结构优化和升级。

实践中,尽管招商引资是加快经济发展最直接、最有效的方式,但并不存在具有普遍性的高效招商引资模式。许多地方的招商引资工作取得了令人瞩目的成绩,但也有诸多地方在全面推进招商引资中成效不佳,甚至严重步入误区,导致经济发展步履维艰。

方向决定道路,道路决定命运。在未来相当长的一段时期内,招商引资"热度"不会降低,地方政府要适应内外部经济发展环境,诸如产业结构优化、居民消费升级、创新转型活跃等,坚持战略引领,升级现代招商引资思维,把发展经济的着力点放在实体经济上,抓住全球产业转移和国内产业梯度转移机会,努力建设现代招商引资载体,抓紧抓实抓好战略性新兴产业、先进制造业和现代服务业的培育和引入,构建起优质高效的现代产业体系。

《高效招商引资管理》贯彻现代市场营销理念,围绕投资商价值创造和传递,以招商引资关键问题为导向,以数据和事实为依据,从招商引资核心概念、战略制定、产业定位、人才培养、团队管理、策略创新等方面提供现代招商引资发展思路、方法和工具,有效增强招商引资者综合素质,提升招商引资人才的专业性,提高招商引资管理者的创新意识与引资能力,最终通过富有成效的招商引资工作,实现地方经济高质量发展。

目 录

第1章 认识现代招商引资 … 1
　1.1 现代招商引资内涵 … 1
　1.2 现代招商引资原则 … 6
　1.3 现代招商引资理念 … 9
　1.4 现代招商引资关键 … 13

第2章 分析招商引资环境 … 18
　2.1 外部环境分析 … 18
　2.2 内部环境分析 … 28
　2.3 竞争优势分析 … 36

第3章 招商引资竞争战略 … 43
　3.1 理解招商引资战略 … 43
　3.2 低成本战略 … 49
　3.3 差异化战略 … 54
　3.4 集中化战略 … 61

第4章 地方产业结构分析 …… 67
4.1 现代化产业体系 …… 67
4.2 四象限产业分析 …… 76
4.3 三层面产业分析 …… 83
4.4 高质量产业发展 …… 88

第5章 地方产业结构优化 …… 94
5.1 聚焦战略性新兴产业 …… 94
5.2 加快发展现代服务业 …… 106
5.3 创新发展先进制造业 …… 115
5.4 科学布局未来产业 …… 122

第6章 多维度理解投资商 …… 130
6.1 投资商类型 …… 130
6.2 投资商价值 …… 135
6.3 投资商行为 …… 142
6.4 投资商管理 …… 151

第7章 招商引资营销策略 …… 158
7.1 投资商定位策略 …… 158
7.2 招商引资产品策略 …… 166
7.3 招商引资定价策略 …… 174
7.4 招商引资渠道策略 …… 177
7.5 招商引资服务策略 …… 183
7.6 招商引资创新策略 …… 187

第8章　招商引资信息管理 …… 194
8.1　招商引资信息收集 …… 194
8.2　招商引资信息调研 …… 200
8.3　招商引资信息运用 …… 206

第9章　招商引资沟通管理 …… 213
9.1　沟通是一种重要能力 …… 213
9.2　招商引资沟通关键 …… 218
9.3　招商引资沟通礼仪 …… 221
9.4　招商引资沟通策略 …… 230

第10章　招商引资团队建设 …… 237
10.1　招商引资人才 …… 237
10.2　招商人才策略 …… 243
10.3　招商团队构成 …… 250
10.4　招商团队建设 …… 259

第11章　推进政府基金招商 …… 268
11.1　政府基金招商内涵 …… 268
11.2　政府基金招商运作 …… 275
11.3　政府基金招商策略 …… 282

第12章　产业链特色化招商 …… 289
12.1　产业链招商内涵 …… 289
12.2　产业链招商关键 …… 296
12.3　产业链招商策略 …… 302

附录1　精准招商引资策略 …………………………………………… 309

附录2　招商引资关键名词 …………………………………………… 322

附录3　招商引资潜力测试 …………………………………………… 326

第1章
认识现代招商引资

招商引资不仅能够活跃地方经济、促进产业转型升级,还能够引入新观念,开拓新视野,引进新知识,培育新动能。"思想不通,劳而无功",招商引资管理者需要全面深刻地认识和理解现代招商引资,更新招商引资理念,坚持"有所为有所不为",找准工作抓手,提升招商引资绩效。

1.1 现代招商引资内涵

现代招商引资是一项创新型、综合性、市场化的工作,必须坚持市场导向,以投资商需求为中心,高效配置优势资源要素(有形资源、无形资源和组织能力),制定具有可操作性的招商引资战略,采取灵活高效的策略。

现代招商引资概念

从字面上理解,招商,即引进投资商或投资项目;引资,即引入资金、人才、管理、科技等资源要素。传统意义上的招商引资,是指招商引资主体(地方政府、产业园区或企业)利用土地资源、优惠政策、廉价劳动力等优势资源要素吸引投资商的活动。现代招商引资是指招商引资主体(地方政府、产业园区或企业)以投资商需求为中心,积极营造最佳的营商环境,综合优化配置各种资源要素,通过培育和引入两种手段,集聚有竞争力的投资商,最终创造最佳综合效益的过程。

1. 现代招商引资任务

现代招商引资的出发点是为投资商创造价值,并由此获得回报。一般来说，现代招商引资要完成两项关键任务。一是通过提供卓越的营商环境吸引新投资商；二是通过客户价值创造，提高投资商满意度和忠诚度，留住投资商。招商引资管理者需要基于招商引资项目，以投资商需求为中心，提升服务水平，优化营商环境，为投资商成功运营创造良好的条件。

2. 以价值创造为目标

随着市场经济的发展，投资商需求不再局限于土地资源、优惠政策、廉价劳动力，而是扩展到市场、人力资源等一切经济资源。成功的招商引资管理者必须"动起来"，重视"走访与调研"，不仅靠"嘴"上功夫，而且更靠"腿"上功夫，走到一线与投资商现场交流，真心诚意地服务投资商，牵头解决企业发展的难题，千方百计支持企业降本增效，让投资商切切实实地获得"好处"。

3. 招商引资政策工具

实践中，政府招商引资活动的政策工具主要包括：资金资助、政府补贴、土地使用优惠政策、免税或减税政策、低息贷款、劳动力培训、基础设施投入等。招商引资管理者灵活采用政策工具，创造出特色和优势。苏州市黄埭镇锚定"项目为王"不动摇，以"大招商"促进大发展，推出了"以一个服务专班为中心，招商专员、政策支持、部门协同联动"模式，形成高效便捷的"投资企业服务综合体"。

招商引资的动态性

目前，招商引资并没有过时，仍然是一种促进地方经济发展的高效手段，然而现代招商引资要围绕"创新、协调、绿色、开放、共享"新发展理念，基于地方经济发展实际，制定具有竞争优势的招商引资战略。

1. 招商引资是一个动态过程

招商引资不是一个静态的过程，而是一个不断变化、动态发展的过程。现代招商引资依据产业定位，制定工作计划，与投资商沟通谈判，签订合同，推进项目落地，强化招商后服务水平……整个招商引资过程的本质，就是通过价值创造，与投资商构建起双赢且长久的伙伴关系。

2. 与内外部环境保持动态平衡

> 招商引资政策和措施要根据当地经济发展状况、产业发展趋势等因素，进行动态调整和优化。

招商引资管理者需要深刻地理解招商引资的动态性，在保持地方招商引资战略定力的同时，根据内外部环境的变化，依据实时市场反馈，灵活调整策略,厘清工作思路,稳步推进工作计划,加强工作绩效考核,提高工作效能和效率。实践中,地方政府为了吸引投资商入驻,除了提供税收优惠、贷款担保、土地补贴等政策外,往往还根据实际情况,进行产业链招商动态更新,制定相应的融资措施,建立有效的激励机制,推出有针对性的配套措施等。

3.动态性地抓好项目设计和服务

传统招商引资手段逐渐趋同,仅靠拼优惠、拼资源、拼土地,无法取得明显招商优势。因此,招商引资项目要"动起来",完善"全生命周期"推进,一方面,抓实政府招商项目滚动生成,提供项目全程跟踪服务;另一方面,全力以赴抓项目招引,把抓项目落到实处,持续优化投资结构。

招商引资关键要点

实践中,准确理解并把握投资商需求,制定市场导向的招商引资发展战略,持续推进招商引资策略和方法创新,需要把握三个关键要点,与投资商构建起密切的、有价值的伙伴关系(参见图1-1)。

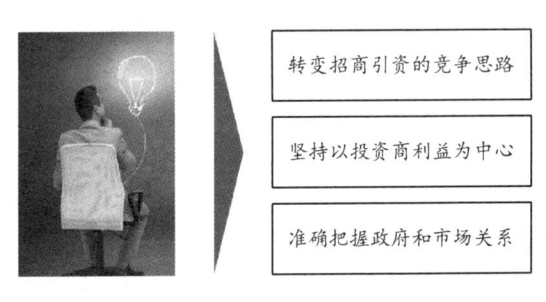

图1-1 政府与投资商关系

1.转变招商引资的竞争思路

现代招商引资竞争日益激烈,管理者需要主动求变,从硬件和软件两个方面寻求突破,尤其是重视高效公共服务和招商后服务的提供,努力塑造优良的营商环境,释放出巨大的市场活力和创新力,形成巨大的"磁核",持续吸引外部的优势资源向本地转移。

现代招商引资强调的是,如何更加高效地满足投资商需求。如果招商引资管理者能够创建良好的营商环境,提供一流的服务和硬件设施,满足投资商的需求,真正让投资商获得好处,赚到利润,那么招商引资工作取得成功,往往是水到渠成。

表1—1　　　　　　　　现代招商引资竞争思路(示例)

序号	竞争思路	解释说明
1	重视招商项目策划	根据国家产业政策、产业布局和当地产业特色,精心策划和包装招商项目,吸引投资商关注
2	突出招商引资宣传	通过各种渠道,加大对外宣传力度,树立良好的投资环境和形象
3	强化招商服务管理	提供优质的招商服务和管理,帮助投资商尽快适应当地产业环境,实现投资利润
4	主动出击招商引资	积极寻找和联系目标投资商,了解其投资需求和意向,并提供有针对性的政策和措施
5	持续推进招商创新	持续研究市场和投资商需求变化,及时推出新的招商引资政策和措施

2.坚持以投资商利益为中心

现代招商引资是一种实现价值创造、多方共赢的过程,需要把引智、引制摆到重要位置,把人才、先进的技术和管理经验引进来,实现资金、技术、人力等经济要素的聚集和优化配置。招商引资工作只有为投资商创造价值,才能基于投资商的事业成功,实现当地就业、税收、经济增长等价值回报。

开放与创新是推进现代招商引资工作的两个重要抓手。满意的投资商会追加投资,并愿意将自己的成功与商业伙伴分享,吸引更多的新投资商加入,而不满意的投资商更倾向于把糟糕的过程说给商业伙伴听,甚至把企业转移到其他地方。从本质上看,现代招商引资是一种资源整合优化手段,只有以投资商利益为中心,通过引入区域外的优势资源,匹配区域内的优势资源,实现资源协调发展,才能创造出更大的价值。

3.准确把握政府和市场关系

现代招商引资是一项创新性的工作,只有积极适应新常态,树立科学招商新思维,不断创新招商工作方式,才能破解新难题,实现新突破。为了与投资商建立良好的客户关系,招商引资管理者需要科学的产业定位,理解投资商看重什么,欣赏什么,有效地整合数字媒体和传统媒体,开展立体式的招商引资和宣传沟通。

> 现代招商引资强调发挥市场和政府两个方面的力量,通过密切配合,共建地方招商引资优势。

地方政府是招商引资工作的引导者和服务者,主要负责塑造当地招商品牌形象和营造优良的招商环境等,重点做好七项任务:科学制定招商引资战略;创建良好的产业发展生态;优化招商引资服务;搭建高效招商引资O2O平台;出台具有地方特色的招商引资政策;组织具有影响力的招商引资活动;塑造良好的招商引资形象。

市场化机构是现代招商引资工作的主体和实际操作者,分析并把握投资商需求变化,直接参与项目谈判,从事项目投资建设与运营管理等。实践中,招商引资市场化机构精心整合当地招商项目和服务,重点做好五项关键任务:一是广泛搜集并对接投资商;二是开展招商引资谈判;三是负责招商项目建设、运营和管理;四是听取并反馈投资商的需求和建议;五是与投资商协作,共同创造客户价值。

资料链接1—1 以投资招项目 加快新赛道布局

4月6日,"2023上海全球投资促进大会"在上海世博中心举行。一批质量优、能级高的重大产业项目现场签约,总投资额超670亿元。会上,上海再推新一轮招商引资政策,不断优化营商环境,面向全球发出"加码上海"的邀请函。

接下来,上海将充分发挥龙头带动优势,以更大力度整合长三角产业链供应链,推进区域创新协同,以更高标准提升"五个中心"建设的能级水平,提高全球资源配置能力。同时,上海将充分发挥改革开放优势,用好浦东引领区、临港新片区、进博会等重大开放平台,对照《全面与进步跨太平洋伙伴关系协定》等高标准经贸协议,深化集成性改革、推进制度型开放,努力营造市场化、法治化、国际化的一流营商环境。

昨天的投资促进大会上,上海发布了投资促进新政策。着眼于产业发展需求和企业发展需要,上海为企业量身定制了24条"政策套餐",以提振企业投资信心。

24条新政共三部分:一是围绕招商奖励、模式和空间,推出招商引资政策新工具;二是围绕"三大先导产业"和"四个新赛道",强化重点产业招商新能力;三是围绕强化市级招商统筹,完善项目服务保障,构建招商引资工作新机制。其中提出,上海要拿出"真金白银",对引进总部项目购/租房最高给予1 000万元补助,对重大招商项目最高奖励1亿元。发挥贷款、融资租赁等投资撬动杠杆作用,对引进的贷款、融资租赁增资扩产项目,通过采取贷款贴息、融资租赁补贴的模式,激发企业投资意愿。其中,设备融资租赁项目最高可获得2 000万元的支持。

聚焦"三大先导产业"和"四个新赛道",上海还将对重点产业政策进行集成创新,通过政策叠加,加快吸引集聚新兴产业优质项目落地。

致力于为新技术、新成果提供更多的市场化验证机会,元宇宙、绿色低碳等十大重点场景应用项目在会上集中签约。如华为与杨浦区合作推出城市灵境"七可"场景,实现城市级的"可视化、可验证、可诊断、可预测、可学习、可决策、可交互"的数智化超能力,共筑市级数字孪生超级场景。接下来,上海将发挥金融机构集聚优势,整合运用总规模1 000亿元各类产业投资基金,畅通产业投融资渠道,实现以投资招项目。

资料来源:严曦梦,宋薇萍.上海发布新一轮24条招商引资"政策套餐"[N].上海证券报,2023—04—07(4)。

1.2　现代招商引资原则

促进地方经济发展,招商引资不是"可选项",而是"必选项"。然而,现代招商引资需要坚持"四项"基本原则(参见图1—2),努力处理好短期利益与长期利益、地方政府利益与投资商利益等诸多关系,促进招商引资工作的科学化、专业化和市场化,提升招商引资工作的实效性。

现代招商引资原则：
- 主导产业配套原则
- 市场导向运作原则
- 引资引智并举原则
- 谋求双赢格局原则

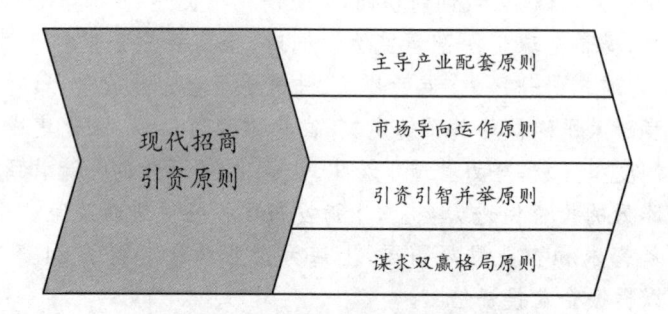

图1—2　现代招商引资坚持"四项"基本原则

主导产业配套原则

新一轮科技革命和产业变革深入发展,全球重大前沿技术和颠覆性技术快速突破,全球产业体系和产业链供应链呈现多元化布局、区域化合作、绿色化转型、数字化加速的态势,国家间围绕产业链的竞争更加激烈。

> 产业链涵盖产品生产或服务提供的全过程,是资源配置、生产制造和价值实现的统一。

在市场经济条件下,完善的产业链能够有效降低企业运营风险,有助于企业做大做强,形成主导产业集群。招商引资管理者根据地方经济发展实际需要,适时组织灵活多样的招商引资,按照主导产业配套原则,充分发挥区域经济比较优势,"内培"和"外引"两手抓,合力形成产业集群,优化产业结构。

主导产业配套[①]能力是衡量招商引资环境的重要因素之一。依据该原则,招商引资管理者需要梳理当地主导产业、优势产业和战略性新兴产业,在此基础上,确定招商引资的重点和方向,有针对性地出台地方优惠政策、产业政策、人才政策等,鼓励和吸引相关产业资本流入本地区。"鞋子合不合脚,自己穿了才知道。"招商引资管理者必须结合当地实际,集中精力引进产业链条长、关联性强的龙头企业,打造现代产业集群。例如,苏州市基于当地产业资源的优势,着力打造生物医药、纳米科技、第三代半导体、光子等一批关键核心、安全可靠、竞争力强的产业创新集群。

市场导向运作原则

现代招商引资更加突出市场导向运作,政府要给市场主体让位,充分调动招商引资相关主体的积极性,围绕主导产业,延伸产业链,提升产业能级。此外,招商引资模式也逐步走向市场化,逐步探索实行代理招商、有偿招商等措施,积极引进市场化运作机制,鼓励更多的企业走上招商引资的舞台和前台。

以市场为导向的本质要求是,充分发挥市场对生产要素资源配置的决定性作用,使得各类要素能在市场规则下高效优化组合和配置,进而提升投资合作的效率。实践中,经济发达地区地方政府通常围绕主导产业和科技发展主题,集中精力优化招商引资环境,保护投资商合法权益,集聚创新资源与要素,培育和引入高科技企业,加快转变经济发展方式,真正实现创新驱动发展。

> 突出招才引智,以引导性市场化机制,资助内外部优秀人才创新创业,增强产业和企业的黏性。

引资引智并举原则

现代招商引资借鉴先进国家和地区的成功经验,招商引资与招才引

[①] 产业配套包括围绕该区域内主导产业和龙头企业,与企业生产、经营、销售过程具有内在经济联系上的游和下游的相关产业、产品、人力资源、技术资源、消费市场主体等因素的支持情况。

智有机结合。地方政府通过引资引智并举,不仅借助外部资金优势,还可以借助外部智力资源,培养本地技术骨干和管理人才,提高产业和企业技术含量,改进管理制度,真正做到引进一个项目,培养一批人才,盘活一批企业。

实践中,引入掌握先进技术和管理经验的人才和先进的管理模式、制度,可以实现资金、技术、人力等经济要素的聚集和优化配置,因此现代招商引资既要重视引进资金,更要关注引进人力资本、智力资本、专利技术等。杭州市大力贯通育才、引才、用才链条,加速形成百名全球顶尖人才、千名领军人才、百万大学生在杭创新创业的生动局面。

谋求双赢格局原则

> 现代招商引资着眼于"双赢",既要促进地方经济高质量发展,又要为投资商带来回报。

招商引资管理者的一切工作核心,在于创造有价值的投资商关系。这要求地方招商引资工作不仅要通过优质服务和优惠价格向投资商提供价值,而且在某种程度上也要保证自己的利益,不至于做"赔本买卖",这里存在一种精妙的平衡。事实上,招商引资活动是招商引资管理者与投资商之间一种高智商、高财商和高情商的博弈,然而,招商引资工作必须以合作共赢为中心,在很多种情况下,甚至是以投资商利益优先。

在招商引资过程中,管理者要善于换位思考,能够拿出最好的资源、产品、项目、优惠政策,与投资方合作,增强投资商的信心,吸引更多的投资商集聚来当地发展,同时,也要详实地核算招商引资总成本,处理好投入与产出的关系。

资料链接1—2 培育新优势,以优质营商环境打好"招商阵地战"

竞争项目拼的不仅是资源、政策,更是优质的服务和环境。"强力突破招商引资,必须在优化营商环境上下更大功夫,提升'店小二'服务能力,增强发展环境吸引力。"琼海市招商局有关负责人对此深有感触:做好招商引资工作,不仅仅在于"前半篇文章",更在于如何让项目落地生效的"后半篇文章"。

走进博鳌东屿岛,你会发现岛上有着不少外观呆萌可爱,像个玩具盒子的小巴车,这是一款无人驾驶的冰激凌车。炎炎夏日,小车前围聚了不少游客,只需轻触无人冰激凌售卖车上的屏幕,扫描付款后,就可以买到一份冰激凌大餐。这款无人车由新石器移通(北京)科技有限公司研发设计。该公司来自北京，专注研究自动驾驶，被琼海独有的地理优势、政策所吸引，最终选择落户琼海。谈及对琼海的第一印象，这家企业总裁徐先生连连说了几个"没想到"。"只用了半个月，琼海就为我们协调出了办公场所。"徐先生说，项目在落地中享受到并联式审批、保姆式服务，每个环节都有专人包抓，效能明显提高，而该企业在琼海的办公场所及展厅也将于9月1日进驻启用。不久前在博鳌东屿岛召开的全球生态旅游大会上，无人驾驶冰激凌车在此首发。未来这辆无人驾驶的小车还将驶出东屿岛，计划今年底覆盖我省全岛。

　　企业的信心来自政府服务的用心；企业的干劲来自政府服务的实劲。用优化营商环境这个支点撬动城市高质量发展，便是琼海打好"招商阵地战"的发展逻辑。近年来，琼海多措并举，千方百计服务项目落地，拼尽全力为企业发展保驾护航——采取一事一议、成立专班的办法，全生命周期为企业提供帮办代办服务，全程跟进重点项目建设，全力支持企业入驻、项目落地；建立常态化的政金企对接机制，及时了解企业发展资金需求，帮助企业解决资金难题；大力深化"放管服"改革，"一窗通办""项目共建""以函代证""证照管家"等改革措施纵深推出，政务服务"零跑动"提效扩面。

　　……

　　"真引、真落、真服务！"琼海市委相关负责人表示，招商引资是经济发展的源头，是事关琼海高质量发展的战略工程，琼海将用好招商引资这个"关键"，加快融入全国统一大市场和"双循环"，努力以高质量招商引资推动中国式现代化琼海实践取得新成效。

　　资料来源：陈子仪，彭总岸.靶向发力 精准招商 主动服务[N].海南日报，2023－08－31（A07）。

1.3　现代招商引资理念

　　思路决定出路，理念决定成败。综观全球，发达国家和新兴经济体都把吸引和利用外资作为重大国策，招商引资国际竞争更加激烈。实践中，招商引资管理者要以"思想破冰"引领发展突围，树立科学的招商引资理念（参见图1－3），只有思想开放、理念创新、认识正确，才能为地方招商引资工作带来活力和效益。

图 1—3 树立科学的招商引资理念

坚持创新引领理念

进入新时代,国内外环境出现巨大变化,投资商需求也随之出现变化,只有坚持创新引领,才能卓有成效地完成招商引资工作。实践中,招商引资管理者需要持续研究招商引资策略,探寻创新性的招商引资方法,有效地将国家经济发展与地区经济发展联系起来,建立良性经济发展循环。

> 招商引资者不仅需要"关系"和"人脉",还要掌握系统化的专业知识和技能。

现代招商引资创新强调因地制宜、因时制宜、因企制宜,各地根据本身的具体情况,结合自身特色,采取科学的招商引资方式,推进招商引资工作。对于企业而言,优秀的营商环境,如同阳光、雨露和空气一样,不可或缺,是应对外部冲击挑战、提升自身竞争力的重要支撑。因此,地方招商引资要围绕"新颖""优异""特色"开发项目,塑造诚信、高效、服务好的营商环境,提升投资商信心。

现代招商引资管理者,不仅要有创新性思维,还要有创新性方法,能够依据当地实际情况,制定一套有特色的、科学的、具有可操作性的招商引资方法。例如,重庆市璧山区提出"出门一把抓,回来才分家",在招商引资过程中,招商团队围绕四大产业培育工程,尽可能招多招优,项目进来后,再按照其对应的行业和门类,分别落地农业科技园区、璧山高新区和现代服务业发展区,由专人负责接洽。

推进系统招商理念

招商引资管理者必须明白一点,创造和传递客户价值,单靠招商引资部门孤军奋战,是无法实现的,他们除了与投资商全方位合作之外,还必须树立系统招商理念,与当地各个政府职能部门密切合作,共同为投资商创造和传递客户价值。

招商引资工作不是一个部门的事情,而是所有部门的事情。事实上,地方政府的每一个职能部门,都有可能与投资商互动,因此无论是哪一个职能部门,都必须理解并支持,以投资商为中心开展工作。此外,招商引资管理者不能让各个部门孤立地与投资商沟通,而是要整合起来,形成系统优势,共同为投资商创造价值。高效的招商引资工作需要多个部门共同开展,才能够实现持续稳定协调发展。例如,苏州昆山市落实系统招商理念,建立健全了外商投资项目审批一条龙服务体系、项目在建设过程中的全方位服务体系、企业开工投产后的经常性服务体系、安全舒适的环境体系四个服务体系,提出无微不至的"保姆式服务"、随叫随到的"宾馆式服务"、责权利相统一的"契约式服务"、项目联系人维持不变的"终身服务制"。

值得注意的是,现代招商引资管理者要"有所为有所不为",必须依据地方的实际情况,有选择地开展招商引资工作。具体来讲,有些地区可以不开发,有些领域可以不发展,有些产业可以不引进,现代招商引资追求的不是数量,而是质量,力图实现地方经济可持续发展。实践中,从"招商引资"到"招商选资",越来越多的地区开始重视产业结构的优化,不再片面追求招商引资数量,而是更加关注或追求招商引资质量。

实现价值增值理念

地方招商引资工作不是一朝一夕之功,不是说把资金、项目、人才引进来就行了。招商引资工作永远在路上,是一个持续不断的过程,不能运动式招商,时紧时松。要知道招商引资的真正目的,是让外部优势要素与当地生产要素相结合,产生更大的经济价值,培育产业优势,带动地方经济发展。

现代招商引资坚持以投资商需求为中心,以投资商为本,从服务内容到服务形式,构建完善的招商引资服务体系,全方位、全过程、全身心为投资商服务。进入科技时代,地方招商引资要重视科技招商,围绕当地科技产业发展,有针对性地引进科研院所、科创人才、科技企业等,推动科技链产业链人才链融合发展。实际工作中,如果"只爱凤凰不栽树,只爱项目不服务",仅仅注重短期利益,那么既会损害投资商利益,也会损害当地招商引资形象,贻误地方发展战略时机。

践行诚信至上理念

"诚争天下,可以无敌。"只有做到诚信,做到说话算数,做到承诺兑现,才能吸引国内和国外的投资商,推动招商引资工作的进展。"所谓诚信,并非一人之德、一人之事,而是天下之德、众人之事。"诚信要求地方招商引资全过程既"诚"又"信",及时兑现在招商引资过程中制定的优惠政策和规则,取信于投资商。

诚信是一种信任关系,更是市场经济中的品位和形象。"承诺多,兑现少"对以后的招商引资会造成很大的负面影响。因此,招商引资管理者在沟通过程中需要恰当地设定投资商预期。一方面不能让投资商预期过低,这样容易降低地方特色和优势的吸引力,无法达到招商引资的目的;另一方面不能让投资商预期过高,这样通常会导致"名不副实",让投资商有一种巨大的心理落差,降低满意度。

为投资商提供最优质的服务,是留住投资商的关键。优质的服务必须是主动的,能想投资商之所想,做投资商想做而未做之事,这样才能以诚感人。如果不能为投资商提供优质周到的服务,不能让投资商生活舒心、有钱可赚,他们势必会以自身的遭遇,反面宣传本地投资环境,影响招商引资工作顺利开展。总之,现代招商引资需要诚信至上,努力为投资商提供价值,提高其满意度,进而形成有价值的伙伴关系。

资料链接1—3 招商政策形成新体系,为招商增添新动能

大抓招商,项目为王,全力掀起新一轮招商引资热潮。招商是生命线,项目是动力源。今年以来,为了力拼优质"动力源",全市各园区、各区一线招商人员主动"走出去",大力"请进来",创新招商方式和手段,快速掀起一波又一波的招商引资热潮。

抓招商就是抓产业,就是抓城市发展的未来。《关于强化投资促进推进产业强市的政策措施》(下文简称《政策措施》)聚焦产业强市,扩投资、强产业,聚焦投资需求,汇资源、聚合力,聚焦项目发展,强赋能、优服务,通过4个方面18条细化举措,紧扣招商需要和投资人的诉求,关注应用场景开放和招商基金等热点方向,为企业投资提供"真金白银"的支持,形成一批增量招商政策,为产业招商增添动能,为各区各园区招商赋能。此外,我市还研究出台了央企、外企等招引工作方案,通过明确目标、制定计划、强化保障等方式手段,推动央企、外资企业和标志性项目招引的新突破。

值得一提的是,年初我市推出《南京市2023年招商引资工作计划方案》"1+2+N"系列政策文件,重在强化对内的工作组织,此次出台的《政策措施》则提供了对外极具实操性的政策工具,两者有机联动、点面结合,巧妙构筑成我市首个相对完整的招商政策体系。为积极拓展全球招商项目信息捕获渠道,奋力开创招商引资工作新局面,会议现场举行了南京市全球招商合作伙伴聘任仪式,安永企业咨询公司、戴德梁行、仲量联行、CBRE世邦魏理仕、中国软件行业协会等8家跨国企业和行业协会被赋予"南京市全球招商合作伙伴"称号。

CBRE世邦魏理仕江苏公司董事总经理告诉记者,南京的人才优势、交通优势、产业优势都很突出,他一直非常关注南京这座城市,并积极参与南京城市产业发展的方方面面,协助对接海外优秀的产业和企业来宁落户,持续助力南京产业招商。在他看来,南京的专业化招商程度日益凸显,已经从过去传统的以政策为导向逐步转向以资本招商为核心特点的专业化招商。

产业是发展之道,项目是硬核支撑。产业强市,招商先行,项目招引与产业发展往往相辅相成。一方面,产业兴旺发达,能吸引越来越多相关项目落地集聚,形成区域优势,使项目产生"1+1>2"的效益;另一方面,优质项目的落地又能带动形成一个产业乃至集聚成产业集群,从而形成一个新的经济增长点。

资料来源:史亮,曹丽珍,管伟.乘势攻坚,拼招商永远在路上[N].南京日报,2023-08-30(A04)。

1.4 现代招商引资关键

成功的招商引资要以现代营销理念为主线,整合和配置各种要素资源,为投资商创造价值并传递价值。高效的招商引资管理者通常要思考三个关键问题:"谁是我的投资商?""投资商在哪里?""投资商有什么样的投资需求?"本书以现代营销理论为依据,构建现代招商引资基本框架,通过较为体系化的流程,为招商引资管理者提供建议和指导(参见图1—4)。

全面深刻理解市场需求

世纪疫情影响深远,逆全球化思潮抬头,单边主义、保护主义明显上升,世界经济复苏乏力,局部冲突和动荡频发,全球性问题加剧,世界进入新的动荡变革期。现代招商引资管理者必须紧盯投资商需求(现实需求和潜在需

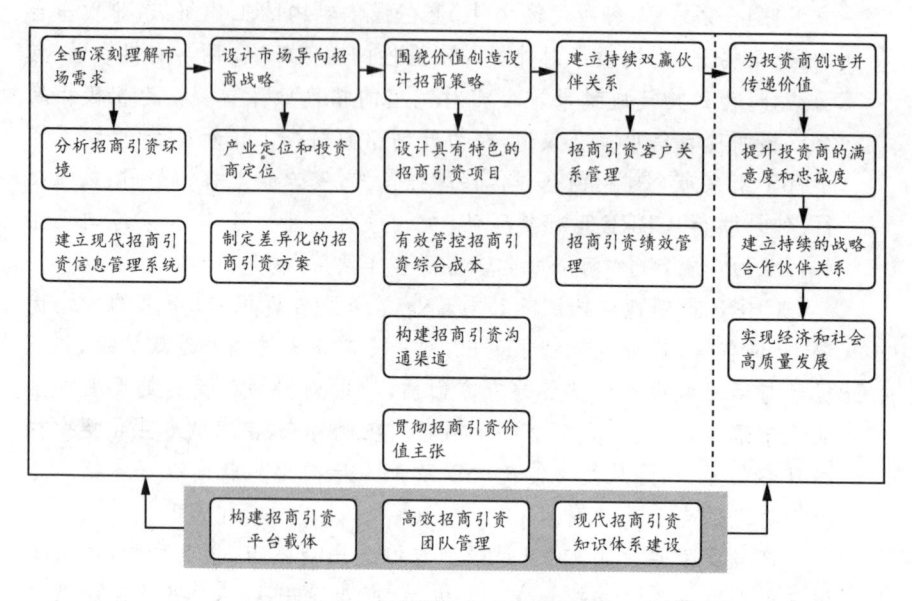

```
┌─────────────────────────────────────────────────────────────────────┐
│  全面深刻理解市  │ 设计市场导向招 │ 围绕价值创造设 │ 建立持续双赢伙 │ 为投资商创造并 │
│  场需求          │ 商战略         │ 计招商策略     │ 伴关系         │ 传递价值       │
│                  │                │                │                │                │
│  分析招商引资环  │ 产业定位和投资 │ 设计具有特色的 │ 招商引资客户关 │ 提升投资商的满 │
│  境              │ 商定位         │ 招商引资项目   │ 系管理         │ 意度和忠诚度   │
│                  │                │                │                │                │
│  建立现代招商引  │ 制定差异化的招 │ 有效管控招商引 │ 招商引资绩效管 │ 建立持续的战略 │
│  资信息管理系统  │ 商引资方案     │ 资综合成本     │ 理             │ 合作伙伴关系   │
│                  │                │                │                │                │
│                  │                │ 构建招商引资沟 │                │ 实现经济和社会 │
│                  │                │ 通渠道         │                │ 高质量发展     │
│                  │                │                │                │                │
│                  │                │ 贯彻招商引资价 │                │                │
│                  │                │ 值主张         │                │                │
└─────────────────────────────────────────────────────────────────────┘
         │    构建招商引资    │    高效招商引资    │    现代招商引资    │
         │    平台载体        │    团队管理        │    知识体系建设    │
```

图1—4 现代招商引资基本框架

求),全面理解投资商的需求,并对相关信息进行管理,为招商引资成功奠定基础。另外,今天的投资商更加积极主动,他们不断在市场上搜寻项目和投资信息,与招商引资组织密切互动,寻求并投资效益良好项目,取得丰厚回报。

> 现代招商引资管理者着眼社会主要矛盾变化,以市场化为抓手,持续优化地方产业结构。

有价值的投资商关系建立在价值提供基础之上,这不仅取决于地方招商引资组织的行为,还取决于地方政府各部门之间的协同。只有不断提升招商引资服务水平,优化营商环境,设计招商引资策略,发挥地方特色和优势,才能够让投资商落地生根,在市场竞争中更好地谋得生存与发展。例如,福建省晋江市落实"不叫不到、随叫随到、服务周到、说到做到"服务理念,持续优化招商引资环境,取得了良好的招商引资绩效。

设计市场导向招商战略

面对激烈的招商引资竞争态势,如何才能实现成功招商引资,带动区域经济跨越式发展?招商引资管理者需要统筹全局,分析总结招商引资内外部环境,以市场为导向,设计符合当地特色的招商引资战略。例如,东部经济发达城市面临的主要约束条件是:人口密度高、土地资源少、环保要求高。因此,招商引资不能继续拼土地、拼价格、拼劳动力,而是要着眼于经济发展的平衡性和协调性,坚持向高质量发展突破,努力实现经济的健康稳定可持续。

优秀的招商引资管理者必然明白一个道理,自己不可能为所有投资商提供专业的服务,"好钢用在刀刃上",必须把优势资源集中对接与当地产业相匹配且盈利能力最强的投资商,这必须回答一个问题:"谁是我们的投资商?"从这个意义上讲,招商引资管理就是投资商需求管理。

当我们清晰地回答了这个问题后,就要思考"怎样为投资商提供更好的服务"。招商引资管理者要明确地提出价值主张,也就是说,如何为自己的目标投资商提供服务,从而将自己与竞争对手有效区分开,通过差异化竞争赢得投资商,让自己在目标市场具备更强的优势和品牌影响力。

围绕价值创造设计招商策略

如前所述,招商引资管理者必须精心设计出既让投资商盈利,又能够使自己获利的"双赢"或"多赢"战略。在设计和执行招商引资战略时,需要坚持客户导向和价值创造导向,努力比竞争对手更好地理解目标投资商需求,并制定出富有成效的招商引资策略,创造客户价值,让客户满意,与目标投资商建立持久的客户关系。

> 现代招商引资管理者通过价值创造和传递来寻找、吸引和保持目标投资商。

现代招商引资管理者围绕价值创造,制定招商引资策略整合方案,一方面要了解国内外宏观经济走势,掌握国际国内资本流向、发达地区产业升级和转移情况;另一方面要根据本地的经济现状、发展规划和区位优势,梳理产业结构优化和产业链延伸等关键问题清单,各项具体策略之间相辅相成,将既定的策略转化为投资商的利益。

通常情况下,招商引资策略包括四个方面的内容:一是设计具有特色的招商引资项目,塑造招商引资品牌;二是有效管控招商引资成本,降低投资商成本,奠定盈利基础;三是构建招商引资沟通渠道,与外部投资商高效且充分沟通;四是贯彻招商引资价值主张,匹配投资商真实需求,说服投资商做出积极的市场行为。

建立持续双赢伙伴关系

处在转变经济发展方式、优化经济结构、转换增长动力的重要关口,招商引资管理者需要考虑,通过招商引资工作的率先突破,发挥示范引领作用。如何做好地方招商引资工作？最重要的是与投资商建立持续双赢的伙伴关系，这是一种以价值创造为基础的，能够为投资商和地方政府带来"双赢"的关系。2022年，日本电器巨头松下（Panasonic）宣布，计划斥资40亿美元在美国再建一座电动车电池工厂。其主要原因有两个：一是满足新能源汽车巨头特斯拉（Tesla）等客户不断增长的电池需求；二是美国当地州政府给出了优厚的奖励和补助条件。

现代招商引资管理者大力提升政府部门服务水平，当好市场经营主体和投资商的"金牌店小二"。如今，各个国家、各个区域、各个城市都在大力开展招商引资，竞争日趋白热化，吸引和留住目标投资商是一项艰巨的任务。招商引资全生命周期过程中，招商引资管理者都要重视与目标投资商沟通，制订翔实的工作计划，力图提高投资商的满意度和忠诚度，开展积极的客户关系管理。成功的招商引资必须依托当地市场优势，既要把优质投资商留下来发展好，还要把更多高质量投资商吸引过来，促进产业结构优化，提升产业发展质量。例如，为帮助企业降成本、增活力，深圳市率先探索"工业上楼"，投资打造全至科技创新园，提高单位面积生产率，以高品质、低成本、定制化的产业空间，使其成为城市更新推动的国内第一个"工业上楼"项目。

投资商，尤其是优质的投资商，面临着各种"诱惑"，更为重要的是，投资商通常无法"客观"或"科学"地判断投资机会和价值，也是依照自己的感知行事。因此，优秀的招商引资管理者必须千方百计地让投资商感到满意，他们只承诺自己能够做到的，然后比所承诺的给予更多，来提升投资商的满意度，进而建立起稳定的客户关系。围绕企业发展诉求，天津市创新工作方法，为项目招引、落地建设、持续发展提供特色服务。

资料链接1—4　多方发力，招商成效更显更稳

大厦之成，非一木之材。为进一步抢抓招商先机，今年以来，我市特别成立了国企招商专班，进一步整合多方力量，寻求更多机遇。"我们成立了由福州金控集团、左海集团、福州城投集团等12家市属国企组成的国企招商专班，重点发挥市属国企资本、载体、机制优势，引进、参投招商项目，全力招大引强。"市招商办相关负责人介绍。

6月刚与招银国际资本签约设立福建招银数字产业股权投资基金，福州金控集团所属福州市创投公司的有关部门又马不停蹄地开始了新一轮的招商工作。就在今年7月，福州市政府引导基金相继被国内两家知名财经媒体分别评为"中国地市级政府引导基金30强"和"中国最具成长性有限合伙人"。"同时对接四五家客商都是常态，获得的殊荣也是市场对福州金控品牌的认可。"该部门的招商工作人员告诉记者,为进一步推动产业链与资金链协同发展,我市持续通过政府投资基金引导企业加大对重点领域、重大项目的投入。

"福州有突出的数字经济产业基础,对许多企业来说都很有吸引力,我们希望能够以数字经济优势为基础,结合企业资源优势,对接更多相关企业落地福州。"市金控集团相关负责人介绍,挖掘基金招商潜力,聚焦重点园区运营,今年第二季度,集团多次赴外走访中移资本、中信金石、山鹰国际、华晟新能源等重点企业,申报招商线索19条,总投资额超200亿元,落地完成招商项目16个,预期总投资额近70亿元。

作为国企招商专班成员单位,福州地铁集团也拉满"进度条"。眼下,该集团正加快福州地铁产业园建设,力争年底实现建成投产。"园区投产后,招商入驻企业预计年产值将超10亿元,税收将超2 000万元。"福州地铁集团投资部负责人介绍,依托产业园招引交通产业链龙头企业,今年以来,福州地铁产业园已吸引中铁十一局、中铁电气化局、中交机电工程局3家央企投资。

资料来源:严鑫,吴桦真. 招商引资增活力 发展引擎添后劲[N]. 福州日报,2023—08—02(2)。

第 2 章
分析招商引资环境

现代招商引资进入拼专业、拼服务、拼生态的高级阶段,招商引资管理者需要科学分析内外部环境,把握宏观经济趋势,掌握地方关键产业发展的优势和瓶颈,相比主要竞争对手而言,为投资商创造出更大的价值。

2.1 外部环境分析

招商引资者与投资商建立和维持有价值的关系,总是在一定的背景下实现,如宏观环境、产业环境、竞争环境等(参见图 2—1)。只有通过系统、全面的外部环境分析和研究,招商引资管理者才能避开市场威胁,把握市场机遇。

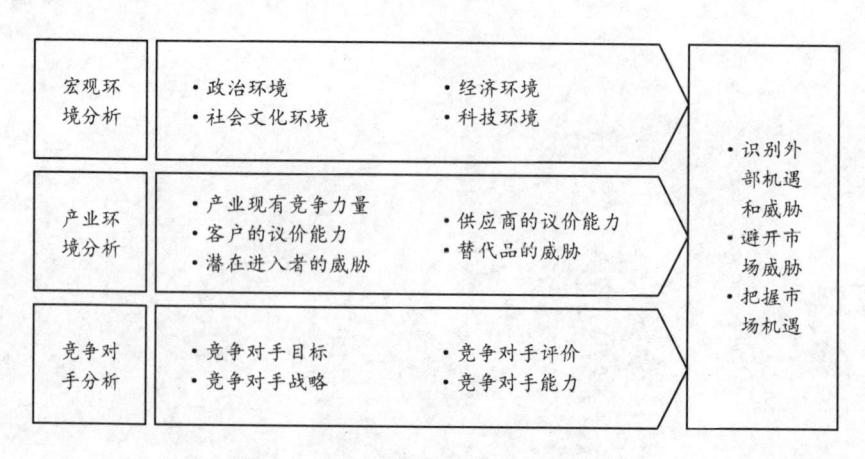

宏观环境分析	・政治环境　　・经济环境 ・社会文化环境　・科技环境	・识别外部机遇和威胁 ・避开市场威胁 ・把握市场机遇
产业环境分析	・产业现有竞争力量　・供应商的议价能力 ・客户的议价能力　　・替代品的威胁 ・潜在进入者的威胁	
竞争对手分析	・竞争对手目标　・竞争对手评价 ・竞争对手战略　・竞争对手能力	

图 2—1　招商引资外部环境分析(示意)

宏观环境分析

地方经济发展既受当地资源要素影响，又受产业发展规律支配，招商引资管理者需要持续关注和适应不断变化的宏观环境，顺应产业发展规律，才能让招商引资工作如鱼得水。通常情况下，招商引资宏观环境分析采用PEST模型，即从政治因素、经济因素、社会文化因素和科技因素四个方面分析关键宏观因素变化，并依据重要程度，归纳总结出主要的机遇和威胁清单。

1. 政治环境

政治环境指一个国家或地区的政治制度、体制、方针政策、法律法规等方面的因素，是制约和影响地方招商引资活动的中长期因素。实践中，随着市场环境不断变化，政府会相应地调整产业政策、财税政策、土地政策等。为了促进招商引资工作的顺利开展，政府还要根据经济发展实际，对投资商出台各种优惠举措，以促进投资商快速"扎根落户"。

具体来看，招商引资管理者需要系统地了解招商引资相关政策，及时跟踪和研究宏观政策（国家层面的相关政策和产业规划）、中观政策（地方政府相关的政策和发展规划），把各个层面政策吃透、用足、用好，根据地方产业特色制定有针对性的投资政策、税收政策、人才政策等。

整体上看，政治环境分析主要关注国家和各级地方政府有关地方关键产业的各项支持政策和行政法规，包括相关产业的顶层设计、指导意见和支持政策：一是梳理政府的经济政策，诸如产业政策、税收政策、招商引资政策等；二是分析维护市场公平的情况，诸如反对不正当竞争、知识产权保护等；三是分析消费者权益保护情况，诸如广告、食品卫生、公平交易、投诉处理等。

2. 经济环境

经济环境是指开展招商引资活动的外部经济条件，主要包括经济发展水平、产业结构、物流效率、市场规模等。实践中，经济环境对投资商的投资支出和盈利产生直接影响，为了赢得投资商青睐，招商引资管理者要千方百计地向投资商提供更多的价值，诸如优质招商引资项目、公平合理的报价、优质的营商环境和后续服务等。

> 着眼未来，国内中等收入人群的数量将达到8亿左右，消费成为拉动GDP增长的主要动力。

招商引资者应提高自身的招商引资能力，制定切实的策略，吸引优质投资商。通常情况下，经济环境分析主要包括四个方面：一是社会经济结构情况，主要包括产业结构、分配结构、消费结构等；二是经济发展水平，即当地经济发展的规模、速度和达到的水平,常用的衡量指标是国内生产总值(GDP)、人均GDP和经济增长速度等;三是经济资源配置效率,即当地适应产业发展要求,通过市场和政府两种手段更加高效合理地配置资源,使当地关键产业能够建立竞争优势;四是产业经济政策,即实现地方经济发展目标的战略和策略,主要包括经济发展战略、产业政策等。

实践中,招商引资管理者需要高度关注经济环境发展变化,一方面在经济不景气时,重点做好与投资商的交流沟通,为企业纾困解难;另一方面在经济景气时,重点做好与投资商的服务支持,提高项目落地效率。广东汕头市以汕头国际纺织城开工建设为契机,加快推进纺织服装"四大工程"建设,大力引进一批高水平补链、强链、固链项目,加强与相关企业、研究机构的合作,促进产学研用深度融合,致力于把汕头国际纺织城打造成全国乃至全球纺织品"生产+销售"的重要基地。

3. 社会文化环境

社会文化环境由社会服务环境和文化环境两个部分构成,主要包括当地居民的价值观念、文化观念、宗教信仰、风俗习惯、道德规范等。社会是由人构成的,而人又是在特定的社会中成长,并由此形成了基本的信仰和价值观。尽管核心价值观非常稳固,但是文化也会在不同阶段和不同地域呈现出不同的特点。"上有天堂、下有苏杭。"苏州是国家历史文化名城,拥有深厚的历史文化、园林文化、戏曲文化。苏州市充分发挥了当地社会文化优势,有力地促进了招商引资工作,实现了地方经济高质量发展。

具体而言,一方面,招商引资管理者需要了解投资商的社会文化背景,打通双方情感链接,建立起情感桥梁,设计和推出能够引发投资商兴趣的项目;另一方面,很多招商引资管理者通过营造良好的社会文化环境吸引投资商。例如,山西省昔阳县通过"以诚招商、用情感商、服务安商",用真情和行动打动企业家,打造了"招来一家头部企业,带动一个产业崛起"的"招商奇迹"。

4. 科技环境

> 新一轮科技革命创造了新市场和新模式,为招商引资者带来众多的机遇。

当前,新一轮科技革命和产业变革与我国加快转变经济发展方式形成了历史性交汇。一方面,全球技术变轨加速,前沿技术交叉融合与快速迭代,正重塑工业体系并催生"引爆点",创造出更丰富的未来场景和创新价值;另一方面,我国加快推进科技自立自强,基础研究和原始创新不断加强,一些关键核心技术实现突破,全社会研发经费支出从2012年1万亿元增加到2022年2.8

万亿元,居世界第二位,研发人员总量居世界首位,进入创新型国家行列。

抓创新就是抓发展,谋创新就是谋未来。招商引资管理者要密切关注与当地产业或企业有关的科学技术的现有水平、发展趋势及发展速度。招商引资管理者一方面要跟踪硬技术发展趋势,如新材料、新工艺、新设备;另一方面要特别重视软技术,如现代管理思想、管理方法、管理技术等,把二者有效结合起来,为地方创新夯实基础。目前,上海聚焦增强创新策源能力,瞄准关键核心技术、"卡脖子"领域持续发力,加快推动关键共性技术、前沿引领技术、现代工程技术和颠覆性技术取得新突破。

对企业来讲,科技发展变化迅速,科技环境变化可能是创造性的,也可能是破坏性的。如果企业忽视甚至是抵制新技术,就只能是日渐衰败。招商引资管理者必须时刻关注新科技的发展,尤其是关注投资商的科技研发情况,与关注创新的投资商建立密切联系。招商引资者最终会发现,那些不能紧跟科技步伐的投资商会错过新产品和新市场,很快就会被市场无情淘汰。

5. 小结

一般情况下,宏观环境是不可预测且不可控制的因素,只有理解并顺应宏观环境,招商引资工作才能够顺利开展。这种情况犹如航行在无边无际大海上的船只,无论是小渔船,还是巨轮,在动荡和持续变化的自然力量面前,都是不堪一击的,唯有提前跟踪和预测其变化,顺应其变化,才能在大海中获取丰富的资源回报。

> 招商引资管理者必须正确认识"以国内大循环为主体、国内国际双循环相互促进的新发展格局"。

招商引资管理者需要密切关注经济发展的趋势与产业转型和升级的进程,及时优化政策环境和建设信息平台,更好地推动招商引资工作。实践中,有些地方存在"软环境不软,硬环境不硬"的问题。在软环境方面,个别行政部门缺乏大局观,服务意识淡漠,配套招商引资政策力度欠缺;在硬环境方面,地方基础设施、配套服务功能不健全,物流成本高,人才制约严重。在这种情况下,推动地方招商引资工作犹如老虎吃天——无处下口。

产业环境分析

产业环境分析以市场现状、市场潜力和发展趋势为基本出发点。迈克尔·波特教授在其经典著作《竞争战略》中提出了产业环境分析的"五力模型"。该模型认为,每一个产业中都存在五种基本竞争力量:产业现有竞争力量、供应商的议价能力、客户的议价能力、替代品的威胁、潜在进入者的威胁。五种力量共同决定着某一产业竞争强度及其利润率,但是最强的一种或几种力量占据着主导地位,并发挥着关键性的作用。

1. 产业现有竞争力量

通常情况下,产业内现有企业面对相同的客户群体且又彼此熟悉,它们之间既是利益共同体,又存在激烈的竞争。对于产业内的企业而言,其竞争战略的目的在于,使得自己的企业获得相对于竞争对手的优势。从总体上看,产业现有的竞争力量是每一家企业所面对的最强大和最直接的力量。

每一个竞争者都会根据自己的资源优势,综合运用各种手段(价格、质量、设计、服务、广告、渠道、创新等)在市场上争夺客户,以占据有利的市场位置。一是现有产业的领导者具有显著的影响力,经常引领市场发展趋势,并影响其他企业的战略决策;二是产业内较有影响力的企业具有一定市场份额,其战略决策会影响其他企业的竞争策略;三是其他产业参与者市场份额相对较小,但可能会通过新技术、新模式或其他因素对产业造成冲击。

2. 供应商的议价能力

供应商是提供产品、服务或其他资源的企业。供应商的议价能力,是指现有企业向供应商购买产品或服务时,供应商能够获得较好价格的能力,通常基于供应商的定价能力、所提供产品的质量和独特性,以及供应商的市场份额等因素。对某一产业来说,供应商竞争力量的强弱,主要取决于供应商产业的市场状况以及其所提供物品的重要性。供应商采取的威胁手段主要包括:一是提高供应品价格,获取更高的利润;二是降低供应品质量,导致下游产业利润下降;三是同时采用两种手段,影响产业生态的平衡发展。

值得注意的是,供应商的议价能力是一个相对的概念,并不是一成不变的。即使供应商当前具有强大的议价能力,如果他们不注重产品质量、服务等方面,也可能会失去客户和市场,从而逐渐失去议价能力。

3. 客户的议价能力

客户是指购买产业内各企业产品或服务的消费者,以及该产业渠道中的分销商。客户的议价能力,是指现有企业在向客户提供产品或服务时,客户能够获得更好价格和更优服务的能力,通常基于客户的需求和购买行为、信息掌握程度和转换成本等因素。

客户的议价能力需要视具体情况而定,但主要受三个因素影响:一是客户的采购数量,采购数量越大,往往越能够享有价格谈判优势;二是客户的转换成本,即买方转而购买其他替代产品所需的成本;三是客户所追求的目标。

4. 替代品的威胁

当两个产业存在相互替代关系时,产业内的企业就会受到替代品企业的影响。替代品威胁的大小与替代品的价格、产业的技术进步、政府管制等有关。如果替代品的价格更低,性能和质量更好,或者政府管制更宽松,替代品的威胁就会更大。

替代品威胁不仅可能影响企业的利润和竞争地位,还可能影响整个产业的平均利润率。如果替代品价格较低,就会导致本产业的产品价格同样处在较低的水平,否则会对本产业产品形成需求替代。此外,如果替代品具有更强的竞争力,客户更愿意接受替代品,就对该产业产生更为明显的威胁。实践中,企业可以采取各种策略,积极主动应对替代品威胁的(参见表2—1)。

表 2—1　　　　　　　　　　应对替代品威胁的策略

序号	应对策略	解释说明
1	创新产品差异	研发新的技术和产品,实现产品和服务的差异化,避免替代品威胁
2	创造客户价值	提高产品质量和服务水平,满足客户的需求,创造客户价值
3	重新定义产品	重新定义产品或服务,更好地满足客户需求
4	建立合作联盟	与其他企业合作或建立联盟,共同提高产业竞争力

5. 潜在进入者的威胁

潜在进入者是对产业形成威胁的另一种力量,如果潜在进入者转化为新进入者,就会谋求有利的市场地位,给该产业带来新的产能和资源,从而与产业内的企业进行激烈市场竞争,争夺原材料和市场份额。这通常会导致两种情况:一方面会导致产品供给量加大,在需求变化不大的情况下,使产品价格大幅下跌;另一方面新进入者要获得资源进行生产,从而可能使得产业生产成本升高,二者都会导致产业获利能力下降。

总体而言,潜在进入者对本产业的威胁取决于本产业的进入壁垒,以及进入新产业后现有企业反应的强烈程度。如果一个产业的进入壁垒较低,且现有企业反应并不强烈,潜在进入者就更有可能进入,从而对现有企业产生威胁。如果一个产业的进入壁垒较高,且现有企业反应强烈,那么潜在进入者将面临较大的阻碍,从而难以进入。

6. 小结

"五力"模型强调的是一种战略意识,或者说战略性思维的运用。对于某一具体产业而言,五种基本竞争力量的状况及综合强度决定着该产业的竞争激烈程度,进而决定着产业中最终的获利潜力以及资本流向本产业的程度。

五种力量的不同组合变化,最终影响行业利润潜力变化。我们运用"五力"模型进行产业分析时,要科学地界定五种力量,根据不同力量的特性和重要性开展评估(参见图2—2)。招商引资管理者既要从五个角度进行综合性分析,全面把握产业竞争的情况,又要抓住关键方面,把握其中占据主导的力量。最终,招商引资管理者通过"恰当"的产业环境分析,选择适合当地发展的"恰当"产业,并把目光聚焦于该产业中具有吸引力的"恰当"投资商。

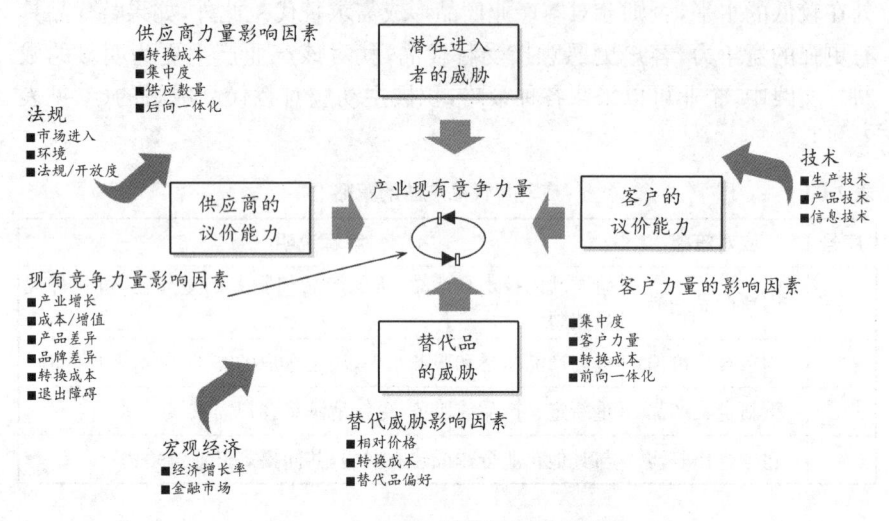

图2—2 产业环境分析"五力"模型

招商引资者在进行产业环境分析时,通常采用定性和定量相结合的方法,包括收集和分析数据、进行市场调研、建立模型和预测等。此外,还需要关注行业中的政策法规、经济周期、市场需求和科技进步等因素的影响,以及行业中可能存在的风险和不确定性。

竞争对手分析

一个地方的招商引资工作取得成功,通常意味着相比竞争对手而言,能够为投资商提供更大的价值和更高的客户满意度。因此,招商引资管理者一方面要满足投资商需求,另一方面要比竞争对手具有更大的优势,以吸引和留住投资商。浙江嘉兴市以最优产业生态推动招商大突破,紧盯产业链招大商、招好商,打造"迁不走"的产业集群。

1. 竞争对手目标

目标是一种方向,也是一种承诺。尽管目标不能决定未来,但是它是一种为了创造未来而配置组织资源的有效手段。实践中,招商引资目标展现了竞争对手的雄心,体现着其招商引资的工作重点。

招商引资管理者准确地定位自己的竞争对手之后,需要重点关注竞争对手的招商引资行动,通过科学分析,预测其对当前招商引资成果和财务状况的满意程度,并由此制定相应的策略和应对预案。如果竞争对手对当前招商引资工作不满意,那么为了实现更具雄心的招商引资目标,就会加大优惠力度,增强对投资商的吸引力,同时与上级部门进行更多的沟通。这些进攻性举措需要当地招商引资管理者提前谋划,积极应对。

2. 竞争对手评价

竞争对手对自身能力、当前市场和产业进行评价,并基于此采取招商引资行动。如果竞争对手采取低成本战略,建立招商引资竞争优势,那么通常会把自己视为低成本领先者,其招商引资策略会围绕降低成本开展。在这种情况下,市场上其他的招商引资成本降低策略,就容易引起其警觉和过度反应,例如,竞争对手为了维持竞争优势,会采取明显的成本竞争手段,进行"残酷"的价格战,甚至不惜"两败俱伤"。

3. 竞争对手战略

> 招商引资管理者把握地方产业发展大势,明确主攻方向,坚持错位发展。

竞争对手的战略揭示了竞争对手正在做什么,以及能够做什么。了解竞争对手的战略和行为,一是可以帮助招商引资管理者了解竞争对手的战略目标和行为特点,从而制定相应的竞争策略;二是把握竞争对手的营销战略和创新战略,同时全面了解其财务战略和人力资源战略,明确招商引资的战略方向和重点领域;三是主动向竞争对手学习,有效地借鉴好的做法和举措。值得注意的是,我们强调的是借鉴而不是照抄照搬,成功的招商引资做法必须与当地产业的具体实际结合起来,才能够真正发挥出效力。近年来,深圳市加快实施创新驱动发展战略,推动创新链产业链资金链人才链深度融合,为开辟新赛道、塑造新动能提供了强有力的支撑。

4. 竞争对手能力

只有科学地分析竞争对手的能力,才能创新差异化招商策略,在市场中建立起相对的竞争优势,最终取得成功。招商引资管理者要科学评估竞争对手的实力,界定竞争对手在重点产业中的优势和劣势。通常情况下,招商引资管理者要明确竞争对手四个方面的能力:核心竞争力、学习成长能力、市场反应力和执行力。

5. 小结

招商引资管理者通过系统、客观研究和分析竞争对手,了解其优势、劣势、战略和业务模式,制定有针对性的竞争策略,能够有效提高自身的竞争力和市场吸引力(参见图2—3)。具体来看,竞争对手分析可以从五个方面着手:一是确定竞争对手,包括直接竞争对手、间接竞争对手等;二是过市场调研、公开报道、社交媒体等多种渠道收集关于竞争对手的信息;三是分析竞争对手的优势和劣势,包括其招商引资项目和服务的特色、客户满意度、招商渠道、综合成本等;四是分析竞争对手可能对自身竞争行为所做出的反应,包括其反应的速度、强度和持久性等;五是根据竞争对手的分析结果,制定有效的竞争策略。

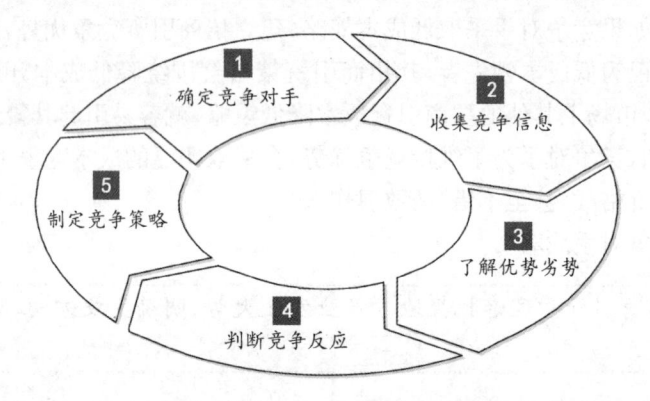

图2—3 招商引资竞争对手分析

值得注意的是,招商引资竞争的目的不是消灭竞争对手,而是围绕客户价值创造,力图相比竞争对手而言,为投资商提供更多的价值。现代招商引资者的核心工作是为投资商提供价值并与投资商建立持久的关系,但是他只能与市场中的关键利益相关者——政府各职能部门、招商引资中介机构等——协同一致,才能有效地完成这一项任务。

重视外部环境

通常情况下,招商引资管理者把外部环境看成一种必须面对但无法管控的因素,采取的策略是分析外部环境,设计适应环境的招商引资战略,并制定可行的计划,力图避免外部环境中的威胁,并抓住外部环境中的机遇。

> 招商引资管理者要把扩大内需战略同供给侧结构性改革有效结合,积极寻找地方经济的新增长点。

"跳出招商看招商,回到招商做招商。"对一些经验丰富的招商引资管理者而言,他们认为外部环境中的"危"与"机"是一种辩证关系,可以采取创新性策略,影响和改变环境,从而创造出更多的机遇。面对新的发展阶段以及不断发展变化的国内外环境,招商引资管理者要明确这样的辩证判断:"危和机并存、危中有机、危可转机,机遇更具有战略性、可塑性,挑战更具有复杂性、全局性,挑战前所未有,应对好了,机遇也就前所未有。"

总体来看,招商引资管理者不能随意影响和改变外部环境因素,但在一定条件下,确实可以采取较为积极的主动行动,创造新的机遇。2023年年初,深圳市商务局发布《阶段性支持商贸经济运行若干措施》,支持企业参加重点境外展览,市级财政按现行政策对组展和展位实际支出费用给予支持,各区按照市级支出的50%给予配套支持,以更加积极的行动,推动了经济的恢复和发展。

资料链接2—1　准确把握形势,坚定推动高质量发展的战略自信

当前,我国发展进入战略机遇和风险挑战并存、不确定难预料因素增多的时期。这为准确把握当前和今后一个时期我国发展面临的环境提供了科学指引。

新一轮科技革命和产业变革加速推进,给我国发展带来新的战略机遇。我国经济韧性强、潜力大、活力足,长期向好的基本面没有变,发展仍具有良好支撑基础和许多有利条件。

一是政治保障更加有力。党的二十大为党和国家事业发展指明了前进方向、凝聚了奋进力量,"两个确立"是战胜一切艰难险阻、应对一切不确定性的最大确定性、最大底气、最大保证。

二是体制优势更加彰显。在外部环境复杂严峻、国内发展面临超预期冲击的背景下,我国社会主义市场经济体制表现出抵御风险、应对考验的强大张力,社会主义集中力量办大事的制度优势和创新完善宏观经济治理的政策效应持续显现。今年,随着存量政策效应的持续显现和增量政策的不断发力,将形成共促高质量发展的强大合力。

三是发展基础更加坚实。我国经济总量稳步提升,2022年占世界经济比重约18%,人均国内生产总值达到12 741美元,接近高收入国家门槛。我国拥有最完整的产业体系、日益完备的基础设施网络,产业结构持续优化升级,新动能加快培育壮大,粮食、能源资源安全保障能力不断提升,产业链供应链韧性持续增强,保持经济平稳健康可持续发展的物质基础更为坚实。

四是市场潜力加快释放。我国拥有14亿多人口、4亿多中等收入群体,是全球超大规模且最有增长潜力的市场,随着优化疫情防控措施成效显现,消费需求将逐步恢复,消费升级的步伐也会加快;传统产转型升级、战略性新兴产业发展壮大、补短板投资力度加大,都会促进有效投资持续较快增长。用足用好超大规模市场优势,促进形成需求和供给的良性互动循环,我国经济增长的潜力必将不断释放。

五是发展动力不断增强。重点领域和关键环节改革效应逐步显现,制度型开放不断深化,区域协调发展深入推进,都有助于我国营商环境持续优化,社会预期逐步改善,发展信心稳步增强。今年1月,制造业采购经理指数(PMI)和非制造业商务活动指数分别为50.1%和54.4%,重回荣枯线以上,经济回暖势头强劲。只要把各方面潜力和活力真正激发出来,我国经济发展必将前景广阔、前途光明。

总的来看,我国发展的趋势和主流明显好于世界其他主要经济体。面对复杂严峻的外部环境,我们要坚定战略自信、精准施策,善于发现和抓住机遇,有力有效应对困难挑战,推动经济持续回升和整体好转,实现更好发展。

资料来源:国家发展和改革委员会.努力推动经济实现质的有效提升和量的合理增长[J].求是,2023(4):17—23。

2.2 内部环境分析

详尽而全面的外部环境分析之后,招商引资管理者还要对内部环境开展客观分析(参见图2—4),梳理出当地所拥有的独特资源和能力,明确当地招商引资"能够做什么"。

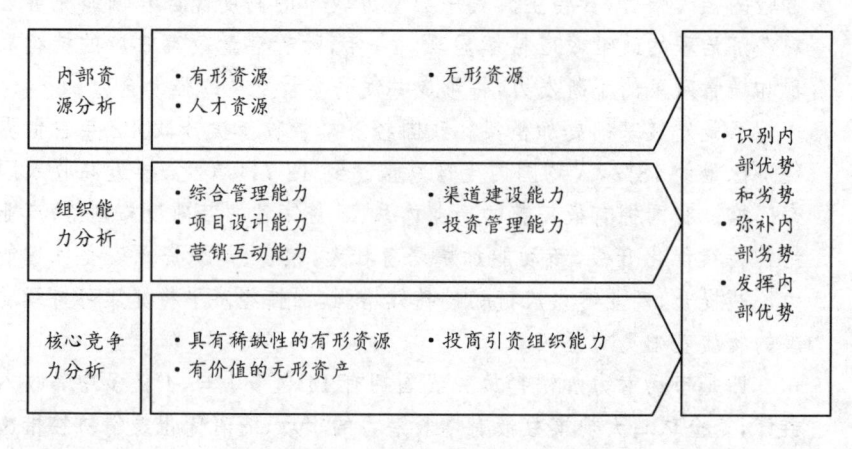

内部资源分析	·有形资源 ·人才资源	·无形资源	·识别内部优势和劣势 ·弥补内部劣势 ·发挥内部优势
组织能力分析	·综合管理能力 ·项目设计能力 ·营销互动能力	·渠道建设能力 ·投资管理能力	
核心竞争力分析	·具有稀缺性的有形资源 ·有价值的无形资产	·投商引资组织能力	

图2—4 招商引资内部环境分析(示意)

内部资源分析

> 现代招商引资不是强调"一招鲜,吃遍天",而是注重建立综合性优势。

内部资源分析能够让招商引资管理者重新审视当地招商引资的资源状况,科学地界定出相对竞争对手的优势和劣势,以便于"取长"和"补短",这里的意思是发挥出地方招商引资的长处和优势,还要设法弥补短板和劣势。

1. 有形资源

有形资源是指可见的、能用货币直接衡量的资源,主要包括物资资源和财务资源。其中,物资资源包括土地、厂房、生产设备、原材料,以及其他自然资源等;财务资源是指可用于投资或运营的资金,包括银行存款、信贷和有价证券等。

通常情况下,大多数有形资源都可以被竞争对手轻易获得,难以建立起持久的竞争优势,只有一些具有稀缺性的有形资源才能建立竞争优势,诸如独特的矿产、一流的旅游资源、特殊的地理位置等。内蒙古包头市根据当地产业基础、发展优势,着力打造"世界稀土之都""世界绿色硅都",把做大做强稀土产业作为招商引资重要抓手。

2. 无形资源

无形资源是当地长期积累的却无实物形态的资源,主要包括品牌、信誉、技术、专利、文化等。尽管无形资源难以准确地衡量,但它们通常是建立招商引资竞争优势的关键性资源,一般很难在短期内被竞争对手所理解和模仿。2023年,深圳市人工智能相关企业数量达到6.38万家,成为全国人工智能"密度"第一城。相比研发资源突出的京沪,深圳的人工智能产业优势主要集中于应用层,尤其是华为、腾讯、海思等在人工智能产业细分领域的龙头,不仅给当地人工智能产业发展提供技术保障,而且由于其本身较大的市场份额,整个产业链呈现出协同发展的态势。

3. 人才资源

产业是人才之基,人才是产业之魂。进入新时代,人才资源在各行各业的作用日益突出。从宏观层面来看,随着"全面深化改革""中国制造2025""互联网+"等国家战略的推进,各类产业人才在经济发展建设中成为中流砥柱,也成为提升产业核心竞争力的关键钥匙。

人才是第一资源,能够为地方招商引资提供技能、知识以及卓越的管理能力支撑。从本质上讲,是人才掌握着技能和知识,从而引领地方经济高质量发展,而不可能是其他资源。实践中,那些拥有丰富人才资源的地方,其招商引资的成效就更快更好。安徽合肥市以产业需求为导向,坚持"走出去、引进来",以产聚才、以才兴产,推动产业链与创新链、人才链、资金链、政策链深度融合,让"人才红利"加速释放,人才创新活力竞相迸发。

组织能力分析

> 组织能力不是凭空出现的,而是来源于当地有形资源、无形资源和人才资源的整合,是各种资源要素有机整合的结果。

组织能力是指招商引资组织在与竞争对手投入相同的情况下,具有更高的效率或更高质量,将各种要素投入转化为产品或服务的能力。在企业界,大量明星企业,诸如华为、腾讯、阿里巴巴、京东、万科等千亿级公司,都把打造组织能力放在战略高度。成功的招商引资组织也都非常重视提升组织能力,聚集优化配置资源,更好地发挥出招商引资竞争优势(参见图2—5)。

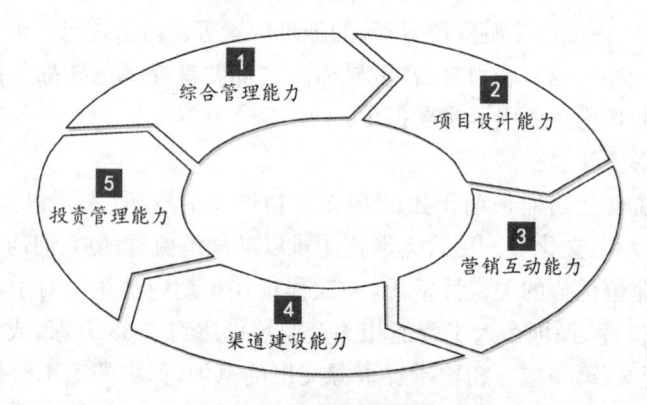

图2—5 招商引资组织能力

1. 综合管理能力

招商引资综合管理能力涉及管理技能和领导能力。强有力的招商引资综合管理能力能够制定科学的绩效标准,有效地提升招商引资效率。在制订招商引资计划时,招商引资管理者需要与政府各部门沟通协商,在统一的战略思想指导下开展工作,所有部门——从招商引资部门等核心部门到文教卫生等非核心部门——共同打造良好的招商引资环境,为投资商创造价值并传递价值。例如,新加坡政府官员具备很强的服务意识,坚持"一切为了客户、取悦客户"的服务理念,从完善基础设施、美化城市环境、开展"一站式"服务等方面,积极开展亲企活动。

成功的招商引资管理者要把先进的管理理念融入组织文化,使其真正成为组织成长的"营养液"。通常情况下,主要从四个方面衡量招商引资综合管理能力:一是科学地设置招商引资机构的职能管理体系及专业分工;二是明确岗位责任,并与绩效考核相挂钩,坚持过程和结果双考核;三是根据实际情况,准确把握集权和分权的程度;四是有效地匹配管理层级和管理范围,使招商引资工作更富有效率。例如,新加坡成立经济发展局,致力于打造高素质的招商团队,专门负责招商引资工作,在芝加哥、伦敦、巴黎、东京、上海、孟买等地设置海外办事处,收集投资信息,与投资商沟通。

2. 项目设计能力

科学技术持续进步,市场需求不断变化,现代招商引资需要坚持市场导向和绩效导向,开发和设计出符合市场需求的项目,并保持动态市场竞争力,最大限度地匹配市场客户需求。具体而言,各地招商引资管理者基于精准的产业定位和科学的战略规划,设计出优势的项目,才能够成功地吸引优质投资商落户。

> 把创新应用到招商引资工作中,真正发挥知识的价值,以"更聪明地工作"代替"更勤奋地工作"。

招商引资项目要符合国家产业发展政策以及地方产业发展规划,能够充分发挥当地资源要素的优势,比如区位优势、交通优势、产业优势、人才优势、生态环境优势等。因此,招商引资管理者需要抓好如下关键任务:一是学习研究各层面的产业政策,围绕"十四五"期间拟实施的重大建设项目,精心包装储备一批重点招商项目,发挥当地产业优势;二是设计出能级高、规模大、辐射带动强的项目,以重点区域产业合作为突破口,更好地利用外部资金和人才,推动产业链人才链互嵌式发展;三是用发展的眼光设计项目,既要注重财税贡献大的项目,又要注重吸纳就业的项目,还要注重新兴产业领域项目,平衡地方财政收入与经济发展的关系。

3. 营销互动能力

招商引资管理者直接面对投资商,需要站在投资商的角度思考问题。合格的招商引资管理者必须懂得"换位思考",以投资商为中心,所营销的项目要具备高质量和吸引力,能够实实在在地为投资商提供价值。

向投资商提供的应该是"良好的市场机会",而不是"充满不确定性的风险"。招商引资工作情况错综复杂,投资商的利益诉求与地方政府的体制约束常常面临诸多"看似不可调和"的矛盾。良好的营销互动能力能够让招商引资管理者与投资商之间实现专业且高效的沟通,迅速匹配项目与投资商优势,进而为市场创造出巨大的价值。

专业的招商引资者特别重视互动沟通,而且他们知道,沟通的真正目的不是为了说服投资商,而是为了听到对方的需求和担忧。招商引资双方不是对立者,而是具有共同利益的战略伙伴。很多情况下,招商引资管理者必须具体问题具体分析,并采用多种方法解决问题,而不是执拗于一点。例如,当投资商由于资金紧张而要求政府进一步降低地价时,政府不是片面强调降无可降,而是可以从拓宽投资商资金渠道方面沟通,诸如可以为企业申请低息贷款,用实际行动解决投资商关切的问题。

4. 渠道建设能力

高效的招商引资渠道能够帮助招商引资管理者将项目信息传递给投资商,或者吸引投资商到当地投资考察。因此,为了与投资商达成有价值的合作关系,招商引资管理者需要与渠道紧密合作,优化价值传递系统,真正把"以投资商为中心"落实到具体招商引资工作中。

招商引资组织不是仅仅为了自身而存在,而是要实现沟通、吸引投资商,满足产业发展需要,促进区域经济高质量发展。招商引资管理者必须明确,渠道商是合作伙伴,而不仅仅是一种中介机构,必须给予渠道足够的信息,并提供强有力的营销支持。例如,广西南宁市利用"南宁渠道",做大开放合作大文章,策划和组织重大招商活动,利用好"东盟渠道"扩大招商,抓好面向东盟各国外资企业招商。

5. 投资管理能力

近年来,政府投资基金成为资本招商的拳头工具,也是地方政府减轻债务融资压力、创新招商引资方式、引导新兴产业发展、撬动社会资本投入的重要政策工具。[1] 实践中,招商引资管理者可以通过各类产业投资基金,发挥资本的催化和杠杆作用,以股权投资和其他优惠政策为条件,吸引投资商落户。

> 向投资商推介投资项目,首要的不在于有多少投资商落地,而在于有多少投资商成功盈利。

现代招商引资管理者必须具备投资管理能力,主要涉及三个方面:一是筹集资金的能力;二是使用和管理资金的能力;三是风险管控能力。但凡是招商引资项目,都会在不同程度上存在风险,专业的招商引资管理者首要的

---

[1] 邹佳.关于政府投资基金促进招商引资的几点思考[J].现代商贸工业,2023,44(12):138—140.

是评估项目的风险,清楚关键的项目风险点,及时与投资商沟通。从中长期的角度看,只有投资商切实通过投资赚到了钱,我们才能说招商引资工作取得了成效。

核心竞争力分析

面对经济下行压力日益加大、市场竞争日益激烈的形势,如何在招商引资竞争中异军突起,受到市场、投资商的青睐?核心竞争力无疑是招商引资取得成功的最根本原因。核心竞争力能够实现投资商最为关注的、核心的、根本的利益,而难以被竞争对手所复制和模仿。核心竞争力辨识可以首先从招商引资组织的资源和能力入手,从中发现组织的关键竞争力,然后再确定哪些竞争力能够构成核心竞争力。

> 各地招商引资竞争,表面上看是项目、技术、产业之间竞争,背后则是体制机制竞争。

能够构成核心竞争力的资源,需要具备两个基本特征:一是稀缺性,这种资源和能力能够为投资商创造重要价值,且只有少数招商引资组织具备这些资源和能力;二是难以模仿性。这种资源和能力是组织所特有的,是竞争对手难以模仿的,通常包括稀缺的有形资源、有价值的无形资源和突出的组织能力(参见图2-6)。

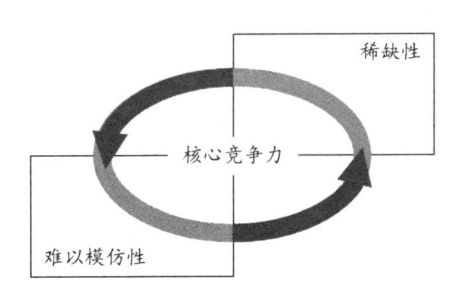

图2-6 招商引资核心竞争力特点

通常情况下,招商引资组织的核心竞争力来自以下三个方面。

1. 具有稀缺性的有形资源

招商引资管理者需要综合分析和测算当地的资源环境,根据重点产业发展定位,紧扣鼓励发展产业、优势特色产业、战略性新兴产业,精准谋划招商项目,锁定重点招商市场和目标企业,实现招商引资规模与质量双提升。例如,招商引资组织可以利用生态资源优势及地域特色资源招商,打造满足企业个性化需求的生态产业总部基地。

招商引资核心竞争力能够应对变革与激烈的外部竞争，获得长期竞争优势。当前，招商引资管理者特别要把握三个趋势：一是原材料日益短缺；二是污染问题不断恶化；三是政府日益重视和保护生态环境。现代招商引资需要在资源可持续发展前提下开展工作，使投资商认识到，良好的生态环境和企业发展之间必须保持良好互动，更高效的运营一方面会节省成本，另一方面还有利于生态保护。此外，招商引资管理者要关注公众环境，即招商引资工作所面临的社会关系和社会舆论，主要包括金融公众、媒体公众、民间团体、内部公众、当地公众等。如果招商引资管理者希望得到某一类公众的支持，则需要针对该公众进行有针对性宣传和沟通，以取得良好的口碑和声誉。

2. 有价值的无形资源

招商引资组织的无形资源主要包括专业知识、沟通技巧、客户关系、组织文化、品牌声誉和优惠政策等，通常都具有稀缺性和价值性，代表着招商引资组织为创造一定的经济价值所付出的显性和隐性资源投入。招商引资管理者可以通过无形资源建立起核心竞争力，诸如"7×24 小时""白加黑"全天候服务，"无事不扰，有求必应"贴心服务等。上海普陀区围绕生命健康、科技金融、智能软件、研发服务 4 个重点产业布局，对标世界银行宜商环境新评估体系，聚焦市场主体发展诉求，围绕市场准入退出、政务服务、科技创新等 21 个方面，共提出 100 项改革举措，为企业发展提供全方位服务，诸如"帮办服务""带方案出让、拿地即开工""马上办"等。

3. 招商引资组织能力

> 只有建立更有效率、更富活力的市场经济体制，才能在招商引资竞争中占据主动、赢得优势。

招商引资管理者需要以市场化理念推进组织职能转变，通过更高效的组织能力构建核心竞争力。具体可以从以下几个方面着手：一是业务能力。招商服务人员具有主动学习意识，熟悉地方各项招商引资政策，了解招商引资相关的法律、法规、财会知识。二是沟通能力。招商人员友善、热情，有良好的团队合作精神，有对外广交朋友的意识。具备吃苦耐劳、锲而不舍的"钉钉子"精神，积极争当金牌"店小二"的服务意识。三是谈判能力。在激烈的市场竞争中抢占先机，要强化攻坚能力，把更多的资金和好项目引进来，不仅要有毅力，更重要的是要有高超的沟通、谈判实战能力。招商引资管理者通过多种手段提升组织能力，有助于吸引和留住投资商，促进经济发展和提升当地产业水平（参见表 2—2）。

表 2—2　　　　　　　　　招商引资关键组织能力（示意）

序号	组织能力	解释说明
1	招商引资计划	制订明确和可行的招商引资计划,包括目标投资商、投资领域、预期效益等
2	项目策划推广	基于当地投资环境、资源和优势分析,策划和推广具有吸引力的招商引资项目
3	建立客户关系	建立和维护与投资商之间的关系,了解投资商的需求和关切,提供相关的信息,并着力解决问题
4	投资融资服务	提供全方位的投资和融资服务,包括行政审批、法律法规咨询、土地购买或租赁、融资支持等
5	协调管理项目	协调和管理投资项目,包括项目的规划、设计、施工、监管等
6	评估投资效果	收集反馈和分析数据,了解投资商需求和市场变化,及时调整投资策略和提高效率

资料链接 2—2　深港共建世界级科研枢纽

河套深港科技创新合作区位于香港特别行政区北部与深圳市中南部跨境接壤地带,面积 3.89 平方千米。其中深圳河南侧的香港园区面积约 0.87 平方千米;深圳河北侧的深圳园区面积 3.02 平方千米。两个园区一河之隔,拥有福田和皇岗两个连接深港的陆路口岸,是深港科技创新合作最直接的对接点。

一、园区换新颜　仓库变身实验室

为适应科技产业发展所需,近年来河套深圳园区快马加鞭推进皇岗口岸片区和福田保税区的改建工作,园区面貌加速蝶变。目前,皇岗口岸片区的改造如火如荼,待口岸货运功能取消后,释放出来的货检区土地,可建成总建筑面积约 100 万平方米的科研空间。而此前以仓储物流、加工制造为主的福田保税区,新建的写字楼拔地而起,原有的厂房和仓库变身实验室。预计到 2035 年新增科研及配套空间将超过 300 万平方米。

由港方主导运营的香港科学园深圳分园,仅用 5 个月,就完成了物业条件评估、清退楼内存量企业。改造后的香港科学园深圳分园,为香港科创企业提供了新的科研空间。

二、资源聚发展　科创浓度大攀升

科技创新是深港合作的"最大公约数"。伴随着各类政策的出台,河套深圳园区聚焦生命科学、信息科学、材料科学三大重点方向进行产业布局,通过空间改造和政策叠加等诸多努力,吸引科创资源集聚发展,园区内科创浓度不断提升。

......
　　河套深圳园区还积极为落地企业提供技术应用场景。无人驾驶领域独角兽企业深圳元戎启行科技有限公司已在深圳中心城区完成超8万人次的智能网联汽车出行服务。该公司副总裁说："在市中心上路实测可以帮助我们不断验证和迭代技术。"

　　河套深圳园区还吸引了以国际量子研究院、粤港澳大湾区数字经济研究院等为代表的国家重大科研平台，以及多家世界500强企业研发中心入驻。

　　目前，河套深圳园区实质推进和已落地高端科研项目逾150个，包括平台及基础设施15个、院校项目24个、高科技机构企业90个、创新孵化载体5个。

　　三、携手建枢纽 注入发展新动力

　　由于法律、体制、规则等方面的差异，深港两地在科技创新要素跨境流动、资源开放共享、科技产业协作方面还面临许多制约。《河套深港科技创新合作区深圳园区发展规划》（下称《规划》）的出台助力河套深圳园区突破深港合作瓶颈，解决"成长中的烦恼"。

　　《规划》从协同中国香港推动国际科技创新、建设具有国际竞争力的产业中试转化基地、构建国际化的科技创新体制机制、打造汇聚全球智慧的科技合作平台四个方面部署了任务。

......

　　"推进深港科技创新需要两地进一步加强协同合作，河套合作区正是前沿科技及产业资源的汇聚地，具有不可估量的发展潜力。"香港科技大学深港协同创新研究院院长说。

　　根据《规划》设定的发展目标，到2035年，河套深圳园区与香港园区协同创新的格局全面形成，科技创新国际化程度居于全球领先地位，创新要素跨境自由有序流动，成为世界级的科研枢纽。

资料来源：赵瑞希，谢妞.深港共建世界级科研枢纽——河套深港科创新合作区深圳园区发展观察[N].深圳特区报，2023－08－31（A03）。

2.3　竞争优势分析

　　迈克尔·波特教授在其经典著作《国家竞争优势》中提出了钻石模型，以四个基本要素和两个辅助要素构建分析框架，试图分析能够加强国家在产业中竞争优势的特征。本节以钻石模型为基本框架,阐述现代招商引资的关键资源要素,以及如何通过资源整合构建起地方产业竞争优势(参见图2-7)。

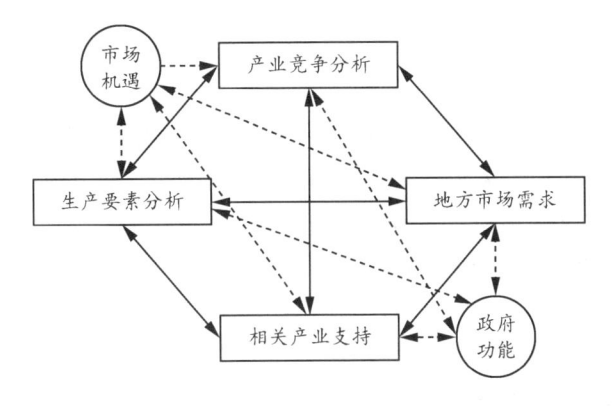

图2-7 招商引资钻石模型

生产要素分析

生产要素包括人力资源、自然资源、知识储备、资本以及基础设施等,主要分为两个大类:初级生产要素和高级生产要素。初级生产要素包括自然资源、气候、地理位置、普通工人、资金等;高级生产要素则包括现代基础设施、研究型和技术型人力资源、科研院所以及专门技术知识。

高级生产要素在构建招商引资竞争优势方面发挥着主导性作用。从招商引资角度来看,初级生产要素主要提供一些初始的优势,进入互联网时代,其重要性日益降低,因为投资商能够通过大范围的资源配置解决初级生产要素。高级生产要素很难从外部获得,通常是当地个人、企业以及政府投资的结果,因此招商引资管理者需要高度重视人力资本上的投入,并想方设法地制定产业人才引进政策。成都市高新区围绕产业发展需求,发布高能级岗位榜单,加快培养和引进领军人才,成为中西部地区人才密度最高、人才吸引力最强、人才活力最优的区域之一。

实际上,现代招商引资本身就包括了招商引资和招才引智两个方面,也只有如此,才能真正建立起强大而又持久的产业优势。如果某一个地方的产业仅仅是建立在初级生产要素之上(诸如自然资源丰富、工人工资低廉等),通常意味着其竞争优势根本不牢靠,也不具有稳定性。构建现代产业体系对高级生产要素的需求日益强劲,与此同时,那些能够聚集高级生产要素的地方,往往能够产生和保持持续的竞争优势。为此,成都市高新区出台《急需科技创新领军人才和急需产业创新领军人才专项支持政策(试行)》,助力区内重点企业、新型研发事业单位招揽领军人才,对符合认定条件的急需科技创新领军人才、急需产业创新领军人才,给予最高2 000万元支持。

地方市场需求

市场需求强劲,既有来自宏观经济因素和产业发展趋势的动力,也有来自产业链下游对产品需求的不断增加。很多情况下,地方内部的需求市场就是当地产业发展的动力。如果地方主导产业或优势产业能够满足当地市场需求,那么通常具有区域竞争优势。贵州煤炭资源丰富,煤矿多,矿山装备配件年维修再制造市场量大。贵州豫能集团围绕"园区+产业链"发展思路,走专精特新发展道路,联合国内知名企业打造西南地区最大的矿山装备智能再制造生产交易基地。[①]

此外,客户在地方市场中也发挥着极其重要的作用,如果客户对产品和服务的要求或挑剔程度高,就有助于激发地方产业或企业的竞争优势。道理并不复杂,如果能够满足最为挑剔的客户,就更容易满足其他的客户,一流的企业很大程度上是由一流的客户造就的。

现代招商引资必须与地方市场需求相结合,一方面如果地方产业优势明显,就可以围绕优势产业设计项目,通过招商引资扩大产业规模,把产品和服务拓展到更广泛的市场;另一方面如果地方产业不具备优势,就可以引入能够满足地方市场需求的投资商,充分发挥区域市场的优势,为投资商发展提供市场支持。例如,上海拥有众多的互联网、金融、人工智能等领域的头部企业和创新企业,对算力的需求量大、需求质高、需求多样,庞大的市场需求成为算力产业招商引资的"引力场"。

相关产业支持

市场专业化分工日益深入,任何一个产业或企业都不能单打独斗,只有与具有竞争力的供应商和关联辅助行业高效连接,才能共同构建起竞争优势。从另一个角度看,关联辅助行业在高级生产要素方面投资的好处,也将逐步扩散到本行业,从而有助于该行业取得有利的市场地位。南京市率先在全国开启中国软件名城建设提质升级行动,构建软件产业协同创新集群生态,"搞软件到南京"成为业界的口碑,一个个精细化、个性化的服务品牌,陪伴软件企业一路成长。

---

① 王法."以商招商"推动产业发展新突破[N].贵州日报,2022—11—02(1).

> 只有扎根于当地优势资源和特色文化,招商引资才能取得良好的效果。

事实证明,但凡脱离当地实际,一哄而上,求大求全,招商引资工作最终会落得"一地鸡毛"。对于处于发展中的地方而言,招商引资工作虽不能指望全面开花,但也不能采用集中优势资源于某一关键产业,一枝独放不是春,地方优势产业离不开高素质的供应商,也不能缺少下游产业的密切合作。例如,深圳市的网络与通信产业具备良好发展基础,拥有国家5G中高频器件创新中心、未来网络试验设施等一批重大创新载体,已形成较为完整的供应链、产业链和创新链。2022年深圳市新一代电子信息产业增加值达到了5 811.96亿元,5G基站、通信模组等信息通信领域"深圳产品"遍布160多个国家和地区,是全球首个实现5G独立组网全覆盖的城市。

产业竞争分析

激烈的产业竞争通常会促进区域内企业提升运营效率,通过高级生产要素的投入来实现创新式发展。事实上,成功的企业必然会经过激烈的区域市场竞争,外部的力量会迫使其采取创新举措,逐步建立起核心竞争力。2023年,光伏产业链各个环节都在扩产,隆基绿能、TCL中环、上机数控等多家上市公司发布扩产公告,产业竞争正变得异常激烈,进一步促进了相关企业加强科技研发,不断推出更高质量的产品和服务。

> 提高资源配置效率,需要坚持"两手抓"既要发挥好市场的作用,也要发挥好政府的作用。

招商引资管理者需要了解当地产业结构及竞争情况,通过培育和引入投资商,实现产业结构的优化以及竞争力的增强。以光伏产业为例,"产业集聚"成为塑造光伏产业竞争优势的重要抓手,招商引资管理者需要着眼于产业链招商,建立完整的产业链,扩展技术领域,向市场提供质优价廉的系列光伏产品。

总之,地方产业的适度竞争有助于构建成本优势、市场优势、创新优势等。具体来看,一是有利于形成专业细分、密切配合的分工协作体系;二是吸引各种资源不断流入,有效地降低成本,扩大市场规模;三是彼此竞争的企业间产生学习和经验效应,使原来基于资源禀赋的优势转化为创新优势,加速技术创新。招商引资管理者要利用经济专家库、行业专家库、法律专家库中的专业资源,围绕招商引资项目的科技水平、产业链地位、亩均贡献等多角度研判,先研判、后对接,提高招商引资的精准性、科学性和安全性。

市场机遇

机遇是一把"双刃剑",往往在新的竞争者获得优势的同时,也会使原有的竞争者优势丧失,只有满足新需求的企业才能享有发展"机遇"。以新型储能为例,国内新型储能在技术装备研发、示范项目建设、商业模式探索、政策体系构建等方面取得进展,市场应用规模进入快速扩张期。在此背景下,新型储能产业的招商引资,有助于加速产业链布局,不断开发各类应用场景,推进能源转型,实现新型储能产业化。

大多数情况下,机遇是可遇而不可求的,招商引资管理者需要识别哪些产业的需求尚未得到充分满足。对地方产业发展而言,形成机遇的可能情况大致有四种:一是核心技术的突破;二是外因导致生产成本突然提高;三是市场需求的剧增;四是政府出台重大产业发展政策。实践中,招商引资管理者抢抓市场机遇,更多依靠对科技趋势的把握,一方面鼓励科研机构聚焦企业需求,联合科技攻关;另一方面鼓励企业加大研发力量,重视和强化创新成果转化。

政府功能

"在任何经济中政府本身是最重要的制度,经济政策决定了国民经济中企业面对的宏观激励结构。"[①]尽管在市场经济中,从事产业竞争的是企业,但仍离不开政府功能,它们能够提供企业所需要的资源和服务,创造产业发展的环境。苏州市生物医药研发创新环境异常浓厚,通过一系列人才招引政策,集聚医药领域的顶尖人才,庞大的产业链对于不同人员与企业的创新思维碰撞都提供了良好的条件。

> 正确处理政府和市场关系,使市场在资源配置中起决定性作用,更好发挥政府作用。

招商引资工作必须实现"有效市场"和"有为政府"的结合。通常情况下,政府会在市场失灵领域开展直接投资,诸如基础设施建设、资本渠道拓宽、信息整合能力培育等。然而,在产业集群形成方面,政府并不能"无中生有",而是通过多种举措强化已有的或潜在的产业集群。浙江省围绕4个万

---

① 林毅夫.新结构经济学——反思经济发展与政策的理论框架[M].北京:北京大学出版社,2012:269.

亿级先进产业群、15个千亿级特色产业群、一批百亿级新星产业群,全力打造"415X"先进制造业集群,坚定不移推动制造业高质量发展。

招商引资是经济发展的源头活水,是推动产业集聚的最强引擎。政府在产业发展中最重要的角色,莫过于保证市场处于活跃的竞争状态,制定出恰当的竞争规范。在各地的招商引资实践中,我们可以看到,哪里重视招商引资,哪里把招商引资工作落实得好,哪里的经济就会具有持续的动力和活力。

资料链接 2—3　比亚迪的制胜之道

从"追赶"到"领跑",我国新能源汽车产销量已连续8年位居全球第一,全球市场份额超过60%。比亚迪的发展正是中国汽车产业在新能源赛道上创造"换道超车"奇迹的生动缩影。

把握大趋势、下好"先手棋",占领先机、赢得优势。近年来,随着全球能源革命深入推进,新能源汽车成为全球汽车产业转型升级、绿色发展的主要方向,也是我国汽车产业高质量发展的战略选择。2003年,比亚迪开始研发新能源汽车,抓住新能源发展"风口"、主动转型、深耕布局。依托包括长沙比亚迪在内的各大基地,2022年比亚迪总营收超4 200亿元,同比增长96.2%;净利润超166亿元,同比增长445.86%。在新能源汽车的"蓝海",中国车企换道进发,在全球市场迅速占据领先优势。抢抓全球新能源汽车发展机遇,为比亚迪赢得了先机;持续的科技创新,为其登高攀新提供了源源不断的活力。

"技术为王、创新为本",这8个大字在长沙比亚迪的宣传墙上反复出现。"多年来,比亚迪一直坚持自主创新,凭借刀片电池、DM-i超级混动、e平台3.0、CTB电池车身一体化、'易四方'和'云辇'等颠覆性创新,掌握了新能源汽车产业链的核心技术。"公司相关负责人介绍,长沙比亚迪是集团重要的技术创新策源地之一,相继成立的汽车工程研究院长沙分院、商用车研究院等,不断探索科技成果孵化、转化,加速推动行业技术变革,助力比亚迪不断向价值链中高端迈进。

唯创新者进,唯创新者强,唯创新者胜。比亚迪对于研发创新最舍得投入:在最近12年里,有11年的研发投入超过当年的净利润;2022年研发投入超200亿元,同比增长90.31%。目前,比亚迪已在全球累计申请专利约4万项、授权专利约2.8万项。回溯汽车产业在中国的发展,正因为有比亚迪这样一批敢于第一个"吃螃蟹",并且坚持创新驱动、久久为功的企业,才积攒了新能源汽车一路"狂飙"的底气。

"一企带一链,一链成一片",完善的产业链布局是长沙比亚迪快速发展的重要推动力。落户雨花经济开发区14年来,长沙比亚迪从单一汽车产业做起,逐步完成乘用车、电子、电池、零部件等全产业布局。在它的带动下,先惠智能装备(长沙)有限公司、湖南晓光汽车模具有限公司等一批新能源汽车配套企业也落户于此。产业链上的企业协同发展、全面发力,共同在新能源汽车赛道上加速飞驰。"今年1—7月,园区实现规模以上工业总产值602.8亿元,特别是新能源汽车及零部件产业迎来爆发期,实现产值562.88亿元,同比增长94.7%。"雨花经济开发区负责人介绍说。

资料来源:黄炜信,旷思思.比亚迪的制胜之道[J].求是,2023(17):58。

第 3 章
招商引资竞争战略

如何在竞争中取得成功,求得发展,是每个招商引资管理者都要认真思考的重大课题。迈克尔·波特教授曾在《竞争战略》中提出三种基本竞争战略:低成本战略、差异化战略和集中化战略(参见图 3—1)。实践证明,这三种基本竞争战略能够有效地指导地方招商引资工作。

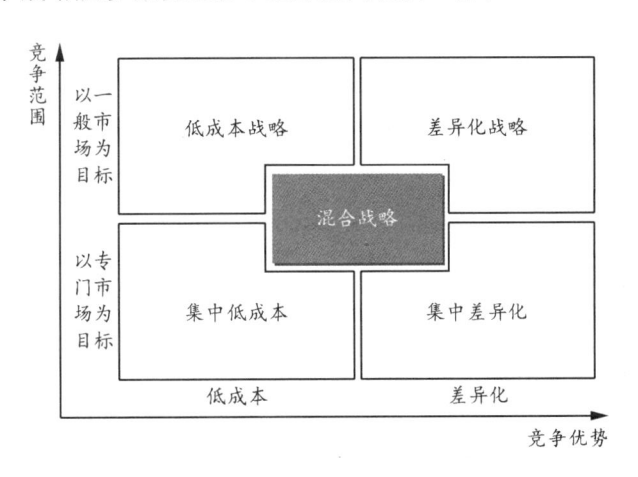

图 3—1 三种基本竞争战略(示意)

3.1 理解招商引资战略

科学运用战略和策略是招商引资管理者战胜各种风险挑战,抓住发展机遇，不断从胜利走向胜利的成功秘诀。无论是经济发达地区，还是经济发展中地区，都面临着不同的机会和威胁，也都具备资源要素的比较优势。招商引资战略要在既定的目标和资源约束下，通过整合内部优势资源，把握市场变化中的机遇，从而谋求更好的生存和可持续性发展。

理解战略的概念

招商引资工作是经济发展的源头活水，招商引资战略出现问题，就无法准确定位目标投资商，进而无法高效利用渠道和方法。只有真正把契合地方特色、符合发展规律、能够长远发展的项目招进来、留下来，才能推动招商引资工作的提质增效。

> 内外部形势越是纷繁复杂、任务越是艰巨繁重，招商引资工作越是需要战略引领。

招商引资战略是指适应内外部环境变化，依托当地优势资源要素，构建和维持核心竞争力，以求得经济可持续发展而做出的招商引资发展总体性谋划。在科学的战略观指导下，能够有效地制定招商引资战略，同时，也保持战略的动态性，依据地方招商引资内外部环境的变化，对原有战略进行必要的修订。在此过程中，招商引资管理者需要综合运用市场手段、行政手段和法律手段，吸引外部资金、技术和人才，与当地特色要素资源相结合，培育出核心竞争力。至于选择哪一种竞争战略，不仅需要考虑当地内外部市场环境，而且最为关键的是，高效地解决投资商的需求，这是招商引资工作取得成功的基础。

着眼于价值创造

招商引资工作是不是高效，首先看招商引资战略是不是适合当地实际情况。招商引资战略做得好，切实当地产业发展实际，就能产生显著的效益，而一旦战略失误，甚至是三年一大改，一年一小改，就缺乏战略定力，导致最大的资源浪费。福建宁德市坚持把发展经济的着力点放在实体经济上，围绕"抓龙头、铸链条、建集群"做文章，2022年，宁德入选全国首批12个产业链供应链生态体系建设试点城市，列入国家工业稳增长和转型升级成效明显市名单。

招商引资战略正确，是赢多赢少的问题；而招商引资战略错误，通常是走向衰落的开始！招商引资战略一方面能够保证招商引资工作在长远发展需要的方向上展开，确保高成长、高效益、高技术的重大项目扎实推进；另一方面能够与投资商建立良性沟通机制,让投资商听到看到地方产业发展战略,坚定他们的信心,同时在实践中更要落实战略构想,为他们创造价值。安徽合肥市把市场主体培育作为经济增长的重要抓手,加快培育"四上企业",大力发展千万元、亿元特色楼宇,鼓励基金投资当地企业,培育更多经济新增长点。

招商引资战略坚持客户价值导向,地方政府各个职能部门与相关利益群体紧密合作,共同致力于为投资商创造价值。这个过程中最为关键的是,与目标投资商建立以客户价值为基础的、能够实现当地经济利益的良性关系。上海宝山都市淞兴经济发展区始终秉承"与企业客户共赢才能长久"的服务理念,努力把各项政策学懂吃透,让企业享受到更多的政策扶持,比如高新技术、专精特新、小巨人等方面的政策扶持,在财政扶持政策上最大力度让利于企业客户。[①]

适应内外部环境

招商引资战略是一个动态闭环过程。首先要依据地方经济发展的内外部环境制定可行的招商引资战略,其次要评估和选择多套战略方案,最后是组织资源实施战略。然而,招商引资战略并非一成不变,在战略的实施过程中,要根据实际情况反馈,必要时做出微调,甚至是大幅调整。例如,2023年国内疫情防控措施优化调整之时,深圳市抢抓机会,聚焦高新产业、数字经济、时尚产业、创意设计、先进制造、生命健康等领域,走向世界各地去"敲门招商"。

缺乏有效的执行力,再好的战略也是一纸空文。通常情况下,招商引资管理者根据"近详远略"的原则,制定三年滚动发展战略,每个季度或每半年评估实施情况,依据实际情况修正,第四季度综合评估整体战略情况,重新制定下一个三年战略,形成一套"滚动式"战略。好的招商引资战略是成功的前提条件,有效的执行才能真正"开花结果"。为确保招商引资项目引得来落得下,安徽宣城市制定领导挂帅顶格推进,上下联动平台承载,专业招引智库辅助,项目引领要素保障的"双招双引"工作机制,强化顶层设计,加强综合协调,招商引资取得了良好绩效。

把握战略的关键

环境日趋复杂多变、区域竞争日益激烈,招商引资管理者最关心的问题

---

① 王萃华,沈伟家.浅谈都市淞兴招商引资的核心竞争力[J].上海商业,2023,530(4):228-229.

是,如何保持当地经济活力,吸引外部资源要素流入当地。实践中招商引资是发展经济的"头等大事"和"一把手工程",很多地方都强调"招商引资等不起、慢不得",要努力跑出加速度。然而,只有从以下四个方面考虑招商引资战略,才能够形成有效的做法,切实提升工作绩效(参见图3-2)。

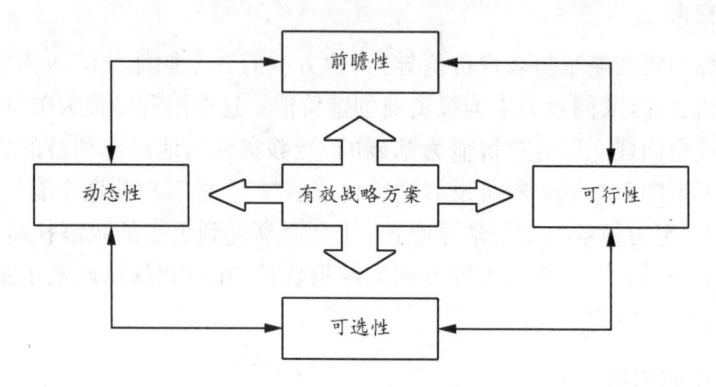

图3-2 招商引资战略关键点

1. 战略方案具有前瞻性

> 以战略引领招商引资工作,前瞻性布局先导产业、未来产业,抢占未来经济发展制高点。

招商引资战略顺应产业和科技变革大势,聚焦国家和地方战略需求,面向产业未来发展,重视新技术、新材料、新产品、新产业的最新动态,并积极开展战略性布局。招商引资管理者要增强战略的前瞻性,科学预研预判经济运行、产业发展形势的变化,敏锐洞悉前进道路上可能出现的机遇和挑战,警惕"黑天鹅"、防范"灰犀牛",以科学的战略预见未来、引领未来。

"一张蓝图绘到底,一任接着一任干",招商引资管理者需要把各方面力量整合起来,加强政策精准供给、用好各类服务平台,提升对投资商和优秀人才的吸引力。苏州市创新招商引资思路,把"科技招商"作为创新驱动发展的一条"必由之路",加快对接、主动招引国际一流资源,想方设法为产业创新集群建设注入"黄金动能"。

2. 战略方案具有可行性

招商引资管理者结合当地的实际情况,听取各方面意见,调研一手资料,制订出科学的招商引资战略方案,通过各部门齐心协力,不断完善战略,使之更具可行性方案。战略方案切忌脱离当地实际情况,盲目招商引资,或者是领导拍脑袋,凭空设想"目标远大"的招商引资方案,这些都会极大地挫伤招商引资者的积极性,给具体工作带来很大危害。

实践中,同质化竞争很容易导致招商引资"难推广、难招商、难落地",只有围绕特定产业领域做精做深并形成特色,上下游交易便利、供应链需求集中、专业人才资源集聚、基础研究氛围浓厚,才能够发挥战略方案的作用,形成有竞争力的产业集群。

3. 战略方案具有可选性

招商引资管理者制订多套战略方案,概括性描述每种方案的优劣势,一方面,可以方便做出战略决策;另一方面,也可以在内外部环境出现突然变化时,选择采用备选方案过渡,以免措手不及。例如,制订招商引资方案时,一套以引进外资为主、内资为辅;另一套是以引进内资为主、外资为辅,两套方案各有所长,如果海外招商引资遇到不可以逾越的障碍,就可以启用第二套方案,加大内资的引进和洽谈力度。

4. 战略方案保持动态性

招商引资战略方案有助于提升地方招商引资工作的系统性,准确把握地方经济实际情况,统筹各种资源要素,突出重点产业发展,带动全局工作的顺利开展。然而,招商引资所处的外部环境和竞争状况是不断变化的,因此战略方案需要不断更新和调整。

当市场环境、竞争对手、技术等条件发生变化时,招商引资管理者需要重新评估其竞争优势和劣势,及时调整战略方案,以保持其竞争优势和适应市场变化。此外,招商引资管理者必须考虑如何将战略转化为实际的行动计划,并且根据执行过程中的实际情况,调整和优化战略。总之,战略方案保持动态性和灵活性,不仅是战略执行的内在要求,而且是持续不断的创新过程。

5. 选择最适合的方案

成功的招商引资管理者必然明白一个道理,没有最优的战略方案,只有最合适的战略方案。招商引资管理者既要充分考虑自身的优势与劣势,考虑未来的变化趋势,还要考虑竞争对手的动态,并把握战略力量的配置和各项措施在总体上的相互依存关系,以此来选择最适合本地发展的战略方案。

> 战略方案往往是在不断变化的环境和竞争状况中调整和优化的。

地方经济发展到新阶段后,招商引资管理者需要重新评估产业定位,立足新情况新问题,谋划下一步工作,抢抓发展机遇,推进产业结构迭代升级。安徽合肥市推广"创投城市计划"活动,积极谋划化合物半导体、服务机器人、合成生物学、低空经济等未来产业项目,抢抓经济新增长点。

资料链接3—1　资料链接：合肥"数实融合"推动产业跃迁升级

近年来，合肥市通过强化科技创新发展原动力，聚焦产业发展深层次问题，以工业互联网、企业"智改数转"等为突破，从创新研发的"最先一公里"与市场应用的"最后一公里"两端发力，共促转型，数字经济呈现量质齐升、蓬勃发展的良好态势。

为增强数字经济原始动力，合肥市发挥城市"创新"特色，借助科技创新"栽树工程"，与企业共同建设运营了44家新型研发机构，落地量子信息国家实验室、综合性国家科学中心人工智能研究院、综合性国家科学中心数据空间研究院等一大批"国字号"平台。7个项目入围工信部新一代人工智能揭榜名单，"墨子""九章""星火"人工智能模型等原创技术成果不断涌现。

工业互联网是数字经济发展的下半程，合肥市将平台建设作为发展工业互联网的核心抓手。依托图聆工业云数字基座、星火大模型等核心技术，该市建设的羚羊工业互联网平台已成为全省工业互联网综合服务平台，累计入驻高校院所161所、服务商1.88万家，上半年为全国1.4万户中小企业提供服务，业务量同比增长20%，帮助中小企业畅通"产学研金服用"渠道。

聚焦"芯屏汽合""急终生智"等16条重点产业链，合肥市启动了"一链一平台"培育计划，引导产业链企业加速融入，已累计培育合力FICS等国家级特色型平台6个，数量居国内城市第一方阵。容知日新、瑞纳智能、劲旅环境等5家企业依托工业互联网平台实现跨越式发展，成功在科创板和创业板上市。

企业的"智改数转"，是数字经济难啃的"硬骨头"，但也是赋能企业弯道超车的"秘密武器"。为破解企业不想用、不会用、不敢用、不能用的难题，合肥市引导"头部"企业打造标杆项目，推动"腰部"企业全方位转型，先后建立"灯塔领航企业培育库""数字化卓越运营企业培育库"等，组织国内外智库专家、顶级咨询机构为入库企业进行培训辅导。目前，联合利华、美的洗衣机等4家企业成为全球"灯塔工厂"，生产产值居全国城市第2位。

2022年，数字经济核心产业增加值已占合肥市GDP约10%，规模以上工业企业关键工序数控化率60.4%，达到长三角城市先进水平。合肥市推进产业数字化工作获国务院表彰，获批数字经济"新一线"城市。

据悉，合肥市将继续加大"双招双引"力度，推动腾讯（合肥）智慧产业总部基地、华云数据信创云产业基地、哈啰出行安徽运营中心、大华股份长三角区域总部暨科创中心、安恒信息人工智能安全总部基地等一批项目签约落地。

资料来源:丰静.合肥"数实融合"推动产业跃迁升级[N].安徽日报,2023—09—04(7)。

3.2 低成本战略

低成本战略强调以低综合成本向投资商提供要素资源,有助于投资商迅速实现投产和盈利,从而在市场上建立竞争优势。但是,精明的招商引资者懂得——盲目降低招商引资成本,有可能会损害当地招商引资品牌形象以及与之前投资商的关系,因此低成本优势必须适合当地经济环境,能够维护长期的招商引资品牌形象。

低成本战略的内涵

低成本战略是指招商引资管理者通过有效的途径降低招商引资的综合成本,以较低的总成本取得竞争优势的战略。实际上,低成本是一个动态的概念,是相对竞争对手而言的,包含两重意思:一是与竞争对手相比,具有明显的综合成本优势;二是具有持续降低综合成本的能力,能够在相当长的一段时期内保持竞争优势。实践中,招商引资管理者内心一定要有成本概念,不能头脑发热。如果由招商引资带来的利益无法与成本匹配,这种低成本战略就是无效的,反而会造成诸多的危害,诸如,当前很多地方政府招商引资投入越来越大,进而导致财政压力日益增大。

> 低成本战略成功的关键在于能够建立相对于竞争对手的可持续性成本优势,满足投资商的需求。

当地招商引资部门必须找出建立成本优势的持续性来源,形成防止竞争对手模仿优势的障碍,只有这样,才能够有效地实施低成本战略。从本质上讲,招商引资的竞争力往往来源于能够为投资商创造更大的价值。实践中,投资商价值受两个因素影响,一个是收入,另一个是成本。对招商引资管理者而言,如果能够有效地降低投资商的成本,就能够建立起竞争优势。重庆市吸引惠普入驻的关键在于"三个成本降低优势,两个成本打平的能力和一个优质高效服务平台",其中劳动力成本低、油电煤运土地资源等生产要素成本低、西部大开发优惠政策带来的财税优势,成为吸引惠普投资的直接因素。

低成本战略的关键

招商引资管理者必须关注经济绩效,在每一项关键决策中都要考虑经济绩效。如前所述,实施低成本战略的关键在于,实现相对于竞争对手的可持续性成本优势。招商引资管理者可以通过优化投资环境、完善产业链、资源市场化配置、优惠政策等多种举措,降低投资商的成本,提高项目落地效率。

1. 关注综合成本

低成本战略意图最为明显,它关注的是综合成本,而不是某一单项成本最低。这就要求招商引资管理者科学选择主导产业,翔实分析和把控招商引资涉及的各项成本和费用,从而有效地把综合成本降到最低。例如,地方政府可通过提升投资便利化水平,针对重大项目转入、政策标准、土地开发等事项,形成一揽子政策支持包,提升资本准入透明度、可预期性等,有效降低投资商的综合成本。

招商引资管理者一方面关注显性成本,诸如项目建设和运营成本,另一方面还要关注隐性成本,诸如时间成本和项目风险因素等,二者要综合考量。有些情况下,招商项目的显性成本可能会很高,但如果能够在较短时间内完成并开始产生回报,那么从中长期看,该项目的综合成本反而可能较低。

2. 提升成本管理能力

获得低成本战略优势的招商引资管理者通常具有"成本控制"能力,因而其既能够让投资商享受到低成本的利益,又能够让自身实现盈利,这里必须包含一种"双赢"思维。投资商有利可图,愿意集聚在一起,招商就能事半功倍。事实上,降低综合成本,有助于构建好的招商引资环境,有效解决主导产业发展问题。

> 只有取得令人满意的成本管控,才能证明低成本战略实施的可行性,进而证明低成本战略的价值。

招商引资管理者需要具备成本管理能力,制定科学的成本管控目标和计划,采取有效的措施和方法,引导全员参与和全过程控制成本,并根据实际情况不断优化和改进成本管理,最终有效管理和控制招商引资成本。

3. 推进标准化管理

低成本战略的关键在于通过优化生产、供应链、产品设计等方面,实现相对于竞争对手的可持续性成本优势。在满足投资商要求的前提下,标准化能够有效地降低成本:一是通过产品标准化,在价格上建立优势;二是优化供应链,减少采购成本,提高采购效率;三是提高生产效率,减少生产过程中的浪费;四是通过集中采购,获得更大的采购量,从而降低采购成本;五是优化产品设计,减少冗余环节,提高工作效率。

推进标准化管理是招商引资组织提高运营效率、降低成本、提升服务质量的重要手段。招商引资管理者在推进标准化管理工作的过程中,需要抓住关键(参见表3-1),定期评价、总结和改进各项标准化管理工作。

表3-1　　　　　　　招商引资标准化管理的关键点(示意)

序号	关键点	解释说明
1	重视标准化管理	只有招商引资管理者重视标准化管理工作,才能自上而下地推动各项工作的开展
2	完善制度标准	只有制度和标准明确,才能使各项工作有章可循、有据可查
3	加强培训宣传	让全体员工了解标准化管理工作的重要性和要求,掌握相关知识和技能
4	实施考核激励	将标准化管理工作与员工的绩效、晋升等切身利益相关联,激发员工的积极性和主动性
5	推动持续改进	不断总结经验、改进不足、持续优化,使标准化管理工作更好地服务于招商引资组织的发展和目标的实现

低成本的来源分析

低成本是解决产业发展的基础问题,也是事关地方经济长远发展后劲问题。低成本战略要能够"大刀阔斧地降低招商引资成本,提升工作竞争力"。通常情况下,招商引资管理者可以从税费成本、融资成本、物流成本、要素成本和制度成本五个方面降低综合成本。

1. 降低税费成本

注意遵守税收法律法规,避免违法行为带来的税务风险。招商引资税费优惠既包括国家层面和省市层面的"普惠政策",诸如对高科技产业实行15%的企业所得税率,也包括适合当地产业发展的"特惠政策"。实践中,无论是东部发达地区,还是中西部发展中地区,都已将"普惠政策"落实得比较彻底,但是如何根据当地产业发展实际,制定"特惠政策"来降低综合成本,对投资商形成特殊吸引力,这方面有待进一步改善。至于具体如何制定"特惠政策",当地政府不能"闭门造车",而是需要更加开放式的思路,与外来投资商全方位沟通,大兴调研之风,把"特惠政策"做到投资商的心坎上,才能够真正形成竞争力。

2.降低融资成本

招商引资管理者基于具体招商引资项目,选择适合的融资方式,降低单一融资渠道的风险,综合发挥股权融资、债权融资的作用,多渠道为投资商解决融资难、融资贵问题。实践中,比较合理的资本结构是,银行信贷占50%、直接融资占35%、非银行融资占15%。招商引资管理者要敢于正视问题,善于发现问题,真正把情况摸清、把问题找准、把对策提实,聚焦实际问题抓落实,带动全局工作。例如,在市场利率较低时,可以选择发行债券或申请银行贷款;在证券市场行情较好时,可以考虑进行股权融资。

3.降低物流成本

地方政府通过建设综合交通枢纽、实施路桥费改革、率先取消高等级公路收费、解决内陆通关问题等,努力降低投资商物流成本。具体来看,要推动综合交通物流枢纽与物流园区布局相互衔接,通过优化物流网络、提高物流预测能力、应用物联网技术、提高配送效率等手段,实现物流成本的整体优化。

4.降低要素成本

常见生产要素包括劳动力、土地房产、水电气等各类要素。降低要素成本,招商引资管理者可以思考如下方面:一是降低人力成本,培育和引入宝贵的人力资源,丰富当地人力资源供应;二是通过节能降耗、提高能源利用率、开发可再生能源等方式,降低能源成本;三是通过多元化融资渠道、控制融资规模、选择合适的融资时机等方式,降低融资成本;四是降低土地房产成本,这是一个地区招商引资中的重要竞争力,高地价、高房价会让一些有潜力的投资商望而却步。

5.降低制度成本

招商引资管理者通过简化审批手续、落实负面清单管理提高办事效率、降低制度性管理成本,着力建设好开发区、保税区、自贸区等开放设施。具体而言,一是深入推进"放管服"改革,将行政许可事项全部纳入清单管理,充分发挥市场对于资源配置的决定性作用;二是保护各类市场主体产权,进一步营造优良的营商环境;三是杜绝"乱伸手",把权力关进笼子里,加强对于行政权力的监督和制约,规范政府行为,减少不必要的行政干预和收费。

这些制度性要件对城市的运行效率和区域地位具有重要影响,有了这些要件,就可能成为区域乃至国内国际的门户和口岸,为地方经济发展积聚更多动能。例如,上海自贸试验区对标国际最高标准,打造改革开放新高地,外商投资负面清单从190条"瘦身"到27条,成为高质量发展的示范者和引领者。

资料链接 3—2 "工业上楼"创新产业空间供给模式

"工业上楼",是在制造业高质量发展新格局和产业提容需求的双重背景下,城市空间形态战略性的创新和突破。自从深圳 2022 年 11 月正式推出"工业上楼"计划以来,"工业上楼"已经成为推动深圳先进制造业高质量发展,进一步加大改革创新力度的重要举措。

一、拓展产业空间,"工业上楼"向天空借地

深圳坚持工业立市,立足制造业当家,2022 年工业总产值、全口径工业增加值双双位列全国大中城市首位。作为国内的"工业第一城",立志于建设全球领先的重要的先进制造业中心,深圳对产业空间需求旺盛,让工业上楼,向天空借地,成为切实可行的突破口,也是为制造业高质量发展提供坚实支撑,持续增强工业发展后劲。

2022 年 11 月,深圳正式推出"工业上楼"计划,紧扣"20+8"产业集群发展,依托 20 大先进制造业园区,打造"垂直工厂",明确提出连续五年每年建设 2 000 万平方米优质、经济、定制化厂房空间,"工业上楼"优质厂房租金平均 35 元每月每平方米。截至 2023 年 6 月底,深圳首批 72 个"工业上楼"项目中,已开工项目 43 个,开工率 60%,对应厂房面积 1 080 万平方米。同时,深圳大力推动项目同步招商,通过前期摸排意向入驻企业、召开全市招商大会、各区宣讲会、微信小程序"深i企"上线"深圳工业上楼项目招商信息化对接平台"等方式,多措并举推动招商工作,力争建成即投产。

二、促进产业融合,"工业上楼"拉近上下游

"工业上楼"向天空借地,但并不是简单把一般工业园成排的厂房垂直叠高。"我们不仅自己选择新桥东,还拉着上下游企业一起进驻。"麦格雷博电子(深圳)有限公司副总经理表示,"工业上楼"的新桥东,给这家国家级"专精特新"小巨人企业牵头打造国际磁能产业园的梦想,提供了无限可能。

"深圳宝龙专精特新产业园"作为深圳首个优质产业空间试点、首个二、三产业混合用地试点和首个"专精特新"专业园区,聚焦发展网络与通信、半导体与集成电路、高端医疗器械、安全节能环保等战略性新兴产业集群,积极探索"上下楼就是上下游"的集聚生态,引导先进制造业集聚发展。

三、助推产业发展,"工业上楼"按需求布局

"工业上楼"项目用较小的土地面积,将庞大的产业体系聚集在了一起,同时,为切实推动产业发展,始终把落实产业发展的需求摆在第

一位。产业发展需要留住人才，需要便利的生活空间和优美的生态环境，因此，"工业上楼"落实生产、生活、生态"三生融合"，留有足够的高标准厂房，并配有研发办公、居住生活、休闲购物、运动健身、绿化等空间，以实现职住平衡、产城融合。

产业发展需要创新引领，需要创业氛围，需要创投保障，因此，"工业上楼"落实创新、创业、创投"三创结合"，打造创新城区，激发创新活力，形成浓厚的创业创新氛围，吸引社会资本，孵化大量初创企业。产业发展需要运营稳妥，需要财务稳健，需要效益稳定，因此，"工业上楼"落实运营与财务、投入与产出、社会效益与经济效益"三个平衡"，实现供给可持续，租金可预期，经验可复制。不同企业对产业空间有不同的个性化需求，"工业上楼"都思深忧远。

资料来源：徐松．"工业上楼"创新产业空间供给模式[N]．深圳特区报，2023—09—04(A01)。

3.3 差异化战略

传统地方招商引资的"秘诀"是在税收、土地和劳动力成本上进行大规模让利。时过境迁，随着国内经济进入高质量发展阶段，招商引资理念需要与时俱进，以投资商需求为中心，构建当地招商引资的特色和优势，走差异化的道路。例如，江西新余市以情招商，扎实开展"三请三回"系列活动，主动联系新余在深圳、上海等城市的异地商会，助力锂电产业招商引资。

差异化战略的内涵

差异化战略强调建立招商引资的特色和优势，即招商引资在产业定位、营商环境、要素资源、招商理念、招商品牌等一个或若干个方面形成显著的特色，或与竞争对手产生显著的差异性，从而在市场上取得竞争优势。

> 地方招商引资需要抓特色，走差异化的道路，但不能"想当然"，更不能热衷于"找热点"。

招商引资管理者实施差异化战略，能够更有效保持市场地位，获取超额市场回报。安徽合肥市把战略性新兴产业的发展作为主攻方向和着力点，通过"以投带引"招商引资新模式，引入并培育了新型显示器件、人工智能、集成电路和新能源汽车等新兴产业集群，实现十年"换道超车"。

招商引资差异化战略是一种灵活且追求时效性的竞争战略,通常情况下,招商引资者首先要关注当地是否有产业配套,是否具有形成产业集群的潜力。以制造业为例,上游是原材料和零部件企业,下游是物流和销售渠道企业,整条产业链涉及成千上百家企业,围绕地方特色产业招商引资,有助于形成特色的产业集群,吸引几十亿,甚至是上千亿元的产业链。

差异化战略的关键

差异化战略的核心是取得某种对投资商具有价值的独特性,能够使自己的项目或服务有别于竞争对手,与此同时,成本与竞争对手相当或略高。无论是传统的支柱产业,还是战略性新兴产业、现代服务业和先进制造业,每种产业的发展都有着特殊的需求。招商引资者要全面分析目标投资商的需求,利用若干个指标,对其需求进行分类和评价,努力在投资商广泛重视的一种或多种特质上建立起特色和优势。

1. 发挥独特资源要素优势

招商引资管理者基于当地独特资源要素优势,集中发展一个或若干个潜力大的产业,形成其鲜明的特色产业或优势产业,使其能在市场竞争中处于领先地位。实践中,发挥独特资源要素优势是差异化战略的核心之一,地方招商引资管理者着重发展特色产业,探索发挥独特资源要素优势的路径(参见表3—2),更好地发挥优势产业的竞争力,形成产业聚集效应。

表3—2　　　　　　　发挥地方独特资源要素优势的路径(示意)

序号	关键路径	解释说明
1	分析独特资源要素优势	通过市场调研、数据分析等方式,深入了解和分析市场和投资商需求,以发现地方独特资源要素的优势
2	定位独特资源要素优势	深入发掘和分析地方拥有的资源要素,围绕产业、技术、人才、品牌等方面,定位独特资源要素
3	宣传独特资源要素优势	通过各种渠道和手段,突出独特资源要素优势,以吸引投资商的注意力,获得认可
4	创新独特资源要素优势	通过研发创新、人才培养、品牌塑造等方式,不断创新和提升地方独特资源要素的优势,保持竞争优势和市场地位

如果只是看到哪个产业热门就盲目追随,而不考虑自己的产业比较优势,那么招商引资工作很容易陷入困境,表面上看着很"热闹",但落地的产业或企业无法形成市场竞争力,最终会导致各种纠纷不断。

2. 遵循产业发展规律

遵循产业发展规律是招商引资差异化战略实施的重要前提。招商引资管理者采用多种方法和手段,理解并把握产业发展规律。一是深入了解和分析产业发展趋势,制定更为精准的差异化战略;二是根据地方独特资源要素优势和市场需求,合理选择产业定位;三是加强管理创新、人才培养、品牌塑造等方式,培育自身的核心竞争力;四是顺应产业转型升级的趋势,不断调整和优化自身的业务能力和商业模式。例如,陕西安康市把握"苏陕协作"机遇,积极承接毛绒玩具文创产业转移,仅用4年时间,就从无企业、无订单、无厂房、无经验,到跻身全国第四大毛绒玩具生产基地。

招商引资管理者面向国内和国外两个市场,积极拓展招商引资渠道,提升招商引资的能力,通过差异化取得优势地位,吸引和培育更大的优质企业或项目,在为投资商创造价值的同时,实现地方经济发展和税收增长。2022年,深圳市签署《深圳市商务局 香港特别行政区政府投资推广署合作备忘录》,联合面向海外充分展示深圳和香港优越的营商环境和城市形象,诚邀全球投资者投资大湾区、投资深港。

3. 创造出独特价值

> 差异化战略需要招商引资团队具备强有力的创新能力和营销能力,不断满足投资商当前及潜在的需求。

招商引资管理者要着眼于优化地方产业结构,提高内部资源整体利用效率及能力,通过差异化创造出有价值的独特性(参见表3—3),适应投资商需求,有效提升投资商落地意愿。深圳市积极构建"大招商"格局,紧抓产业链的关键环节、重点领域,明确招商重点产业发展方向和产业布局,推动一批具有国际影响力和核心竞争力的重大项目落户。

表3—3　　　　　　　创造招商引资的独特价值(示例)

序号	关键路径	解释说明
1	独特投资商需求	分析投资商需求,寻找未被满足的需求和痛点
2	独特的项目或服务	根据投资商需求,提供独特的项目设计、品质和服务等
3	独特的品牌形象	通过广告、公关活动、社交媒体营销、线下推广等方式,为投资商创造独特的品牌体验
4	个性化解决方案	根据不同投资商的需求和痛点,提供个性化的解决方案

4. 适应市场发展趋势

招商引资管理者适应创新发展需求,制定差异化的招商引资策略,灵活调整广告宣传策略,开展促销活动,加强线上营销人才培养和团队建设,更好地适应市场发展趋势。卓有成效的招商引资管理者致力于塑造竞争对手难以模仿的竞争优势,降低差异化本身的可替代性,有效提高招商引资品牌的美誉度,推动当地经济的发展和产业的转型升级。安徽当涂县重点抓好优质原料基地建设,做大做强龙头企业,强化加工园区创建、招商引资、品牌打造等,精心做好"农头工尾""粮头食尾""畜头肉尾"增值的大文章,实现了农业高质量发展。①

差异化的来源分析

> 成功的招商引资差异化,不仅基于优质的招商引资项目,还基于优质的招商引资环境和服务。

招商引资工作的活力不是来源于"照猫画虎"和千篇一律,关键在于"特色",诸如产业特色、资源特色、文化特色等。招商引资管理者以"特色"为纽带,把外部的资源与内部资源结合起来,为市场提供更有竞争力的产品或服务,满足人民对美好生活的需求。在长三角一体化过程中,安徽省产业定位和投资商定位力图避开正面竞争,注重发挥其优势,保持招商引资竞争的"低姿态",坚持"错位招商"。通常来讲,成功的招商引资差异化可以来自四个方面(参见图3—3)。

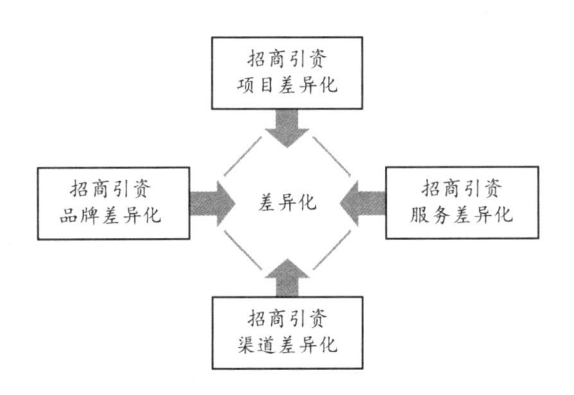

图3—3 招商引资成功差异化的四个方面

1. 招商引资项目差异化

招商引资管理者根据当地产业和资源特色,适应市场需求,在科技创

---

① 史力,许昊杰.全产业链发展,做好增值大文章[N].安徽日报,2023—09—04(1).

新、产品质量、产业链和产业资源等方面突出优势,设计特色项目,吸引投资商眼球,使投资商能够把该项目与市场上同类项目区别开来,在心目中占据优势地位。例如,地理位置相对偏僻的地方,其自然生态方面可能会具备优势,招商引资项目就需要与生态资源相结合,从而创造出项目的差异性。

具体来看,招商引资项目的差异化需要根据当地的产业基础、资源优势、市场需求等因素综合考虑,从定位、内容、政策、服务和推广等多个方面入手(参见表3—4),制订针对性的招商计划,吸引一批具有带动作用的优质投资商。

表3—4　　　　　　　　　招商引资项目差异化(示例)

序号	关键差异化	解释说明
1	项目定位差异化	根据当地产业基础、资源优势和市场需求等因素,制定不同的招商项目定位,以吸引不同类型的投资商
2	项目内容差异化	制定差异化的项目内容,诸如先进制造业项目可包括智能制造、新材料等领域,现代服务业项目可包括金融、物流、文化创意等领域
3	项目政策差异化	制定差异化项目政策,诸如先进制造业项目可享受更多的土地、税收等优惠政策,现代服务业项目可享受更多的人才引进、融资等优惠政策

2.招商引资服务差异化

招商引资管理者根据市场情况和产业特征,在普遍提供基本服务的基础上,广泛深入研究投资商的多样化需求,针对不同投资商群体的特点及需求,提供具有可行性的、有价值的差异化服务。

招商引资管理者可以为投资商量身定做个性化服务,诸如金融服务、代办服务、人才服务、商务服务等,通过提供需求范围内的全周期解决式方案服务,形成强有力的竞争优势(参见表3—5)。

表3—5　　　　　　　　　招商引资服务差异化(示例)

序号	关键差异化	解释说明
1	专业服务	根据投资商不同的需求和问题,提供法律咨询、市场调研、融资服务等专业服务
2	全程服务	提供从项目洽谈、签约到落地、投产的全程跟踪服务,确保项目顺利进行

续表

序号	关键差异化	解释说明
3	一站式服务	整合各种资源,提供包括工商注册、税务登记、土地审批等各种手续在内的一站式服务
4	定制化服务	提供定制化服务方案,满足投资商的特殊需求
5	智能化服务	利用大数据、人工智能等新技术手段,提供智能客服、数据分析等智能化的服务

3. 招商引资渠道差异化

招商引资管理者根据不同类型投资商的需求特点,整合各种资源和优势,从多个方面入手,制定差异化渠道策略,扩大招商渠道和范围,提升效率。一是线上与线下招商相结合,积极开展线上招商活动,如网络推介会、在线洽谈等;二是着眼于两个市场,既关注国内市场的招商,也积极开拓国际市场,吸引外资;三是探索新的招商模式,如联合招商、产业基金招商等;四是与各类商会、协会、中介机构等建立广泛的合作关系,共同开展招商活动;五是积极与投资商沟通和互动,提供更好的服务和支持。

在数字化和大数据时代,招商引资渠道差异化更多体现在推广平台的拓宽上,招商引资者敢于在新渠道中做第一个"吃螃蟹"的人。适应互联网时代趋势,建设立体式、面对面的招商引资渠道,既发挥传统招商引资渠道的作用,直接或通过中介机构与投资商面对面沟通,也发挥新型渠道的作用,利用网站、公众号、视频号等多种网络渠道宣传和沟通。

4. 招商引资品牌差异化

品牌不仅是一个概念、名称或标识,也是招商引资项目或服务在投资商心中的形象,是地方政府的重要无形资产。招商引资管理者要从品牌定位、形象、传播、文化、创新等方面入手,塑造当地独特的品牌形象和价值。一是根据不同产业、投资商和项目的特点和优势,科学地选择差异化的品牌定位,诸如先进制造业品牌、现代服务业品牌、战略性新兴产业品牌等;二是根据差异化品牌定位和目标投资商需求,塑造专业、可靠、创新、国际化等差异化的品牌形象;三是选择差异化的品牌传播渠道,提高品牌的曝光率和影响力;四是塑造差异化的品牌文化,诸如创新文化、合作文化、责任文化等,以增强品牌的认同感和归属感。

> 招商引资品牌差异化追求的未必是显著的"差异",但是必须基于当地实际,能够产生足够的市场价值。

现代招商引资者强调品牌的力量，为当地的招商引资进行形象和宣传设计，让投资商对当地的招商引资产生良性的联想和互动，通过不断地丰富招商引资品牌内涵，形成差异化，最终建立竞争优势。持续不断地推动招商引资品牌差异是招商引资管理者的一项重要任务，但品牌差异化不是冒险的、无根据的差异化。如果不顾当地产业、资源、人才、文化的具体条件，空喊差异化，或者是为差异化而差异化，那么这种不切实际的差异化，不仅无法实现预期的招商引资绩效，还会对当地招商引资带来巨大的损害。

资料链接 3—3　警惕招商引资"内卷化"

招商引资是地方抓经济、强产业的有效手段。但是，笔者在调研中发现，一些地方为争项目，引发恶性竞争。招商引资为什么会"内卷化"？不妨从两种心态说起。一种叫以投资的心态投机，另一种叫以投机的心态投资。前者是以长期而稳定的心态寻找和捕获机会，行稳致远；后者是以急功近利的眼光进行长期投资，风险很大。在招商引资、改善营商环境的进程中，如果总想着弯道超车，自以为很"精准"地抢抓先机，最后的结果可能是导致招商引资的"内卷化"。有不少学者指出，地方招商"内卷化"问题的深层原因是：对招商的行政干预过多，没有充分发挥企业自主招商功能，没有区域之间协作招商机制，缺少基于区域产业分布的整体招商规划，招商引资变成"抢商抢资"。某管理杂志曾刊发过一个小故事：有一个小镇，一位商人开了一个加油站，生意特别好；第二个人来了，开了一个餐厅；第三个人来开了一个超市，这片区域很快就活跃了。另一个小镇，一位商人开了一个加油站，第二个人来了，开了第二个加油站，第三个、第四个人来还是开加油站，恶性竞争导致大家都没赚到钱。这个小故事指出了当前招商引资"内卷化"的关键原因。

在调研中，笔者曾听某经济城总经理谈如何处理与周边地区的竞争关系。他认为，只要企业能发展，有重大机会，政府应该支持企业迁移，不能只顾自己的本位利益；当然，迁走的企业也会记着政府的好，会介绍新的业务合作或者别的企业来投资。有些地方设立了企业迁移"冷静期"，实际上给政府提供了进一步做说服工作的空间。某地在处理本地企业与外地企业纠纷时，同等条件下按有利于外地企业的原则处理。这些都是在实践合作共赢。8月9日比亚迪第500万辆新能源汽车下线，在比亚迪深圳研发中心前，13辆民族品牌新能源汽车列阵排开，共同构筑起一幅"在一起，才是中国汽车"的宏大场面。

缓解招商引资"内卷化"，首先需要发自内心地向别人学习。有省级党报发文《要向先进地区学什么？》，学合肥"以投带引"模式，学深圳

"抄底纾困"模式,学常州中长期产业布局意识。重视学习就是在扬长避短,在思考差异化招商,在研究错位竞争。还有,继"村BA"之后,贵州"村超"又火爆出圈,"淄博烧烤"现象引起各方面的关注。上述地区在走出激烈竞争、形成针对本地经济特点、本地环境特色上花了功夫,也就有了与众不同的思路、方法、路径。

解决内卷,就要放开眼界,处理好远近和大小的关系。比如,要处理好招"巨商"与育"微商"的关系。有一句有意思的话——你要做的不是"卷",而是为那些正在"卷"的人提供服务。从城市的发展来衡量,凡以大企业垄断的城市,一定是没有效率的。中小企业何尝不是一种成长性的深刻体现,它们在技术变革时代可能拥有更多机会,进行"破坏性创新"。不要对大企业过度期待,不要对小微企业过度轻视,这就是走出内卷的思维方法。

什么是真正的营商环境创新?有企业家说:"必须自己打倒自己,不仅国内要创新,闯国际市场同样靠创新,创新就是自己给自己签发的一张全球通行证。"有这种颠覆性的思考,才能闯出不同寻常的发展之路。当前,层出不穷的新理念、新业态、新技术,概念还不够成熟、技术路线还不够稳定、原理还不够清晰,靠经验和常识无法把握,但又必须抓住先机,这是考验人的判断力和勇气的时候。所有的成就,都要在模糊中探索前行,在迷茫中洞悉光亮,在沼泽中奋力脱身。我们要努力向过去要经验,向现在要收获,向未来要动力。

资料来源:徐根兴.警惕招商引资"内卷化"[N].文汇报,2023-8-27(6)。

3.4 集中化战略

对于大多数地方而言,由于要素资源条件所限,很难参与全面的竞争,在这种情况下,地方招商引资需要集中资源力量,锚定特定产业或投资商群体开展活动,从而取得比竞争对手更高的效率和效益。

集中化战略的内涵

实践中,招商引资工作必须坚持科学发展观,一方面,招商引资要能符合市场和产业发展趋势,不能沿用传统的产业发展观而没有创新;另一方面,不能盲目发展不切实际的"大"计划,脱离当地产业的实际发展。集中化战略是指把招商引资活动集中于某一部分特色产业、某一区域市场或某一特定的投资商群体,通过为相关的投资商提供比竞争对手更好、更有效的服务来建立竞争优势的一种战略(参见表3－6)。山东临沂市发挥建设全国规模最大的市场集群、重要的物流周转中心优势,建设北方电商之都,其中快手农产品带货量全国第一,成为盛产"网红"的"直播之城"。

表3－6　　　　　　　　　招商引资集中化战略手段(示例)

序号	关键手段	解释说明
1	目标集中	明确招商引资的目标投资商,制定有针对性的招商计划,集中力量和资源开展招商
2	区域集中	选择具有产业优势和资源优势的特定区域,集中开展招商活动
3	政策集中	制定集中、优惠的招商政策,吸引投资商
4	服务集中	整合各种服务资源,提供集中、高效的服务
5	渠道集中	选择具有影响力和优势的招商渠道,集中开展招商活动
6	品牌集中	塑造具有影响力和优势的品牌形象,集中展示当地的投资环境和优势
7	资源集中	整合当地产业资源、政策资源、服务资源等,提供集中、全面的支持
8	人员集中	组建专业的招商团队,集中开展招商活动和服务

集中化战略要求招商引资管理者详细分析和研究市场和投资商,诸如产业构成、产业链、投资商需求等,通过敏锐的洞察能力,把握竞争环境的变化趋势,合理地选择所期望的目标产业和投资群体。安徽合肥市把创新作为第一动力,顺应产业变革规律和国家战略方向,使科技、产业和资本融合推动产业迭代,跻身全球科研城市榜前20位、世界区域创新集群百强、国家创新型城市10强。

集中化战略的关键

集中化战略聚焦在特定的产业和投资商群体中开展有针对性的竞争,其目标选择较为聚焦,能够更加全面和深入地分析对象,提供更好的招商引资项目和服务。实践中,招商引资管理者根据当地实际情况和市场环境,制定适合的集中化战略,抓住关键环节,建立起持续的竞争优势(参见图3－4)。

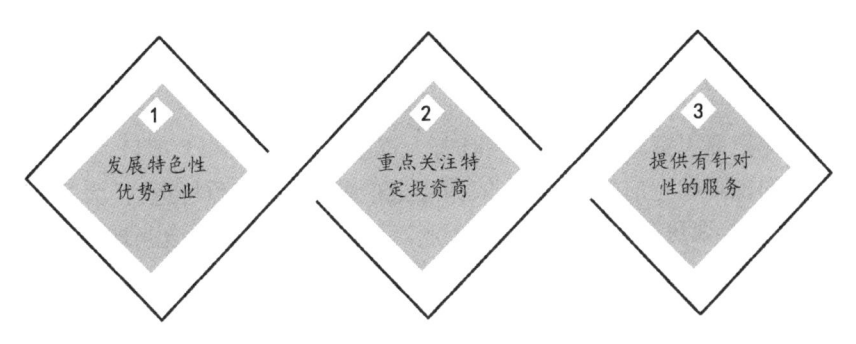

图 3—4　招商引资集中化战略

1. 发展特色性优势产业

招商引资管理者发挥当地资源禀赋和产业优势,选择具有比较优势的目标产业,着眼于技术创新驱动和品牌建设,集中力量和资源,针对目标产业设计招商项目,开展相关的招商活动。一是注重市场需求,选择具有较好市场前景的细分产业;二是通过技术创新提高细分产业附加值和竞争力,推动产业转型升级;三是引进或培育龙头企业,走专精特新路线,带动整个细分产业的发展,形成产业集群效应;四是加大对特色优势产业的扶持力度,在财政、税收、土地等方面给予优惠政策。例如,"买全球、卖全球"的浙江义乌市,是全球最大的小商品集散市场,带动了全国 20 多个产业集群、210 万家中小微企业,基于这一突出优势,义乌又重点培育和引进了跨境电商、大宗贸易、供应链、进口贸易等一批商贸流通项目,加快世界小商品之都建设。

2. 重点关注特定投资商

把招商引资目标集中于特定的投资商群体,积极开展项目沟通,与投资商建立起有价值的客户关系,真正做到"知己知彼"。无论是发达地区,还是发展中地区,中小企业都是促进发展、稳定就业、保障民生的重要依托,也是提升产业链供应链稳定性和竞争力的关键环节,为构建新发展格局提供有力支撑。招商引资者以中小企业为重点关注对象,锚定投资商。一是通过查阅相关资料、参加行业会议、与业内人士交流等方式,了解投资商背景、投资领域、投资偏好等信息;二是通过电话、微信和社交媒体与投资商建立联系,介绍当地的投资环境和优势;三是邀请特定投资商参加当地的招商活动,增强对当地产业的理解;四是与特定投资商保持沟通和互动,提供及时的服务和支持;五是以签订战略合作协议、共同开展项目等方式与投资商建立长期合作关系。

> 提供高质量的项目和服务,信守承诺,保持沟通和互动,与投资商建立起信任关系。

现代招商引资不一定非得死盯着大资金、产业龙头和大项目,管理者要有更宽的视野和超前的前瞻性,依据当地产业特色、资源特色,扩大招商引资对象范围,聚焦"专精特新"中小企业,有针对性地选择适合当地经济持续发展的投资商。尤其是在核心基础零部件(元器件)、关键基础材料、先进基础工艺和产业技术基础等领域,培育一批主营业务突出、竞争力强、成长性好的"单项冠军"。

3. 提供有针对性的服务

千篇一律的服务远远不能满足投资商的需求,必须坚持创新引领,为投资商提供更优的服务。招商引资管理者以高效率、更好的效果为某一特定投资商群体服务,从而超过那些面对广泛市场的竞争对手,或实现差别化,或实现低成本,或二者兼得。具体工作抓手包括,一是加强人才培养和引进,为特色优势产业提供人才保障;二是加强与外部的合作与交流,引入先进技术和管理经验;三是注重环境保护和可持续发展,实现经济效益和生态效益的协调发展。例如新加坡招商引资的主要特点之一是定向招商,主动"寻找""追踪"世界最尖端的企业,以引入关键企业为突破口,带动相关行业的其他企业跟进,培育规模经济。

集中化的来源分析

实施集中化战略,招商引资管理者可以从单纯集中化、成本集中化、差异集中化和产业集中化等方面思考。

1. 单纯集中化

招商引资管理者通过把有限的资源集中投入最具有竞争优势和市场潜力的领域,能够有效地提高整体效率和效益。实践中,地方招商引资管理者不过多地考虑成本差异,而是选择或设计特色项目,引入先进技术,提供优质服务,为某一特定产业内的投资商创造价值,进而建立并维持产业优势。例如,广西柳州市积极推进螺蛳粉产业转型,千方百计为发展拓空间、找市场,把螺蛳粉从地方街头小吃发展成百亿元大产业。

2. 成本集中化

招商引资管理者集中有限的资源,诸如人力、物力、财力等,努力降低成本并提高生产效率,从而在特定细分产业领域内取得优势地位。以旅游产业的小众市场为例,招商引资管理者以较低成本发展集特色、成本、风光和文化于一体的小众旅游目的地。目前,小众目的地越来越受欢迎,本质上是契合了年轻一代消费需求的变化——不随大流,追求个性,看重性价比,更在乎情绪价值和社交属性。与成熟的旅游目的地相比,小众目的地往往具有独特的体验,古朴的街巷、乡土的文化、传统的节事活动等在游客眼中都是独具魅力的存在。① 招商引资管理者可以顺应这种潮流,以小投入建立大优势,把当地的旅游产业做活做强。

3. 差异集中化

招商引资管理者在集中化的基础上突出项目的质量、技术和特色,针对某一特定细分市场的独特需求设计项目或服务,更好地适应特定市场的需求和趋势,更快地响应市场变化。由于集中化战略的服务产业范围较小,可以做出更为迅速的市场反应,能够持续保持竞争优势。广东中山市发挥在中医药领域建设方面独具特色,为发挥这一资源优势,专门规划了生物医药、中医药产业园,坚定不移发展中医药产业,打造成广东省传承发展中医药产业的重要基地。

4. 业务集中化

招商引资管理者在不过多考虑成本的情况下,按照某一特定投资商群体的要求,集中发展较好产业的某一项重点环节,诸如物流、制造、服务等。业务集中化的优势主要在于:一是可以共享资源和设施,降低运营成本;二是可以更好地调配人力、物力、财力等资源,优化资源配置;三是可以统一管理和监控业务流程,提高服务质量;四是可以促进不同部门之间的交流和合作,激发创新思维。例如,河北平泉市积极发展食用菌产业,依托中国农业科学院农业资源与农业区划研究所,建立河北省食用菌产业技术研究院,建设了科研楼、蘑菇博物馆、实验室等硬件设施,产业链产值达 80 亿元。

资料链接 3—4　小蓝莓串起特色产业链

蓝莓作为浆果产业代表性果品,被誉为"浆果之王"。近年来,黑龙江伊春市友好区积极践行大食物观,大力发展乡村"土特产"。以蓝莓小浆果为突破口,经过多年不懈努力,蓝莓产业已成为当地的新兴特色产业,探索出一条产游融合的发展新路径,推动乡村振兴和县域经济发展。

走进伊春市友好蓝莓产业园区,放眼望去,一排排的蓝莓垄中,一颗颗肉质饱满、晶莹圆润的蓝莓果实宛如一颗颗"蓝色的珍珠",成串挂

---

① 张雪. 做强小众旅游目的地[N]. 经济日报,2023—09—14(2).

在枝头。伊春市友好蓝莓产业园区始建于2009年，距离伊春市中心城区19千米，是集种植加工、采摘体验、旅游度假、休闲观光于一体的省级农业科技园区。

"园区投资2.1亿元，规划面积1.2万亩，由6家企业分区经营，种植的蓝莓有美登、北陆、蓝丰等7个品种，年可实现利润1 500万元，带动240户农户种植，增加农民就业500余人，季节用工达1 200余人。"管理人员介绍说。

伊春是中国野生蓝莓原产地，也是蓝莓产品的重要集散地。每年夏季，农户们提着篮子，亲手采摘成熟的蓝莓。采摘好的蓝莓，一部分会直接供给大型商超和精品水果商店，而更多的则直接运送到深加工企业加工。

经过多年发展，蓝莓产业已经成为当地推动林区转型发展的重要产业。目前，伊春野生蓝莓及种植蓝莓年采集量达5 000吨，年集散蓝莓产品2万吨，拥有蓝莓加工企业25家，年原料加工能力3万吨，已经形成果酒、果汁、果酱、果干等七大系列160余个产品。

"友好区立足本地蓝莓产业的规模优势、技术优势及品牌优势，不断释放林区生态生产力。"相关领导介绍，目前，友好区已有4家蓝莓及小浆果加工企业，形成以"志有""宝玉松"为代表的自有蓝莓品牌，生产果汁、果酒、果干、果糖四大系列22种蓝莓及小浆果产品，销往国内大中城市。

资料来源：吴浩.小蓝莓串起特色产业链[N].经济日报,2023—09—14(8)。

第4章
地方产业结构分析

区域发展,产业先行。招商引资是一个地方经济发展的长期性战略,也是当地经济与外部经济互动沟通的桥梁,地方政府要高度重视招商引资工作,不能等到经济发展遇到了瓶颈,难以为继的时候,才想起招商引资。对于追求经济可持续发展的地方而言,时时要招商,处处要引资,这本身就是地方高水平改革开放的一种态度和精神风貌。

4.1 现代产业体系

> 以实体经济为重,推进产业智能化、绿色化、融合化,建设具有完整性、先进性、安全性的现代产业体系。

地方经济高质量发展具有多维性,不仅要求提升经济运行效率,而且要实现区域协同发展、提升创新能力。一般来讲,现代产业体系强调以战略性新兴产业为引领,以现代服务业为主体,以先进制造业为支撑的战略定位,只有努力掌握重点产业链的核心环节,才能够占据价值链高端地位,为市场提供更多的客户价值。

战略性新兴产业

战略性新兴产业是以重大技术突破和重大发展需求为基础,对经济社会全局和长远发展具有重大引领带动作用、成长潜力巨大的产业。实践中,战略性新兴产业能够创造出庞大的社会新需求,引领经济社会实现跨越式发展,既代表着科技创新的方向,也代表着产业发展的方向(参见图4—1)。

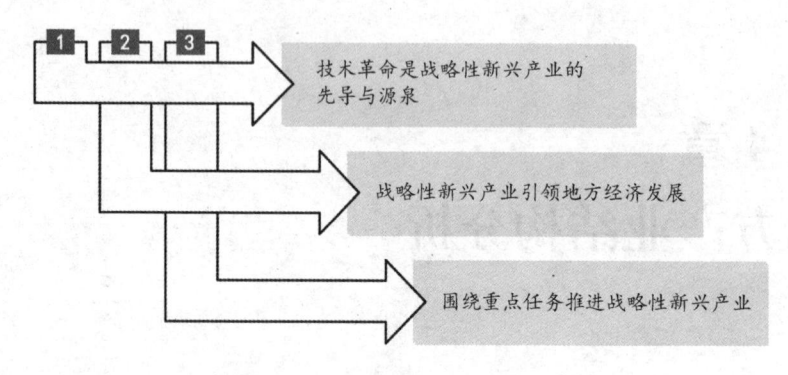

图4—1 战略性新兴产业发展关键

技术革命是战略性新兴产业的先导与源泉

战略性新兴产业引领地方经济发展

围绕重点任务推进战略性新兴产业

1. 技术革命是战略性新兴产业的先导与源泉

历史上每一轮技术革命都会创造出主导性的新兴产业,因此,随着新一轮科技革命和产业变革深入发展,地方招商引资工作面临新的战略机遇。当前互联网、大数据、云计算、人工智能、区块链等技术加速创新,并日益融入经济社会发展各领域全过程,数字经济发展速度之快、辐射范围之广、影响程度之深前所未有,正在成为重组全球要素资源、重塑全球经济结构、改变全球竞争格局的关键力量。

从国家层面看,"十四五"规划提出,发展壮大战略性新兴产业,聚焦关键产业领域,加快关键核心技术创新应用,增强要素保障能力,实现"战略性新兴产业增加值占GDP比重超过17%"等目标,培育壮大产业发展新动能。2022年,党的二十大报告又提出,"推动战略性新兴产业融合集群发展,构建新一代信息技术、人工智能、生物技术、新能源、新材料、高端装备、绿色环保等一批新的增长引擎"。良好的产业发展环境,为战略性新兴产业提供了成长和创新沃土。

> 战略性新兴产业代表新一轮科技革命和产业变革的方向,是培育发展新动能、赢得未来竞争新优势的关键领域。

作为市场潜力巨大的产业,战略性新兴产业实现了科技与产业的深度融合,指明了未来科技创新方向以及产业发展趋势,具体而言,那就是"深化大数据、人工智能等研发应用,培育新一代信息技术、高端装备、生物医药、新能源汽车、新材料等新兴产业集群,壮大数字经济"。"在互联网行业,每使一个岗位消失,会新创造出2.6个岗位;未来每部署一个机器人,会创造出3.6个岗位。"[①]近年来,超级计算、大数据、区块链、智能技术等高新技术正在推动人工智能、数字经济蓬勃发展。

2.战略性新兴产业引领地方经济发展

在激烈的市场竞争中取得优势,让战略性新兴产业成为引领地方经济发展的关键动力,需要准确定位战略性新兴产业,适应内外部环境变化,充分发挥当地资源优势,诸如高技能人才、科技研发、产业配套等,提升产业研发和应用创新能力。例如,杭州市余杭区加快布局新一代信息技术、高端装备制造、生物医药等新兴赛道,鼓励企业锚定战略前沿,走专精特新之路。

> 利用数字技术对制造业、服务业、农业进行全方位、多角度、全链条改造,不断培育发展新产业新业态新模式。

战略性新兴产业推动产业链低端向中高端发展,其产品和服务能够产生更高附加值。以智能制造为例,它基于新一代信息通信技术与先进制造技术深度融合,贯穿于设计、生产、管理、服务等制造活动的各个环节,具有自感知、自学习、自决策、自执行、自适应等功能,有助于提升劳动生产效率和制造精度,最终创造更高的市场价值。江苏常州市构建集石墨烯设备研发、原料制备与应用研究、产品生产、下游应用为一体的全产业链,依托石墨烯科技产业园和石墨烯产业特色小镇,打造了集"众创空间、孵化器、加速器、科技园"于一体的孵化载体体系,建成了专业的国家级孵化器、众创空间和完善的公共服务配套。

3.围绕重点任务推进战略性新兴产业

"产业数字化、数字产业化"为战略性新兴产业注入更大的活力。只有顺应数字产业化和产业数字化发展趋势,加快发展新型文化业态,改造提升传统文化业态,才能提高文化产业质量效益和核心竞争力。[②]党的十八大以来,我国数字经济规模从11万亿元到突破50万亿元,云计算、大数据、人工智能、区块链等数字技术应用于经济活动已具备较雄厚的硬件基础,许多方面位居世界前列。5G网络、数据中心等新型基础设施建设进一步促进了数字经济、生命健康、新材料等战略性新兴产业的协同发展。

加快推进前沿技术研发和应用,推动战略性新兴产业集群式发展。从产业发展层面看,招商引资管理者发展战略性新兴产业需要重点关注五项任务:一是发展与投资商的关系,维持现有投资商的忠诚度,同时,为新投资

[①] 约翰·马尔科夫.与机器人共舞[M].郭雪.杭州:浙江人民出版社,2015:71.
[②] 康岩.以数字技术促进新型文化业态发展[N].人民日报,2021-12-27(05).

商和新市场提供更大的价值;二是持续促进产品和服务创新,坚持市场导向,更深层次地满足特定客户群体的需要;三是引进柔性化生产,以低成本和高质量提供优质产品,实现特色化和差异化融合发展;四是调动企业的主动性和积极性,不断提高工艺质量和水平,缩短产品研发周期;五是运用新一代信息技术,诸如云计算、大数据、物联网、人工智能、区块链、5G等,有针对性地开展研发工作,有效地匹配加速释放的市场需求和与日俱增的应用场景。

创新现代服务业

现代服务业具有智力要素密集度高、产出附加值高、资源消耗少、环境污染少等特点。随着国内经济从"工业型经济"逐步向"服务型经济"转变,现代服务业成为驱动地方经济增长的主要动力。从定义来看,现代服务业是以现代科学技术特别是信息网络技术为主要支撑,建立在新的商业模式、服务方式和管理方法基础上的服务产业。现代服务业既包括新兴服务业尤其是生产性服务业,也包括对传统服务业的技术改造和升级,涵盖信息服务、金融、房地产、租赁和商务服务、科研服务业、教育、文体娱乐等多种业态。

1. 现代服务业内涵丰富

作为一个具有"中国特色"的概念,现代服务业适应现代城市和产业的发展需求,突破了消费性服务业领域,衍生出生产性服务业、知识型服务业和公共服务业等新领域。随着社会进步、经济发展、社会分工的深化发展,社会要求用现代化的新技术、新业态和新服务方式改造传统服务业,从而创造需求,引导消费,向社会提供高附加值、高层次、知识型的生产服务和生活服务。从国内整体情况看,生活性服务业加快迈向高品质、多样化,电子商务和移动支付交易额均居世界首位。[1]

> 加大高端制造、智能制造、绿色制造等领域招商引资,加快引入研发设计、咨询服务等现代服务业,推进"软""硬"产业开放合作。

地方现代服务业发展水平越高,对生产要素集聚的能力就越强,实体经济就越有竞争力。从地方经济发展角度看,招商引资管理者需要以科技创新为动力、以绿色低碳为方向,坚持价值引领,大力培育或引进现代服务业,实现同先进制造业、战略性新兴产业和现代农业的深度融合,构建优质高效的主导产业体系。例如,长三角G60科创走廊与上海现代服

---

[1] 王政,韩鑫.现代产业体系迈出坚实步伐[N].人民日报,2022-10-11(1).

务业联合会携手,全力推进先进制造业和现代服务业深度融合发展,不断增强先进制造业国际竞争力,打造具有国际影响力的科创走廊和国内重要创新策源地。

2. 生产性服务业迅猛发展

生产性服务业是指为保持工业生产过程的连续性、促进工业技术进步、产业升级和提高生产效率提供保障的服务行业,分为10个大类、35个中类、171个小类,主要包括研发设计服务、仓储物流服务、邮政快递服务、信息技术服务、金融服务、节能与环保服务、人力资源服务、培训管理服务等。

生产性服务业贯穿于工业生产的上、中、下游各个环节,是第二产业和第三产业融合的关键。专业化和高端化的生产性服务业是高端制造业所不可或缺的支撑,又被称为2.5产业,实践中,生产性服务业在支撑和壮大实体经济方面的作用正在日益增强。从微观层次看,企业对生产性服务业的需求大幅增加,表现为科技研发、服务外包、物流服务等。近年来,生产性服务业持续提质升级,个性化定制、网络化协同等新业态新模式不断涌现。例如,广东佛山市林氏家居与钉钉(中国)信息技术有限公司开展数字化合作。"我们通过钉钉平台向供应商发送订单信息,货品从生产、出厂到配送的各个环节信息,都能在钉钉平台上及时反馈。如果生产异常、交期变更,相关部门会第一时间收到预警。"2022年"双11"期间,林氏家居创出了18.2亿元的成交纪录,通过纵贯供需两端的数字化业务流体系,与产业链上下游合作伙伴在线协同,实现订单的跨组织流转和反馈。

3. 现代服务业需求日益增大

国际经验显示,依托关键核心技术和知识产权保护制度,牢牢占据全球产业分工的优势地位,是一个国家掌握全球产业链和供应链话语权的重要抓手。现代服务业不仅直接影响地方经济的转型升级效果,而且对提升地方经济发展效率和质量,激发创新至关重要。山东青岛市提出聚力发展现代金融、现代物流、现代商贸、软件和信息服务、科技服务、文化旅游、会展业,以"先进制造业+现代服务业"组成的24条重点产业链来建构这座城市的现代产业体系。

> 推动数字经济与现代服务业深度融合,能够产生强大的资源集聚效应,培育新业态、新模式、新动能,更好地创造需求、引领消费。

进入后工业化时代,服务业占比至少要达到65%,其中生产性服务业占比至少要达到40%左右。随着新技术、新产品、新产业、新业态蓬勃发展,创新驱动力越来越大,现代服务业的需求日益增大,在经历上升、徘徊、再上升阶段发展后,最终成为国民经济中的主体性产业。发展地方现代服务业,需要"引进来"与"走出去"相结合,既要积极利用外部优质服务资源,又要鼓励当地服务型企业不断提升自身能力,积极参与市场竞争。例如,江苏、福建、山东、陕西等省份加大现代服务业领域开放力度,强化外商招引,为相关人员往来提供更大便利。

展望未来,加快发展现代服务业,提升服务业在国民经济中的地位,是我国经济的发展重点,也是推动高质量发展的重大任务。2022年,河南省发布现代服务业发展"路线图",提出"到2025年,服务业增加值年均增长7.5%左右,知识密集型服务业规模以上企业营收占比达到45%,服务贸易进出口总额年均增长8%,服务业吸收外资年均增长5%,涌现出一批现代服务业龙头企业和新赛道'单项冠军'……"强调要"适应技术革命、产业变革、消费升级趋势,充分发挥服务业对经济增长和就业等方面的推动作用"。

发展先进制造业

> 先进制造业是制造业的高端领域,技术含量高,处于价值链的高端和产业链的核心环节。

制造业是我国现代产业体系的基础和核心,是实体经济的中坚力量。先进制造业也称"高端制造业",相对于传统制造业而言,是制造业不断吸收先进高新技术成果的过程,是国际产业竞争的主体,对经济发展起战略支撑作用。实践中,只有通过发展先进制造业,努力提高产品附加值,才能在全球市场中占领制高点,创造竞争优势。例如,依托制造业的强大韧性,深圳在疫情防控期间不仅稳住了经济大盘,而且保持了强劲动力,经济增长速度在国内名列前茅。

1. 先进制造业成为全球竞争新焦点

先进制造业是在传统制造业的基础之上不断吸收高科技成果,并将这些高科技成果运用于生产制造等产品的整个过程当中,实现高效和信息化生产。① 如今,先进制造业是制造业中技术创新最活跃、科研成果最丰富、产业影响力最大的领域。

先进制造业是产业竞争的主体,对经济发展起战略支撑作用。发展先

---

① 陈雨娇,孟舒豪.产融结合推动广东先进制造业高质量发展[J].中国外资,2023(5):68—70.

进制造业,需要以供给侧的技术创新为中心环节,诸如高性能装备、智能机器人、3D打印、激光制造等技术,一方面注重龙头企业的技术突破,发挥引领带动效应,另一方面积极引导中小企业走"专精特新"发展道路,打造"单项冠军"和"专家型企业"。上海发挥产业基础和资源禀赋优势,以集成电路、生物医药、人工智能三大先导产业为引领,大力发展电子信息、生命健康、汽车、高端装备、先进材料、时尚消费品六大重点产业。

实践中,先进制造业具有生产规模大、生产技术进步快、受资源条件约束小等特点,随着国内经济发展转向高质量发展阶段,客观上要加强技术研发,把牢科技"命脉",向全球产业链高端迈进,逐步建立和巩固国家产业竞争优势,成为真正的制造强国。

2. 先进制造业是国家经济命脉

先进制造业之所以被冠以"先进"二字,是因为它采用了高端的管理模式和先进的生产技术,利用高科技串联起产品的研发、制造和营销全过程。先进制造业发展需要走市场化路线,以市场需求为导向。具体来看,首先分析产品消费市场的运行情况,进而改进产品存在的问题,不断适应消费者需求,提高产品质量。

> 先进制造业的持续健康发展是经济发展的主动力,传统制造业转型升级是主旋律。

先进制造业分为两类:一是传统制造业吸纳、融入先进制造技术和其他高新技术后,提升为先进制造业,例如数控机床、海洋工程装备、航天装备等;二是新兴技术成果产业化后,形成带有基础性和引领性的新产业,比如生物制造、微纳制造等。2012年以来,国内制造业增加值从16.98万亿元增加到31.4万亿元,占全球比重从20%左右提高到近30%,制造业综合实力和国际影响力大幅提升……一大批重大标志性创新成果引领中国制造业不断攀上新高度。

推动制造业高端化、智能化、绿色化发展是建设现代产业体系的需要。随着先进制造业进入全方位、高水平竞争阶段,世界主要国家都将打造高水平先进制造业集群作为主要战略。[①] 2022年,我国工信部公布了45个国家先进制造业集群名单(参见表4—1),包括新一代信息技术领域13个、高端装备领域13个、新材料领域7个、生物医药及高端医疗器械领域5个、消费品领域4个、新能源及智能网联汽车领域3个,覆盖制造强国建设重点领域,成为引领带动重点行业和领域创新发展的重要力量。

---

① 阮刚辉.坚持自主可控安全可靠推动产业链优化升级[N].学习时报,2020-12-9(6).

表 4-1　　　　　　　国家先进制造业集群名单(节选)

序号	集群名称
1	深圳市新一代信息通信集群
2	无锡市物联网集群
3	上海市集成电路集群
4	广州市、佛山市、惠州市超高清视频和智能家电集群
5	南京市软件和信息服务集群
6	东莞市智能移动终端集群
7	合肥市智能语音集群
8	杭州市数字安防集群
9	青岛市智能家电集群
10	成都市软件和信息服务集群
11	武汉市光电子信息集群
12	长沙市新一代自主安全计算系统集群
13	成渝地区电子信息先进制造集群
14	南京市新型电力(智能电网)装备集群
15	株洲市轨道交通装备集群
16	长沙市工程机械集群
17	上海市新能源汽车集群
18	苏州市纳米新材料集群
19	宁德市动力电池集群
20	苏州市生物医药及高端医疗器械集群

资料来源:工业和信息化部规划网.国家先进制造业集群名单[EB/OL].https://www.gov.cn/xinwen/2022－11/30/content_5729722.htm,2023－8－26。

发展先进制造业集群,是推动产业迈向中高端、提升产业链供应链韧性和安全水平的重要抓手,有利于形成协同创新、人才集聚、降本增效等规模效应和竞争优势。湖南省把壮大和培育国家先进制造业集群作为主要抓手,完善产业集群梯度培育机制,开展产业集群竞赛,培育省级先进制造业集群 15 个、中小工业企业特色产业集群 7 个。①

---

① 谢瑶.湖南聚力打造"三个高地"[N].经济日报,2023－09－16(6).

3.先进制造业的人才支撑

> 推动先进制造业高质量发展,亟须更多高素质专业化的技能人才队伍支撑。

先进制造业发展关键在于高技能人才储备,离开技能人才的支撑,特别是具备国际视野的产业技能人才,先进制造业发展往往会成为无本之木,无源之水。目前,制造业高质量发展带来的新环境,正刷新年轻人对一线岗位的认知,技术工人在企业内部的地位持续上升,大国工匠正成为越来越多年轻人的职业追求,一支受过良好教育的高素质技术工人队伍正成为中国制造未来竞争力的支撑。[1] 近年来,先进制造业投资快速增长,明显高于制造业整体平均水平,成为带动实体经济转型升级的重要支撑。

招商引资管理者需要通过多种手段、多种渠道实现高技能人才"为我所有,为我所用",诸如"共享式"引才、"订单式"育才、"亲情式"留才等,都可以有效地扩宽高技能人才引入渠道,让这些优秀人才扎根,实现更大的人生价值。云南省围绕打造绿色铝谷、光伏之都、先进制造业、新材料、动力电池、生物医药、高原特色农产品加工等优势产业,培育高技能人才,实施制造业技能根基工程。

4.辩证看待传统制造业

传统制造业是现代产业体系的基础,突破提升先进制造业绝不能自缚手脚,将传统制造业当成"低端产业"简单退出,要用好高端化、智能化、绿色化"三板斧",持续提升传统制造业竞争力,发挥好其稳定大盘的作用。

制造业高质量发展既要保持一定的规模、实现一定"量"的增长,又要有"质"的持续提升。对战略性新兴产业和未来产业这两只牵引现代产业体系向"上"发展的潜力产业,要在充分依靠市场机制的基础上强化规划布局与政策扶持,既不能盲目追风一哄而上,也不能只在好的时候"鼓掌",一出问题就"躲远"。招商引资管理者从发展着眼,切实做好传统制造业、战略性新兴产业、未来产业的融合发展文章,让三者在协同作战中相辅相成、互相成就。

资料链接4—1 浦东新一批重大科技产业项目开工

> 抢先机、拼速度、闯新路,浦东新区正在以开局即是决战、起步就要冲刺的昂扬斗志,以高品质项目支撑高质量发展,全面推进经济恢复和提速,向全球优质企业、优秀人才发出诚挚邀请。
> 放眼整个浦东,以"三大先导""六大硬核"为引领的现代产业体系和

---

[1] 李永华. 未来的工人 高精尖,高学历,高收入[J]. 中国经济周刊, 2022(8):8.

热带雨林式的创新生态已初步形成。2022年,浦东新区工业总产值连破纪录,实现规模以上工业总产值超1.3万亿元,增长4.0%,高于全市5.1个百分点。为加快打造引领经济高质量发展的产业高地,浦东新区今年将重点在3个方面加大改革创新、优化投资机制、提升服务实效。

一是更大的产业空间供给。进一步加大产业项目用地储备,高效满足项目用地需求;加大产业项目零增地改扩建、工业上楼政策实施力度,加快推进浦东存量产业用地提质增效若干规定的实施,引导盘活存量产业用地。同时,聚焦新赛道布局,加快推进特色产业园区基础配套设施建设,提升产业集聚功能,打造新兴产业集群。

二是更快的投资促进速度。浦东产业投资促进工作将紧紧围着项目转、盯着节点推,争取实现"1个月洽谈签约、3个月启动供地、6个月实现开工"的目标。"我们将实施全区产业攻坚行动,汇集多部门合力解决企业困难诉求,加快推进项目落地。"浦东新区科经委副主任透露,在规划、政策、空间等方面实现一体化智能管理,以最快速度反映项目动态和需求,确保项目早签约、早开工、早投产、早达产。

三是更全的产业政策配套。浦东各方面政策将聚焦到产业发展需求、企业发展需求上来,真心实意助力企业发展壮大,更好落实生物医药、智能网联等产业法规措施,加大力度改革攻坚,为产业发展形成法治保障,持续优化营商环境。

资料来源:唐玮婕.浦东新一批重大科技产业项目开工[N].文汇报,2023—02—02(1).

4.2　四象限产业分析

招商引资管理者分析当地关键的产业和要素资源,目的是将优势的要素资源与盈利能力强的产业结合起来,创造出更大的经济价值,我们称之为"开源";此外,还要控制或削减对盈利能力弱且发展潜力不足的产业,我们称之为"节流"。实践中,招商引资管理者只有坚持"有所为有所不为",才能够把优势资源用在刀刃上。

地方产业分类

招商引资管理者要以事实和数据为依据,科学评估地方产业,准确找到并定位既符合地方经济发展又具有竞争优势的产业结构。为了使地方产业分析更加系统化,招商引资管理者可以借鉴波士顿矩阵工具,以产业盈利潜力和产业增长率两个关键指标,把地方产业划分成四个类型:明星类产业、现金牛产业、问题类产业和瘦狗类产业(参见图4－2)。

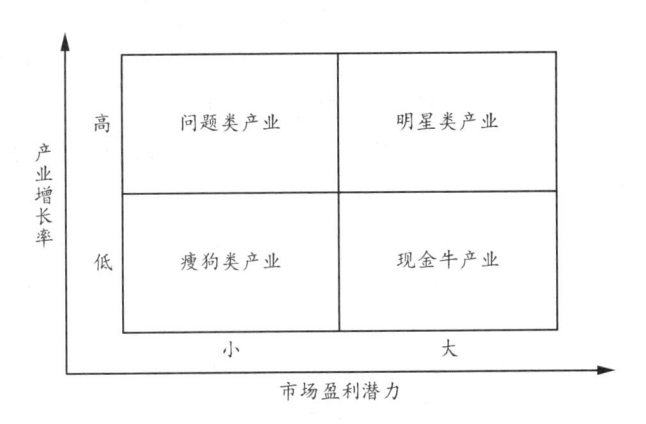

图4－2　地方产业划分矩阵图

1.明星类产业

明星类产业是产业增长率高且产业盈利潜力大的产业。通常情况下,该类产业需要大规模投资,以维持其快速发展。当市场增长率放缓时,将转化为现金牛产业,成为当地的支柱型产业,提供大量的税收和就业。

明星类产业是构成现代产业体系的重要内容,有些地方将之分为两大类:战略性新兴产业和部分未来产业,具体包括新材料、生物医药、新能源汽车、金融业、信息技术产业、新能源产业、节能环保产业、数字创意产业及生产性服务业等;三是地方上发展起来的部分未来产业。

2.现金牛产业

现金牛产业盈利潜力大,但市场增长率低。通常情况下,该类产业处于成熟期,无需大规模投资,就能够产生源源不断的利润,为地方贡献财政资源,为其他产业的发展提供财政支持。

现金牛产业主要包括两大类:一是传统制造业中规模大、效益好且具有竞争优势的产业,诸如运输设备(铁路、船舶、航空航天等)制造业、设备制造业、汽车制造业、电气机械和器材制造业、仪器仪表制造业、电子设备制造业,以及其他有地方特色的传统制造业;二是国民经济基础性产业,诸如采矿、电力、热力、交通等。

3.问题类产业

问题类产业是产业增长率高,但当下产业盈利潜力不明显的产业。招商引资管理者必须结合地方的经济发展情况做出取舍，集中优势资源培育部分问题产业，使其转化为明星产业，而其他的问题产业则需要由市场做出取舍。

问题类产业主要包括两类：一是传统农业，诸如农业、林业、畜牧业和渔业；二是传统的第三产业，诸如批发和零售业、交通运输、仓储和邮政业、住宿和餐饮业、房地产业、租赁和商务服务业、水利、环境和公共设施管理业、消费性服务业、教卫文体、娱乐业等；三是地方上发展起来的部分未来产业。

4. 瘦狗类产业

瘦狗类产业是市场增长率和盈利潜力均不理想的产业，并不能成为招商引资的重点关注对象，通常由市场优胜劣汰，有时，还会受到行政方面的严格限制。

瘦狗类产业主要包括两类：一是被国家列入产能大量过剩的产业，诸如煤炭开采、黑色金属开采、造纸、石化炼焦、化工、化纤、黑色金属冶炼、钢铁、纺织服装等；二是附加值低、技术水平低、能耗高、污染物排放高、安全生产风险高的产业，诸如小水泥、小造纸、小化工、焦炭、氯碱等。

5. 分类施策

在实际应用的时候，还需要根据每个产业的规模，用圆圈的大小标示出来。当招商引资管理者将地方产业归类完毕后，就能够确定每种产业在未来所要发挥的作用。针对具体的产业制定对策，例如，资源和政策向明星产业倾斜，加大招商引资力量，培育当前明星企业，引入外部明星企业，实现产业的集聚效应。北京市石景山区以首钢园为重点，聚焦"科技＋""体育＋"，提升中关村标杆孵化器运营水平，吸引一批高新技术企业入驻，持续打造北京科幻产业集聚区。

统筹发展产业

> 良好的产业结构不仅能够显著提升生产率，而且能有效地实现可持续发展。

招商引资管理者需要统筹优化产业结构，对四大类型产业采用差异化发展策略，在尽可能地降低对社会经济影响的条件下，逐步构建科技含量高、资源消耗低、环境保护好的现代产业结构。

1. 大力发展明星类产业

明星类产业能够在促进经济增长的同时，降低资源消耗增长率，是地方经济发展的排头兵和创新主力军。招商引资管理者应采用培育和引入两种手段,大力发展明星产业,持续完善和优化产业链。一是增加对明星类产业的投资,以支持其发展和扩大市场份额;二是不断改进明星类产业的产品质量和性能,以满足市场不断变化的需求;三是扩建生产基地、增加生产线、提高生产效率;四是引入战略合作伙伴,共同开发和推广明星类产业的产品,扩大市场份额和影响力。

地方政府重点支持明星类产业的企业研发创新活动,持续优化市场环境,升级现有工艺,开发新产品或者使用先进设备提升技术水平,形成"研发创新效应",推动其向产业链的高端发展。例如,作为引领新一轮科技革命和产业变革的战略性技术,人工智能具有很强的"头雁效应",北京市开始加快建设具有全球影响力的人工智能创新策源地,积极布局一批前沿项目,推动人工智能自主技术体系及产业生态建设。

2. 绿色转型现金牛产业

通常情况下,现金牛产业在地方经济中发挥着基础性作用,通过实施绿色发展战略和措施,开发或引进先进节能减排技术,加快"低碳"相关技术的推广应用,推动绿色转型的发展,实现经济效益和环境效益的双丰收(参见表4—2)。

表4—2　　　　　　　　现金牛产业绿色转型举措(示意)

序号	绿色转型举措	解释说明
1	应用绿色技术	推动绿色技术与传统产业的融合,提高产业的环保性能和资源利用效率
2	优化制造流程	采用更加环保、高效的生产设备和工艺,减少能源消耗和环境污染
3	加强供应管理	提高整个供应链的环保性能和资源利用效率
4	推广绿色产品	提高绿色产品的知名度和市场占有率
5	履行社会责任	参与环保公益活动,美化社会形象和声誉

招商引资管理者需要努力构建"产学研"体系,动员多方力量共同推动科技创新与成果转化的相互融合,积极践行绿色创新理念,将碳排放纳入技术创新过程,合理配置各类资源,提升吸收能力和管理水平,高效利用绿色创新技术。例如,江苏如东县以资源优势撬动产业能级,逐步形成以液化天然气、风电为主,以光伏、氢能、储能、地热等为补充的多领域绿色能源产业格局。

3. 优化调整问题类产业

问题类产业通常处于最差的现金流状态,一方面需要大量投资支持其高速增长,另一方面仅能产生少量现金支持业务发展。问题类产业的关键问题不在于产业本身,而是在于当地该类产业规模太小,不具备产业竞争优势。

问题类产业的发展不在于短期内见效,而要着眼于中长期产业发展。对于问题类产业采取的是选择性发展策略,首要的是明确当地在哪些问题产业上最具优势,且通过一段时间的投资和支持能够转化为明星产业。因此对该类产业需要具体产业具体分析,根据当地的资源优势综合评估,科学地选择某些具有成长潜力的产业,加大资源和政策支持力度,通过培育和引入两种手段,提升市场占有率,推动其向明星产业转化(参见表4—3)。

表4—3　　　　　　　　问题类产业优化调整举措(示意)

序号	优化调整举措	解释说明
1	产业问题分析	深入分析问题类产业存在的关键问题,诸如产业规模、产品质量、价格、销售渠道等
2	制定改进策略	根据问题分析结果,制定具体且有效的改进策略
3	促进产业投资	增加对问题类产业的投资,支持其发展和优化调整
4	加强市场营销	提高问题类产业的知名度和市场占有率

4.严格控制瘦狗类产业

瘦狗类产业利润率低,处于保本或亏损状态,负债比率高,不仅无法为地方经济发展提供帮助,而且会消耗宝贵的资源。招商引资管理者需要基于地方产业转型目标,结合地方产业发展战略,采取果断措施,用"限、转、并、停"手段,严格控制市场占有率,逐步转移资源,以最大限度地减少损失并优化资源配置。

在实际操作过程中,招商引资者要注意把握节奏问题。一方面对于传统制造业,招商引资管理者要合理控制其产业规模,并使其加快低碳转型;另一方面对环境的影响巨大且与节能减排相违背的"两低三高"产业,需要重点管控。

优化产业结构

谋划招商引资工作需要立足实际、因地制宜。各地不同的资源环境决定着当地的资源禀赋、区位条件,也决定着主导产业选择和产业承载度。招商引资管理者需要集中精力系统谋划和加速推进产业结构转型,加速实现产业发展模式由"粗放式"转变到"精细化"。

1.勾画地方产业图谱

招商引资管理者首要工作是组织产业分析团队,清晰地勾画出地方产业图谱,包括关键产业、子产业、优势产业、特色产业等,并勾勒出各产业之间存在的联系(参见表4—4)。之后综合评估各个产业的盈利潜力和市场增长率,根据具体的评估结果,优化对各产业的支持力度。例如,广州市注重培育新型数字产业,特别是推动基础平台、关键芯片、智能终端等数字产业发展,其中更加注重在类脑智能与脑机接口、语音识别等核心领域支持企业开展关键核心技术攻关。[1]

表4—4　　　　　　　　勾画地方产业图谱主要举措(示意)

序号	主要举措	解释说明
1	分析产业发展现状	全面且深入了解地方各个产业的规模、结构、技术水平、市场占有率等情况
2	明确产业关联关系	分析各个产业之间的关联关系,包括产业链上下游之间的关系、产业之间的互补关系、产业之间的竞争格局等
3	把握产业发展趋势	把握产业发展的趋势和方向,诸如产业发展的政策环境、市场需求、技术创新等
4	产业发展分类施策	制定产业发展战略,出台相关政策文件,分类施策,引导产业有序增长

2.采取差异化发展策略

四象限产业分析法是通过对地方产业进行分类,针对不同产业类型,制定与其相匹配的发展战略,以集中地方优势资源,增强关键产业的竞争优势。招商引资管理者通常可以采用三种不同的策略。

一是发展策略。招商引资管理者力图扩大产业规模,提升产业影响力和品牌力,其首要的战略目标不是财务利润而是市场占有率。对于明星类产业,要进一步加大研发创新和投资力度,帮助其不断向"大"金牛产业转变,在不远的未来实现稳定且丰厚的利润;对问题类产业,要进一步加大投资,扩大市场份额,帮助其向明星类产业转变。

二是稳定策略。招商引资管理维持现有产业规模,从中获取稳定的现金流。对现金牛产业而言,要维持该产业的市场占有率,逐步减少投资,从而产生稳定的现金流。

三是收缩策略。招商引资管理者对不具备竞争优势的产业,通常是部分问题类产业和瘦狗类产业,有效地控制资源的无效消耗,通过产业政策,

---

[1] 贾政、申卉.广州抢占数字经济发展高地[N].广州日报,2023—08—09(A3).

把资源导向更具竞争优势的产业。

3. 动态调研地方产业

定期收集和分析相关产业数据和事实，全面而系统地把握产业的发展动态和趋势。

招商引资管理者应该注意的一点是：招商引资管理者的信息和市场能力是有限的，并不能完全保证产业类型定位的精确性。因此，随着时间的推移，管理者要时刻关注市场上各产业的动态变化，在矩阵图中及时调整各类产业的位置以及种类。基本的思路是，各类产业之间需要保持合理性，也就是我们所说的产业结构优化，产业类型能够相互转化，共同支撑地方经济的可持续发展。

在充满不确定性和多变性的市场中，招商引资管理者需要时刻关注产业发展，定期或不定期地走访调研企业一线，及时掌握产业发展动态，根据地方产业发展的实际情况，制定产业发展政策。从招商引资实际来看，以往地方产业定位通常掌握在高层管理者手中，但是由于市场环境变化加速，越来越多的高层管理者开始把招商引资的产业定位，交由一线的管理者来完成，以对市场中各产业的变化做出及时的反应。

资料链接4—2　重点打造南虹桥生物医药研发总部，加速构建生物医药产业高地

上海正大天晴医药科技开发有限公司日前在虹桥前湾地区成功拿地，聚焦高端新药前沿研究，将着力打造全球研发总部。此外，上海新虹桥国际眼视光眼科医学中心春节后落地虹桥前湾，再加上云南白药、信达生物、威高国际、东软医疗等企业研发中心，虹桥前湾新的医疗健康项目正在集聚，也预示着长三角大健康产业高地加速崛起。一个个重大项目落地，为区域发展带来新引擎。

一、"店小二"服务周到，3天时间完成相关文件批复

正大天晴是集药品研发、生产和销售为一体的大型医药集团，也是国内著名的肝病、抗肿瘤药物研发和生产的重要企业。作为其在上海设立的全资研发机构，正大天晴全球研发总部主要包括研发中心、总部办公、员工宿舍和产业配套四部分。建成使用后，将吸引国内外高端技术人员、生物医药行业上下游企业向虹桥前湾地区聚集。

为保障正大天晴顺利落户，南虹桥集团、华漕镇与正大天晴前期做了充分准备，项目建议书及规划设计方案等各项手续顺利通过市、区相关部门审批。

正加快建设的东软上海科技中心项目，也得益于"店小二"的周到服务。他们在闵行相关部门配合下，项目实现"拿地即开工"。东软控

股董事长透露,项目仅用3天时间就完成了开工相关文件的批复。"东软到上海,是为人才而来,为虹桥区域的生态而来。在这里,我们感受到了上海速度、虹桥速度、闵行速度。"

二、上下游集聚,"上海可以帮助我们进一步走出去"

生物医药是上海三大先导产业之一,也是闵行区加快发展的"4+4"重点产业之一。其中,虹桥前湾板块将重点建立以生物医药为特色的产业集群,依托新虹桥国际医学中心,不断创新发展生物医药全产业链,打响生物医药产业品牌。

如今,这一区域生物医药产业版图中,不仅集聚了信达生物、威高集团、云南白药等多家国内外有影响力的行业龙头和头部企业,也有生物医药冷链配送企业生生物流这样的上下游企业,从医疗服务、生物医药、医疗器械、医药商业、医药冷链配送形成完整产业链,推动上下游集聚与合作,打造生物医药研发与健康医疗、人工智能与医疗器械融合发展的生物医药产业高地。

为让"好项目"不缺"好土地",华漕镇明确要让"地等项目""拿地即开工"成为新优势,以此促进新建项目快开工、在建项目快竣工。与此同时,华漕镇还不断优化营商环境,推出涵盖教育、医疗、养老、人才、住房、就业等"华十条"惠企政策,为企业园区打造集生产、生态、生活相融的滨河活动空间,进一步激发产业活力、放大产业优势、提升产业能级、实现经济倍增。

资料来源:祝越.拿地即开工,虹桥前湾将崛起长三角大健康产业[N].文汇报,2023—02—09(2)。

4.3 三层面产业分析

借鉴麦肯锡的三层面法,招商引资管理者可以把地方产业发展划分为三个相关联的阶段:一是维持和拓展核心产业;二是创建即将有发展前景的新兴产业;三是创造能够在未来发展的未来产业。招商引资管理者针对产业所处的阶段,采取有针对性的发展手段(参见图4—3)。实践中,那些能够保持持续发展的地方经济,关键就在于三个层面产业的平衡发展,灵活交替转换。

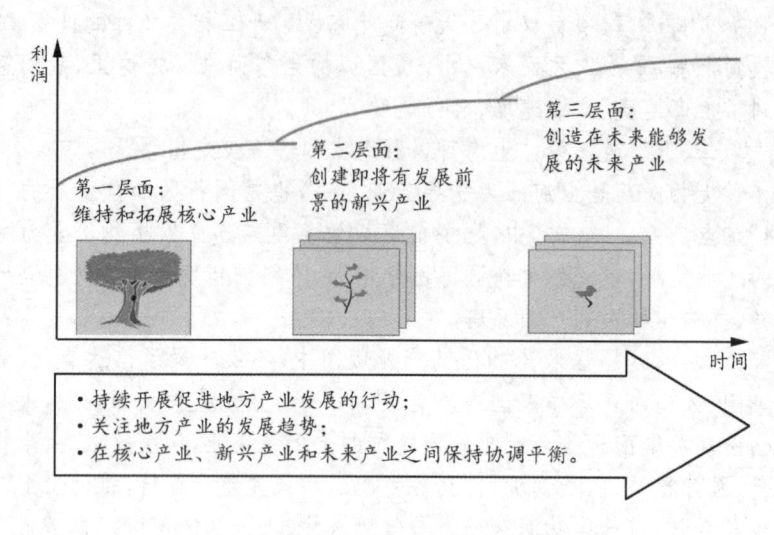

图 4—3　招商引资三层面产业分析

聚焦核心产业

　　第一层面产业是当地的核心产业，也是地方经济目前的关键动力。核心产业是市场规模较大、带动能力较强、产业链较完善、发展前景较好的产业。该类产业能够为当地提供财政税收和就业，也具有一定的增长潜力，但最终会衰落，因此对该类产业的关注点在于现金流量、利润和投资回报率。

　　招商引资管理者为核心产业发展提供良好的经营环境，鼓励核心产业创新发展，延伸产业链，做强产业生态，持续改善盈利模式，提高投资回报率。湖南省大力实施先进制造业发展"八大工程"和产业发展"万千百"工程，引导资金、技术、人才等资源要素向产业最薄弱环节、最需要地方集聚。工程机械是湖南省的优势支柱产业，但发动机一直是产业链上欠缺的一环。通过对外招商引资，道依茨发动机项目落地投产，加速补齐了产业链短板。

　　聚焦核心产业发展，招商引资管理者可以从几个方面入手：一是科学分析地方产业发展，基于市场需求和技术创新等指标，确定哪些地方产业属于核心产业；二是制定核心产业发展战略，明确产业的发展目标、重点任务、政策措施等；三是通过多种手段和政策提升核心产业技术水平；四是优化政策环境，包括出台相关优惠政策、加强知识产权保护、简化审批流程等。例如，贵州习水县发挥赤水河流域酱香白酒原产地和主产区优势，把白酒产业作为主导产业、首位产业，打造县域经济核心增长极。

发展新兴产业

第二层面产业是当地正在崛起的新兴产业,也是地方经济可持续发展的成长引擎和增长动力。该类产业具有高成长性,需要不断追加投资,而且也经过了市场的检验。该类产业是招商引资的重点领域,关注重点是营收规模、市场份额和资本投资效率等。

> 聚焦新兴产业中小企业的痛点、难点、堵点问题以及实际需求,创新产业服务体系。

招商引资管理者在发展核心产业的基础上,积极寻找市场上发展势头良好且符合当地产业发展的新兴产业,果断为之提供政策和资源支持,积极促进该产业的跨越式发展。一是加快培育地方"专精特新"和"单项冠军"企业,加快迈向品牌化、产业化、高端化;二是强化企业创新主体地位,围绕产业链部署创新链,加大原创性、引领性技术研发投入;三是开展精准培育扶持,优化服务举措,提升服务质效,助力"专精特新"企业高质量发展;四是围绕新兴产业延链、补链、强链,着力推动产业集群发展。

通常情况下,招商引资管理者需要通过招商引资,积极引入外部投资商,内外部优势相互配合,实现新兴产业与当地其他产业的融合式发展。凭借四通八达的物流网络,浙江义乌市从零起步打造光伏产业,围绕光伏电池、组件,大力招引上下游企业,推动产业链全贯通,全力打造国家光伏产品智造基地"打好世界光明之都、绿色动力小镇为引领的智造牌,联动中小微企业发展,打造先进制造业基地"。

布局未来产业

第三层面产业是当地的未来产业,也是地方经济发展的未来种子。未来产业是指引领重大变革的颠覆性技术及其新产品、新业态所形成的产业。从国际上看,未来产业已成为衡量一个国家科技创新和综合实力的重要标志。该类产业通常是前沿的研究课题、市场试点,可以进行少量投资尝试。

未来产业正在成为各地着力抢抓新赛道、培育新动能的着力点。全面而系统地促进未来产业的发展,招商引资管理者需要把握三个关键。一是打造高质量的应用场景,为前沿技术向未来产业的转化提供早期的市场需求牵引;二是围绕主导型企业培育中小企业生态,形成产业配套的集聚优势;三是加强知识产权服务、科研设施等共性平台建设,提升综合服务供给能力。

招商引资管理者要具备创新精神,着眼于地方产业的长远发展,根据当地实际情况谋划和创造具有前景的未来产业,具体而言,就是围绕客户需求,以产业化和市场化为重点,布局未来的经济增长点。《上海打造未来产业创新高地 发展壮大未来产业集群行动方案》明确了未来健康、未来智能、未来能源、未来空间、未来材料5个方向,将集中力量、滚动培育,全力打造具有世界影响力的未来产业创新高地。

实现均衡发展

三层面理论强调,地方经济要大力发展核心产业,持续推进新兴产业,培育未来产业,努力实现产业均衡增长。实践中,招商引资管理者需要制定合理的产业发展政策,促进产业之间的联动,加强技术创新、人才培养以及资源优化配置,推动地方产业均衡发展。

1. 保持产业动态平衡

通过招商引资不断地发展新产业,招商引资管理者不仅关注当下产业的发展,还要关注未来产业发展,进行有效管理,使得当前核心产业、新兴产业和未来可选择产业之间保持动态平衡。具体的工作抓手,一是拓展第一层面的核心产业,诸如汽车、生物医药、航天航空、高端装备等;二是培育将成为中期增长点的第二层面产业,诸如节能环保、新一代信息技术、智能制造等;三是谋划涉及地方经济长远发展的第三层面产业,诸如类脑智能、量子信息、未来网络、深海空天开发等。

2. 具体产业具体分析

产业本身并无优劣之分,传统产业可以是高新技术产业应用的载体,招商引资管理者要保持产业发展的竞争优势,应该是传统产业、高新技术产业、现代服务业三者协调发展,如果过分强调产业结构迈向中高端,容易造成产业发展动力停滞等问题。招商引资者应该根据自身的区位特点、特色资源、人文环境,以"人无我有、人有我优、人优我特"为准则,找准定位,有效地发展优势产业链,把上下游产业的企业聚合在一起,以特色产业的聚集效应带来产业链协同效应。

3. 做好产业招商引资

新时代下,哪个地方的产业有实力、有特色、有优势,哪个地方对投资商的吸引力就大、竞争力就强。招商引资管理者一方面密切结合当地实际情况,打造学习型组织,破除思维定式,转变观念,紧紧抓住当前产业发展的问题短板,挖掘其根源,开展"靶向"整治,统筹经济发展速度和质量,实现高质量发展的系统性和协同性;另一方面,以核心产业和新兴产业为主线,不断拓展工作思路,透彻把握产业政策,突出抓好重点产业、重点企业、重点项目的招商引资工作,积极引进优质招商项目,形成经济发展的新支撑。

资料链接4—3　投入"真金白银",支持智能终端全产业链发展

ChatGPT迅速蹿红,吸引了更多人关注人工智能(AI)产业和应用。昨天,徐汇区在全市率先发布《关于支持智能终端产业发展的若干意见》,围绕鼓励创新、助企降本、资源赋能,拿出"真金白银"支持智能终端全产业链发展,助力企业打造更多人工智能应用场景。比如,对新落地企业给予综合性扶持,对产业集聚有贡献的企业,给予最高200万元奖励。这些政策也让企业信心倍增,星环科技创始人、CEO表示:"政府推动力度大,企业更有信心和干劲,将人工智能赋能千行百业,释放数据价值。"

一、政府搭平台,"隐形冠军"有了合伙人

一场中国象棋对决中,特级大师被一着怪棋难住了。对手,是"元萝卜SenseRobot"AI下棋机器人。而这个"元萝卜"就是商汤科技去年发布的新品,用低成本的售价打开普通用户家门、融入日常生活。星环科技,是位于漕河泾新兴技术开发区的一家AI"隐形冠军",成立10年积累31项核心技术。去年在上海证券交易所科创板上市后,被称作"国产大数据基础软件第一股"。

"参天大树"背后,离不开扎根的土壤,徐汇区相关部门持续提供专利保护、研发费用加计扣除等综合服务,不断优化营商环境。除鼓励企业提高核心创新能力外,相关政府部门还充分放大市、区两级配套政策效应,搭建平台,促成企业间的合作,打开市场。

二、加快布局智能终端,在产业链两端发力

经过多年发展,人工智能产业在徐汇区有了良好发展基础——2022年人工智能相关产业总产出预计可达690亿元、同比增长15%以上;人工智能新增企业超百家;数字经济落地千万元级以上招商重点企业20余家。

自布局元宇宙新赛道以来,徐汇区数字经济产业规模持续扩大,企业实力不断增强。元宇宙相关企业已超千家,新引进相关企业93家,包括米哈游、鹰角等龙头企业,魔珐科技等独角兽关联企业,在游戏、人工智能、区块链相关技术领域逐步构建集聚优势。

"以政策措施的确定性,助力企业应对外部环境的不确定性,为企业发展赋能。"徐汇区相关负责人表示,此次发布的智能终端产业政策,将让区域内未来产业发展和培育体系愈加完整。

抢抓新赛道、培育新动能。加快布局智能终端产业的同时，徐汇区在产业链两端发力——一方面，实施经济提质增效"十大计划"，助推科技成果转化增效、科创金融赋能实体等；另一方面，配套实施《提信心扩需求稳增长促发展行动方案》，全面激发市场消费活力，加快场景构建，培育AI产业发展"第二曲线"。

资料来源：王宛艺.投入"真金白银"，支持智能终端全产业链发展[N].文汇报，2023-02-09(2).

4.4 高质量产业发展

构建地方竞争优势，离不开更好的招商引资；优化地方产业结构，离不开更好的招商引资；推动地方高质量发展，离不开更好的招商引资。招商引资管理者要在战略指导下科学分析产业体系，选择并定位关键产业，优化原有的产业结构，为每一重点发展产业，制定促进产业发展的政策。唯有如此，才意味着招商引资管理者有效地利用了市场中的机遇，发挥了地方优势。

突出战略引领

招商引资不是一项按部就班的工作，而是一项创新型工作，从某种程度上讲，招商引资工作从来都不会是一帆风顺的，必然会经历各种可以预料和难以预料的风险和挑战。招商引资管理者根据经济发展阶段和产业特色，科学制定具有前瞻性的发展战略，引导工作循序发展，推动地方产业结构优化升级。特别是在产业定位方面，必须因地制宜、因时制宜，能够充分发挥地方的比较优势，既要符合国家产业政策和地方产业发展需要，又要紧跟国际产业技术发展潮流。

招商引资管理者要着眼于有价值的经济增长，研究和把握行业共性、关键、前沿技术，不断地收集、评估和选择市场中的产业发展机遇，并整合地方优势要素，抓住机遇，推动经济实现质的有效提升和量的合理增长。《重庆高新区深入推动制造业高质量发展实施方案(2023—2027年)》提出，未来5年，重庆高新区将构建"3238"现代制造业集群体系，以现代制造业为主导、高技术服务业为支撑、未来产业为牵引的产业集群体系，打造代表全市制造业发展最高水平的"展示窗"和引领未来产业发展的"策源地"，成为建设现代化新重庆的重要引擎。①

科学产业定位

科学产业定位需要立足当地的产业基础和比较优势,综合考虑市场需求、资源优势、产业基础、技术水平、环境影响和政策支持等多方面因素(参见表4-5)。招商引资管理者着重抓好三项工作,一是明确哪些产业是关键产业,并为之提供优先级更高的支持;二是明确哪些产业需要管控和精简,把资源节省下来;三是明确哪些产业是未来发展的种子,列入培育清单。实践中,招商引资管理者要围绕产业定位,分层次分重点做深做实前瞻性战略谋划,紧抓标杆性企业和引擎性项目,紧盯成长能力强、地区关联高的项目,加大对拟上市公司、上市公司、龙头企业整合产业链的支持力度。

表4-5　　　　　　　　地方产业定位主要影响因素(示意)

序号	影响因素	解释说明
1	市场需求	选择具有较大市场规模和较好发展前景的产业
2	资源优势	选择能够充分利用当地资源的产业,降低生产成本和提高竞争力
3	产业基础	选择能够与当地产业相互协作、共同发展的产业,形成产业集群和增强整体竞争力
4	技术水平	选择具有较高技术水平和较好发展前景的产业,推动技术创新和转型升级
5	环境影响	选择具有环境友好型和较高资源利用率的产业,实现可持续发展

进行产业定位时,招商引资管理者需要坚持市场导向,认真地思考三个问题:谁是该产业的客户?客户的需求是什么?如何为客户提供价值?最终的目的是,使产业定位能够立足地方实际,发挥比较优势,做大做强优势产业。例如,纺织服装是福建省四大支柱产业之一,产值超万亿元。锚定推动制造业高端化、智能化、绿色化发展的主攻方向,福建省大力引入新技术,助推纺织服装产业插上智能化翅膀,转型升级成效明显。

判断产业趋势

产业趋势的关键影响因素包括产业增长趋势、国家政策导向、市场环境、技术发展等。对地方产业进行分析和组合,涉及两个关键步骤:一是分析当前的产业结构情况,确定需要重点支持和发展哪些产业,同时要控制哪

---

① 吴富强.助力现代化新重庆建设 西部(重庆)科学城这样干[N].重庆日报,2023-09-03(3).

些产业,实现产业结构的优化;二是针对地方经济的未来发展,对重点产业明确增长的路径,构建适应未来的产业组合。湖南株洲市形成了国内最完备的轨道交通装备全产业体系,诞生了千亿规模的轨道交通产业集群。株洲田心聚集了先进轨道交通产业上下游的 400 多家企业,方圆 5 千米内可以提供 80% 的配套产品和技术。

> 招商引资管理者具有接近市场的巨大优势,但仍需练就战略眼光,预判产业新赛道及发展趋势。

完成对地方产业的综合评估之后,招商引资管理者还要寻找促进地方经济未来发展的产业和企业。招商引资竞争力不仅在于满足投资商的需求,还需要源源不断地引入产业人才,这二者是相辅相成的关系,也就是现在常说的"双招双引"。地方经济的持续增长,可以为上述二者的引入和培育提供良好的生态环境。良好的经济增长数字能够让地方产业充满活力,让产业人才看到真正的成长和发展机会。

值得注意的是,推动传统产业转型升级,是地方政府的重要工作,需要从总体上判断准,把握好,不是一味限制,而是利用现代科技解决问题。近年来,浙江省相继完成印染、铅蓄电池、化工、造纸、电镀、制革等传统产业的整治提升,在削减 30% 废水废气排放量的同时,行业规模、技术水平、产值税收持续增长。[①]

选择增长策略

建立地方产业竞争优势,招商引资管理者要认真思考两个关键问题:一是该产业是否具有足够的吸引力?二是该产业相比竞争对手是否具有足够的优势?只有科学地回答了这两个问题,才能够聚焦关键领域、关键产业,更加科学地选择增长策略。实践中,招商引资管理者可用借鉴市场营销领域中的产品/市场扩张矩阵思路,通过市场和投资商两个维度寻找产业增长路径(参见图 4—4)。

1. 市场渗透策略

该策略注重现有投资商对市场需求的深入挖掘,依据现有市场的需求开发产品和服务,以满足需求并创造出更多的经济价值。随着市场渗透策略的不断落实,现有投资商的竞争力逐渐提高,为未来发展积蓄动力。

2. 市场开拓策略

---

① 余建斌,韩鑫,窦瀚洋.浙江以创新深化跑出高质量发展加速度[N].人民日报,2023—06—02(1).

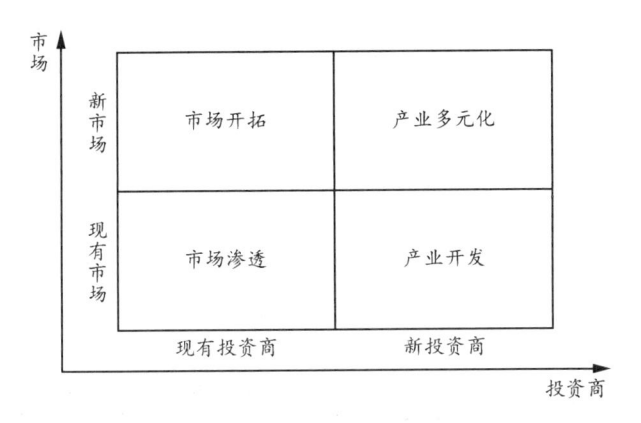

```
           市
           场
           ↑
              ┌─────────────┬─────────────┐
        新    │             │             │
        市    │  市场开拓   │  产业多元化 │
        场    │             │             │
              ├─────────────┼─────────────┤
        现    │             │             │
        有    │  市场渗透   │  产业开发   │
        市    │             │             │
        场    └─────────────┴─────────────┘
                 现有投资商     新投资商
                                           → 投资商
```

图4—4　产业增长矩阵

该策略注重现有投资商对新市场的开拓。随着竞争力的不断增强,现有投资商需要不断寻找新的市场。为抢抓市场机遇,贵州省积极推进开拓《区域全面经济伙伴关系协定》(RCEP)成员市场,制定并实施相关政策,安排外贸促进专员赴各市(州)县(区),帮助企业用足用好 RCEP 关税优惠政策,加快推动开放型经济发展。

3. 产业开发策略

为现有市场引入新投资商,提供更加优质的产品或服务,从而扩大现有产业规模。招商引资管理者联合当地政府部门开展招商引资活动,统筹各方资源,更大力度吸引投资商,扩大产品和服务的市场供给。

4. 产业多元化策略

引入新投资商开拓新市场,实现产业多元化发展。安徽合肥市把握国家政策导向和产业需求,抓痛点、难点、敏感点,以敏锐的产业眼光发现潜在的产业机会,并通过精准的招商引资把握产业机会,从京东方新型显示产业开始,到集成电路、新能源汽车,再到现在重点打造的空天信息,逐渐培育形成了"芯屏汽合""急终生智"的现象级战略性新兴产业格局。

做好产业精简

> 战略是一种关于选择的思维和能力,其本质就是选择做什么和不做什么,其中选择不做什么又尤为重要。

招商引资管理者要从产业优化的角度思考招商引资工作,不仅要调整产业结构,促进产业类型和规模的增长,也要集中优势资源发展重点产业,有效精简现有产业。现实中,招商引资管理者考虑产业精简的原因有很多,诸如产业发展环境变化导致产业竞争优势无法维持,或者地方产业步入衰退期而无利可图等。市场经济条件下,地方经济只有有效地调整优势不明显、竞争力不强的产业,将要素资源集中到最具优势产业和企业上,才能够实现高质量发展。

对于招商引资管理者而言,需要把目光牢牢盯在市场上,以市场化运营为导向,评估产业发展情况,动态优化地方产业结构,谨慎地调整产业发展政策,把资源集中到有价值的产业增长上,而不能在挽救濒临消亡的产业上投入过多精力和资源。

资料链接4—4 上海优化"总部经济"概念,首提支持"创新型企业总部"

上海公布《上海市创新型企业总部认定和奖励管理办法》(以下简称《管理办法》),将通过真金白银的财政资金,对"总部经济"的一类新成员——"创新型企业总部"——给予奖励,以进一步支持高成长性企业和研发机构在沪升级发展。

一、聚焦头部公司,完善创新梯度生态体系

业内人士表示,《管理办法》出台的目的,是希望在上海培育和集聚更多具有国际影响力、拥有先进技术、占据产业链高端地位的高能级创新主体。在全市创新梯度生态体系中,创新型企业总部位于较高层级,其定位超过"小巨人"企业、高新技术企业、"专精特新"企业等。目前来看,最符合创新型企业总部标准的市场主体,应是创新型"独角兽"和科创板上市公司等。

相关部门在解读政策时表示,支持各类高成长性企业和研发机构发展壮大,是推动上海创新型经济发展、加快建设具有全球影响力科创中心的重要举措。截至2022年年底,全市共有"独角兽"企业69家(按"胡润榜"计)、科创板上市企业78家,同时拥有市级"专精特新"企业约5 000家、高新技术企业约2.2万家,这些企业已成为上海科技创新中心建设的重要支撑力量。

市经济信息化委相关负责人表示,以外资研发中心和创新型企业总部为代表的总部型企业研发机构,能有效集聚创新资源,带动人才成长。下一步,上海将积极引进和培育创新型企业总部,鼓励此类总部与中小企业、创新团队合作,发展"生态主导型"协同创新,带动产业集群发展,提升产业基础能力和产业链现代化水平。

二、明确创新型企业总部四方面特征

根据《管理办法》,能够被认定为创新型企业总部的机构,需要具备

4方面特征：一是具有较强创新性，其整体技术水平和创新能力要居于行业领先地位，并拥有高质量的自主知识产权；二是具有较强成长性，要在市场竞争中具有重要优势；三是要对地方经济社会发展有较高贡献度，或是起到龙头带动作用；四是具有较强功能性，需要开展跨地区经营，并对分支机构(或业务)具有实际控制权。

根据《管理办法》，符合标准的企业，经认定后将有机会得到开办费、经营奖励、房租资助三类奖励。其中，开办费和经营奖励最高都是500万元，房租资助则根据企业办公用房状况，按一定标准给予3年资助，总额最高也可达到数百万元。值得一提的是，对于此前享受过本市企业总部相关政策的市场主体，可以申报认定创新型企业总部，但不会重复获奖。

谈到新政的发布，市科委相关负责人表示，此举对于提振企业信心、激发企业创新活力和内生发展动力意义重大。接下来，上海将以更高效的服务、更精准的供给，帮助创新型企业扎根发展，共同把上海变成新技术试验场、科技创新高地。

资料来源：张懿.上海首提支持"创新型企业总部"[N].文汇报，2023-02-23(1)。

第 5 章
地方产业结构优化

　　现代产业体系是由一系列相互联系和相互支撑的产业部门、主导力量、要素条件等构成的有机系统。招商引资管理者要重视打造现代产业体系，引进和培育战略性新兴产业和现代服务业，对接或改造传统制造业，推进制造业智能化和高端化发展，转型升级为先进制造业，共同构建地方产业竞争新优势。

5.1　聚焦战略性新兴产业

　　当前，科技革命和产业变革正加速催生经济发展新领域新赛道。"十四五"时期，我国战略性新兴产业发展进入关键期，越来越多的高新技术将会进入产业化商业化应用，成为驱动产业变革的先导力量。例如，传统港口利用5G、人工智能等新技术进行智慧化升级改造，能够有效地提升决策管理、生产指挥、商务物流、职能管控等功能，转型成为更加安全、便捷、高效的现代智慧港口。

战略性新兴产业重点领域

> 加快地方战略性新兴产业和特色优势产业集群式发展，推动产业基础再造工程，培育壮大地方"专精特新"企业数量和质量。

　　战略性新兴产业具备知识技术密集、物质资源消耗少、成长潜力大、综合效益好的显著优势，已成为推动地方产业结构转型升级、经济高质量发展的重要动力源。招商引资管理者聚焦七大战略性新兴产业重点领域,对接当地产业发展实际,有助于推进地方产业高质量发展(参见图5—1)。

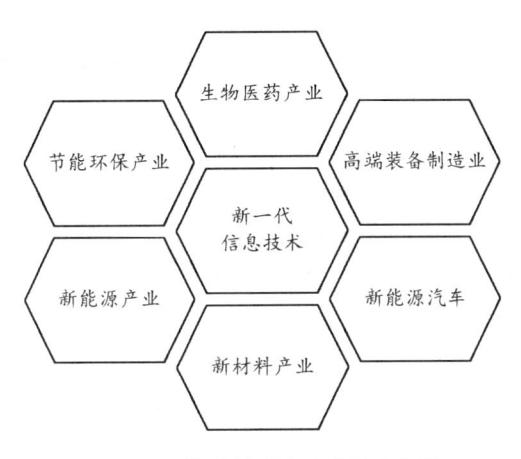

图5—1 战略性新兴产业重点领域

1. 节能环保产业

"中国将提高国家自主贡献力度,采取更加有力的政策和措施,二氧化碳排放力争于2030年前达到峰值,努力争取2060年前实现碳中和。"应对气候变化、降低碳排放,推动经济结构绿色转型,节能环保产业作为国家战略,已纳入生态文明建设整体布局和经济社会发展全局。事实上,推进生态文明建设,持续改善生态环境,顺利实现双碳目标,离不开节能环保产业发展。

节能环保产业是指为节约能源资源、发展循环经济、保护生态环境提供物质基础和技术保障的产业,主要包括节能技术和装备、高效节能产品、节能服务产业、先进环保技术和装备、环保产品与环保服务。节能环保产业的优势在于,产业链长,关联度大,吸纳就业能力强,对经济增长拉动作用明显。

目前,节能环保产业与传统产业转型升级相结合,逐渐成为国内经济发展的重要增长点。节能环保产业发展主要表现为:一是产业规模持续扩大,投资额持续增加;二是行业整体利润保持稳定,产业链和生态圈呈现可持续发展态势;三是节能环保企业创新能力不断增强,科技创新体系更加健全。

在节能环保产业中,国有企业具有较强资金实力和科技研发能力,成为引领行业创新发展的中坚力量。同时,一批专业从事细分领域服务的"专精特新"中小企业和科技型民营节能环保企业,成为推动行业创新发展的生力军。2022年,全国生态环保行业新增14家上市公司,多数为拥有特色技术的中小企业，A股上市环保公司总数近200家，产业全年营收约2.22亿元，55家企业入选第三批国家专精特新"小巨人"名单。

2. 新一代信息技术

随着以大数据、物联网、云计算等为代表的新一代信息技术迭代升级，作为战略性新兴产业重要组成部分的新一代信息技术产业迅速发展壮大，成为新的经济增长引擎。新一代信息技术主要包括5G、集成电路、新型显示等产业方向，作为我国增长迅速、创新活跃、辐射广泛的消费领域，已成为市场扩内需、产业促升级的关键动力。当前，新一代信息技术与经济社会的融合发展，不断形成新兴消费热点，持续延展产业规模，面向教育、金融、能源、医疗、交通等领域典型应用场景的软件产品和解决方案不断涌现。

> 大数据产业是激活数据要素潜能的关键支撑，是加快经济社会发展质量变革、效率变革、动力变革的重要引擎。

进入新时代，我国新一代信息技术产业集聚效应凸显，展现出强大的发展韧性和增长潜力，主要表现在四个方面：一是产业技术创新能力持续提升，芯片产品水平持续提升，新型显示、第五代移动通信等领域技术创新密集涌现，超高清视频、虚拟现实、先进计算等领域发展步伐加快；二是产业结构不断优化，手机、电视机、计算机、可穿戴设备等智能终端产品供给能力稳步增长；三是产业融合应用正在探索新空间，赋能、赋值、赋智作用深入显现，汽车电子、智能安防、智慧健康养老等新产品新应用不断涌现；[①]四是操作系统生态建设加速，加速孵化开放鸿蒙、欧拉等一批开源项目，其中2022年移动操作系统领域中鸿蒙操作系统装机量已超3亿台。[②]

随着应用场景不断丰富，我国已形成涵盖芯片、模组、终端、软件、平台和服务等环节的较为完整的移动物联网产业链。"十四五"时期，将面向重点场景实现移动物联网深度覆盖，形成固移融合、宽窄结合的基础网络，加快移动物联网技术与千行百业的协同融合，推动经济发展提质增效、社会服务更智能高效、百姓生活方便快捷。[③]

3. 生物医药产业

生物医药产业由生物技术产业与医药产业共同组成，是生物工程、电子信息和材料学等多个高新技术领域复合交叉的知识密集型、资金密集型产业，也是大健康产业最基础的产业，为国民的健康和生活质量奠定了基础

---

① 郭倩. 创新涌现 新一代信息技术产业释放发展潜力[N]. 经济参考报，2022-10-13(6).
② 王政. 新一代信息技术产业迈上新台阶[N]. 人民日报，2022-10-06(2).
③ 王政. 我国移动物联网连接数占全球70%(新数据 新看点)[N]. 人民日报，2023-01-30(1).

(参见表5—1)。国际上,美国、日本、韩国等发达国家都将生物医药产业作为重点发展产业,成为世界各国创新竞争的核心产业。

表5—1　　　　　　　　　生物医药产业的主要领域(示意)

序号	主要领域	解释说明
1	化学药物	利用化学合成方法制备的药物,包括仿制药和创新药。仿制药是对市场上已有药物的复制,创新药则是通过研究发现并开发出的全新药物
2	现代中药	按照现代医学理论和方法研究、开发和生产的中药制剂,包括中药饮片和中成药
3	生物药物	利用生物技术制备的药物,包括疫苗、血液制品、诊断试剂、单克隆抗体等
4	医疗器械	直接或者间接用于人体的仪器、设备、器具、体外诊断试剂及校准物、材料以及其他类似或者相关的物品
5	医疗服务	由独立的医疗机构提供的服务,包括临床试验、健康体检、医学影像等
6	医疗美容	通过非手术手段改善外貌和皮肤健康的方法,包括注射美容、激光美容、皮肤护理等

从国内情况看,生物医药产业是我国重点发展的战略性新兴产业之一,市场规模约为1.73万亿元人民币,预计2021—2025年年均复合增长率为7.2%,超过全球均值4%。[1] 从整体看,生物医药产业已经进入发展的黄金时期,主要特征表现在:一是生物医药作为与人民健康紧密相关的产业,在"健康中国2030"背景下,生物医药产业开始从仿制为主向创新为主转型;二是以产业痛点为突破口,围绕生物医药产业打造开放、创新、高效的生物医药创新服务体系;三是推动生物医药产业发展的四大动力——产业政策、资本市场、科技创新和合作共享——协调发展;四是注重生物医药创业人才的引进和培育,营造浓厚的创新创业氛围。

实践中,各地突出比较优势和特色,因地制宜,通过外部招商引资和内部培育发展两种手段,形成各具特色的生物医药产业。《上海市加快打造全球生物医药研发经济和产业化高地的若干政策措施》提出:"到2025年,上海全球生物医药研发经济和产业化高地发展格局初步形成,研发经济总体规模达到1 000亿元以上,培育或引进100个以上创新药和医疗器械重磅产品,培育

---

[1] 高萍.中美生物医药产业创新情况对比及对策分析[J].产业创新研究,2022(20):43—45.

50家以上具备生物医药研发、销售、结算等复合功能的创新型总部。"①

4.高端装备制造业

高端装备制造业是指生产制造高技术、高附加值的先进工业设施设备的产业,主要为航空、航天、船舶、轨道、汽车、电力等重要生产领域提供产品和服务支持(参见表5—2)。高端装备制造业以高新技能为引领,是价值链高端和产业链的战略环节,决定着传统产业转型升级和战略性新兴产业的发展速度和质量。

表5—2　　　　　　　　高端装备制造业的主要领域(示意)

序号	主要领域	解释说明
1	航空装备	主要包括航空器装备制造、其他航空装备制造及相关服务。例如,大型客机、支线飞机、通用飞机和直升机、航空发动机、航空设备等
2	卫星及应用	主要包括卫星装备制造、卫星应用技术设备制造、卫星应用服务、其他航天器及运载火箭制造
3	轨道交通装备	主要包括铁路高端装备制造、城市轨道装备制造、其他轨道交通装备制造、轨道交通相关服务
4	海洋工程装备	主要包括海洋工程装备制造、深海石油钻探设备制造、其他海洋相关设备与产品制造、海洋环境监测与探测装备制造、海洋工程建筑及相关服务
5	智能制造装备	主要包括机器人与3D打印设备制造、重大成套设备制造、智能测控装备制造、其他智能制造装备制造、智能关键基础零部件制造、智能制造相关服务

高端装备是推进"中国制造"升级为"中国智造"的关键,国内装备制造业处在向中高端迈进的关键时期,主要特征表现在:一是产业规模保持中高速持续增长,近10年装备工业增加值年均增长8.2%;二是作为国家重点发展的工业制造业领域,高端装备制造业显现集群集聚特征,形成以环渤海、长三角地区为核心,东北和珠三角为两翼,中部地区快速发展的产业空间格局;三是行业发展政策环境宽松,无论是国家层面,还是地方层面都出台了一系列政策文件,营造出宽松的政策环境;四是与新一代信息技术融合程度不断提高,数字化、网络化、智能化已成为高端装备制造业变革的关键抓手。

装备制造业发展面临的主要挑战是大宗原材料价格高涨、核心零部件和技术人才紧缺等,招商引资管理者要强化对外招商引资,促进高端装备制

---

① 金叶子.上海再为生物医药产业 立下新目标[N].第一财经日报,2022—11—22(A02).

造产业提质升级。例如,上海已经在海洋装备、智能制造装备、航空装备、轨道交通装备等高端装备制造方面形成了一定规模的产业集群,成为推动上海高端装备制造发展的动力源泉。

5. 新能源产业

新能源是指以科技创新为基础,运用新兴技术开发的可再生能源,主要包括风能、太阳能以及生物质能,有助于保护生态环境,构建清洁、高效、协调的能源系统,实现绿色增长。为抢抓新一轮能源革命重大战略机遇,南京市提出全力打造五千亿级智能电网产业集群行动计划。该计划提出,"到2025年,南京市智能电网产业规模达到5 000亿元,产业重点领域从'国内领跑'向'全球领跑'迈进的目标,增强产业基础能力,强化产业创新策源功能,全力打造世界级智能电网产业集群"。

在全球"碳中和"的时代大背景下,新能源行业成为为数不多的实现逆势增长的行业。[①] 当前正处于能源革命的重大转折点上,光伏和锂电池作为能源革命的生产端和应用端代表,具有巨大的成长空间。目前,新能源产业正迎来其发展机遇,主要表现在:一是以风电、光伏为代表的新能源产业方兴未艾,我国光伏产业和风电产业在全球市场中均占有绝对优势,拥有天然资源优势的西部地区,亦成为产业发展的沃土;二是全球能源清洁低碳转型步伐加快,推进绿色低碳技术创新;三是科技进步为新能源产业发展提供关键支撑,主要包括新能源先进技术、大规模新型储能技术、绿色氢能技术、碳捕集利用与封存技术和先进核能技术等;四是凭借技术、装备、制造、产业链配套等方面的能力,我国新能源产业既为国内的能源转型提供了坚实的基础,又为全球的绿色发展做出了巨大贡献。

> 当前风投、创投等专业投资机构在新兴高技术产业发展和新赛道培育方面正发挥着越来越重要的推动作用。

地方政府积极开发新能源,优化能源供需结构,不仅能够推动能源转型,还能够实现生态环境可持续发展。深圳龙岗区谋划建设新能源产业园,规划范围4.25平方千米,重点发展储能、光伏、氢能等新能源产业,面向全球开展招商引资工作,积极引进新能源领域龙头企业,加速产业高质量集聚,打造千亿级新能源产业发展高地。

6. 新材料产业

新材料是指新近发展或正在发展的具有优异性能的结构材料和有特殊

---

① 马婷婷.掘金新能源产业链:细分赛道创业投资机会凸显[N].21世纪经济报道,2022-10-24(10).

性质的功能材料，主要包括特种金属功能材料、高端金属结构材料、先进高分子材料、新型无机非金属材料、高性能复合材料、前沿新材料等类型。新材料研发的热点领域包括复合新材料、超导材料、能源材料、智能材料、磁性材料和纳米材料。在新一轮产业革命中，以人工智能、量子计算为代表的先进信息技术，以固态锂电池、氢燃料电池为代表的新能源技术等，其发展与突破都离不开新材料的研发。

目前，国内新材料产业的特征表现在：一是新材料产业品类齐全，总量规模迅速扩大，发展进入快车道，预计2025年将达到10万亿元；二是创新能力显著提升，在关键新材料的制备、工艺流程、新产品开发以及资源综合利用等方面取得一系列重大突破，少数细分领域已具国际竞争力；三是形成产业集聚发展态势，在政策、技术及市场驱动下，初步形成"东部沿海集聚，中西部特色发展"的空间格局；四是面临一些关键瓶颈，诸如先进基础材料水平不高，关键战略材料受制于人，新材料前沿技术有待突破等。

从全球视角看，新材料产业呈现三级梯队竞争格局：第一梯队是美国、欧洲和日本等发达经济体，在研发能力、核心技术、高端产品等方面占据明显优势；第二梯队是中国、韩国、俄罗斯等国家，正处于快速发展时期；第三梯队是巴西、印度等国家，处于奋力追赶阶段。新材料是产业转型升级和产业变革的先导。例如，以岩盐为源，可以蝶变出PC材料，成为汽车工业、电器工业、航空制造领域的必需品；以煤为源，可以制造出"新材料之王"石墨烯，用于生产电容炭、锂电负极、碳纤维等。新材料产业在全球的战略地位更加突出，新材料应用领域不断拓展，产业规模持续增大，产业竞争更趋激烈。①

7. 新能源汽车

新能源汽车是指采用非常规的车用燃料作为动力来源，综合车辆的动力控制和驱动方面的先进技术，形成的技术原理先进、具有新技术和新结构的汽车，主要包括混合动力汽车（HEV）、纯电动汽车（BEV）、燃料电池汽车（FCEV）、氢发动机汽车以及燃气汽车等。

> 新能源汽车取得成功的关键因素在于，强大的研发能力和创新能力，以及对市场需求的敏锐把握。

中国已成为全球新能源汽车产业发展的中坚力量，主要表现在四个方面：一是新能源汽车产业竞争由电动化为核心，转变为电动化、网联化、智能

---

① 谭永生. 促进我国新材料产业高质量发展的对策建议[J]. 中国经贸导刊，2022(10)：77－80.

化三者融合发展的竞争;二是借助先发优势,中国积极参与新能源汽车领域国际合作,有望重塑新能源汽车产业竞争格局;三是我国新能源汽车产业快速发展,产销量位居世界第一;四是聚焦代表未来产业竞争的新赛道,"数"与"智"是发展的核心要素,也是未来汽车产业跨越式发展的关键。

当前,发展新能源汽车是我国汽车产业"换道超车"的重大战略选择。权威机构预测,全球主要汽车制造商对电动汽车的投资,到 2030 年将达 1.2 万亿美元。我国正在大规模推动电动汽车行业发展,成为第四次能源革命的引领者,将新能源与新交通融合发展,会创造更高的价值,产生比工业互联网、消费互联网更大的市场。有专家认为:"中国一年大约生产 2 800 万辆汽车,一辆车的成本假设 10 万元,如果汽车电子化的比例从 10% 提升到 50%,这将催生一个新的万亿产业。"

8. 小结

> 推进数字经济做优做强,加快数字产业化、产业数字化,实现数字技术和实体经济融合创新。

数字技术是世界科技革命和产业变革的先导力量。目前,智慧化、智能化不断发展,新技术催生新业态迭代升级,物联网、边缘计算、云计算、5G、人工智能蓬勃发展,以数字经济为代表的战略性新兴产业正在崛起。在此背景下,地方经济开放度越高,越容易促进战略性新产业的投资发展。

现代招商引资者要围绕当地重点产业链、龙头企业、重大投资项目,有针对性地选择战略性新兴产业发展方向,制定有效的产业支持政策,推动战略性新兴产业内企业在创业板上市,以资本的力量促进产业高质量发展(参见表 5-3)。

表 5-3　　　　　　　　创业板战略性新兴产业公司统计

战略性新兴	公司数量(家)	占比(%)
新一代信息技术	315	24
新材料产业	138	10.5
高端装备制造业	135	10.3
生物医药产业	107	8.2
节能环保产业	96	7.3
新能源产业	49	3.7
新能源汽车	26	2

资料来源:深交所,截至 2023 年 8 月。

战略性新兴产业发展关键

招商引资管理者引进和培育战略性新兴产业,是推进产业结构升级、加快经济发展方式转变的关键举措。新形势下,战略性新兴产业对地方经济的引领带动作用越发明显,成为构建现代产业体系的关键。实践中,推动战略性新兴产业的高质量发展,需要从四个关键环节着手(参见图5—2)。

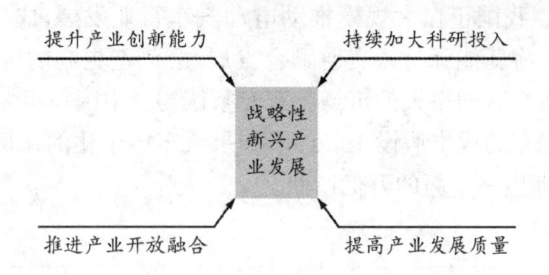

图5—2 战略性新兴产业发展路径

1. 提升产业创新能力

> 技术创新是战略性新兴产业发展的关键要素,技术创新能力强弱决定着战略性新兴产业发展的水平高低。

提高技术创新能力,是战略性新兴产业迈向产业价值链中高端,构建创新制高点的要求,招商引资管理者可以从三个方面思考:一是整合政府、科研院所、企业和社会机构等研究资源,共商共建共享基础研究服务平台,交流研究成果,促进科技成果产业化;二是借鉴发达国家在战略性新兴产业研发方面的成功经验,构建开放式研究模式;三是加大"双招双引",在关键战略性新兴产业领域,诸如集成电路、云计算、大数据、机器人等,加大人才的培育和引进,尤其是"战略型""领军型"产业人才。例如,合肥市组织8个工作组分赴北京、上海等15个城市的41所高校,通过"走出去+引进来"相结合、"线上+线下"同发力、"供给+需求"齐推进等方式,打出招才引智"组合拳"。

2. 持续加大科研投入

战略性新兴产业具有先导性、高投入和高风险等特点,提升其持续创新能力和发展能力,必须依赖于对科研的投入强度。招商引资管理者重点抓好三项工作,一是依据地方产业优势和资源要素优势,统筹制定战略性新兴产业发展规划,明确产业定位、战略方向和发展路径。例如,贵州大龙开发区形成以正极材料、负极材料、综合回收研发利用于一体的锂离子动力电池新材料循环产业链,以高纯硫酸锰、镍钴锰三元前驱体、锰酸锂、锂离子动力电池负极用石墨等为核心的新型功能材料产业集群。二是持续优化科研投入结构,基于当地的战略性新兴产业特色,遵循产业发展内在规律,灵活适度地加大科技投入强度,激发科研创新潜力。三是协同发展产业链和创新链,培育特色新型产业集群。上海米哈游网络科技股份有限公司坚持"文创+科创"双轮驱动,致力于为用户提供美好的、超出预期的产品内容,陆续推出了多款高品质人气产品,积累了先进的技术能力,实现了全球化布局。

3. 提高产业发展质量

招商引资管理者要优化战略性新兴产业布局,强化企业的创新主体地位,围绕产业链部署创新链,引领性技术研发投入。一是聚焦战略性新兴产业发展面临的技术瓶颈与主要矛盾,构建更加科学有效的科研项目评价标准,提升科研人员技术创新的积极性,加快技术创新成果产业化应用。二是对接上交所科创板、北交所新三板,支持和鼓励"硬科技"企业上市,促进资本和科创要素有效衔接,推动创新链产业链资金链人才链深度融合,激发创新活力,推进企业主导的产学研深度融合。2022年,超三成科创板公司与高校、科研院所建立了产学研项目,近五成科创板公司参与国家重点科研专项。三是做好创新型企业的培训和发展,引导它们坚持市场化思维,研究和把握科技和产业发展前沿,科学地进行市场定位,努力实现底层技术突破,把"根"扎深扎稳,打造成带动地方经济创新发展的龙头。

4. 推进产业开放融合

> 抢抓机遇、主动出击,积极谋划一批符合地方产业发展需要、符合地方未来发展方向的招商引资重点项目。

地方产业适应现代化经济体系建设要求,以更加开放的发展理念、更加包容的发展方式,面向全球配置产业链、创新链与价值链。

一是深化与国内外各类企业合作,优化产业协作模式。发展战略性新兴产业要加快国际创新与合作平台建设、全球创新资源高效利用、优势技术及标准的推广和国际化应用。开放的中国市场,为在华外企提供了巨大的市场机遇。强生公司表示,"中国不仅是强生全球业务中发展最快、增长贡献最大的市场之一,更是强生推动创新发展的重点战略市场"。

二是完善招商引资体制机制,加快战略性新兴产业的相关企业和人才的引入。招商引资管理者针对行业的不同特征、发展阶段、发展基础和区域特点,设计不同领域的产业融合集群发展路径,取得特色战略性新兴产业的实质性突破。上海加快建设具有全球影响力的科技创新中心,需要紧扣城市产业定位和未来前沿领域,培育和引入一大批引领科技产业前沿、掌握关键核心技术的创新型企业,提供高质量营商服务,帮助企业走出去,在全球市场中竞争,打造和宣传中国品质和中国品牌。

三是推动战略性新兴产业集群式发展。招商引资管理者围绕产业链布局创新链,提升企业科技创新能力,瞄准全球竞争前沿,进一步加大关键核心技术攻关力度,抢占未来发展制高点,打造创新引领的现代产业集群。重庆发布《关于加快推动以卫星互联网为引领的空天信息产业高质量发展的意见》,提出培育卫星互联网创新生态,广东发布《关于印发广东省推动新型储能产业高质量发展指导意见的通知》,提出将新型储能产业打造成为支柱产业。

战略性新兴产业发展策略

从总体上看,国内战略性新兴产业的薄弱领域集中在创新链上游,基础研究和底层技术领域面临诸多"卡脖子"问题,需要发挥政府这只有形之手的作用,集聚资源,形成合力,助力技术突破和成果创新。

1. 发展战略性新兴产业的重要性和紧迫性

鉴于战略性新兴产业的独特定位,招商引资管理者迫切需要将其作为经济发展中的重中之重,努力加快新旧动能转化步伐。主要原因在于,一是战略性新兴产业代表新一轮科技革命和产业变革的方向,是国家培育发展新动能、赢得未来竞争新优势的关键领域;二是国内经济增长动力从要素驱动转向创新驱动,需要进一步强化战略性新兴产业的培育与发展;三是战略性新兴产业加快培育"专精特新"和"单项冠军"企业,有助于打造一流的产品、服务和品牌。

2. 加快战略性新兴产业人才的引进和培养

教育、科技、人才是发展地方战略性新兴产业的基础性、支撑性资源要素。战略性新兴产业发展对人才需求总量巨大。招商引资管理者要从四个方面着手:一是加强高技能人才素质教育,强化创新意识,提升创新能力;二是借鉴国内外战略性新兴产业人才培养经验,完善当地人才队伍建设方案,打造集技术传承、技术研发、成果转化、推广应用于一体的人才培养链;三是积极引进战略性新兴产业高层次人才,特别是那些既有国际视野又具备深厚专业底蕴的海外优秀人才;四是树立新型人才观,既要重视高学历的常规人才,也要重视学历不高但具备特殊技能的特殊人才。

3. 优化战略性新兴产业的发展生态

营造优良的产业生态是推动战略性新兴产业发展壮大的关键。招商引资管理者营造产业发展生态的重点,一是顺应新一轮科技革命和产业变革趋势,深化新一代信息技术与制造业融合发展,培育壮大战略性新兴产业,持续提升产业基础高级化、产业链现代化水平;二是营造开放合作的良好产业生态,深化与国内外各类所有制企业合作,优化产业协作模式,打造一批具有突出优势的战略性新兴产业集群;三是聚焦"由谁来创新""动力在哪里""成果如何用"等问题,加大对企业的政策支持力度,促进创新链、产业链、资金链、人才链深度融合。

4.构建战略性新兴产业的保障体系

招商引资管理者聚焦战略性新兴产业发展方向和产业门类,构建良好的产业发展保障体系。一是牵头做好战略性新兴产业顶层设计,建立和完善相关配套政策体系;二是加强知识产权保护,营造成本低、信息灵、效率高的市场环境;三是建立完善、有序和多元的文化环境和用人制度,鼓励创新,尊重创造;四是探索更加灵活高效的市场机制、管理体系、包容机制,进一步激发企业创新创造活力。早在2009年,河北廊坊市发挥紧邻首都的区位优势,启动了以润泽国际信息港为代表的数据中心建设。"廊坊抢抓京津冀协同发展战略机遇,大力发展现代商贸物流和数字经济。特别是廊坊市区距北京市中心仅40千米,网络时延与北京相当,发展数字经济区位优势明显。"①

资料链接 5—1 深圳传感器产业驶入快车道

智能传感器是集成传感芯片、通信芯片、微处理器、驱动程序、软件算法等于一体的系统级产品,是手机、电脑、智能穿戴、无人机、机器人等各类智能产品必备的核心零部件。

2022年出台的《深圳市培育发展智能传感器产业集群行动计划(2022—2025年)》提出,到2025年智能传感器产业增加值达到80亿元,新增一批专精特新"小巨人"、制造业"单项冠军""独角兽"企业。突破一批智能传感器核心技术,布局若干技术先进、特色突出、优势互补的高水平创新平台。2022年12月印发的《深圳市关于推动智能传感器产业加快发展的若干措施》也提出,从健全产业公共服务能力、构建核心技术竞争力、强化市场牵引发展能力等方面,推动产业发展。

深圳市智能传感行业协会会长表示,伴随政策红利的不断释放,深圳传感器产业进入发展快车道,产业协同创新能力不断增强。2023年

---

① 徐运平,张腾扬.廊坊数字经济赋能高质量发展[N].人民日报,2022-11-07(1).

上半年,深圳全市规模以上工业增加值同比增长3.9%。主要行业大类中,规模以上汽车制造业增加值增长89.7%,电力、热力生产和供应业增长22.7%,为智能传感器发展打开了广阔的空间。

下一步如何做强?深圳市智能传感行业协会执行会长建议,可重点从打造产业共性技术平台、推广产品示范应用、加大复合型人才培养、发挥龙头企业引领作用、加强产业并购等方面发力。他指出,针对共性关键技术,如设计、制造、测试等,开展共性基础理论、关键核心技术、共性软硬件产品的创新研发工作,推进智能微系统技术生态可持续发展。同时,联合高校、科研机构,培养多领域、多学科交叉的复合型人才、工程型人才。探索产学研深度融合新思路,把一流学科转化成一流产业,一流研究转变成一流产品。

在做强过程中,龙头企业可以有效整合产业链上下游,促进融通创新,解决因系统性失灵所造成的"卡脖子"问题、碎片化问题、供应链问题,带领企业走向国际化。

资料来源:王海荣.深圳传感器产业驶入快车道[N].深圳商报,2023-09-05(A03).

5.2 加快发展现代服务业

在"中国制造"向"中国智造"转型过程中,现代服务业加速转型升级。现代服务业具有"三高两低"的特征,即"高科技含量、高人力资本、高附加值"和"资源消耗低、环境污染低"。现代服务业发展水平不仅是衡量一个国家经济社会发达程度的重要标志,而且是一个国家综合实力、国际竞争力的集中体现。历史经验表明,当一个国家的人均GDP超过1万美元之后,其经济发展总体上就表现出"服务化"程度不断加深的特征。当前,以数字化、智能化、绿色化为特征的知识密集型"服务业",正成为现代服务业高质量发展的动能。

现代服务业重点领域

现代服务业在现代产业体系内占据主体地位,是地方经济实现产业转型和产业结构优化的战略着力点,也是地方经济增长的主导动力源。招商引资管理者要积极谋划现代服务业重点发展领域,完善现代服务业政策,聚焦产业转型升级和居民消费升级需要,引导生产性服务业向专业化和价值链高端延伸,促进生活性服务业向高品质和多样化升级,构建起优质高效的现代服务业新体系(参见图5—3)。

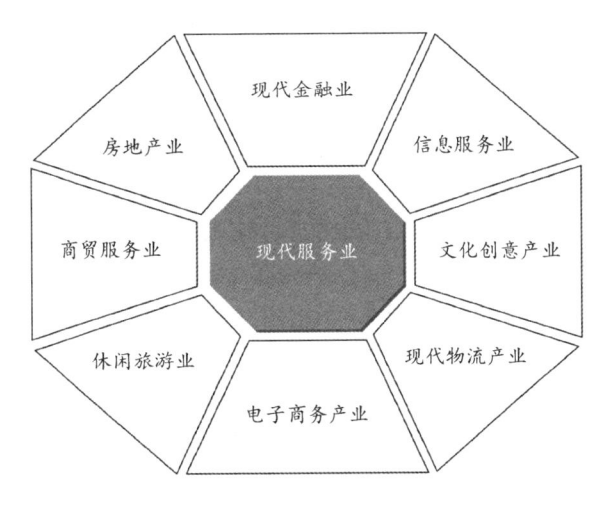

图5—3 现代服务业重点领域

（图中：现代金融业、信息服务业、文化创意产业、现代物流产业、电子商务产业、休闲旅游业、商贸服务业、房地产业，中心为"现代服务业"）

1. 现代金融业

> 现代服务业加速崛起,成为拉动国民经济增长、促进生产生活方式转变、带动产业转型升级和协调发展的重要力量。

现代金融是经济发展的核心和血脉,也是资源配置和宏观调控的重要工具。高效的现代金融服务能够促进资金链与创新链的有机融合,为新技术、新产业提升提供坚实的金融支撑。

招商引资管理者以"金融支持实体经济转型升级"为目标,加速构建多层次资本市场体系,大力培育地方特色金融业态,积极发展创新金融载体和平台,推进数字金融、绿色金融等新业态的发展,支持实体经济部门的科技创新。此外,还要切实做好互联网金融、地方政府债务等重点领域风险防控,遏制非法金融活动。

2. 信息服务业

信息服务业是利用新一代信息技术和网络终端对信息进行生产、收集、分析、存储、传输和利用,为社会提供服务的专门行业。信息服务业已成为当今世界信息产业中发展最快,技术最活跃,增值效益最大的一个产业。具体来看,信息服务业包括系统集成、增值网络服务、数据库服务、咨询服务、维修培训、电子出版、展览等业务。

招商引资管理者抓住新一代信息技术革命契机，顺应"互联网+"发展趋势，推动云计算、大数据、物联网、移动互联网等信息服务业布局，推进新一代信息技术与三次产业融合发展，提高信息服务业的综合实力和国际竞争力。近年来，百度智能云推出的工业互联网品牌"百度智能云开物"，以"人工智能+工业互联网"为特色，为电子、汽车、装备制造、钢铁、化工、水务等超过22个行业的300多家标杆企业提供云智一体的数字化整体解决方案。

3. 文化创意产业

创意是一种能够产生新东西的力量，这种力量无处不在。文化创意产业作为新经济、新产业的中流砥柱，成为很多地方最具潜力的就业增长点和最主要的经济增长点。具体来看，文化创意产业主要包括九大类：新闻信息服务、内容创作生产、创意设计服务、文化传播渠道、文化投资运营、文化娱乐休闲服务、文化辅助生产和中介服务、文化装备生产和文化终端生产。

招商引资管理者以市场为导向，突出"创新、创意、创业"，推动文化创意和设计服务与信息科技、工业、农业、旅游业、居民生活等领域融合发展，以创意生活、信息服务为支撑，培育地方特色文创品牌，集聚优化特色文化创意企业，发展体验型经济，推动形成文化消费热点。例如，苏州市发布《"江南文化"品牌塑造三年行动计划》，推进"江南文化"品牌塑造十大工程，成为"江南文化"的核心叙述者、传播者和引领者，大力建设影响卓著的世界历史文化名城。

4. 现代物流产业

物流一头连着生产，一头连着消费，是畅通国民经济循环的重要环节。现代物流业是指原材料、产成品从起点至终点及相关信息有效流动的全过程，将运输、仓储、装卸、加工、整理、配送、信息等方面有机结合，形成完整的供应链，为客户提供多功能、一体化的综合性服务。现代物流业主要包括铁路运输、公路运输、水上运输、装卸搬运及其他运输服务业、仓储业、批发业、零售业。

招商引资管理者顺应内外贸一体化趋势，依托当地水路、铁路和公路交通优势，建设综合智慧型交通物流中心，构建现代物流产业体系，优化物流产业发展环境，促进结构优化和流程再造，提升物流企业市场竞争力。宁夏银川市坚持"项目带动，提质增效"，推动"互联网+城乡配送"，推进电商产业和物流产业融合发展，有效提升了全区电商产业的资源集聚、物流服务效率。

5. 电子商务产业

电子商务是以信息网络技术为手段，以商品交换为中心的商务活动，是基于通信终端和网络技术开展的商业模式。电子商务产业是一项朝阳性产业,为商业贸易整体环境注入了强劲的能量,主要表现为,一方面为实体经济发展注入新动力,另一方面以新一代信息技术的快速发展,优化传统资源要素配置,将数字化、信息化、智能化等因素融入制造业,从而推动制造业产业结构升级。

招商引资管理者把握电子商务与信息技术发展机遇,一是以"大数据、云计算、区块链"等新一代信息技术,对电子商务产业进行赋能,提升当地产业数字化整体水平;二是以信息化和数字化为抓手,推动制造业产业转型升级,提升生产资源要素配置效率;三是完善电商发展环境,提高电子商务产业发展的跨境服务能力,壮大跨境电商新业态。江苏连云港市构建了电商产业直播基地、孵化基地、美工基地、培训基地、物流基地等,进一步优化了海产、海鲜等本土特色产品的电商产业链。

6. 休闲旅游业

休闲旅游业是将"旅游"与"休闲"紧密结合,以旅游为手段,以休闲为目的,向游客提供吃、住、行、游、娱、购等"一条龙"服务的综合性产业。发展休闲旅游业,通过深入挖掘和利用当地优秀文化资源,为当地注入新的文化力量,能够提高当地的知晓度和美誉度,提升持久的吸引力和竞争力。

招商引资管理者顺应全民休闲度假的需求,坚持"以人为本",打造具有温度和品质的休闲旅游运营及消费环境。一是以"旅游+文化"为发展引领,完善旅游产品服务体系;二是以重点景区项目建设为基础,推进旅游业差异化发展,打造新型旅游目的地;三是以"互联网+"技术为手段,助力智慧旅游高端提升。例如,中国澳门游的旅客构成出现新变化,更多以个人休闲游为主。当地旅游业与时俱进,向游客展现出产品新、客源新、举措新、观念新的世界旅游休闲中心新形象,带动旅游经济强劲复苏。[①]

7. 商贸服务业

商贸服务业是指与商务贸易活动和居民生活密切相关的住宿业、餐饮业、零售业等服务业。商贸服务业作为第三产业的重要组成部分,对经济的发展起着基础性作用。目前,现代商贸服务业正向智能化、个性化、交互式、场景体验式及集多功能于一体的方向发展。

招商引资管理者坚持市场主导和政府引导,完善政策促进体系,优化商贸服务业态布局,推进城乡商贸网络建设,促进贸易便利化。一是建立良好的商贸服务业发展环境,推进服务业知识化和信息化,通过政策引导商贸服务业发展;二是推进商贸服务业协同发展,以互联网信息新技术为手段,推

---

① 富子梅.澳门展现世界旅游休闲中心新形象[N].人民日报,2023-04-23(6).

动商贸服务业重大项目与行业应用;三是注重专业人才的培养和引进,满足产业发展带来的人才需求。

8. 房地产业

房地产业是进行房地产投资、开发、经营、管理和服务的行业,具有基础性、先导性、带动性和风险性的特征,是关系国计民生的支柱产业。客观来看,房地产业在拉动地方经济增长、加快城市建设等方面发挥了巨大作用。

地方政府通过持续完善土地、金融、财税等相关政策,合理引导房地产规划、投资建设和消费,实现房地产市场平稳健康发展。一是坚持房子是用来住的、不是用来炒的定位,加强预期引导,创新发展模式;二是坚持租购并举,加快发展长租房市场,支持商品房市场更好满足购房者的合理住房需求;三是因城施策促进房地产业良性循环和健康发展。

现代服务业发展关键

> 现代服务业呈现稳步扩张的良好态势,成为支撑和拉动地方经济发展的主动力。

数据显示,目前国内服务业 GDP 占比达 56%,对经济增长的贡献率为 66%,成为推动经济高质量发展的支柱产业。进入工业化后期阶段,国内经济发展的"服务化"特征日趋显著,现代服务业已成为改善民生、促进生产生活方式转变的新支撑。招商引资管理者抓住现代服务业发展关键,促进集中集聚集约式发展,提升对地方经济的支撑力度(参见图 5-4)。例如,浙江金华市婺城区聚焦服务业数字化发展,把创新发展作为服务业发展内生动力,成功申报为首批浙江省级现代服务业创新发展区。[①]

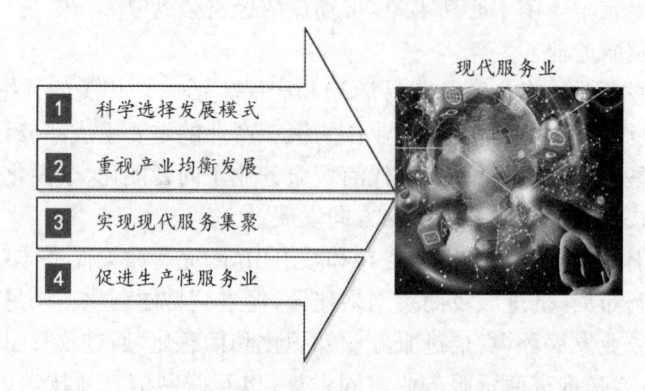

图 5-4 现代服务业发展的关键

---

① 孙武斌. 婺城推进现代服务业高质量发展[N]. 金华日报,2022-09-04(A01).

1.科学选择发展模式

随着新一代信息、人工智能、区块链等技术不断突破和广泛应用,现代服务内容、业态和商业创新模式不断涌现。招商引资管理者要科学选择发展模式,通常情况下,现代服务业发展模式可以分为三种:(1)"协同融合"模式,强调在为客户提供服务时,不应仅仅着眼于当下需求,还要提高现代服务行业自身的技术、技能、科技水平,寻求产业间融合发展的契机,以"协同融合"的方式加速发展。(2)"集聚创新"模式,强调将产业集群理念引入现代服务业的发展,利用集聚效应和资源要素集中优势,推动产业创新,实现"集聚"与"创新"的双重收益。(3)"动态"供应链模式,基于完善与优化产业供应链角度,以动态组合的方式,在企业、政府、组织机构、科研院所之间建立密切的关联,以一种较为灵活的方式,实现供应链的优化组合。

2.重视产业均衡发展

> 现代服务业是衡量地区综合竞争力和现代化水平的重要标志,是推动经济转型升级的关键动力。

现代服务业发展的关键要素不是传统的有形资源,而是人力资本、知识、信息等无形资源,以及推动产业融合和优化发展产业环境。江苏苏州市强调以加快现代服务业发展作为经济"转型升级"的重要抓手,积极培育、扶持创新型现代服务企业。[①] 对于传统大城市而言,需要依托老城区服务业集聚基础,以商业中心、特色商业街区、社区商业为主要载体,突出楼宇经济、街区经济、总部经济,提升商贸、文化、旅游等综合性、多元化和高品质服务功能。

3.实现现代服务集聚

现代服务业具有显著的空间集聚特性,能够有效地促进产业结构优化升级,如北京中关村、上海陆家嘴和深圳罗湖区等。招商引资管理者要根据当地的要素条件、市场环境和产业基础,选择具有市场潜力、产业链条宽且长,能代表区域特色的服务产业作为主导产业,精心培育发展几个具有核心竞争力的企业或者吸引龙头服务企业进驻,形成现代服务产业集聚区。浙江嘉兴市南湖基金小镇积极构建"基金小镇投融圈",为基金找投资人、资金找项目和项目找资金搭建了一个良好的"金融生态圈",助推基金创投和项目招引互促互融,共同发展。2022年以来,南湖基金小镇实施产业综合招商2.0版,从基金注册招商转向办公招商、产业招商,实现"以投引招",为小

---

① 徐维莉."协同创新"视角下现代服务业新业态与新模式分析——以苏州为例[J].商业观察,2022(31):49-52.

镇积累优质产业资源。①

4. 促进生产性服务业

生产性服务业，尤其是制造服务业，是提升制造业产品竞争力和综合实力、促进制造业转型升级和高质量发展的重要支撑。招商引资管理者要着力推动生产性服务业向专业化和价值链高端延伸，重点推进信息服务现代物流、金融、科技服务、商务会展等生产性服务业规模倍增、能级提升，打造"双循环"生产服务中心。

招商引资管理者聚焦现代服务业提质增效、数字赋能、融合发展等重点领域，着力培育地方经济发展新优势。相关研究表明，将生产性服务业发展程度提高1%，制造业效率可以提升39.6%。②如今，生产性服务业成为"制造重镇"争相布局的重要一极。2020年年末，四川成都市召开先进生产性服务业发展大会，2021年江苏无锡市提出制定实施生产性服务业十年倍增计划，都是为了抓住这一产业升级的关键环节，推动城市产业能级再上一层楼。

现代服务业发展策略

从中国制造到中国服务，我国经济跑出动能转换"加速度"。目前，现代服务业成为我国经济长期持续健康发展和优化升级的引擎，2022年，我国服务贸易进出口总额达到8 891亿美元，再创历史新高。在现代服务业成为推动增长"主动力"条件下，招商引资管理者需要制定有效的现代服务业发展策略，发挥其促进就业、激发消费、推动经济增长、扩大对外开放的作用（参见图5－5）。

1. 出台现代服务业发展措施

地方政府出台相关的产业政策和市场规制，在税收、土地使用政策、准入门槛和员工培训等方面予以支持，积极引导现代服务业集聚式发展，建立符合地方发展实际的、具有区域特色的现代服务业集聚区。招商引资管理者在促进产业集聚的同时，必须有意识地引导集聚相关企业形成合理的空间布局。《河南省加快推动现代服务业发展实施方案》明确提出，要聚焦创新前沿，加快延伸新服务，扩大制度型开放，对接国际高标准制度规则，提升国际市场资源配置能力，为服务发展提供更加广阔的空间。

2. 提升现代服务业创新能力

伴随着信息技术和知识经济发展，现代服务业市场主体不断用现代化的新技术、新业态和新服务方式改造的现代服务业，现代服务业内容日益丰

---

① 柴一楠,朱沈佳,许冰洲.南湖新区现代服务业聚势崛起[N].嘉兴日报,2021－11－27(4).
② 杨光.青岛推动七大现代服务业加速崛起[N].青岛日报,2022－05－27(1).

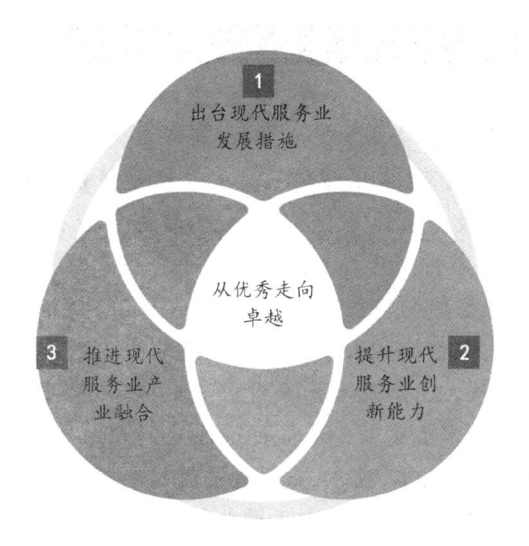

图5—5 现代服务业发展策略

富,逐渐形成了许多彼此独立、各有特色、满足不同需求的服务业领域。招商引资管理者可以通过资金和政策支持,引导和推动市场主体积极改造升级传统服务业,丰富业态,扩大消费。诸如打造服务业集聚区、建设特色商业示范街、发展旅游休闲街区等,持续推进商圈改造升级,充分满足消费升级需求。2022年7月,宁夏首次组织评选出银川电商直播公共服务基地、宁夏短视频直播基地等11家电商直播示范基地,引领"直播+"产业发展,推动宁夏电商产业链、生态圈的集聚发展。

3. 推进现代服务业产业融合

> 随着外资准入负面清单持续缩减,自由贸易试验区建设和服务业扩大开放综合试点深入推进,现代服务业成为吸收外商投资的热点领域。

先进制造业和现代服务业深度融合发展,既是顺应新一轮科技革命和产业变革的主动选择,也是重塑产业链竞争新优势、建设现代产业体系、加快构建新发展格局的有效路径。招商引资管理者把握产业融合发展趋势,围绕重点领域和关键环节,创新融合发展体制机制,发展融合新业态新模式,实现先进制造业和现代服务业协同互促和深度融合。《江苏省"十四五"现代服务业发展规划》提出,加快构建优质高效、布局优化、竞争力强的江苏特色"775"现代服务产业体系,以两业融合发展标杆引领工程为主要突破口,扬先进制造之长、显现代服务之优、创产业发展之特。

资料链接 5—2　生产性服务业赋能，带动产业向高端

当前，上海国际经济、金融、贸易、航运中心基本建成，要素市场加快流动、高能级机构主体加速集聚，全球资源配置优势持续放大。随着集成电路、生物医药、人工智能三大先导产业蓬勃发展，上海生产性服务业对产业升级的赋能作用持续放大，高端产业引领优势加快形成。此外，上海形成首批生产性互联网服务平台培育项目，其中千亿级平台5个，带动产业整体向价值链高端延伸。

当前，上海具有全球影响力的科创中心框架基本形成，科技创新策源优势逐渐显现。上海拥有国家级研发机构88家、国家级大学科技园区14家，高新技术企业2.2万多家、众创空间500多家，高等院校63所。

近年来，上海人才、技术、数据等关键战略要素保障机制更加健全，一批科技企业在上海发展壮大。西井科技就是从上海成长起来的科技独角兽。新近公布的2023中国隐形"独角兽"企业500强中，西井科技以70亿元估值位居榜首。

上海持续优化创新环境，实施科技成果转化创新改革试点，数据显示，全国1/2的5G研发人才、40%的集成电路产业人才、1/3的人工智能人才汇集上海。

上海服务贸易规模稳居全国首位。2022年，上海服务贸易进出口总额2 454.5亿美元，同比增长7.0%，贸易规模创历史新高，占全国比重29.5%。

服贸会参展企业万向区块链作为上海本土企业，已实现技术出口新加坡。2021年7月28日，万向区块链和新加坡贸易与工业部下属官方机构裕廊集团宣布达成合作，在新加坡榜鹅数码园区将区块链技术的应用场景全面探索落地。"我希望中国的技术能在海外得到很好的展示，同时也希望在新加坡汇聚的全球技术，能到上海、到中国，反哺更多行业和场景。"万向区块链副总经理说。除了新加坡，目前在全球市场，万向区块链也已通过公司以及在国内和海外的关联机构，投资超过500个区块链和Web3.0的项目，总规模大约在10亿元人民币，遍布世界各地。

上海将以创建国家服务贸易创新发展示范区为引领，对接国际高标准经贸规则，推进规则、规制、管理、标准等制度型开放，创新服务贸易发展机制，大力发展数字贸易，推动服务贸易高质量发展再上新台阶。

资料来源：俱鹤飞.生产性服务业赋能，带动产业向高端[N].解放日报，2023—09—04(3).

5.3 创新发展先进制造业

制造业是立国之本、兴国之器、强国之基,是经济高质量发展的重要支撑。2023年,我国制造业增加值达39.9万亿元,占GDP比重达到26.2%,连续14年位居世界首位,制造业综合实力和国际影响力大幅提升。招商引资管理者要紧盯产业技术变革趋势,进行前瞻性布局,巩固地方优势产业,开拓交易新领域新赛道,培育壮大经济发展动能。

先进制造业发展趋势

> 中国在全球产业分工体系的地位不断提升,高端化、高附加值先进制造业出口比重逐步提升。

目前,我国拥有41个工业大类、207个工业中类、666个工业小类,是全世界唯一拥有联合国产业分类中全部工业门类的国家。发展先进制造业,需要坚定推进产业转型升级,发力高端化、智能化、绿色化,推动产业迈向中高端,努力抢占制高点,形成协同创新、人才集聚、降本增效等竞争优势(参见图5—6)。

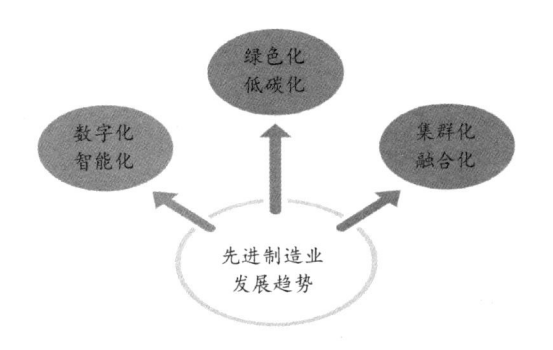

图5—6 先进制造业发展趋势

1. 数字化智能化

新一轮科技革命和产业变革深入发展,先进制造业发展站在新的时代风口。招商引资管理者积极推动先进制造业不断引入新技术,包括信息技术、生物技术、新能源技术等,以提高生产效率、降低成本、提升产品质量。一是依托人工智能、5G、视频云、物联网、云计算、大数据等新一代信息技术,以统一数字平台为核心,为地方制造业构筑坚实的数字基础。

二是依托物联网技术和通信的发展，以硬件为基础，以软件为核心，打造软硬结合的双驱动能力，逐步推进制造业数字化转型。三是通过引入人工智能、机器人、自动化等技术，把人工智能技术和物联网技术融合起来，将数字化技术应用到更多实际工业生产等场景里，实现生产过程的智能化、柔性化和个性化。上海以工业互联网为引领，积极推动制造业数字化转型，已发布首批10家"工赋链主"培育企业，打造了30个有行业影响力的工业互联网平台，评选出电气数科、宝信软件、致景科技等10大标杆平台。①

2. 绿色化低碳化

实现"碳达峰""碳中和"是一场广泛而深刻的经济社会系统性变革，环保和可持续发展成为全球关注的焦点，在此背景下，先进制造业更加注重绿色制造，通过引入环保技术、节能技术等，实现生产过程的绿色化和低碳化。招商引资管理者要适应绿色化低碳化趋势，一是积极推动绿色技术创新，突破一批绿色低碳共性关键技术、重大节能先进技术装备，严格落实能效约束，探索绿色发展机制，使资源、生产、消费等要素相匹配相适应；二是组织实施传统高耗能行业"碳达峰"专项行动，培育发展低碳高新产业，大力推进产业结构低碳转型，推进清洁能源替代；三是全面完善绿色制造标准体系，梯度培育绿色低碳工厂，建设绿色低碳工业园区，支持龙头企业建设绿色供应链。

3. 集群化融合化

> 发展先进制造业集群，是推动地方制造业走向中高端，提升产业链和人才链协同发展的重要抓手。

一个国家制造业强，在国际经济体系中的话语权就强；制造业弱，特别是产业存在短板，就有可能面临"卡脖子"难题，甚至经济难以正常运转。工业特别是先进制造业是科技创新的主战场，是提升质量效率的主阵地，是大国参与全球产业分工、争夺产业链价值链控制力和话语权的角力场。招商引资者围绕地方先进制造业重构产业链，一是注重产业链协同，通过构建产业生态系统，实现产业链上下游企业之间的合作与共赢；二是用新一代信息技术赋能先进制造业体系，瞄准全球产业链高端，发展具有较高附加值和技术含量的新兴产业；三是不断吸收电子信息、计算机、机械、材料以及现代管理技术等方面的高新技术成果，推动传统制造业向价值链高端延伸；四是基于当地制造业重点和优势领域，着力整合研发创新、资源开发、物流运输等

---

① 张懿.工业互联网赋能制造业数字化转型[N].文汇报，2023—02—19(1).

方面的扶持政策,激发推进先进制造业发展的微观主体活力与动力。

先进制造业发展关键

发展先进制造业,有助于发挥地方产业比较优势,逐步迈向价值链中高端,培育出优势明显的先进制造业集群。例如,位于重庆璧山区的弗迪电池工厂,遍布生产车间、工序、条线的高精度传感器,数以百计的工业机器人,与精益化、自动化、信息化制造管理系统一起,打造出一座刀片电池世界级工厂。

1. 大力发展数字经济

发展数字经济是把握新一轮科技革命和产业变革新机遇的战略选择。招商引资管理者以数字经济为重要抓手,积极利用新技术新业态改造提升传统产业,培育壮大经济发展新动能。一是加快产业数据价值化,强化数据应用,提升企业数字化水平,实现产业集群数字化转型。二是建设一流数字基础设施,加强大型数据中心建设,高标准建设"双千兆"网络基础设施,加快工业互联网与新一代信息技术的融合应用。三是发展先进制造业与现代服务业深度融合新模式。

具体来看,地方政府加快发展数字经济,推动数字技术和实体经济融合,不仅能够赋能传统产业转型升级,还将推动技术创新和产业变革,催生新产业、新业态、新模式。目前,我国工业互联网平台由概念普及走向实践深耕,已进入规模化应用推广关键阶段。随着平台技术不断创新、标准引领持续强化、应用场景快速拓展,工业互联网平台创新应用潜力将得到进一步释放。

2. 增加高技能人才储备

尽管我国是世界上唯一拥有全部工业门类的国家,然而,制造业总体上仍处于全球价值链的中低端,许多产业面临高技能人才数量不足、质量不高问题。招商引资管理者着眼于维护产业链安全稳定,推动制造业结构转型升级、优化调整,打造更多世界一流企业和"隐形冠军"等,通过多种手段,努力打造一支高素质的技术人才队伍。

> 先进制造业的核心竞争力在于拥有数量丰富的具备专业知识和高超技术的高技能人才。

发展先进制造业,一方面离不开企业家,他们是创新发展的主导者;另一方面离不开规模庞大的高技能人才,他们是产业和企业发展的主动力。实践中,高技能人才活跃在先进制造业的一线,是技术工人中的实践者、操作者和成果转换者,还是产品研发和创新队伍中的设计者和创造者。因此,推进先进制造业发展,不仅需要有一定话语权和影响力的产业领军人才,而且需要大量经营管理人才、专业技术人才和高技能人才,否则就难以有效突破"微笑曲线"[①]的底端现状。

> 构建和发展现代产业,诸如先进制造业、现代服务业和战略性新兴产业,需要一支规模庞大的高技能人才队伍。

越来越多的招商引资管理者和企业开始摆脱传统的人才观,强调人才管理"两手都要抓,两手都要硬"。一方面加强研发创新人才管理,另一方面重视高技能人才队伍的培养和发展。杭州市《关于进一步加强"名城工匠"培养生态建设的实施意见》提出,"到2022年,杭州高技能人才占技能人才比例将达到35%以上,打响'名城工匠'品牌,在全国率先建成高技能人才强市"。最新数据显示,2025年中国制造业10大重点领域人才总量将接近6 200万人,但与此同时,高技能人才需求缺口将近3 000万人,缺口率高达48%。因此,招商引资管理者要提前谋划,吸引越来越多的高水平人才进入制造业,为地方先进制造业发展做好充足的技能人才储备。

3. 重视产业"提质增效"

招商引资管理者立足新发展阶段,推动产业升级、承接产业转移,突出专业化和差异化发展。一是提升产业基础能力,不断突破一批关键核心技术,加快补足短板。二是持续创造竞争新优势,不断增强创新能力,持续为制造业集聚高端生产要素,特别是培育和吸引高素质产业工人,提升生产效率,保持和增强产业竞争优势。三是实现从要素驱动向创新驱动的转变,在资金、人才、服务等方面出台一系列扶持政策,促进制造业提质增效,既要保持一定的规模、实现一定"量"的增长,又要有"质"的持续提升。苏州市注重提供优质的"苏式服务",一年365天每天都是"企业家日",企业每天24小时都能享受到不打烊、不打折的精心服务,为广大企业当好"店小二"。

先进制造业发展策略

先进制造业涵盖众多子产业,伴随着技术的不断进步和市场的不断变化,这些子产业也会不断调整和发展(参见表5—4)。招商引资管理者需要完善顶层战略设计,综合采用多种手段,诸如技术创新、产业优化、人才培养、对外合作、政策扶持等,统筹打造先进制造业集群,形成产业链上下游企

---

① 微笑曲线认为:"在产业链中,附加值更多体现在两端——设计和销售,处于中间环节的制造附加值最低。"

业之间、相关产业链之间相互促进、共同发展的格局,提升整体竞争力。

表5—4　　　　　　　　先进制造业子产业(示例)

序号	主要领域	主要子产业
1	智能制造装备	智能制造系统、智能控制系统、工业机器人、自动化生产线等
2	航空航天装备	航空器及零部件制造、航天器及零部件制造、航空航天材料等
3	轨道交通装备	高速列车、城市轨道车辆、铁路车辆及零部件制造等
4	海洋工程装备	海洋油气开发装备、海洋新能源装备、海洋探测与观测装备等
5	新材料	高性能金属材料、高分子材料、无机非金属材料、复合材料等
6	生物医药	生物药品、基因工程药物、高性能医疗器械等
7	新一代信息技术	集成电路、新型显示、新一代通信技术、云计算、大数据等
8	节能环保装备	高效节能装备、环保装备、资源循环利用装备等
9	新能源汽车	纯电动汽车、混合动力汽车、智能汽车及关键零部件等

1. 打造先进制造业集群

> 先进制造业集群是制造业高质量发展的重要趋势,也是制造强国竞相布局的战略重点。

先进制造业集群是随着现代科技和信息技术发展而变化的,体现制造业集群的网络化、信息化、智能化、柔性化和生态化方向,是一个动态概念。[①] 招商引资管理者顺应产业集群化发展趋势,找准产业定位,围绕重点领域,加快培育具有显著市场影响力的先进制造业集群,实现从价值链中低端向中高端的跃迁。一是把先进制造业集群作为发展地方制造业和产业链的重要抓手,集中优势资源力量,培育发展优势企业,引导企业向产业园区或产业平台集聚,发挥产业集聚效应,实现关键核心技术突破和产业化。二是实现产业、技术、资金和人才的协同效应,共建先进制造业集群优势,突显地方现代产业体系的品牌效应。三是通过先进制造业集群的引领和辐射作用,带动制造、流通、分配和消费的全面发展,增强地方产业发展可持续性。

---

① 冯德连.加快培育中国世界级先进制造业集群研究[J].学术界,2019(5):86—95.

浙江省《关于高质量发展建设全球先进制造业基地的指导意见》提出，到2025年，基本形成由4个世界级先进产业群、15个"浙江制造"省级特色产业集群和一批高成长性"新星"产业群等构成的"415X"先进制造业集群体系。

2.突出地方产业特色

> 战略性谋划特色产业园，以招商引资重点项目强化园区特色，用特色产业载体促进特色产业项目集聚。

招商引资管理者选择比较优势产业应从区域市场需求、产业链完整度、历史制造业技术水平、当地资源禀赋等方面出发综合考量。一是加快改造升级传统产业，大力推进企业设备更新和技术改造，提高产业集中度，提升传统产业在产业链分工中的地位和竞争力。二是突出主导产业特色，增强综合承载能力，完善产业配套体系，通过本地孵化、企业分立、招商引资等不同方式和渠道，不断丰富产业集群构成。三是壮大主导产业规模，提升市场竞争力和影响力。

3.充分发挥产业先进性

先进制造业集群体现在技术水平、生产制造模式、集群内企业和产品质量品牌，以及产业组织形态、集群治理机制的先进。招商引资管理者培育和发展先进制造业集群的优势：一是帮助相关企业更好地发挥其先进性，诸如先进的技术和管理水平，先进的生产制造流程和工艺，精良的产品品质等。二是注重技术的协同研发和国际化的紧密协作，持续关注先进技术、生产制造方式和服务模式的应用，加速产业集群的技术外溢效应。三是促进集群内企业、科研院所、中介组织、政府部门等行为主体的资源和信息交流与合作，推进产业链、创新链、资金链和人才链的融合发展，实现量的持续扩张和质的不断提升。

4.完善产业发展生态

先进制造业集群，基于专业化分工，以产业生态协同发展为目标，集聚众多资源要素，诸如企业、产业中介机构、产业发展平台、基础设施等，共同构建地方产业竞争优势。招商引资管理者培育先进制造业集群，需要当地具备扎实的制造业基础和完善的产业发展生态，诸如突出的经济实力、扎实的创新基础、成熟的资源配套机制、包容的人才环境等。深圳市强调"工业立市、制造强市"，大力支持制造企业深耕细分领域，迈向价值链中高端。2022年，深圳市新增制造业单项冠军20个，累计达67个，位于全国大中城市前列；新增专精特新"小巨人"企业275家，新增数量居全国大中城市第二位，总数达442家。

资料链接 5—3　科学判断数字经济和实体经济融合发展的新形势

数字经济具有高创新性、强渗透性、广覆盖性,不仅有利于开辟发展新赛道,培育壮大以数字技术为核心的第五代移动通信技术(5G)、工业互联网、大数据、人工智能等新兴产业发展,催生出一大批新技术新业态新应用,形成新的经济增长点;还能够带动对传统产业的全方位、全链条改造,发挥数字技术对经济发展的放大、叠加、倍增作用。当前,新一轮科技革命和产业变革加速发展,全球产业结构和布局深度调整,数字经济和实体经济融合发展呈现诸多新特点、新趋势。

数字技术进入加速创新的爆发期。数字技术加快系统创新和智能引领的重大变革,从基础理论、底层架构、系统设计等呈现全链条突破,代际跃迁不断加速。5G、云计算、大数据、工业互联网、人工智能、区块链等新兴技术加快交叉融合、迭代创新,网络连接从人人互联、万物互联迈向泛在连接,培育形成诸多新业态新模式,为经济社会发展注入了新动能。通用人工智能、量子信息等颠覆性前沿技术加速突破应用,围绕"数据+算力+算法"的技术集成创新持续加快,为数字经济和实体经济融合发展提供更多动力源泉。

数字技术与千行百业融合向纵深拓展。数字技术加速向各行业各领域广泛渗透、深度融合,融合重点正从消费服务领域转向生产制造领域,正从辅助手段转向创新发展引擎,促进各类资源要素的网络化泛在互联、服务化弹性供给、平台化高效分配,推动发展方式、产业模式、企业形态的深刻变革。有关数据显示,数字化改造使智能制造示范工厂的生产效率平均提升32%,资源综合利用率平均提升22%,产品研发周期平均缩短28%,运营成本平均下降19%,产品不良率平均下降24%。

数据作为关键生产要素的价值日益彰显。数据在快速融入生产、分配、流通、消费等各环节的同时,加速线上线下、生产生活、国内国际全面贯通,促进精准供给,激发新兴需求,重塑经济模式,对提高生产效率的乘数作用不断凸显,成为最具时代特征的生产要素,为经济发展带来新机遇。数据的爆发增长、海量汇集以及数据共享、开放、流通、应用步伐加快,各类经营主体更加重视以数据驱动发展,着力提升数据管理能力和开发利用水平,释放数据中蕴藏的巨大价值。

数字经济和实体经济融合领域国际竞争日趋激烈。世界主要经济体纷纷加强战略布局,加大对智能制造、工业互联网、数字供应链等融合领域发展的政策支持,并抢夺数字领域技术标准、经贸规则制定的主导权。

  资料来源：中共工业和信息化部党组.大力推动数字经济和实体经济深度融合[J].求是,2023(17):58.

5.4 科学布局未来产业

  当前,世界主要国家皆在积极探索科技"无人区",加速谋划布局未来产业,力求在新一轮科技革命和产业变革中抢占发展先机。无论是经济发达地区,还是经济发展中地区,都需要战略性谋划未来产业,抢占未来产业发展先机,培育先导性和支柱性产业,获取竞争新优势。苏州市围绕元宇宙、深海空天开发、脑科学与类脑智能、量子信息等未来产业重点领域开展招商引资,布局一批未来产业先导区,开放一批应用场景,引进培育一批领军企业。

未来产业锚定未来

> 未来产业代表新一轮科技革命和产业变革方向,引领未来产业发展。

  未来产业,是指引领重大变革的颠覆性技术及其新产品、新业态所形成的产业,如类脑智能、量子信息、基因技术、未来网络、深海空天开发、氢能与储能等前沿科技和产业变革领域等。尽管未来产业大多属于"从0到1"的产业,尚处于孕育孵化阶段,产品形态不甚清晰,但具有高成长性、战略性、先导性等显著特征,有望成为经济增长的新引擎,推动地方经济社会的可持续发展(参见图5—7)。在国家层面,我国提出"在前沿科技和产业变革领域,组织实施未来产业孵化与加速计划,前瞻谋划未来产业"。

① 未来产业依托新科技　② 未来蕴藏巨大消费力　③ 未来产业创造新动力　④ 未业产业拓展新空间

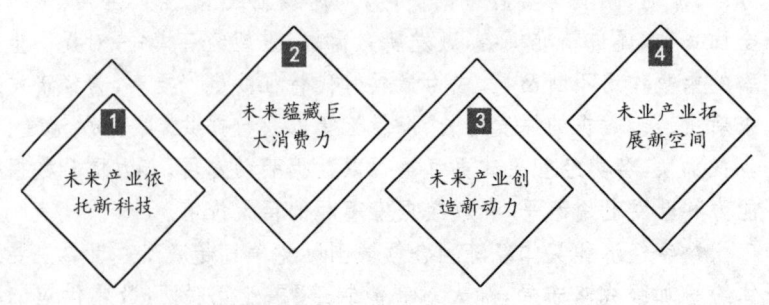

图5—7　未来产业特征

1. 未来产业依托新科技

当今世界,科技创新更加广泛地影响着经济社会发展和人民生活,科技发展水平更加深刻地反映出一个国家的综合国力和核心竞争力。招商引资管理者想要赢得未来发展先机、抢占世界科技竞争制高点,未来产业可不能缺席。

最引人注目的是,数字技术正以新理念、新业态、新模式全面融入人类经济、政治、文化、社会、生态文明建设各领域和全过程,给人类生产生活带来广泛而深刻的影响。实际上,支撑未来产业的核心技术属于突破性和颠覆性的前沿技术,依托于技术之间、技术与产业之间的深度融合,从发现、培育到产业化是一个较为漫长的过程,但将对生产力和生产关系带来变革性影响。《广东省制造业高质量发展"十四五"规划》提出,坚持制造业立省不动摇,巩固提升战略性支柱产业,前瞻布局战略性新兴产业,谋划发展未来产业,打造世界先进水平的先进制造业基地。

2. 未来蕴藏巨大消费力

未来产业发展是开启新领域新赛道的重要途径,也是地方经济发展的重要增量。未来产业能够满足人类的根本需求或潜在的尚未被满足的需求,不仅可以更好满足人们现有需求,还将创造新的应用场景和新消费需求。在激烈的市场竞争中,开辟产业发展新领域新赛道、塑造产业发展新动能新优势,从根本上说,还是要依靠科技创新,因此当前地方产业竞争正在演变为科技竞争。

招商引资管理者要紧紧抓住和用好新一轮科技革命和产业变革新机遇,加快推动新兴产业提质扩量增效,为经济高质量发展培育新动能、构建增长点,牢牢掌握未来发展的主动权。黑龙江省建设"航天高端装备未来产业科技园",依托高校优势学科,以国家大学科技园为基础,聚焦航天器制造及应用、宇航空间机构、航天新材料及器件、空间信息处理、航天先进动力及装备、空间生命保障技术六个航天高端装备未来产业技术领域,培育引进高层次科技领军人才和创新团队,探索"学科+产业"的创新模式,构建未来产业应用场景,打造未来产业创新和孵化高地。

3. 未来产业创造新动力

> 主动布局事关未来的前沿领域,加快提升原始创新能力和核心竞争力。

发展未来产业,招商引资管理者要把原始创新能力提升摆在更加突出的位置,引导市场主体向更先进的生产力聚集,催生新技术新产业新业态新模式。实践中,借助新技术和新模式改造升级传统产业,实现各行各业的数实融合,从中孕育出新模式和新业态,有助于促进未来产业创造新价值。

招商引资管理者按照未来产业成长规律,鼓励多元路径探索、强化基础性技术研究、加大场景支持力度,试行"政府引导＋科技园牵头＋领军企业＋社会资本"的多元化管理体制机制。江苏省出台《关于加快培育发展未来产业的指导意见》,鼓励顶尖科学家领衔重大基础研究项目,探索"应用基础研究特区",着力引进高成长性创新型企业,加快构建未来产业的企业矩阵。

4. 未来产业拓展新空间

未来产业将帮助人们不断突破认知极限和物理极限,提升社会生产力水平,拓展新的发展和生存空间。目前,全球主要创新型国家纷纷在智能、低碳、健康等前沿方向布局未来产业,以信息技术、新能源技术、新生物技术、空间技术等科技领域的突破,引领产业升级方向。招商引资管理者要力争在关键细分产业领域,培育一批地方未来新增长点。

与新一代信息技术、新能源、新材料等战略性新兴产业不同,未来产业更加注重前沿技术的交叉融合,能在各行业原有价值链的基础上,跨界融合出更高价值的新业态。因此,招商引资管理者发展未来产业需要坚持"四个面向",即面向世界科技前沿、面向经济主战场、面向国家重大需求、面向人民生命健康,走出适合当地实际情况的创新路径。西安经济开发区依托领军企业聚集、产业基础厚实的优势,形成以未来汽车、未来能源、未来材料为代表的"千亿产业",以未来航空、未来健康、未来数字为代表的战略性"百亿产业",以都市服务、创新服务为代表的"十亿产业",打造未来具有经开特色的"千百十亿"现代产业体系蓝图。

未来产业发展基础

未来产业是引领未来经济增长和社会发展的革命性力量,招商引资管理者发展未来产业,赢得未来发展先机,抢占科技竞争制高点,需要考虑以下三个条件。

1. 未来产业需要雄厚的产业基础

> 发展未来产业要有前瞻性,但也要考虑相关领域的创新资源与已有产业优势。

未来产业不是空中楼阁,而是要建立在已有的产业基础之上。现阶段,各地在布局未来产业时,纷纷从各自不同的产业基础和资源出发,加以培养和孵化。例如,上海市出台打造未来产业创新高地、发展壮大未来产业集群行动方案;深圳市制订培育发展未来产业行动计划(2022—2025年);浙江省发布未来产业先导区建设的指导意见;河南省提出"推动氢能与储能、生命健康、量子信息等产业尽快成规模";天津市明确"在信创、先进材料、生物技术、细胞科学、脑机交互等领域转化一批科研成果,培育发展未来产业"……多地纷纷出台发展未来产业相关文件,未来产业引起社会广泛关注。

> 探索地方科创飞地方式,更好利用飞入地的科创资源、人才优势以及生活品质,为目标未来产业设立异地研发中心。

具体而言,上海市根据浦东、宝山、闵行、金山、奉贤等不同区域的产业基础,分别制定未来健康、未来智能、未来能源、未来空间、未来材料等产业目标,全力打造具有世界影响力的未来产业创新高地,到2030年实现未来产业产值达5 000亿元左右;浙江省发挥互联网优势,提出打造"互联网+"、生命健康、新材料三大科创高地目标任务;深圳市依托产学研深度融合的技术创新体系,重点布局合成生物、区块链、空间技术、脑科学与类脑智能、深地深海、可见光通信与光计算等领域……深厚的产业基础为培育未来产业提供了立足点,有利于开辟各具竞争优势的发展赛道。

2. 未来产业与传统产业融合发展

培育未来产业的过程,也是推动技术进步、产业转型的过程。半导体、人工智能、区块链等新材料新技术不断涌现,与传统产业紧密融合,推动传统产业转型升级。例如,浙江省利用互联网技术赋能的传统制造业,智能制造能力显著提升。

此外,智能生产、智能生活、智慧城市等场景的广泛应用,不仅为未来产业提供孵化条件和应用经验,还实实在在改变着人们的生产生活方式,为经济社会发展注入新动能。例如,在未来交通产业布局中,江西省以南昌航空城、景德镇航空小镇为依托,围绕C919大飞机、ARJ系列支线飞机、CR929宽体客机、军民教练机、直升机、中高端公务机等,加快招引产业龙头企业,深度融入航空制造分工体系。

3. 科技创新是未来产业发展的"源"动力

未来产业是创新驱动式产业,招商引资管理者发展未来产业需要创新,更需要耐心。一是满足未来产业发展所需,不仅要在政策、人才、资金等多方面加大支持力度,还要为创新创造营造良好环境。二是推动创新链、产业链、资金链深度融合,打通成果转化路径,尽早将关键技术突破转化为产业创新成果,以研发经济的壮大,加快未来产业的发展。三是加快培育一批多学科交叉融合的创新创业人才,强化创新能力,培育创新主体。唯其如此,招商引资工作才能不断发挥科技创新策源功能,支撑未来产业良性发展。例如,深圳市南山区不仅孕育了腾讯、迈瑞、中兴、大疆等民营企业巨头,还诞生了中国内地第一个科技园区——深圳科技工业园。[①]

未来产业发展关键

未来产业需要通过密切追踪市场需求、技术前沿布局(参见表5-5),开发出更具应用价值和竞争力的创新产品。招商引资管理者只有通过市场需求引导创新资源有效配置,才能使创新成果加快转化为现实生产力。

表5-5　　　　　　　　未来产业的主要技术方向(示例)

序号	主要技术	关键方向
1	新一代信息技术	人工智能、大数据、云计算、物联网等
2	生物技术	基因编辑、合成生物学、生物信息等
3	新能源技术	太阳能、风能、水能、地热能、氢能等
4	新材料技术	石墨烯、纳米材料、生物基材料等
5	智能制造技术	机器人、自动化、数字化等
6	环保技术	碳捕获与储存、污水处理、废物回收等
7	大健康技术	临床诊断、健康管理和细胞技术等

1. 制定未来产业发展战略

> 加强对科技发展战略、权威报告、高价值专利和高科技发展趋势的分析,研判"未来产业"热点方向,瞄准技术创新前沿,前瞻性布局"未来产业",提升地方高技术产业多元化水平。

优秀的招商引资者通常是一位熟悉产业特点的综合性人才,不仅要熟知当地产业优势和劣势,还要了解产业发展的前沿技术和趋势。做好地方未来产业发展战略,招商引资管理者一是要持续跟踪和预判未来产业,促进技术理论与当地产业的良好性互动,准确把握未来产业发展趋势;二是要以市场需求为导向,科学制定未来产业发展目标,细化重点领域,明确发展路径;三是要根据地方企业发展实际,"差异化"地发展相关未来产业;四是要

---

① 刘欣怡.深圳科技工业园"蝶变"史[N].深圳商报,2023-08-28(A08).

聚焦地方未来产业,启动实施"培育＋引进"战略,加快培育一批未来产业"独角兽"企业。例如,深圳市基于自身的创新资源和产业优势,确定了未来产业定位。具体来看,合成生物、区块链、细胞与基因、空天技术4个未来产业处于扩张期,已初具规模;脑科学与类脑智能、深地深海、可见光通信与光计算、量子信息4个未来产业则处于孕育期,未来10至15年内有望成为战略性新兴产业中坚力量。

2. 加大未来产业创新力度

招商引资管理者只有把握现代科技创新前沿,才能下好未来产业"先手棋"。他们要围绕地方确定重点发展的未来产业,鼓励当地企业通过"引进来""走出去"相结合的方式,开展理论和应用的基础性研究,加快前沿技术攻关,打破产业发展边界,拓展和延伸产业链,不断探索未来产业发展的新方向。

以脑科学发展为例,合肥市充分发挥大科学装置和高校、科研院所、龙头企业的科技创新策源能力,加速科技成果转移转化,培育未来产业创新主体,积极抢占未来产业发展先机。脑认知与神经计算、类脑多模态感知与信息处理、类脑计算系统……在合肥高新区类脑智能技术及应用国家工程实验室,一系列类脑黑科技仿佛打开了未来世界的大门。

3. 建设未来产业发展载体

> 招商引资管理者对前沿技术、颠覆性技术进行多路径探索,推动建立未来产业先导园区。

招商引资管理者推动建设科研基础设施,设立未来产业研究机构,构建高质量应用场景,打造未来产业孵化器、加速器、产业园,完善未来产业全链条服务体系。上海"张江数链"以浦东软件园为核心区域,集成电路制造中心、数字资产交易中心、高性能计算公共服务平台等重要功能性平台,为元宇宙发展打下良好的平台基础。此外,招商引资管理者还要坚持开展国际交流与合作,引导风险投资、企业投入、银行信贷等多元化资金支持园区未来产业,营造具有显著竞争力的开放创新生态。

资料链接5—4　北京力争到2035年成为全球未来产业发展引领者

近日发布的《北京市促进未来产业创新发展实施方案》(下称《方案》),锚定六大领域,布局20个未来产业,同时将实施八大行动,抢占未来产业发展先机,将北京打造成为世界领先的未来产业策源高地。

一、探索6G布局典型应用场景

未来产业是由原创新技术、交叉融合技术推动,能够创造新需求和新场景,对经济社会具有支撑引领作用,当前处于萌芽或产业化初期,具备在未来5到15年成长为千亿规模潜力的产业。

北京发展未来产业优势明显。全球未来产业发展指数报告显示,未来产业20强城市榜单中,中国紧跟美国位居全球第二,北京上榜企业数量居全国第一。《方案》立足北京科技产业资源优势,以前沿技术能力供给引领新场景、创造新需求,系统构建全链条未来产业生态。

医药健康与新一代信息技术是支撑北京产业发展的"双发动机"。在此基础上,《方案》锁定的未来产业中有近半数来自信息和健康领域。面向未来信息通信和先进计算需求,本市将在海淀、朝阳、石景山、通州、经开区等区域,重点发展通用人工智能、第六代移动通信(6G)、元宇宙、量子信息、光电子等细分产业。

其中,对于备受关注的6G,本市将开展6G网络架构等关键核心技术攻关,打造网络与应用融合试验平台,前瞻探索布局典型应用场景。元宇宙产业方面,将聚焦突破高性能算力芯片、虚拟现实操作系统等前沿底层技术,推进元宇宙关键技术在智慧城市、影视娱乐、数字创意等领域的创新应用。

面向未来生命健康和医疗需求,本市将在海淀、石景山、通州、昌平、大兴、平谷、密云、经开区等区域,重点发展基因技术、细胞治疗与再生医学、脑科学与脑机接口、合成生物等细分产业。其中,在市民关心的基因技术方面,将支持先进基因诊疗技术和药品在患病风险筛查、预防以及靶向治疗等领域开展临床试验和应用推广。

二、突破火箭垂直回收等关键技术

传统产业也将向"未来"转型。《方案》明确,在未来制造领域,将面向未来制造高端化、智能化、绿色化和融合化需求,重点发展类人机器人、智慧出行等细分产业。其中,类人机器人产业重点支持机器人技术与多模态大模型融合发展,推动机器人从"仿人"向"类人"演进;改变市民出行方式的智慧出行产业,聚焦新能源飞行汽车载运工具及无人化驾驶技术,支持智能网联汽车、通用航空及无人驾驶航空器等产业技术融合。

未来能源领域围绕新型能源系统建设需求,将重点发展氢能、新型储能、碳捕集封存利用等细分产业。未来材料领域重点发展石墨烯材料、超导材料、新一代生物医用材料等细分产业。未来空间领域重点发展商业航天、卫星网络等细分产业。

其中,商业航天产业将加快开展捆绑式中大型商业火箭、3D打印火箭、大推力可重复使用全流量补燃循环发动机、商业载荷返回舱等研发生产，突破火箭垂直回收、载人亚轨道旅行、空间碎片清理等关键技术和产业化应用。

三、八大行动构建创新发展生态

《方案》明确，将实施原创成果突破行动、中试孵化加速行动、产业梯度共进行动、创新伙伴协同行动、应用场景建设行动、科技金融赋能行动、创新人才聚集行动、国际交流合作行动八大行动，构建未来产业创新发展生态。

资料来源：曹政.北京布局20个未来产业[N].北京日报，2023-09-11(1)。

第 6 章
多维度理解投资商

成功的招商引资管理者经常思考三个问题:谁是投资商?投资商最关心什么?我能够为投资商提供哪些价值?审慎地思考并回答这三个貌似简单的问题,有助于招商引资管理者清晰地界定当地资源要素优势,抓住招商引资关键成功因素,聚焦核心任务和工作,创造出令人惊叹的绩效。

6.1 投资商类型

> 招商引资工作中,"招得来"是基础,"落得下"是关键,"发展好"是未来。

投资商是招商引资的对象,主要包括项目投资商、企业投资商、战略投资商等。他们可以投资股权,也可以投资债权。整个招商引资工作的目的都在于为投资商提供价值,并与之建立持久的伙伴关系。为了更好地理解投资商需求,招商引资管理者需要根据当地的实际情况,采用不同的维度或指标对投资商分类。通常情况下,可以采用潜在盈利性和市场吸引力两个维度,把投资商划分为四种类型:价值型、投机型、维持型和无效型(参见图6—1)。

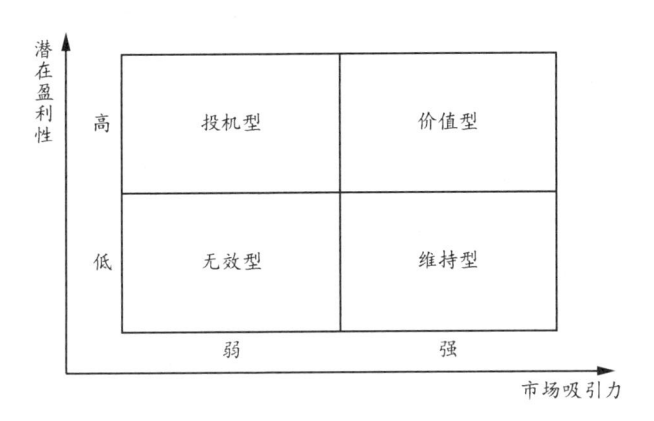

图 6-1 投资商类型

价值型投资商

该类型是潜在盈利性高且对当地市场吸引力强的投资商,通常与当地的要素资源有着很高的匹配度。招商引资管理者要与之全面和深入沟通交流,了解和满足投资商需求,力争创造最大的客户价值,与之结成长期的战略合作伙伴关系。近年来,央企持续加大新兴产业投入,投资额由 2017 年的 6 900 亿元增长至 2023 年的 2.18 万亿元,新一代信息技术、新能源、高端装备制造业等领域投资完成额占全部战略性新兴产业投资的 80%。对地方招商引资管理者来讲,这些有实力、有能力的央企就是价值型投资商,需要谋划沟通方法,与之全面深入对接。

价值型投资商能够敏锐洞察所在产业和市场的发展趋势和关键影响因素,具备扎实的运营能力,并做出科学的投资决策。通常情况下,价值型投资商具备三个主要特征。一是着眼于产业的长远发展,通过扎实的市场运营,持续不断地创造价值;二是注重企业的财务状况、业务模式、未来增长潜力等方面,通过不断的技术创新和产品创新提高自身的竞争力,满足市场的需求;三是建立积极向上、富有团队精神的企业文化,激发员工的积极性和创造力。

地方招商引资者在布局战略性新兴产业时,需要积极培育或引进价值型投资商。高效的现代招商引资管理者要理解并把握这种投资商的现实和潜在需求,制定相应的激励制度,在客户价值创造的基础上建立起持久的客户关系。实践中,招商引资管理者需要千方百计地引进和培育这种类型的投资商,不断增加他们的数量,把这些"真正的朋友"转化为"真正的家人",鼓励他们把良好的投资经历传播出去,塑造当地的"招商引资口碑",树立当地的招商引资"金字招牌"。

投机型投资商

该类型是潜在盈利性高但对当地市场吸引力弱的投资商。尽管该类投资商与当地的要素资源有着很强的匹配度。但是,他们对当地市场的吸引力弱,不愿意扎根当地市场,随时在市场上寻找机会,难以与当地招商引资管理者建立长期持久的客户关系。

通常情况下,投机型投资商重视市场热点,采取高风险策略,追求短期高额回报,其投资行为通常具有三个特征:一是关注短期内的投资收益,不太关注长期的投资回报和资产增值;二是为了获取高额利润,通常会采取高杠杆投资策略;三是对市场信息非常敏感,会密切关注市场走势和政策变化。招商引资管理者与该类投资商打交道时,必须谨慎考虑其投资理念和风险承受能力,以避免出现难以收场的尴尬局面。

事实上,招商引资管理者想把该类投资商转化成为价值型投资商的想法是美好的,但现实中很少成功。因此,对该类投资商,当地招商引资机构的通常做法是加强沟通,达成对双方均为有利的短线交易关系,实现价值后及时解除项目关系。

维持型投资商

该类型是当地市场吸引力强但潜在盈利性低的投资商。尽管该类投资商对当地市场表现出极大的兴趣,也愿意配合政府投资,但是囿于技术或产业等原因,并不能给当地经济发展带来明显的价值。

维持型投资商的视角更多地落在企业内部,过度注重内部人员管理,"闭门造车"现象较为普遍。整体来看,维持型投资商具备三个主要特征:一是缺乏战略思维,无法更好地把握市场趋势、识别投资机会、规避投资风险;二是难以找到有吸引力的市场机会,而自身所在的产业又面临着饱和度高、增长放缓的情况;三是技术更新不及时,无法应用新技术和新工具,导致企业在竞争中处于劣势。

然而,招商引资管理者抓招商、上项目,是着眼长远,为未来可持续发展引入源头活水。在具体招商引资实践中,需要对该类投资商进行有效管理,积极推进技术升级改造(参见表6—1),提高利润率和市场竞争力,否则只能选择放弃。

表6-1　　　　　　　投资商技术升级改造路径(示意)

序号	主要路径	解释说明
1	加强技术开发	关注新技术的发展趋势和应用前景,通过自主或合作研发,掌握核心技术,提高技术创新能力
2	引进先进技术	通过购买先进技术、引进投资、与外部企业合作等方式,引进先进技术,弥补自身技术上的不足
3	培训和人才引进	加强对员工的技术培训,积极引进具有先进技术和管理经验的人才
4	加强合作与交流	通过行业协会、产业联盟等方式加强合作与交流,分享经验和技术,共同推动技术创新和发展
5	政府支持和引导	通过政策引导、资金扶持、税收优惠等方式,加大对企业和行业的支持力度,鼓励技术创新和升级

无效型投资商

该类型是潜在盈利性低且市场吸引力低的投资商。该类投资商不符合当地招商引资的标准,而且对当地市场也没有什么兴趣,因此招商引资管理者需要及时"止损",不要在其身上浪费太多的资源和时间。

尽管说招商引资工作是发展经济的重要手段,但同样面临着巨大风险。例如,一些地方的招商引资管理者看到"汽车""房地产""芯片"等产业在促进经济中的巨大优势,不顾当地客观实际,为了吸引投资商,不仅给了税收等政策方面的优惠,还给了不少土地,最终却盲目引入"不靠谱"的投资商,在具体工作中,招商引资管理者避免与无效型投资商过多纠缠。当相关产业热潮退去的时候,当地政府面临的是一大堆"烂摊子",严重影响当地招商引资工作的正常开展。

辩证看待投资商

> 招商引资管理者要科学地管理投资商关系,把投资商看成需要管理和使之利润最大化的资产。

实际上,投资商只是一个笼统的概念,对于具体的地方而言,并非所有的投资商都是良好的合作伙伴,甚至有些忠诚的投资商可能对当地产业发展贡献甚少,而有些忠诚度不高的投资商反而对当地产业发展极具价值。无论如何,招商引资管理者需要坚持以投资商为中心,找到对当地价值最大的投资商,将其看成一种极其重要的资产,采用各种创新手段和高效管理,创造更大的价值。例如,招商引资管理者用好自贸区制度创新机制,联动海关提升地方投资商通关便利化水平。

事实上,有很多看起来有价值的投资商,不仅无法对当地招商引资产生价值,反而会造成无法估量的损失,而有些不起眼的投资商,反而是当地招商引资的"潜力股"和"金矿",因此招商引资管理者需要对投资商科学分类,针对不同类型投资商,采取动态化管理策略,如此才能取得最佳的招商绩效。

上述四种投资商类型不是静态不变的,而是存在动态的变化,招商引资管理者要加强与他们的沟通交流,把握其真实需求。成功的招商引资管理者总是基于对投资商需求的透彻理解,重视以投资商为中心制定战略,通过各种创新的举措,持续吸引投资商,为其创造客户价值,与之结成有价值的战略伙伴关系。

资料链接 6—1　外企掌门人:"敢投"基于三个"最好"

"这里能提供最好的营商环境、最好的投资环境和最好的创新环境。"获颁中国区地区总部证书后,默克中国总裁用三个"最好"来解释为何选择上海,"中国是默克在全球的第二大市场,公司的生命科学、电子科技、医药健康三大业务均立足上海发展,辐射全国"。

一、新朋友能级高,多数聚焦上海重点发展产业

新一批获颁证书的 30 家跨国公司地区总部及研发中心中,多数企业属于上海重点发展产业领域,其中生物医药企业 6 家,智能制造企业 5 家,汽车及零部件企业 5 家,商贸、物流和信息服务业企业 7 家。

此次获颁证书的企业能级水平也较高,大中华区以上区域总部达到 7 家。美国泰森食品在沪设立亚洲区地区总部,其中国及韩国区总裁介绍,2020 年 11 月,泰森食品在参展第三届进博会期间,宣布地区总部落地虹桥国际中央商务区,如今再度提升总部能级,"去年泰森在中国新投资了 3 座智慧工厂,今年都会陆续建成投产,而上海的总部则承担着研发中心、人才共享中心和财务中心 3 个核心职能,未来将以'上海大脑'作为中国乃至亚洲的'神经中枢'"。

二、老朋友有"新计划":扩展产业链,培育新动能

除了一批新朋友之外,上海还为 2002 年首批认定跨国公司地区总部的 16 家企业颁授纪念牌。20 年来,这些企业对上海的经济贡献度极大,也在总部经济发展中成就了自身。

老朋友持续看好上海,也带来了"新计划"。诺基亚贝尔执行副总

裁、首席战略官介绍,2022年8月,诺基亚贝尔OpenX Lab开放创新中心获批浦东新区大企业开放创新中心计划,将依托企业的技术优势打造一个信息通信技术领域的创新创业生态环境,做强创新引擎。"企业正在做整体规划,目标是吸引超过100家初创企业入驻,目前已初筛一批企业,同时将利用在中国的创投基金,将未来的潜在合作伙伴与实际创新联系起来,加速创新应用'从0到10'的突破。"他还介绍,企业去年已在上海打造了第一个工业领域的元宇宙实验室,率先布局元宇宙创新。

三、营商环境持续优化,坚定外资在沪投资信心

上海一直是外商投资的首选地。来自市商务委的数据显示,2022年,上海实际使用外资继续增长,全年实际使用外资239.56亿美元,同比增长0.4%。服务业为主的引资格局继续巩固,全年服务业实际使用外资230.73亿美元,同比增长1%,占全市实际使用外资总额的96.3%。

持续向好的营商环境,成为外资选择上海的"强磁场"。农历兔年新春刚过,上海就发布了优化营商环境6.0版行动方案以及《上海市提信心扩需求稳增长促发展行动方案》,明确更大力度吸引和利用外资。此前,上海先后于2020年12月和2022年11月发布了经修订的外资研发中心、跨国公司地区总部政策,新增"全球研发中心"和"跨国公司事业部总部",持续提升总部经济能级。一系列的优化营商环境举措,更加坚定了外资在沪投资的信心与决心。

资料来源:徐晶卉.外企掌门人:"敢投"基于三个"最好"[N].文汇报,2023—02—03(1)。

6.2 投资商价值

招商引资管理者通过多种资源和渠道开拓产业发展视野,转变发展观念,提升投资商运营能力。然而,市场上的投资商需求千差万别,招商引资管理者不可能用有限的资源服务于全部投资商,因此必须科学地分析、选择投资商,进而有效地创造并传递客户价值(参见图6—2)。

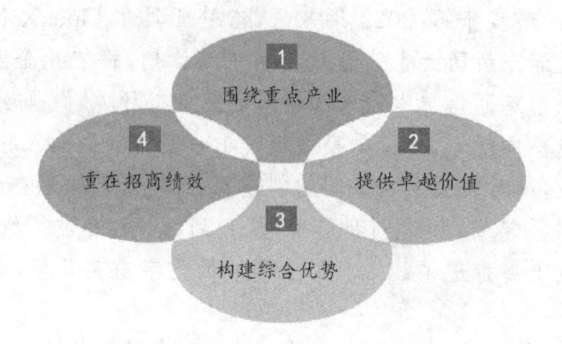

```
        ┌─────────────┐
        │ 1 围绕重点产业 │
        └─────────────┘
   ┌──────────┐    ┌──────────┐
   │4 重在招商绩效│    │2 提供卓越价值│
   └──────────┘    └──────────┘
        ┌─────────────┐
        │ 3 构建综合优势 │
        └─────────────┘
```

图6—2 服务投资商的路径

围绕重点产业

招商引资管理者制定以客户价值为导向的招商引资策略,需要回答四个关键问题:谁是我们的潜在投资商?如何科学地选择投资商?如何为所选择的投资商提供差异化的服务?如何与投资商达成有价值的持久伙伴关系?招商引资管理者重点招引投资强度高、产生效益好的产业,推进招商引资到招商选资的转变。

1. 重点产业发展定位

招商引资管理者科学地定位地方需要发展的重点产业,明确产业发展目标,找准潜在的投资商,之后,根据实际情况制订更为详细的招商引资计划,与潜在投资商沟通,吸引投资商入驻。北京市延庆区作为首都生态涵养区,把现代农业列为"1+4+1"产业发展体系,走都市型现代农业道路,推动高品质农产品供给、现代休闲农业和乡村旅游三位一体协调发展。

2. 牵牛要牵牛鼻子

"链主"企业作为产业链上的"超级节点",担负着地方产业生态集聚者的重任,往往能带动形成区域产业集群。招商引资管理者要发挥地方重点产业链带动作用,支持"链主"企业通过委托外包、市场采购、投资合作等方式,招引上下游优质项目,对"链主"企业上下游关联配套企业成功落地、协同投资给予支持。云南省瞄准世界500强、中国500强、民营500强及行业龙头企业,聚焦产业延链、补链、强链关键环节,提出"力争每年引进加工能力强、辐射带动广、集群效应大的'链主'企业不少于20家"。

3. 促进资源要素流动

基于现代产业发展推进现代招商引资,有利于充分发挥区域内优势资源的价值,吸引区域外资源要素注入,有效增强资源联动效应。招商引资管理者需要从三个方面促进资源要素流动:一是打破地区封锁和行业垄断,促进各类生产要素的自由流动和公平交易;二是维护市场秩序,防止不正当竞争和违法违规行为,保障市场竞争的公正性和公平性;三是促进企业转型升级和创新发展,增强人民群众的获得感和幸福感。

招商引资和资源要素流动是相辅相成的,招商引资管理者可以通过改善投资环境、制定优惠政策、加强产业引导等措施,促进资源要素流动和招商引资工作的开展,以推动本地经济社会的发展和转型升级。但客观来看,很多地方招商组织缺少熟悉产业特点的专家型招商人才,对产业分析不到位,无法把握产业发展趋势,导致产业招商的成效不佳。

提供卓越价值

就像"大招商理念"所说的那样,招商引资不只是招商引资管理者的事,而是所有相关职能部门的事情。尽管招商引资管理者承担着相关的管理和领导工作,但仅靠一个招商部门无法为投资商创造出卓越的客户价值,只有所有职能部门形成共识,协同发展,才能真正吸引、留住和发展投资商。

1. 培训为投资商赋能

投资商是地方经济发展的核心资源,但他们也不是万能的,同样会在企业发展中遇到各种各样的问题。招商引资管理者要以市场为导向,以投资商或企业家需求为核心,提供有价值的培训,提升其创新思维,帮助企业找到增长的突破点,跨越发展的困难期。

> 投资商培训内容要注重实战性和实效性,帮助其更好地应对市场竞争和挑战。

招商引资管理者为投资商提供培训,提供更多的学习和发展机会,能够有效地提高其竞争力和影响力(参见表6-2)。通过不断学习和适应新的市场环境和投资策略,投资商可以更好地把握市场机遇,实现资产的增值和收益的稳定。浙江省从2004年起就启动了针对民营企业家的素质提升工程,先后组织了民营企业家素质提升工程、民营企业家"百千万"培训工程(百名领军型企业家、千名成长型企业家、万名企业经营管理人才)、浙商名家成长行动、浙商薪火传承行动、科技浙商培育行动等专项培训,重点开展新发展理念、现代科技、现代金融、现代管理等知识培训。

表6—2　　　　　　　　投资商培训内容（示例）

序号	培训领域	培训内容	培训目的
1	战略思维提升	宏观经济政策、战略管理、蓝海战略、股权激励等	更新投资商理念和认知，拓宽思维格局和视野，从全局出发提升投资商战略思维
2	运营能力提升	商业模式塑造、公司价值创新、品牌策划与营销、人力资源与组织效能等	提升投资商企业的组织力，增强竞争力
3	风险管控提升	现代公司法律管理与风险防范、税务筹划、企业管理创新等	帮助投资商规避法律、财税、投资等风险，合法合规健康持续发展
4	产业发展培训	针对不同产业的投资商，定制培训课程	快速提升投资商对产业的深度把握能力
5	经营管理创新	先进的经营管理理念和方法、企业投融资和资本运营、企业文化和领导力等	提高经营管理能力，更好地把握商机和发展方向
6	管理技能培训	时间管理、会议管理、沟通技能、商务谈判等	提高投资商管理能力和业务技能，更好地领导和管理企业

2. 瞄准真情况，解决真问题

> 从地方实际出发，深入了解问题的本质和根源，采取有针对性的措施，切实解决问题。

招商引资管理者由传统管理迈向现代服务，强化系统观念，加强跨部门协同和上下联动，汇聚各方合力，把投资商的需要当作第一要务，他们把投资商的关切作为工作重点，把投资商的认可作为第一标准，通过点对点沟通交流机制，解决投资商痛点和堵点，提振投资信心，促进招商引资项目落地。广东省网商协会开展"RCEP数字经济系列考察""RCEP主题活动周"等活动，组织企业家赴新加坡、马来西亚、泰国等地，与当地行业龙头、政府部门开展面对面交流，帮助民营企业家摸清市场发展趋势和消费群体特点，有效提升利用RCEP红利拓展海外市场的能力。

3. 积极开展市场调研

实践中，招商引资工作是地方经济发展中扩投资、稳增长的有力抓手。招商引资管理者要"动"起来，深入招商一线收集资料和信息，把握市场需求、市场竞争和产业发展等实际情况，通过科学分析和整理，归纳总结出有价值的信息和观点,推动招商工作取得实效。深圳市深谙成功招商引资的核心关键,紧盯行业领军型企业家,通过打造服务口碑、开展实地走访等形式不断扩大会员规模。之后,积极向会员单位提供"3＋2＋X"服务("投融资""市场开拓""管理培训"三大品牌服务,"政策服务""上市培育"两大抓手),助力企业高质量发展。

构建综合优势

依据"木桶理论",招商引资工作的优劣不是取决于最具优势的"长板",而是取决于最具弱势的"短板",最理想的情况是,地方政府各个职能部门及相关机构能够协调一致,以投资商为中心,共同创造客户价值。

1.加强职能部门沟通

招商引资管理者"招商引资"不仅取决于各部门的出色工作表现,还取决于各部门之间的协同配合,因此要重视招商引资工作的系统性、整体性、协同性。地方政府各部门协同制定招商引资政策和机制,优化招商要素资源配置,简化办事流程,破除部门间的"藩篱",提升项目、人才落地效率(参见表6－3)。

表6－3　　　　　　　促进职能部门沟通的方法(示例)

序号	主要方法	解释说明
1	有效沟通机制	定期召开部门间沟通会议,确保部门之间的信息畅通,及时发现和解决问题
2	加强信息共享	建立信息共享平台,汇总和分享各部门掌握的信息
3	加强人员交流	通过跨部门人员交流,增强相互之间的了解和信任
4	联合工作小组	针对特定项目或任务,建立联合工作小组,加强部门间的协作和配合
5	加强培训和学习	组织跨部门的培训和学习,提高人员的业务水平和沟通能力
6	问题反馈机制	鼓励各部门人员及时反映问题和困难,积极寻求解决方案

2.解决部门利益冲突

现实与理想之间总会有着巨大的"鸿沟",地方政府各个部门都有各自的绩效考核重点,这在一定程度上会导致各个部门的目标出现冲突。在这个时候,招商引资管理者的一项重要任务就是强化各部门之间的沟通,传达并建立"以投资商中心"的工作理念。

"抓产业必须抓招商、管行业必须管招商",招商引资管理者要深化以商招商、"园中园"招商、基金招商,全面拓展招商引资战略合作者。一是加强对本地关键产业的研究和市场调研,制定有针对性的招商计划和策略;二是根据本地产业的实际情况和发展需求,明确招商的重点领域和目标企业;三是组织参加各类招商展会、推介会等活动,吸引更多的优质投资商。

3. 持续优化营商环境

营商环境是一个覆盖投资全过程的全方位的服务机制和环境。它既为潜在的投资商提供服务,也为已落地的投资商提供服务;既要为他们提供全方位的投资前服务,也要帮助解决企业在运行中遇到的实际困难和问题,诸如亲商的意识和到位的服务,高效透明的审批,以及当地政府部门的重视和支持。

营商环境没有最好,只有更好。好的营商环境既能使新投资商确定投资意向,也能使已落地投资商安心增资。招商引资管理者从地方产业和企业实际需求出发,一是打造市场化、法治化、国际化营商环境,促进要素资源畅通流动;二是规范市场秩序、维护企业合法权益;三是构建以信用为基础的新型监管机制,以信用风险为导向优化配置监管资源。实践中,真正的市场导向并不意味着以招商引资工作为中心,而是要求政府各个部门都要致力于为投资商创造价值,从这个意义上讲,地方政府的每一个人都是招商引资管理者。

重在招商绩效

近年来,越来越多的招商引资管理重点从具体项目转向了品牌管理,甚至是投资商管理,更加体现"以投资商为中心"的理念。招商引资管理者开始认识到,招商引资的首要的任务是关注投资商的价值和权益,只有让投资商成功运营,才能最终实现当地的各项权益。

1. 主动适应市场环境

"构建以国内大循环为主体、国内国际双循环相互促进的新发展格局"是推动我国开放型经济向更高层次发展的重大战略部署。在此背景下,招商引资管理者要主动适应市场环境,充分发挥当地产业优势,汇集各方优势资源,对接当地资源,做大做强关键产业,形成品牌示范效应,创造出更大的价值。以外向型经济为特色的上海浦东,紧紧抓住《区域全面经济伙伴关系协定》(RCEP)带来的历史机遇,在自贸试验区建设、打造更高能级的总部经济以及建设国际消费中心等方面,进一步拓展空间、培育亮点,不断增强对外招商引资优势。

2. 成立专业化管理机构

> 统筹招商引资项目布局,让项目落在最合适的地方,着力促进"扎根茁壮成长"。

通常情况下,专业化招商引资管理机构属于地方政府为招商引资所设立的机构。这些机构在不同地区有不同的设置方式,有些地方是独立的机构,直接隶属于市政府、县政府或者各个开发区,如商务局、投促局等。有些地方则并入经济部门,下设于经济发展局、商务局等部门。实践中,还有些地方政府成立投资促进中心,围绕主导产业的发展方向,认真研究和谋划产业链节点性项目,带着目标产业和项目开展精准招商,而各个职能部门,诸如商务局、财政局、发展和改革委员会、科学技术局、城市规划局等,与招商引资主导部门密切协作,协力构建良好的招商引资环境,为目标投资商提供有价值的服务和支持。

无论采取哪种设置方式,或者叫什么名称,所有的专业化招商引资机构都要针对当地招商引资优势,不断创新方式方法,诸如科技招商、产业链招商、场景招商、功能招商、协同招商、品牌招商等,以此推动招商引资工作高效开展。

3. 抓住招商引资关键点

招商引资管理者根据市场需求和产业发展趋势,把当地优质的资源和好项目拿出来,组织各类招商展会、推介会等活动,提高招商引资的精准度和成功率。高效的招商引资管理强调:一是贯彻创新、协调、绿色、开放、共享五大新发展理念,推动地方产业发展;二是坚持"质量第一、效益优先"原则,努力实现招商引资项目落地并创造利润;三是转变地方产业发展方式,增强产业发展动力和效率;四是以满足投资商需求为中心,把招商引资行为转化为地方经济发展成果。上海市市北高新技术服务业园区在 3.31 平方千米的弹丸之地,集结了 3 000 家企业,每年创造税收超过 90 亿元,"亩产税收"连续多年在全市开发区中排名第二,展现了"中环数字产业创新带"的发展实力。

资料链接 6—2 全球机器人巨头加速"落沪"布局

生产物流区的系统车间基本建成,各建筑单体陆续进入收尾阶段,工业设备即将进场安装……位于宝山区的上海机器人产业园,工业机器人领域的"超级智能工厂"初具雏形。年内,上海发那科智能工厂三期项目将竣工投产,预计年产值将达 100 亿元。

工业机器人的密度是制造业数字化的一个重要衡量标志。作为市级特色产业园区,发那科所在的上海市机器人产业园以集群发展为切入口。近期,宝山区成套智能装备产业集群入围由工信部组织认定评审的2022年度中小企业特色产业集群公示名单。下一步,宝山区将根据智能装备、视觉识别、人机互动等细分机器人产业集群,施行"一集群一策",支撑产业扩规模、提能级。

一、个性化定制机器人,智能工厂输出柔性方案

机器人领域常流传一句话——"全球机器人三分之一的产量在中国,而中国机器人三分之一的产量在上海"。庞大的产业规模所依托的,正是积淀多年的技术实力、制造业基因。也因此,发那科选择在上海开辟新机遇。

与发那科做出同样选择的全球机器人巨头们,同样看中了这座枢纽型超大城市背靠的庞大消费市场。长三角地区坐拥大量制造业中小企业。特别是,随着新能源汽车的发展壮大,工业机器人的需求也水涨船高。接受度更高的企业用户、丰富开放的产业生态,都是巨头选择上海的理由。

二、全生命周期营商服务,为对接市场"架桥筑路"

针对企业反映的用电难等问题,园区、属地街镇、职能部门等通力合作,共同疏通堵点。就在项目开工不久,发那科相关负责人发现,临时用电容量遇上"天花板",无法满足施工需求。上海市机器人产业园积极介入帮助,园区、宝山区发改委、上海市北供电公司等部门组成专班,多方联动协作下,很快完成了接电、送电。

上海市机器人产业园负责人介绍,园区陆续引进了多家头部机器人企业,基础建设已跟不上企业集中爆发的新需求。为更好留住潜力企业,园区所在的顾村镇跨前规划,着手在园区周边寻觅适合建设的供电站,为未来可能的新增产业用电需求腾出容量。"新产业新需求,倒逼着园区一路升级转型,更好地'腾笼换鸟'。"

资料来源:王嘉旖.全球机器人巨头加速"落沪"布局[N].文汇报,2023−02−21(1).

6.3 投资商行为

招商引资管理者只有与投资商紧密而深入合作,努力创造出卓越的客户价值,才能真正建立起持久的盈利性关系。招商引资管理者时刻要关注三个根本性问题:投资商投资什么?投资商何时投资?三是投资商为何投资?

投资行为类型

> 招商引资工作两手抓,内部抓"存量"做大做强,外部抓"增量"引优引大。

成功的招商引资管理者要理解投资商的需求,影响投资商行为,吸引投资商投资,带动经济发展。通常情况下,投资商的投资主要分为三种类型。

1. 直接再投资

投资商将企业取得的利润直接增加注册资本,或者直接用于投资其他项目,通常情况下,由企业投资部按常规投资流程处理。招商引资管理者努力维持与投资商的关系,对符合规定条件的再投资,提供优惠的税收政策,鼓励投资商的直接再投资行为。重庆市出台9项措施,支持企业技改和扩大再投资,最高奖励2 000万元。此外,重庆市还将企业扩大再投资项目视同当地的招商引资项目,可比照招商引资惠企标准落实相应优惠政策。

2. 调整性投资

投资是一种市场化行为,追求的是市场价值最大化。投资商会不断根据市场最新情况,寻找新的投资领域和市场,因此会对投资条件、投资地点和投资服务产生调整性需求。当地招商引资管理者要通过自己的努力保留投资商,这对其他地方招商引资管理者是一种难得的市场机会,希望能够以更好的投资条件、投资服务等获得投资商青睐。2022年,72%的受访外资企业表示将继续在华再投资;72%的受访外资企业未来三年计划在中国扩张业务,未来三到五年,受访企业在华再投资总额预计将达到265亿美元。[①] 地方招商引资管理者需要主动与之沟通,以更好的服务和投资条件,吸引国外投资商的目光,实现产业投资规模和效益的不断提高。

3. 全新投资

投资商对新的产业或项目产生兴趣,可能会开展全新投资,提供新的产品或开拓新的市场。全新投资对招商引资管理者而言,既是巨大的机会,也存在众多的挑战。招商引资管理者需要收集市场信息,积极与投资决策者接触和沟通,提供更有价值的市场信息,以获得投资商入驻。例如,为了满足全球香精香料市场不断增长的需求,并推动可持续发展转型,德国巴斯夫宣布中国湛江的一体化基地投资新建一座柠檬醛装置,以巩固其在关键增长地区的市场地位。

---

① 马晓澄,丁乐. 众多外企认为在华投资回报率最高 中国保持再投资热门地[N]. 经济参考报,2022—03—22(5).

投资决策群体

> 创新拓展有效投资商信息渠道,重点维护与知名企业、中介机构和行业协会的关系,及时捕捉有价值的投资商动态。

通常情况下,投资决策不是一个人的决策,而是一个群体性决策。投资决策群体是指在投资决策过程中参与决策的个人或组织,包括投资商、投资顾问、企业管理层、董事会等。投资群体在投资决策中扮演不同的角色,各自具有不同的决策权力和影响力,发挥着不同的作用(参见表6-4)。

1. 投资决策涉及多种角色

企业是资本的载体,资本是企业的血液。无论从哪个角度看,投资都是企业的一件大事,其具体决策和运作会涉及各类参与者。一是投资项目执行者。通常情况下,他们发起投资建议,确定投资项目的具体要求。二是投资项目影响者。他们提供评价投资项目所需要的信息,诸如技术人员、市场营销人员等。三是投资项目谈判者。他们有权力与项目相关方沟通交流,提出具体的投资条件,选择投资地点并开展投资谈判。四是投资项目决策者。他们对投资项目拥有选择和审批权。

表6-4　　　　　　　　投资决策群体的不同角色(示例)

序号	主要角色	关键作用
1	投资商	资金的提供者,承担投资风险
2	投资顾问	为投资商提供投资建议和信息的专业人士,通常具有丰富的投资经验和专业知识
3	管理层	企业日常经营管理的决策者,负责企业的战略规划、财务管理和市场营销等工作
4	董事会	董事会的投资决策通常涉及企业的战略方向、重大投资项目和高级管理人员的任命等
5	财务师	负责评估企业的财务状况以及投资风险的专业人员

2. 找准投资决策关键者

不同的投资决策涉及不同的关键者,他们的决策权力和影响力也各不相同。因此,在招商引资过程中,找准投资决策关键者(参见表6-5)是非常重要的工作。通常情况下,投资项目规模越大,技术越复杂,所涉及的投资参与者就越多,这会给招商引资管理者带来重大挑战,他们必须了解项目投资决策团队中的关键角色,之后通过各种渠道与之沟通。对于发达地区的招商引资来讲,对接国有资本是一项重要的工作,必须明确国有资本的目标、战略定位和产业使命。例如,中国宝武围绕钢铁制造业、新材料产业、智慧服务业、资源环境业、产业园区业、产业金融业六个方面业务,打造现代钢铁产业链和产业生态。针对不同的企业,招商引资管理者需要找到关键投资决策者,做到有的放矢。

表6-5　　　　　　　　找准关键投资决策者的方法(示例)

序号	方法	解释说明
1	确认标准	确定关键决策者的标准和要求
2	收集信息	通过多种渠道收集信息,如社交媒体、行业协会、专业论坛等,以扩大寻找范围
3	评估信息	筛选和评估收集到的信息,选择最具代表性和影响力的关键决策者
4	建立联系	与关键决策者建立联系和沟通机制,确保信息的传递和决策的协调
5	合作信任	保持良好的合作关系和信任基础,以便在未来更好地合作和共赢

3. 为投资商提供系统服务

如今,越来越多的投资商希望获得一揽子服务,而不是以最优的条件分别获得服务,再加以组合。招商引资管理者需要适应新形势,通过倾听和观察,努力提供系统且完备的投资商服务,帮助投资商在市场中取得更大成功。招商引资管理者不仅要树立"一切以投资商为中心"的理念,更为关键的是要与投资商建立密切的日常工作关系。一是了解投资商的需求和目标,制定个性化的服务方案;二是提供专业的团队和资源,确保服务的质量和效果;三是建立良好的沟通和合作机制,确保信息的传递和决策的协调;四是保持客观、中立和保密的原则,维护投资商的信任和利益;五是不断创新和改进服务,适应市场和投资商的需求变化。

投资影响因素

投资从来都不是一件简单的事情。近年来,国内外投资商面对后疫情时代的经济现实,开始有意识地控制投资欲望。具体来看,影响投资商行为的因素是多种多样的,招商引资管理者要理解并把握关键影响因素(参见图6-3)。

1. 市场因素

从本质上讲,投资商的产品或服务都是针对市场需求而提供的,如果不能满足市场的需求,其竞争力就不会存在。实践中,投资商凭借自身的技术

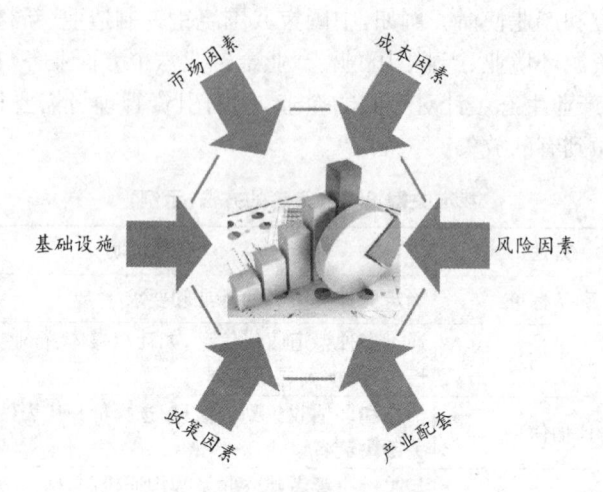

图6—3 投资商关键影响因素

优势和管理优势,向市场提供独具特色的产品和服务,可以产生差异化优势,获得丰厚的市场回报。

2. 成本因素

投资成本是直接决定项目最终效益的关键性因素,有效的项目成本管理,有助于实现项目投资效益最大化。实践中,成本包括许多方面,如劳动力成本,物流成本和土地成本等。在招商引资过程中,由于土地成本在企业的前期一次性投资中往往占有较大的比重,因而土地价格对于企业盈利情况的影响较为明显。

3. 风险因素

外部环境的不确定性,投资项目的复杂性,以及投资商自身能力与实力的有限性,往往导致招商引资项目运营达不到预期目标,这种可能性及后果是风险的主要表现形式。尽管当前很多投资商都具有一定的风险意识,对项目投资逐渐趋于理性,但是对招商引资过程中存在的诸多风险,仍然缺少全面且深刻的认识。实践中,不少投资商受招商引资条件的诱惑,盲目投资扩产,导致资金链断裂,倒在了走向"成功"的路上,这种例子不胜枚举。

4. 产业配套

> 集聚产业链上下游企业和配套服务机构,构建"龙头企业引领、中小企业共生"的发展体系。

产业配套在节约交易成本、提高交易效率、提高区域产业竞争力等方面发挥着极其重要的作用。对投资商而言,产业配套能力主要表现在上游产业集群的发展上,也就是,在企业周围是否有上游企业,上游行业的完善程度、数量多寡、质量高低等。例如,"龙头＋配套"的招商引资方式,把握了产业链发展的内在逻辑,可以达到事半功倍之效。

5. 政策因素

地方经济只有深化"放管服"改革,才能激发市场主体活力和社会创造力,进而推动"大众创业、万众创新",增强经济活力,推动经济发展。实践中,政府优惠政策直接影响投资商的经营状况和获利能力,是投资商首要关注的问题,主要包括税收和政策性补贴/财政支持、人才引进鼓励措施。

6. 基础设施

基础设施建设是一项系统复杂的工程,涉及范围广,覆盖行业多。传统基础设施主要包括交通、邮电、供水供电、商业服务、科研与技术服务、园林绿化、环境保护、文化教育、卫生事业等市政公用工程设施和公共生活服务设施等。新型基础设施以信息网络为基础,支撑数字转型、智能升级和融合创新,主要包括信息网络、工业互联网、物联网、算力、空间信息和政务数据6个领域的基础设施。

投资关键流程

投资商投资是一个过程,涉及若干个关键环节,招商引资管理者需要把握不同环节中的关键点,有针对性地设计出行之有效的招商引资策略。通常情况下,投资关键流程包括但不限于如下八个环节(参见图6—4)。

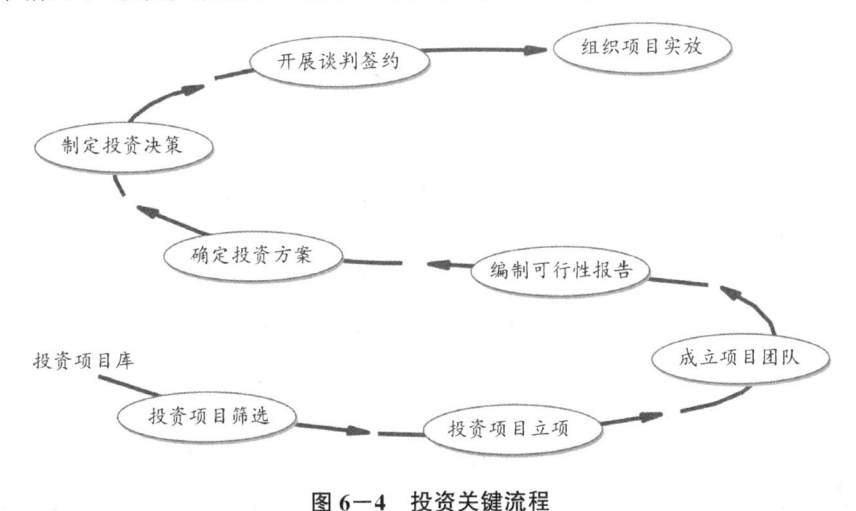

图6—4 投资关键流程

1. 投资项目筛选

投资商首先会决定投资哪一类项目。通常情况下，投资商依据实际情况制定投资战略方案，投资部或战略发展部具体负责项目投资，制订工作计划，搜索、收集相关项目信息，并整理、甄别、核实和筛选。在这个过程中，中介机构能够发挥重要的作用，可以向投资商推荐优秀的项目，也可以主动推介投资项目。

2. 投资项目立项

对于经过筛选、确定的拟投资项目，投资部或战略发展部开展初步调研，制作项目建议书，提交公司决策者申请立项，投资商组织专业团队综合评价，做出项目立项决定。投资项目立项的关键点在于：一是充分了解市场需求和竞争情况，避免盲目跟风；二是进行详细的技术评估，确保技术的稳定性和可靠性；三是制定详细的投资预算和风险评估，确保投资的合理性和安全性；四是与相关部门或机构建立良好的沟通和合作机制，确保信息的传递和决策的协调；五是持续关注市场和技术的变化，及时调整投资计划和决策。

3. 成立投资项目团队

项目批准立项后，根据具体要求，从投资部、财务部、法务部以及相关的业务部抽调人员，成立专业项目团队，负责组织项目尽职调查、编制项目投资报告、开展项目谈判、办理项目报批等前期工作。成立投资项目团队的关键在于：一是确保团队成员的技能和经验与项目需求相匹配；二是建立清晰的职责分工和沟通机制；三是培养积极的团队文化，提高团队成员的工作积极性和满意度；四是提供持续的培训和发展机会，帮助团队成员不断提升技能和知识；五是及时调整团队成员的结构和分工，以适应项目需求和市场变化。

4. 编制可行性报告

项目团队根据具体的投资项目，确定调研重点内容，编制项目可行性报告。通常情况下，项目可行报告包括四个方面的调研内容：一是与投资项目相关的法律法规和上级政府制定的相关产业规划、产业政策、总量控制目标、技术政策、准入标准、用地政策、环保政策、信贷政策等，这是投资项目能否顺利开展的重要依据；二是投资项目的环评和土地供应等；三是投资项目的市场环境，诸如所处产业的现状和发展趋势、主要竞争对手和本项目所具备的比较优势等；四是投资项目的投入与成本、资金需求、资金来源、现金流量等财务状况。基于详尽的调研，项目团队编制可行性研究报告，主要包括投资项目的法律风险、经济及技术可行性、市场竞争、资金筹措、项目进度计划、投资效益等九个方面,并进行全面、详细的评价。

5.确定投资方案

经项目论证和可行性研究分析,投资商确定拟投资项目,并提出多个方案供决策参考。确定投资方案涉及市场分析、技术评估、投资计划、评估回报、风险应对和投资方式等主要内容(参见表6-6)。

表6-6　　　　　　　　　　确定投资方案(示例)

序号	主要内容	解释说明
1	市场分析	了解市场需求、竞争情况、发展前景等,判断项目投资价值和盈利潜力
2	技术评估	了解技术的成熟度、稳定性、可靠性等,判断该项目的技术风险和投资风险
3	投资计划	制订投资目标、投资规模、投资结构、投资方式等计划
4	评估回报	评估投资的回报周期和回报率,判断该项目的投资价值和盈利潜力
5	风险应对	制定风险应对策略,降低投资风险
6	投资方式	选择合适的投资方式,诸如直接投资、间接投资、股权投资、债权投资等

6.制定投资决策

项目可行性报告如果审核无异议,那么相关部门就投资方案的选择提出意见,根据投资商的投资管理规定报审批机构审批,包括内部决策审批、政府部门审批、金融机构审批等。董事会或者股东会审核通过的,应当同时做出必要授权,授权相关人员进行项目谈判签约。实践中,只有通过投资决策后,才能正式实施投资方案。

7.开展谈判签约

根据投资项目决议要求,与相关方就投资协议、项目公司章程以及与该项目相关的内容进行谈判,起草相关法律文件,最终完成签约,明确投资方和合作方之间的利益分配、风险承担、合作方式等多个方面。

招商引资管理者与投资商谈判时要把握如下几个要点:一是确定清晰的谈判目标和策略;二是了解和分析投资商信息和需求,制定更有针对性的谈判策略;三是保持沟通和协商的开放性和灵活性,努力达成"双赢"合作;四是确保合同的合法性和有效性,以避免可能出现的法律纠纷。

8.组织项目实施

> 助推地方重大产业项目快落地、快投产,做到"服务跟着项目转、代办跟着项目跑"。

投资商向项目公司委派董事、监事、经理及财务总监等高级管理人员,组成项目管理团队,负责投资方案的具体实施及运营。一是明确项目的目标、任务、进度、资源配置等;二是招聘合适的人才,采购必要的设备和材料,安排合适的办公场地等;三是明确每个阶段的任务和时间节点、建立进度监控机制;四是建立风险管理机制,定期评估风险、及时应对和处理风险事件等;五是实时监控和评估项目的进度、质量、成本。

资料链接6—3 全球商界"掌门人"缘何纷纷到访上海

癸卯春节刚过,申城涉外商务活动便热闹起来:一大批跨国公司全球"掌门人"纷纷飞抵上海,亲身感受中国区总部的可喜变化,还早早制订年度计划、布局新一轮投资。

一、"组团"来沪,感受上海发展的"兔"飞猛进

春节长假结束没几天,麦肯锡公司全球总裁兼董事会主席鲍勃·斯特恩费尔斯就来到上海,成为最早一批来到中国的大型跨国公司"掌门人"之一。在此之前,这位"掌门人"一直通过在线沟通的方式与麦肯锡上海团队沟通,听说疫情防控政策优化,就立刻搭上了来中国的班机,"要亲身感受市场的快速反弹"。

斯特恩费尔斯并非孤例。过去半个多月,法国开云集团董事会主席兼首席执行官弗朗索瓦—亨利·皮诺、丰益国际集团董事局主席兼首席执行官郭孔丰等已相继来沪。不仅如此,还有一大批重量级全球高管即将启程,包括苹果公司首席执行官蒂姆·库克、路威酩轩高管团队、德勤全球高管团队等都将在3月到访上海。

二、信心满满,早早布局新一轮投资计划

跨国公司全球"掌门人"来沪的密集行程,释放了哪些积极信号?在贝恩公司资深全球合伙人布鲁诺看来,中国市场过去三年的变化日新月异,特别是数字化、零售环境等方面都在不断"进化"中,在这样的大背景下,跨国公司"掌门人"要实地了解中国的消费者需求和消费格局。此外,他们也迫切希望与政府相关部门直接交流,更好了解一座城市对于未来经济发展的布局,从而为进一步投资发展做准备。

拜尔斯道夫集团位于上海的创新中心规模仅次于德国汉堡总部,中国企业事务总经理雷开霆告诉记者,集团全球总裁3月将带领董事会成员来沪敲定更多的投资事宜,"集团旗下品牌香缇卡管理总部近期

准备落户上海,纯进口模式的品牌优色林也在考虑本地化生产,这些投资项目都需要全球高管到上海敲定最终计划"。

还有些跨国公司地区总部把"功课"做在了前面。去年12月中旬,雅诗兰黛中国创新研发中心在上海启用,占地1.2万平方米,设置了先进的配方与临床实验室、互动测试装置、包装模型工作室和中试车间等,跑出在中国创新的"加速度"。雅诗兰黛集团总裁兼首席执行官傅懿德表示,研发中心的成立体现了企业对上海的长期承诺,并将以此为基础,以创新为驱动,为中国实现高质量发展目标贡献力量。

三、筑基引强,用更优营商环境吸引外资

外资企业是上海发展的重要引擎之一。今年,上海力争实际使用外资240亿美元左右,新增跨国公司地区总部60家、外资研发中心25家。为了实现这一目标,上海已于1月底早早发布了营商环境6.0版以及《上海市提信心扩需求稳增长促发展行动方案》,以一流的营商环境,更大力度吸引和利用外资。

麦肯锡全球资深董事合伙人兼全球研究院联席院长林桂莲就感受到了营商环境的"贴心"。2022年9月,这位高管刚刚来到上海工作,不仅自己非常适应这里的环境,子女的教育问题也顺利得到解决,让她没了后顾之忧。

资料来源:徐晶卉.全球商界"掌门人"缘何纷纷到访上海[N].文汇报,2023-02-20(1)。

6.4 投资商管理

每一个地方都有不同的要素资源优势,同样也有各种各样的劣势。无论如何,招商引资管理者都不可能满足所有投资商的需求,因此成功的招商引资管理者要科学分析投资商,定位投资商的类型,分析投资商需求,真正发现那些与地方优势产业和要素资源相匹配的投资商,并为之设计卓有成效的服务和政策支持(参见图6—5)。

把握投资商需求

招商引资管理者要尊重地方经济发展实际和产业发展规律,从大处着眼,从小处着手,以"价值创造"为目标,调动起投资商的积极性。一方面市场上存在成千上万的投资商,提供无数种产品和服务,招商引资管理者必须

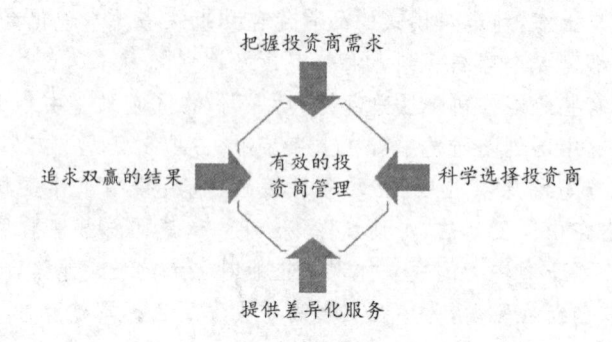

图 6—5　有效的投资商管理

确定哪些投资商能够与当地要素资源高效匹配，创造出最大价值。另一方面招商引资管理者可以根据产业发展、投资商需求、投资商行为等因素对投资商分类，有针对性地提供服务，特别是满足价值型投资商的独特需求。

1. 深入理解招商引资项目

有价值的招商引资项目通常带有一定的进入壁垒，这是项目利润的保护墙。一种几乎没有进入壁垒的行业，诸如餐饮、理发、便利店等，其利润是难以保证的。有竞争力的招商引资项目要具备动态优势，在服务、产品质量或成本方面具有明显的竞争优势。为什么我们能说服投资商合作呢？不在于我们能够口吐莲花，而在于我们真正了解项目，知道项目的优势，甚至我们自己都愿意投资该项目。"己所不欲，勿施于人"，这个道理要落实到具体招商引资工作中。

2. 全面了解投资商需求

招商引资管理者需要科学地分析地方产业结构，准确地进行产业定位，精准选择目标投资商，采取整合式市场营销方案，实现招商引资的价值。在今天激烈的招商引资环境中取得竞争优势，招商引资管理者必须坚持以投资商为中心，从区域竞争者那里赢得投资商青睐，通过向投资商创造并传递更大的客户价值，最终吸引、留住和发展投资商。

> 如果投资商在当地的项目本身不能实现盈利，那么当地经济也难以得到发展。

对于招商引资管理者而言，你所谈判落地的每一个项目、每一个投资商都是实现价值的载体，因此做出招商引资决策时，要有充分的依据和理由，如果你自己都不清楚投资商为什么投这个项目，那么最好先不要急于拍板。此外，好的投资商或投资项目的市场定价或者说招商引资条件都不会是"便宜"的，通常从数据上看，价格是"高昂的"，尽管如此，它们仍然是最好的招商引资对象。

3.持续打造学习型组织

设计招商引资项目、分析招商引资环境、定位招商引资产业……每一项工作都是创新性、知识性工作，没有扎实的专业知识和丰富的实践经验，很难胜任相关工作，勉力为之，不仅工作过程非常痛苦，而且工作绩效也不能令人满意。

作为专业招商引资管理者，要清楚地知道"有所为有所不为"，注重在自己的优势领域发挥作用，与此同时，努力成为学习型人才，不断弥补自己的能力短板。通常情况下，每个人的成功都在自己的"能力圈"范围内，招商引资管理者要做的就是努力扩大自己的"能力圈"，提升自己的综合素质，为当地经济发展贡献自己的能力，体现自己的价值，创造并享受精彩的人生。

科学选择投资商

招商引资管理者完成投资商分析和分类之后，评价投资商实力及其投资意愿，选择若干个投资商重点接洽。实践中，招商引资管理者应该选择能够创造客户价值最大化，并能保持长期竞争优势的投资商。

对于要素资源有限的地方，招商引资管理者可以选择一个或几个细分产业或缝隙产业的投资商，强调在细分市场上建立起产业竞争优势，凭借深度的客户契合和高度的客户忠诚度，取得工作的突破。对于经济发达的地区或城市而言，可以重点引入龙头产业或企业通过综合成本优势，迅速形成产业集聚。

如前所述，价值型投资商是一项极其重要的稀缺资源，具备敏锐的商业眼光和灵活的思维方式。2015年，裴振华投资入股电池制造商宁德时代，进入新能源汽车领域，这笔投资不仅获得了极为丰厚的投资回报，还与宁德时代开展了战略合作，优化了自己公司的产业链和资源配置。实践中，招商引资管理者要尊重投资商，通过与投资商合作，持续做大产业"蛋糕"。

提供差异化服务

招商引资管理者利用市场细分识别市场机会，通过评价每个细分市场，决定选择服务于哪些投资商，在市场竞争中建立独特性，摆脱同质化竞争。

1.了解投资商差异化需求

招商引资管理者分析投资商可能看重的差异化，为投资商建立起竞争优势，要么提供比较竞争对手更加优惠的条件，要么为投资商创造更大的客户价值。招商引资管理者一旦确定了差异化,就要采取强有力的措施与投资商沟通,以实现既定的目标。例如,上海为强化金融赋能,积极推进"融资畅通"工程和无缝续贷"十百千亿"工程,力争到2023年底普惠贷款余额达1.1万亿元、无缝续贷累计投放突破1.2万亿元,为企业节约成本100亿元以上。此外,还大力开展"一链一策一批"融资促进行动,促进产业链融资,支持中小企业改制上市和股权融资。

2. 创造优秀的营商环境

从投资商的角度看,他们需要的是良好的营商环境,是一种稳定的可预期的环境,而一定不是一种"令人心潮澎湃"的动荡式环境,实践证明任何"瞎折腾"的环境都不是好环境。所以说,招商引资管理者必须明确一点,当投资商和企业家需要的时候,能够及时在第一时间出现,踏踏实实地解决企业问题,而当投资商和企业家没有提出要求的时候,要记住不折腾,不要有事没事地拜访企业。

3. 为投资商创造更大价值

> 地方政府通过外部引进成熟机构、内部培育专业团队等方式,为投资商提供科技创新、投融资、人才领域等生产生活专业配套服务。

招商引资是一个存在竞争激烈的商业领域,差异化服务能够有效地提高投资商吸引力。招商引资管理者要及时调整服务理念、服务方式和服务水平,紧盯谋划、签约、开工、投产、增资等关键环节,努力为投资商提供良好的、独特的、满意的服务。2022年6月,海南省"土地超市"上线,将一宗宗地块信息摆上"货架",企业在线挑选,看中即可"下单"……正成为企业家赴琼投资时的"必备神器"。"土地超市"推动各类土地信息统一归集、统一发布、统一交易,实现土地信息的公开透明与土地利用的集约高效。[①]

追求双赢的结果

招商引资工作不是单方面的馈赠,而是在追求一种"双赢"的结果。招商引资管理者通过一系列富有成效的活动为投资商提供客户价值,反过来也会因投资商的成功运营而获得回报。

1. 招商引资面临日益增大的压力

如今,招商引资面临激烈的竞争和快速变化的外部环境,追求短线价值的投资商,给地方招商引资工作带来了巨大的压力。由于经济增速下行压

---

① 纪聪,尹建军,李梦瑶.自贸港的招商地图——海南省以"土地超市"助力自贸港招商引资[J].资源导刊,2023(7):54—55.

力加大，互联网招商引资信息通畅，越来越多的投资商利用"比价"给招商引资管理者施加压力，很多地方也在想方设法降低招商引资的成本。然而，"价格战"终究不能解决根源性问题。很多情况下，给投资商的优惠不仅给当地政府带来巨大的财政压力，还在暗示投资商，项目优惠比招商引资环境和服务更为重要。

2. 坚持"价值导向"而不是"价格导向"

通常情况下，招商引资管理者可以向市场提供三类产品：优势资源、高品质服务和投资商沟通平台。资源是招商引资管理者能够向投资商提供的原材料、产业配套、产业载体等；服务是招商引资管理者为投资商提供的政策、法务、财务等；而投资商沟通平台则是为投资商进行沟通交流的线上或线下活动。

实际上，无论宏观经济情况景气与否，招商引资管理者都要坚持向投资商提供价值，而非"价格"。招商引资管理者必须与投资商高效沟通，价值比价格更重要，为了向投资商提供卓有成效的价值，投资商需要付出一定的代价。2023年，上海印发《上海市加强集成创新持续优化营商环境行动方案》，实施195项任务举措，聚焦提升市场主体满意度，从深化重点领域对标改革、优化企业全生命周期服务和监管、支持重点区域创新引领、加强协调配合和组织保障等方面着手，力图为企业经营发展营造更好环境。

3. "双赢"是投资商关系的基础

> 招商引资管理者以投资商为中心，设计出能够为其提供价值的市场提供物，以与投资商建立"双赢"关系。

从很多成功招商引资实践来看，招商引资管理者更加注意为投资商提供交流沟通的平台，使投资商产生一种愉悦的体验。例如，有的招商引资管理者定期组织企业家交流座谈会，与会企业家交流各自产业现状、未来趋势以及对经济的看法，并分享经营成功的经验。大家通过面对面的直接沟通，既可以学习其他企业的优秀做法，也可以就项目合作开展接触。这为很多企业开拓了市场机会，提供了创新思路。

无论是面向国内企业的招商引资，还是面向国际企业的招商引资，招商引资管理者都是在努力追求"双赢"的合作。例如，埃及苏伊士运河经济区中埃·泰达苏伊士经贸合作区吸引了很多中国企业和项目。作为中埃共建"一带一路"重要成果，巨石集团埃及分公司积极支持当地经济发展，直接提供工作岗位超过2 000个，有效带动埃及矿产、包装材料等上下游产业链蓬勃发展，累计为当地创造超4 000万美元的税收收入和超10亿美元的外汇收入。

资料链接6—4　破解"办事难"擦亮"小嘉帮办"金字招牌

上海嘉定区行政服务中心大厅,有个深受企业和市民欢迎的"小嘉帮办"服务台,全力解决企业群众办事难题,"小嘉帮办"也成了嘉定优化营商环境的一个著名服务品牌。该区最近推出的优化营商环境行动方案,围绕服务企业又新增28项改革事项。

一、简易事快闪办、高频事自助办、疑难事兜底办

在嘉定区行政服务中心大厅,某企业工作人员王女士提交相关材料后不到1分钟,就领到了道路运输车辆年度审验标志。王女士说:"原来的流程是要去办事窗口取号,等待叫号,再办理业务。现在'小嘉帮办'推出了'快闪办',针对特种设备作业人员资格证、道路运输车辆年度审验年审标志领取等简易事项,引导办事企业通过快速通道即刻完成办理,节省了不少时间。"

作为高度集成的一门式综合服务大厅,嘉定区行政服务中心政务大厅集成31家职能部门600多个政务服务事项,是推进"一网通办"改革、持续优化营商环境,以及为企业提供高效便捷政务服务的重要阵地,设有开办企业、办税服务、综合服务、不动产登记、公安专区、就业人才、工程建设项目审批审查等专区,年均接待92.54万人次,日均接待4 000多人次,年均办件量83.97万件。该服务中心打造的"小嘉帮办"服务品牌,全力解决企业群众办事难题,不断提升人民群众办事体验感、满意度。

除了"快闪办",嘉定区行政服务中心还搭建了"视讯办",针对未提前预约、需要提供材料咨询服务的办事群体,在政务大厅入口处开设"视讯联动专区",联动服务中心6个专区,由部门帮办专员实时提供在线响应。

二、优化营商环境行动方案重点推进4个"更"

近日,嘉定区发展和改革委员会同各相关部门、各街镇,研究形成《嘉定区加强集成创新持续优化营商环境行动方案(送审稿)》即区级优化营商环境6.0版,从7个方面提出27个大项155个小项任务举措,其中28个小项为新增改革事项。围绕服务企业,新版方案重点推进4个"更":

一是更加便利。创新行政服务窗口"智能帮办"+远程"直达帮办"服务模式;设立市场监管嘉定新城指导站;发布中小微企业法治营商指引,制定汽车行业发展白皮书。

二是更少跑动。全面推行企业名称申报承诺制,提高企业名称一次核准率;推进酒类商品经营许可整合纳入食品经营许可范围;推动长

三角区域内交通运输电子证照互认及核验。

三是更少环节。实现水、电、气、网(宽带)一表申请、一口受理、联合踏勘、一站服务、一窗咨询的联合报装机制;落实企业招用员工(稳就业)"一件事"和就业参保登记一体化改革;限时办结等快速审批机制。

四是更多线上。打造"一网优服"2.0信息化平台;优化区级涉企事项线上办事流程,推动落实智能预填、智能预审、智能审批等功能;推进政务服务线上线下标准统一、服务同质,推动大厅端、电脑端、移动端、自助端"四端"联动、功能升级。

资料来源:薄小波.破解"办事难"擦亮"小嘉帮办"金字招牌[N].文汇报,2023—02—17(2)。

第 7 章
招商引资营销策略

现代招商引资在本质上是一种区域营销,通过向目标投资商开展一系列的活动或举措,创造、维持或改变目标投资商对自己的态度,吸引目标投资商当地投资落户。优秀的营销策略不仅意味着富有技巧性地吸引和留住投资商,持续为市场创造价值,更意味着地方经济增长,财政税收增加和社会全面发展。

7.1　投资商定位策略

招商引资管理者向市场提供当地的资源和服务,引起投资商兴趣,满足投资商需求,创造投资商价值。市场中的投资商不是笼统的概念,而是存在较为明显的差异,诸如投资动机、资源需求、地理位置偏好等,通过市场细分,能够科学地把庞杂的产业划分为若干个特征较明显的细分市场,使其共性更加突出,进而在共性基础上结合特性,制定出有效的招商引资策略。

投资商定位

现代招商引资者必须准确定位投资商,知道自己有什么样的优势资源,也了解投资商所关切的资源和问题,通过具体的项目将二者有效结合起来。

1. 评价关键产业

现代招商引资管理者科学地开展产业定位,明确要突出哪些产业,平衡发展哪些产业,有效管制哪些产业,基于此开展有针对性的工作。实践中,招商引资者主要从三个角度分析和评价产业。一是收集和分析关键产业的市场信息,包括但不限于产业规模、增长速度和盈利状况等。尽管规模最大、增长速度最快且盈利状况最好的产业会受到更大的青睐,但是招商引资管理者必须客观地衡量当地的资源优势,当缺乏这类市场所需要的关键技能和资源时,就必须懂取舍,转而服务那些有"恰当的规模和增长"的产业。二是分析影响该关键产业长期吸引力的因素,如果某个产业已经受到实力强劲竞争对手的重点关注,就会失去吸引力,招商引资者必须明白,对招商引资的资源来讲,其优势的培养不是一朝一夕的事情,盲目地参与投资商竞争,往往会一败涂地。三是认真考虑当地的招商引资目标和资源,如果一个具有吸引力的产业不符合当地经济发展目标,或者说当地缺乏令其取得市场竞争优势的资源,就得考虑重新选择产业和投资商。

2. 做好产业定位

> 统筹考虑地方各类产业发展的可行性、紧迫性和风险性,集中主要资源和精力做大做强主导产业,加快布局未来产业。

地方产业发展定位要考虑到三个层次:一是找准优势产业,选准既体现自身特色、又符合未来方向的重点产业、重点领域,各产业形成合力,构建地方产业比较优势和综合优势;二是补齐短板产业,对标地方经济发展要求,逐条逐项破解发展问题和瓶颈;三是加强产业链和供应链管理,做好顶层设计,为产业发展做好风险防控。《南京市"十四五"数字经济发展规划》提出,未来将聚焦融合赋能,建设全国数字化产业标杆区,充分发挥软件和信息服务、人工智能、集成电路、智能制造、智能电网等产业优势,利用互联网平台将分散资源进行优化配置。

3. 投资商策略选择

对各个关键产业做出评价后,招商引资者必须确定以哪几个关键产业为重点领域,进而选择重点的投资商进行接触和沟通,在此过程中,可以采取四种策略。

一是无差异策略。招商引资者强调关键产业中投资商的共性,忽视其特性,对所有投资商均提供普惠型政策和服务。通常情况下,这是招商引资者为了吸引大多数投资商所采取的策略,然而这种策略对大多数投资商来讲,很难引起兴趣,而采取该策略的招商引资机构会发现,自己在市场上基本没什么优势。

二是差异化策略。招商引资者选择若干个关键产业或子产业,针对每个产业中的投资商进行再次细分,锚定某子产业中的龙头企业,以突出在市场中的地位和影响力,并对龙头企业提供恰当的举措。无疑,差异化策略的成本会显著增加，因此在采取该策略时，招商引资管理者必须准确衡量投入与产出之间的关系。

三是集中化策略。招商引资者力图在更小的子产业（缝隙产业）中取得竞争优势，在其所服务的市场中，更加了解投资商的需求，从而赢得投资商忠诚，并获取强有力的市场地位。通常情况下，采取集中化策略的招商引资管理者，能够将自己的优势资源集中服务于更小产业中投资商的需求，从而在该行业内扎根，在机会合适的时候，再出击影响更大产业的投资商。尽管集中化策略蕴含的风险较高，面临市场不稳定的情况，但是其盈利同样不菲，在更小、更专业的子产业中有效竞争，有可能招到潜在的龙头企业。

四是定制化策略。随着信息技术和生产设备的进步，招商引资者与投资商之间的沟通交流更加便捷，针对特定的投资商或投资商群体，甚至可以开展定制化策略，将低成本和差异化结合在一起。招商引资管理者根据投资商具体需求，度身定制地提供资源和服务。

4. 聚焦优势资源

投资商聚焦于自己的优势资源和服务，可以获得更高的效率。在选择投资商时，招商引资管理者需要考虑很多因素，究竟哪一种策略最为理想，主要取决于当地的资源和能力情况。当资源相对有限时，最好选择集中化策略。当市场差异性不大时，则可能会选择无差异策略。

实际上，与投资商沟通时，真正的问题不在于谁是目标，而是选择谁作目标投资商，以及如何为其提供有价值的资源和服务。具有责任心或价值的招商引资管理者，不能只考虑自身的利益，还必须考虑到目标投资商的利益。只有目标投资商在市场上取得竞争优势，当地的招商引资工作才算真正取得成功。

5. 创造和传递价值

> 引进优秀的专业园区运营商，在项目开发、机制创新、产业培育等方面深入合作。

无论如何，招商引资管理者所选择的投资商或投资项目，都要能够为之创造卓越的客户价值，并获得相对于竞争对手的优势。通常采取的措施包括，一是制定有针对性的市场营销策略，提高项目盈利能力；二是提升项目质量和服务水平，增强项目的客户满意度；三是加强成本控制，提高项目的市场竞争力；四是推动创新和技术升级，提高项目的技术水平；五是建立良好的品牌形象和声誉，增强项目的持续发展能力。

但在客观上,每个地方所拥有的资源都是有限的,这就意味着地方选择的主导产业要集中到3~5个,不能面面俱到。盲目追逐热点题材,产业发展要么平庸、没有竞争优势,要么就是快速被市场竞争对手击败。

> 经济发达的地方最懂得如何把资源集中到优势产业,并在长期内保持竞争优势。

差异化定位

投资商面临的市场信息同样是繁杂琐碎的,投资什么?何时投资?在哪里投资?一系列问题也会困扰着他们。投资商通常会根据自己获得的信息以及自身的实践,对招商引资方形成一种相对固定的印象,从而将不同地方的招商引资做出区分。招商引资管理者必须通过一系列的举措,在投资商心目中留下好印象,从而吸引投资商,扩大影响力。

1. 明确投资商偏好

发展当地经济就必须结合当地经济现状,认清未来发展方向,制定合理的发展方针政策,创新招商引资模式[①],提出新的思路和路径。招商引资产业定位,决定了当地发展什么样的产业,吸引什么样的投资商,匹配什么样的优惠政策等。实践中,招商引资管理者可以采用定位图来描绘投资商的价格和服务偏好。在定位图中,圆圈的位置表明投资商对当地招商引资从价格和服务两个维度的认知情况,圆圈大小表明该投资商的预期投资额(参见图7-1)。

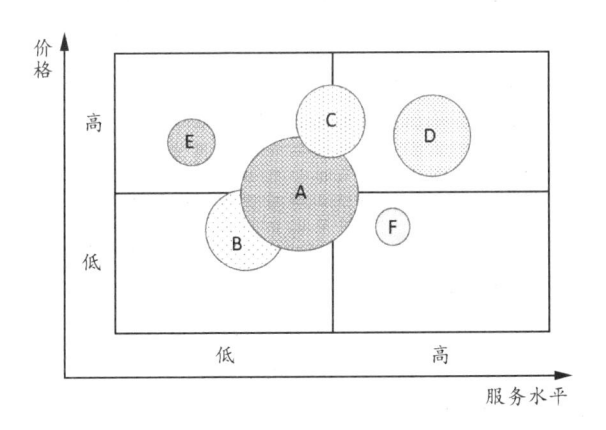

图7-1 投资商定位图

---

① 周传强. 实施招商引资战略促进县域经济发展探讨[J]. 黑龙江科技信息,2013(11):155.

2. 评估差异化

每个招商引资管理者都需要建立一套独特的价值组合,尽量让自己的资源和服务开展差异化,从而吸引目标市场上的投资商。其中最重要的是,招商引资的定位必须满足目标投资商的需求和偏好,与其有效沟通,并传达所选择的定位。成功的招商引资团队通常需要梳理一份详尽的产业图谱,依据自身的资源优势和产业特色,逐一综合评估细分行业,经过专业团队审核后,筛选出3~5家目标企业。

> 持久的客户关系根植于价值之上,仅仅靠口头承诺根本无法完成这一重要任务。

与投资商建立起有价值的盈利性关系,招商引资者必须比竞争对手更好地理解投资商需求,传递更多的客户价值。招商引资管理者只有通过有效的差异化,向目标投资商提供卓越价值,才有可能获得竞争优势。

3. 选择差异化

如果招商引资定位于向投资商提供最佳的资源和服务,就必须通过专业的团队力量建立起差异化特色,为投资商提供可靠的服务,帮助其在市场上取得成功。为了找到恰当的差异点,招商引资管理者要仔细分析投资商的需求,在资源、服力、市场渠道、人员招聘等方面进行有针对性的差异化。

尽管可能会发现几个可以提供竞争优势的差异点,但有经验的招商引资管理者知道,在一定时期内应该只向目标投资商宣传和推广一项重大的差异化利益。在市场信息泛滥的背景下,投资商获得的信息太多了,以致无法一次性地记住太多的信息,因此招商引资管理者能让投资商记住一个"特征明显的"关键词,就已经取得了初步成功。

4. 沟通差异化

为吸引投资商的目光,招商引资管理者必须聚焦于差异点进行宣传和沟通。什么样的差异点值得宣传与沟通呢?招商引资管理者需要核算成本和收益,依据五个标准选择。

价值性:对投资商而言,该差异化具有明显的价值;
独特性:与竞争对手相比具有明显的优势;
沟通性:与投资商容易沟通交流;
特有性:竞争对手不容易取得或模仿;
盈利性:能为当地带来丰厚的回报。

选择竞争优势作为定位的基础并不容易,但这却是成功的关键。选择恰当的差异点能够让当地的招商引资品牌在众多竞争对手中独树一帜。例如,广州市鼓励建设产业保障房,只租不售的标准厂房为中小微企业提供"产业保障房",引导中小微企业入驻,实行以房精准招商。

明确价值主张

招商引资管理者必须回答投资商的一个关键问题——"我为什么要在你那里投资?"回答这个问题,就向投资商阐述了当地招商引资价值主张,主要包括四种:优质高价、优质低价、低质高价、低质低价(参见图7—2)。

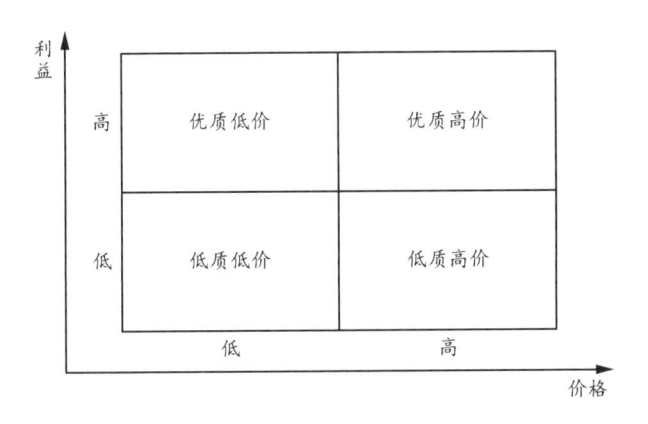

图7—2 招商引资价值主张

1. 优质高价

招商引资管理者提供最优质的资源和服务,同时向投资商收取更高的价格。招商引资者密切关注在哪些资源和服务中提供优质优价的机会,但容易受到竞争对手的模仿。例如,张江科学城聚焦三大主导产业和新兴技术领域,引入高附加值、低环境风险的高端产业项目,为了更好地助力企业成长,园区积极筹备基金,完善从发掘、孵化到投资的创新闭环,实现创新策源力从技术走向商业,加速创新要素聚集。

2. 优质低价

招商引资管理者以较低的价格提供优质的资源和服务,对竞争对手形成冲击。从字面上看,这可能是最吸引人眼球的价值主张,但实际上并不符合市场的规则,只能从短期营销的角度实施该策略。从中长期看,优质会为投资商带来较好的利润,这会吸引其他的投资商不断地流入,从而推升价格。

3. 低质低价

招商引资管理者提供普通的或者较少的资源和服务,向投资商收取较低的价格,满足部分投资商低成本的要求。目前,价格仍是招商引资的敏感性指标,很多投资商对低价格更有兴趣,寻求低劳动力成本、税收优惠政策或其他形式的政府支持,以降低企业的综合成本,能够较为迅速地产生利润。

4. 低质高价

招商引资管理者提供普通的或者较少的资源和服务,但向投资商收取较高的价格。由于市场信息的有效性原理,这种价值主张很难存在,偶尔只存在于某些"欺骗性"的招商引资案例中。实践中,有些地方为了谋取一时的不当利益,不仅损害了投资商的利益,还对当地经济造成长久性的损害。

5. 选择价值主张

在任何市场中,招商引资管理者都要找到与自己当前情况相匹配的位置,宣传自己的价值主张。一是基于定位向投资商提供价值,专门服务于目标细分市场中的特定投资商;二是采取强有力的举措向投资商传达和沟通既有定位;三是监控内外部环境变化,持续不断地调整定位,以适应投资商的需求。

找准市场定位

招商引资管理者需要了解竞争对手的定位观念和策略,明确投资商对投资项目的评价和要求,在深入分析当地产业竞争优势的基础上,选择在目标市场上的竞争定位。

1. 分析竞争对手情况

招商引资管理者调查和分析竞争对手的定位策略,确认竞争对手的竞争潜力和竞争优势。通常情况下,竞争优势体现在两个方面:一是在招商引资项目和服务大致相同的条件下,报价比竞争对手低;二是在合理的报价下,提供更多的特色项目和服务,满足投资商的特定需要。

完成这一步骤的中心任务需回答以下三个问题:一是竞争对手定位是什么?二是目标市场上投资商欲望满足程度及潜在需求如何?三是针对竞争者的市场定位和潜在投资商的真正需要,招商引资管理者应该以及能够做什么?要回答这三个问题,招商引资管理者必须通过市场调研手段,系统地设计、搜索、分析并报告有关上述问题的资料和研究结果。回答了上述三个问题,招商引资管理者就可以更好地把握和确定自己的潜在竞争优势。

2. 选择招商竞争优势

> 及时掌握地方产业集聚度、成长性、竞争力和创新力等,加大在空间载体、企业服务、运营管理和生态培育等方面的探索力量。

在调查了解竞争对手情况的基础上,招商引资管理者还应了解投资商对其将要投资的项目以及获得的服务的期望,弄清他们对项目优劣的评判标准。招商引资管理者针对目标产业中竞争对手的关键竞争优势,可以采用超越策略或错位竞争策略,建立起当地的竞争优势。实践中,只有当地的招商引资竞争优势能与特定产业的发展需求相吻合时,招商引资工作才能取得实效。

通常情况下,招商引资竞争优势是当地能够超过竞争对手的能力,既可以是现有的,也可以是潜在的。选择竞争优势实际上就是一个当地与竞争者各方面实力比较和选择的过程。招商引资管理者通过建立起科学的指标体系,综合分析与竞争对手相比的优势和劣势,确定优先顺序,"扬长避短",筛选出最具有利用价值的竞争优势。

3.宣传招商引资优势

招商引资管理者通过广告、公关等方式宣传,让投资商和公众准确理解当地招商引资优势,突出招商引资项目和服务的特色,并将其独特的竞争优势准确传播给潜在投资商,在其心目中留下深刻印象。具体的目的有三个:一是使目标投资商了解、知道、熟悉、认同、喜欢和偏爱当地招商引资的优势;二是通过各种努力加深目标投资商的情感,建立起更加牢固的纽带;三是及时处理给目标投资商所造成的模糊、混乱和误会,强化双方信息的有效沟通。

资料链接7—1　环境产业集聚"创新共同体"

走进位于合肥市蜀山区的"中国环境谷"展厅,一款款环保领域的"高精尖"设备依次映入眼帘,有的让有害气体无处遁形,有的杀细菌于无形。由于应用了这些设备,天越来越蓝,水越来越清,空气越来越清新。

"我们以前做环境治理项目,属于散兵作战状态。现在'环境谷'聚集了设计、监测、治理等产业链条上的诸多企业,我们不仅有机会一起参与环境系统治理的综合项目,还能探索新方案,提高治理成效。"力合科技(湖南)股份有限公司安徽省分公司负责人说。2019年,该公司被"中国环境谷"的产业集聚优势、研发优势以及配套的税收、房租等优惠政策所吸引,来这里"安家落户"。

作为长三角G60科创走廊环境产业合作示范园区,"中国环境谷"已集聚350余家环境领域企业,拥有30多个国家和省级环境领域科研平台,形成了从环保技术研发、核心基础零部件生产到环保装备制造、环境治理、环保工程及环保服务全环保产业链的框架体系。2022年,实现营收约350亿元。

"针对土壤重金属、土壤有机污染物监测,我们专门研发了相关监测仪器,完成了仪器标准的发布和认证。目前已在安徽省内多个地市开展外场示范应用。"中科环境公司总经理说,"中国环境谷"不断扩展产业生态,为企业发展带来越来越多的机遇。

近年来,蜀山区加强与长三角先发地区在科技创新协同、战略研究、重大项目联合攻关、科技信息共享服务平台建设等方面合作,持续擦亮"中国环境谷"名片,努力成长为长三角地区知名的科技创新策源地。

5月4日,"中国环境谷"第三届院士峰会暨重大项目签约落地活动在蜀山区举行,长三角区域业内知名专家学者以及企业家代表齐聚一堂,为环境产业、绿色发展建言献策。规模120亿元的安徽省新能源和节能环保产业母基金落户"中国环境谷",6个新能源和节能环保产业项目集中签约,助力长三角节能环保产业创新能力和发展水平提升。

2019年,蜀山区成功挂牌长三角G60科创走廊环境产业合作示范园区,随后组建首个"产业技术创新联盟"即长三角G60科创走廊环境产业技术创新联盟。该园区先后荣获长三角G60科创走廊优秀示范园区、G60科创走廊产融结合高质量发展示范园区等荣誉。

今年,"中国环境谷"发展再添新动力。由中国工程院院士"挂帅"的合肥综合性国家科学中心环境研究院落户蜀山区。研究院将着力创新工程技术、突破关键技术、培育新兴减污降碳环境产业,打造"中国环境谷"等战略性新兴产业集群,引领我国环境高技术产业跨越式发展。

资料来源:刘亚萍.环境产业集聚"创新共同体"[N].安徽日报,2023-09-07(8)。

7.2 招商引资产品策略

在很大程度上,招商引资工作是从为投资商提供有价值的项目开始的。与投资商建立关系,招商引资管理者必须创造和管理与投资商相联系的产品和品牌。在这里,产品是指满足投资商需求的具体项目或无形服务。

招商产品层次

招商引资项目的产品层次包括核心产品、实体产品和拓展产品,这些层次共同构成了项目的整体产品,每个层次都能够增加投资商的价值。投资商可以根据自己的需求和期望,分析和评估这些层次,以决定是否投资该项目。

1. 核心产品层

招商引资者与投资商沟通时,首先要明确投资商为何要投资,最本质目的是什么?这就涉及了投资商的核心利益或服务。通常情况下,投资商在某个地方进行项目投资或战略投资,不仅是为了获得盈利这么简单,更深层次的可能是为了获得社会尊重或者是自我价值实现的需要,这些都是根植于投资商内心的东西。否则,你难以想象为何家大业大的企业家还要拼命地奔波在市场开拓的路上?很多情况下,投资商不是在追求更多金钱这种有形目标,而是为实现心里的梦想。

同理,作为一名招商引资管理者,如果失去了梦想,又和咸鱼有什么区别呢!记得5年前在某企业的内部座谈会上,我向与会的管理者问了一个问题:"我们企业向客户提供什么?"很多管理者回答说,我们向客户出售的是挖掘机、压路机、装载机……十几个品类。其实,我想说的是,企业应该从客户价值的角度思考,他们向客户出售的应该是"让客户赚到钱的工具",这就意味着企业各部门都需要齐心协力,让客户"买得起、买得到、愿意买",真正能够创造出"客户价值"。

2. 实体产品层

第二个层次是围绕核心价值构造出的资源或服务,诸如产业项目的特色、风格、品牌等。招商引资者在开展工作时不能"空对空",所有的核心价值观和招商引资理念,既要落实到墙上,也要落实到心里,更要落实到每一项具体的工作之中。具体可以表现为一流的招商引资设施、专业的招商引资服务、良好的招商引资形象等诸多方面。

3. 拓展产品层

第三个层次是向投资商提供的附加或额外的服务。如前所述,招商引资管理者的首要任务是创造客户价值,以投资商为中心开展工作。投资商落地后,招商引资管理者的工作并没有结束,而是一个新的起点,要帮助投资商接洽各部门,建立7×24小时便利服务,有效地让投资商实现市场盈利。

总而言之,满足投资商的需求,是一个涉及多重利益的问题,招商引资管理者必须识别出投资商的核心利益,以此为出发点,设计向市场提供的核心资源和服务,共同为投资商创造出良好产业发展生态。

招商项目要素

招商项目是招商引资工作的载体,包括多种多样的要素(参见图7-3)。现代招商引资项目运营需要具有创新思维,重视以项目聚人,不仅包括投资商，也包括消费者和普通公众，人聚起来了，经济发展就有了动力源。例如，自2002年杭州西湖景区免费开放以来，西湖边游人如织，带动杭州市旅游业蓬勃发展，"免费"成为杭州聚集人气的金字招牌。

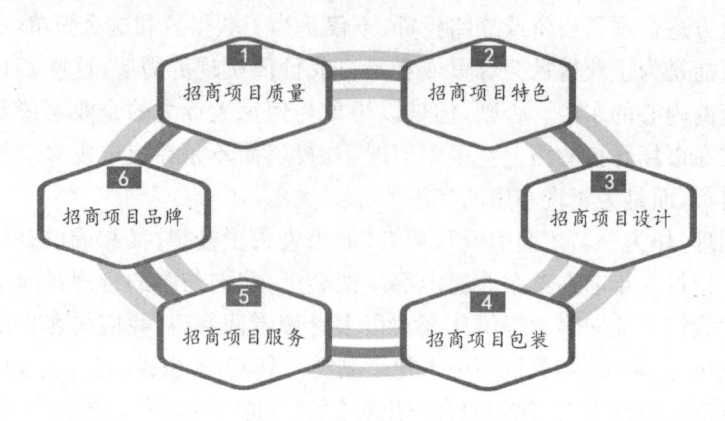

图7-3 招商项目六要素

1. 招商项目质量

以投资商为中心的招商引资管理者，从创造客户价值和客户满意度两个方面衡量项目的质量水平。从本质上讲，招商引资项目不仅能够让投资商进行当下投资，而且要争取让他们再次投资。对于很多优秀的招商引资管理者来讲，投资商导向的项目质量设计已经成为一种经营方式，他们把项目质量看成一项投资，要求其必须对投资商的利润产生足够大的贡献。在某种程度上，招商项目质量的底线思维是，自己愿不愿意投资，愿意投资多少。

2. 招商项目特色

现代招商引资宣传突出的是"特色"和"优势"，强调以事实和数据说话，不能统而言之，更不能把"劣势"当成"优势"。有的招商引资手册在优势中写到"劳动力价格低""物价水平低""优惠力度大""可以为投资商解决所有问题"……其实稍有些头脑的投资商都明白，这些所谓"优势"通常意味着当地缺乏足够的高技能人才，也没有当地市场支撑，更无法真正解决投资商的关键问题——赚到钱！

> 不能为了特色而特色，必须坚持市场导向的特色，也就是说这种项目特色能够产生更多的客户价值。

招商引资管理者需要通过增加特色的方式，让项目与竞争对手区别开来。招商引资管理者需要积极开展市场调研，了解投资商对项目的评价情况,不断丰富项目有价值的特色。江西赣州市围绕脐橙产业开展招商引资,举办赣南脐橙国际博览会,集中宣传推介赣南脐橙产业及赣南脐橙品牌,全面利用5G、云计算、大数据、图形识别和物联网、XR虚拟现实等新技术,整合展示实景、技术模式、展商信息和科普服务等内容,做大做强脐橙产业。

3. 招商项目设计

优秀的招商项目设计源自市场调研,以及对投资商的深入了解,而不仅仅是吸引眼球的热门概念或热门产业。创新性的招商引资项目既可以来源于企业界的实践,也可以来源于科研院所,因此招商引资管理者需要建立广泛的市场人脉,不断地挖掘和发现具有市场价值的项目。如今,最优秀的招商引资管理者要具备深度的专业化和产业化能力,在某一个或者某几个产业赛道里面形成自己的独特见解和判断力。展望未来中国科技产业,存在着诸多的"富矿",设备、材料、仪器、软件等核心底层技术虽然是国内产业的短板和弱项,但也是企业实现突破的关键领域,招商引资管理者围绕"自主可控"投资逻辑,大力开拓相关产业的招商引资,可以取得丰硕的成果。

4. 招商项目包装

招商引资竞争日益激烈,市场上充斥着各种各样的投资项目,让投资商眼花缭乱。因此,招商引资管理者要对项目进行科学包装,吸引投资商的眼球,积极与投资商全面沟通,力争达成投资意向。招商引资管理者必须重视良好的项目包装在投资商营销工作中的重要性,因为包装本身就是一种沟通载体,也是一种重要的营销媒介,能够创造出独特的竞争优势。当然,招商项目包装强调"画淡妆",以突出关键优势、弥补重要劣势为基本准则,切不可"浓妆艳抹",更不可"手术式化妆"。

5. 招商项目服务

招商引资项目设计既要考虑核心技术,又得重视服务赋能。当高科技企业(如新能源、半导体、生物医药类企业)进入规模化阶段后,必须加强标准化管理能力,否则会出现良品率下降,难以应对大量产品订单等问题。招商引资管理者为投资项目提供关键性支持服务,能够增加投资商的良好体验,提升投资满意度,有助力双方建立持久有价值的关系。实际上,如果能够真心向投资商提供良好的项目服务,并且始终如一,就能够真正留住投资商,发展投资商,而投资商反过来也会宣传当地招商引资品牌,吸引更多的合作伙伴前来投资,进而形成具有竞争优势的产业集群。

6. 招商项目品牌

与投资商建立有价值的关系时,招商引资管理者必须为之创造和传递有价值的资源、服务和品牌。很多招商引资管理者对品牌不太理解,认为那是企业的事情,对于一个地方而言,有些"够不着,摸不到",这算是一种"招商引资近视症"。对一个地方而言,所有招商引资行为和举措都要围绕着招商引资品牌的打造来开展,这是价值高昂的无形资产,也是构建地方竞争优势的核心资源。大家思考一下,市场上的某一个具体产品,来自上海、苏州、深圳等知名城市,或是来自一个不为人所熟知的城市,哪个更容易受到市场客户的认可?其实,这背后就是区域品牌的影响力。

招商服务特征

设计招商引资方案时,必须考虑服务的重要性,也要理解招商引资服务的四个特征:无形性、不可分性、可变性和易消失性(参见图7—4)。

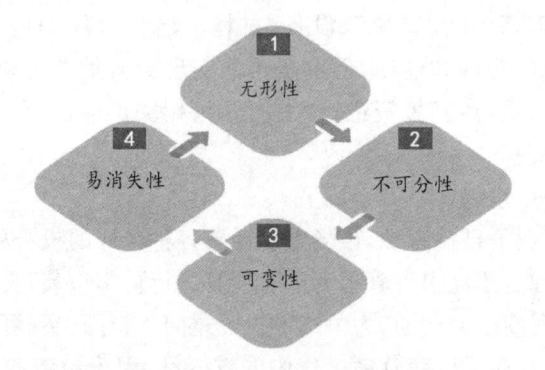

图7—4 招商引资服务的特征

1. 无形性

招商引资服务不能直接看到效果,投资商需要通过自己的观察和体验,对比心目中的预期,形成对服务质量的判断。实践中,招商引资管理者尽可能地把服务可视化,向投资商发出明确的优质服务信号,以此来加强招商引资宣传。例如,有些招商引资管理者利用传统的宣传栏或宣传屏,向投资商传递专业的招商引资服务案例,或者让成功企业家现身说法。

2. 不可分性

服务与具体的招商引资人员无法分割,这就意味着招商引资管理者与投资商要直接沟通,二者之间的沟通技巧影响着沟通效果。招商引资管理者必须加强相关人员的专业服务训练,通过具体的言行,向投资商传达优质的服务能力。为了更好地吸引龙头企业或关键企业,很多招商引资管理者会为这些目标投资商建立独立的团队,更加贴合投资商的需求,提供专门的服务。

3.可变性

> 招商引资服务不是一个人的服务,而是一个团队,或者说一个组织所有人员的服务。

要想传递给投资商良好的服务态度和水平,每一个人都要按照高水平服务进行接待和沟通,树立团队服务意识,不能因为某一个人或某一件事破坏整个团队所付出的努力。

4.易消失性

优秀的招商引资管理者以优质服务向目标投资商展示竞争优势。招商引资服务资源不能储存,对投资商的服务需要按计划实时开展,尽量不要出现大幅度变化,以实现招商引资人员与投资商的有效对接。通常情况下,我们尽量避免突然大规模地进行招商引资宣传,在短期内给出"非常规"的优惠举措,这容易造成投资商考察数量井喷,而后续服务无法及时跟进的情况,反而会对当地招商引资品牌造成较大的负面影响。

服务的利润链

招商引资管理者与投资商实时互动沟通,共同创造价值,有效的互动取决于招商引资者的专业能力和沟通技巧,以及专业团队的支持性工作。成功的招商引资管理者既以投资商为中心,又强调内部员工的管理及培训,他们知道,招商引资服务的关键就在于内部员工与投资商的面对面沟通。

1.内部服务质量

> 招商引资管理者不仅要重视与投资商之间的外部沟通,还要重视内部员工的沟通。

专业的招商引资者是地方政府最重要的资产,其招聘和培养不是一朝一夕之功。招商引资管理者需要根据当地社会经济和产业发展水平,有针对性地培养既有理论水平又有实践知识,且具备相当文化素养的高素质招商引资者,练好基本功,练就自己的拿手绝活。目前,在市场上广为人知的招商引资"合肥模式",其成功的关键就在于合肥市打造了一支懂产业、通政策、熟悉市场、擅长谈判、精于资本运作的"政府招商队伍"。

2.有效员工管理

招商引资管理者在市场上招聘最优秀的员工,提供良好的薪酬待遇,加强系统培训,通过招商引资激励体系,养成职业自豪感,对优秀的招商引资行为和结果予以奖励,激发他们的热情、忠诚、高效,向投资商传达积极的招商引资形象。华为公司新员工进入业务部门具体岗位后,业务部门主管会为其指定有丰富工作经验、绩效与能力较强的老员工担任思想导师,新员工的绩效结果将直接影响其导师的绩效评价。同理,招商引资管理者在引入新员工时,完全可以借鉴这种优秀的做法。

3. 创造服务价值

招商引资服务能够为投资商创造不菲的价值。一方面,优质的招商引资服务可以提升投资商的满意度和信任度,增加其对地方的投资意愿和信心。另一方面,全方位的服务,包括投资咨询、项目管理、人才培训、市场调研等方面,可以帮助投资商更好地了解市场、掌握商机、规避风险,提升投资效益。成功的招商引资管理者需要激励团队围绕投资商需求,提供优质的服务,持续提升招商引资品牌形象和投资商满意度。

4. 投资商忠诚度

要想让投资商满意,就需要引导和激励内部招商引资者开展团队合作,齐心协力向投资商提供一流的服务,落实以投资商为中心的理念,创造让投资商满意的客户价值。招商引资管理者与投资商全方位的服务沟通,与投资商建立起战略伙伴关系,投资商不仅会重复投资,还会向产业链合作方及亲朋好友宣传当地的招商引资品牌。

5. 卓越的招商绩效

招商引资管理者要使组织中的每一个人都以投资商为中心,让他们坚信当地招商引资品牌,真诚地向投资商传递该品牌所承诺的价值。优秀的招商引资管理者、高效的工作氛围、强有力的专业团队支撑,成为拉动招商引资工作顺利发展的"三驾马车"。以投资商为中心的招商引资品牌深入人心,通常会有源源不断的投资商落户当地,招商引资管理者组织获得卓越的绩效,地方经济获得持续稳定健康发展。

资料链接 7—2　上海多措并举优化中小企业营商环境

中小企业极具创新活力和成长性,同时,在面对风险时又相对"脆弱",服务好这个特殊群体,是优化营商环境的重要内容。过去一段时间以来,上海通过各种方式打出政策"组合拳",将助企举措落到实处,同时积极借助数字化技术,为广大中小企业送上亟须的资源和服务。

一、政策"组合拳"帮助企业平稳发展

提升中小企业创新能力和专业化水平,是上海高度关注的一项工作。在全力推动经济恢复重振的过程中,去年上海围绕优质中小企业的梯度培育,出台了30条《管理细则》,助力产业基础高级化、产业链现代化。据透露，截至2023年，本市已累计培育专精特新"小巨人"企业500家、"专精特新"企业超过7 000家。

让中小企业的声音能被清晰地听到，这是精准施政、精准扶持的前提。2022年，由市领导牵头，市、区两级建立大走访工作网络，聚焦提升企业感受度，分级分类推动企业诉求办理。统计显示，去年全市企业诉求办结率和满意率均超过90%。而通过在大走访中推动开展防范和化解中小企业账款拖欠问题专项行动，全市无分歧欠款的化解率、50万元以下无分歧欠款清偿率，均达到100%。

二、智能技术将企业服务直送面前

为政策落地打通"最后一公里"，为企业享受政策建设"惠企一窗通"，最终实现企业服务"一站式"——这"三个一"集中体现了上海市企业服务云的宗旨。去年，这朵"云"进一步提升"网购般的使用体验"，进一步放大智能化、精准化特色，让中小企业在获得服务的过程中，感受到"所需即所得"的便利。

有人说，企业服务云就是企业服务领域的淘宝和京东。的确，目前该平台已有将近800家各类政府和社会化的企业服务机构"化身"店铺，在平台上为中小企业提供各类服务产品——从知识产权评估、战略咨询、到法律服务和融资服务……可以说，企业需要的，这朵"云"上应有尽有。统计显示，目前该平台累计发布惠企政策3.4万余件，上线各类服务产品2.1万项，完成订单超过120万次。而且每次服务后，企业都可以给服务商评星、打分，从而形成一种优胜劣汰的激励机制。

三、重点推动梯度培优和数字化转型

2023年，上海将加大对优质中小企业的培育力度，要对入选国家级、市级"专精特新"的中小企业实现奖励"全覆盖"，目标是在年底前累计培育创新型中小企业达2万家以上、市级专精特新中小企业1万家以上、国家级专精特新"小巨人"企业700家以上。此外，围绕全市重点打造"3+6"的新型产业体系、新赛道产业，以及未来产业，全市还将聚焦优势行业，支持国家级中小企业发展特色产业集群，通过"一集群一策"，打造更高质量的产业生态。

此外，为加快中小企业数字化转型，上海今年将集中开展一系列行动，包括推出面向中小企业的数字化评估，集聚一批针对中小企业的数字化服务商，推出一批"小快轻准"的数字化解决方案和产品，打造数字化服务专员队伍等。这些工作的目标，就是进一步通过数字化赋能中小企业，帮助它们降本增效。

资料来源：张懿.上海多措并举优化中小企业营商环境[N].文汇报，2023—03—02(2).

7.3 招商引资定价策略

投资商获得招商引资管理者提供的项目、资源要素和服务，投资并获得利润，最终需要为之支付费用。招商引资定价策略既要能够吸引新投资商，也要有利于留住现有投资商。实践中，定价是直接影响投资商决策的重要因素，不同的定价策略会对投资商产生不同的影响(参见图7—5)。

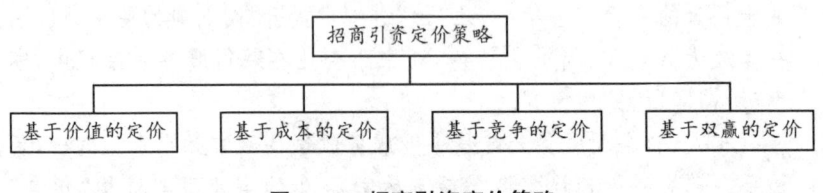

图7—5 招商引资定价策略

基于价值的定价

> 投资商开展项目投资，必定是在追求一种有价值的回报。因此，招商引资定价可以以客户价值为基础。

招商引资管理者需要评估投资商的项目需求和价值感知，依据投资商的价值感知定价。值得注意的是，"好价值"并不等于"好价格"，招商引资管理者需要以公平的价格提供优质的项目和服务的恰当组合。

基于价值的定价方法不是一味地以低价来适应招商引资竞争，而是通过增加高价值的项目属性和服务，提供更多有价值的差异化，从而维持高于平均水平的价格。近年来，上海不断强化城市核心功能，打造国内大循环中心节点和国内国际双循环战略链接，持续成为外商最青睐的投资首选地以及跨国公司产业链布局的首选地之一。在这种情况下，上海招商引资价值自然是"水涨船高"，其优势也不是传统的"低价"优势，而是综合价值优势。

基于成本的定价

招商引资成本是指为吸引外来投资商所花费的时间、人力、物力、财力等资源的总和。成本是招商引资定价策略中的重要因素,关键是把握成本和价格之间的空间,即衡量招商引资者向投资商提供多少价值,获取了多少回报。招商引资管理者必须时刻关注成本水平。如果自己的成本高于竞争对手,就不得不收取更高的价格或者获得较少的回报,这都会让自己处于竞争劣势。

为了更加高效地定价,招商引资管理者需要清晰地了解相关的固定成本、变动成本和总成本情况。通常情况下,招商引资成本包括以下几个方面:宣传成本、谈判成本、行政审批成本、土地和建筑物成本、人才和技术引进成本、环保和安全成本、跟踪服务成本等。所有这些成本需要招商引资管理者在与投资商沟通和制定投资协议时,合理分配和分担。基于成本的定价需要综合运用成本加成法和目标利润法,既使招商引资价格高于其成本,又能够考虑到市场需求和竞争对手的价格情况。

基于竞争的定价

招商引资管理者根据竞争对手的战略、成本、价格以及项目服务情况定价。重要的是,价格策略的目标并不一定要比竞争对手的价格更低,而是根据竞争对手创造的客户价值情况来设定价格。如果当地招商引资管理者能够为投资商创造更多的价值,收取的价格就会高于竞争对手。实际上,无论招商引资价格是多少,都需要相比于竞争对手为投资商创造出更多的价值。

当前招商引资的竞争非常激烈,各地区都在争相采取措施吸引投资商的关注和投资。一方面,各地区都在拼政策,从区域政策到产业政策,再到财税政策、人才政策等,不断调整和优化,以吸引更多的投资和优质的人才。另一方面,各地区也在拼服务,从提供优质的投资环境到打造完善的产业链条,再到为投资商提供个性化的服务和解决方案,不断优化投资体验和营商环境,以吸引更多的企业落户和扎根。

基于双赢的定价

成功的招商引资定价策略,需要聚焦向投资商提供真正的价值,即优质的招商引资项目和实惠的招商引资价格。定价策略需要随时适应招商引资内外部环境的变化。招商引资工作不仅是价格的竞争,而且是一种全方位的竞争,招商引资管理者要维持价值与价格的微妙平衡。

> 最佳的招商引资价格策略不是单纯低价策略,而是以差异化手段提升投资商的感知价值,并获得与之匹配的价格。

招商引资管理者要为投资商提供更优质的项目、更好的服务，以及更好的生活体验，并营造出更高水平的营商环境，哪怕这需要向投资商收取较高的价格。例如，沈阳市打造与国际接轨的营商环境，以"容缺受理""并联审批"的方式，大大加快了有关手续的办结进度，吸引宝马汽车连续追加投资。

关注非价格因素

近年来，非价格因素日益受到重视，发挥着越来越明显的作用。聪明的招商引资管理者能够灵活地运用非价格因素，为投资商创造并传递价值。通常情况下，招商引资不仅要跳出招商看招商，还需要着眼于中长期，而不是只顾眼下。例如，广州市实施城市更新，支撑了城市重点功能平台、重大基础设施建设，提升了人居环境品质，促进了产业转型发展，推动了历史文化传承，拓展了城市高质量发展新空间，为地方招商引资提供了更具吸引力的条件。

实践中，定价策略向投资商传达着当地招商引资的价值主张，在创造客户价值和建立投资商关系中发挥着关键作用。作为高效的招商引资管理者，不能回避或无视价格策略，而是善于加以利用。苏州市根据当地的资源禀赋和产业基础，与全球优秀的企业合作，积极推动以商引商，通过已经落户的企业引进更多的产业链上下游企业，为之提供全方位的支持和服务，打造了具有国际竞争力的科技产业集群。

资料链接7—3　神马电力以"大虹桥"为原点"走出去"

2023年年初，来自美国、巴西、西班牙、印度等区域分公司的多位首席执行官纷纷飞抵上海，齐聚神马电力集团总部。这家位于虹桥国际中央商务区的民营企业，如今已是名副其实的跨国公司，其自主研发的填补国际空白的输（变）配电外绝缘新材料，已进入100多个国家和地区的市场，而且还主导了3项国际标准的制定。此次各区域高管齐聚沪上，就是为了更好地把中国企业的科创能力推向全球。

一、实现新跨越，在海外市场"狂飙"

在经过数年持续布局之后，该公司2022年在海外市场终于迎来"破圈"的高光时刻：在巴西，海外首条500千伏全线路玻璃绝缘子复合项目刚落地，又立刻拿到了新订单；在英国，成功中标英国国家电网275千伏升400千伏升压增容项目；在智利，取得项目首单突破；在印度，完成3个总包工程的交付……可以说是"全面开花"。

疫情防控期间，经虹桥国际中央商务区管委会反复协调，多位技术牵头人最终得以顺利出发，先后参与了电气与电子工程师协会（IEEE）

大会、国际大电网委员会(CIGRE)会议、世界绝缘子大会(INMR)，并取得国际标准的主导权——牵头制定 IEEE 国际标准《全复合外绝缘变电站技术导则》以及《配电网复合外绝缘技术导则》，拿到了技术的话语权。也正是那几场国际会议，带动了神马电力的新一轮业务拓展。

二、入驻"大虹桥"，再次创业"连级跳"

在海外打响知名度，神马电力的"狂飙"速度比想象中还要快。而回到 6 年多前，海外布局正是神马电力入驻虹桥国际中央商务区之初的愿景：以"大虹桥"为原点，做全球市占率第一的电力品牌。

随着业务版图的拓展，2016 年，神马电力将集团总部公司注册在"大虹桥"，同时把其工程板块上海神马电力工程有限公司也一同迁来。"选择入驻'大虹桥'，最直接的考量因素是区位优势。""大虹桥"离企业原来的工业 4.0 数字化工厂制造基地及试验基地不到 2 个小时车程，能将神马电力的制造业与服务业串起来，同时，这里既是打造长三角强劲活跃增长极的"极中极"，也是联通国际国内市场的桥梁，是企业"再次创业"的最优选。

入驻"大虹桥"6 年多来，神马电力的发展实现了"连级跳"。2019 年 8 月，集团制造板块在上海证券交易所主板挂牌上市；去年，企业大跨步走向海外，不仅拿下多个大单，而且正加速在海外打造本地化团队。

资料来源：徐晶卉.六年"核爆"，把中国"科创力"推向全球市场[N].文汇报，2023—02—28(1)。

7.4 招商引资渠道策略

成功的招商引资不仅取决于当地招商团队的优秀表现，还取决于招商引资渠道比竞争对手更具优势。通常情况下，卓越的招商引资渠道能够更有效地把地方政府和投资商优势结合在一起，使之创造出更大的价值。

招商引资渠道

在新形势下，顺应时代潮流，对招商引资渠道进行创新优化，注重线上与线下相结合，不仅能够提高当地招商引资工作的效率和质量，还能够满足市场需求，切实提高社会效益和经济效益。如今，越来越多的招商引资管理者开始重视"两条腿"走路，在线下，招商引资小分队赴经济发达地区或城市寻找投资机遇;在线上,专业小分队利用线上平台及时与意向投资商沟通。

1. 建立招商引资渠道

面对日益激烈的招商引资竞争,各地创新方式抓招商,大步"走出去"、大力"请进来",举办形式多样、内容丰富的推介会、座谈会,积极挖掘企业投资意向,多措并举招引项目。把招商引资项目推向市场,找到有意向的投资商,并最终实现项目落地,取得利润,这个过程说起来简单,但很多情况下,无异于大海捞针,单独依靠地方招商引资管理者很难完成全部工作。对于市场化招商引资渠道而言,其核心优势在于对市场上投资商情况的了解,以及与投资商之间的信任关系。实践中,招商引资管理者要积极开拓招商引资渠道(参见表7-1),根据实际情况选择恰当的渠道。

表7-1　　　　　　　　　招商引资常用渠道

序号	招商渠道	解释说明
1	政府渠道	借助当地政府部门的资源优势,与招商相关部门(如商务局、经信委、科委、金融办、管委会等)开展招商信息和资源对接
2	协会渠道	地方工商联、行业协会等组织汇聚了地方工商界的精英,可以起到牵线搭桥、促进招商的作用
3	行业渠道	定期参加各类行业会议和展会,能够接触到更多企业负责人,挖掘更多的潜在客户
4	咨询机构	社会咨询机构有大量的企业客源,可以付费请他们优先推荐
5	招商中介	专业招商中介具备较强的专业化服务能力和资源整合能力,能够有效整合产业链上下游企业及相关资源
6	招商平台	在线招商平台发布招商信息具有成本低廉、展示面广等优点,有些投资商会选择通过网络寻找合适的项目
7	创业大赛	举办创新创业大赛,"以赛引才、落地转化",吸引高端人才和优质项目汇聚,促进优质项目的招揽和落地

2. 成立招商引资专门机构

高效的招商引资工作离不开专业的招商引资管理者和团队,地方政府需要建立执行招商引资战略和计划的专门机构,主要包括领导班子、招商部门、投资推介中心和项目管理部门等。

领导班子是招商引资机构的核心层,负责制定招商引资的战略、目标和政策,并对地方招商工作进行整体协调和决策。实践中,为了协调地方政府招商引资工作,并取得成效,很多地方政府一把手直接负责相关工作。

招商部门是具体负责招商工作的职能部门,主要职责是开拓和管理招商资源,与潜在投资商联系和沟通,并推进项目的落地。

投资推介中心是招商引资机构的展示平台,通过各种渠道和方式向潜在投资商介绍本地的投资环境、政策优惠和项目机会,促进投资商的关注和参与。

项目管理部门负责具体项目的实施和管理,对项目进行全面跟踪和协调,确保项目的顺利进行和效益实现。

此外,根据具体的招商引资需求和项目类型,还可以包括市场调研部门、项目评估部门、法律事务部门、融资服务部门等。总之,专业招商引资机构中汇聚众多的专业人员,诸如商务谈判专家、产业分析师、招商引资专职人员、营销策划人员,以及其他众多领域的专业人员,他们负责科学评估和筛选项目,为投资商提供法律咨询和融资服务等方面的大力支持。

3. 开拓招商引资渠道

> 建立立体式招商引资渠道,主动对接产业发展项目,谋求合作商机,提升地方招商引资成效。

如上所述,招商引资渠道多种多样,包括政府渠道、中介渠道、当地企业渠道、个人人脉渠道等。招商渠道没有最好,只有最合适,因此招商引资管理者必须研究当地招商引资的特点,选择最有效的招商渠道,并注重创新优化。通常情况下,招商引资管理者与投资商建立联系的渠道手段主要有以下几个方面:一是参加重要的展博洽会扩大影响;二是与上级投资促进机构联系寻求支持;三是主动上门走访典型企业和中介机构;四是主动邀请投资商到当地参观考察;五是借助当地企业渠道、商会和协会渠道和当地关系人联系;六是在重点地区设立招商办事处。

4. 调整招商渠道层级

招商引资项目可以经由不同形式的分销渠道,让投资商获得相关的信息和资料。在这一过程中,凡是有助于完成招商引资项目与投资商沟通的中介,都代表一个渠道层级。地方招商引资管理者可以直接与投资商沟通,也可以把项目委托给不同类型的中介机构,由它们与投资商沟通。实践中,招商引资渠道是一种复杂的动态行为系统,不仅涉及各种信息流和资金流,而且随着新型中介机构的出现,渠道系统不断发展和完善。招商引资管理者要适应招商工作需要,灵活调整招商渠道层级,提高招商沟通的效率。

创新渠道策略

实践中,地方招商引资管理者囿于信息和资源的局限性,搜寻和发现意向投资商并不容易。要想高效地把招商引资信息传递到潜在投资商手中，就必须不断创新渠道策略，提升信息传递和沟通效率。

1. 发挥中介机构作用

如何更有效地把招商引资项目推向意向投资商？这通常离不开专业的招商引资中介机构，也就是我们所说的市场化招商引资渠道。正是得益于这些渠道商的协助，招商引资项目才能更加有效地传递到意向投资商手中。例如，对国外招商引资更注重"中介机构"的作用，招商引资管理者可以与国外金融机构、行业协会、商会组织、会计师和律师事务所等沟通协作，建立起多元化的渠道。

2. 体现招商引资专业化

为什么要与招商引资渠道合作，把一部分工作外包给他们完成？实际上，这些招商引资渠道拥有广泛的投资商人脉、项目沟通经验以及招商引资专业知识，凭借其专业能力，更有效率地与投资商沟通，这些常常是地方招商引资机构无法独自完成的工作。专业招商机构的方法和手段是五花八门的，更以有效而著称，通常情况下，地方招商引资管理者与之的差距不在认知上，而在执行力上。如果不重视招商引资渠道建设，通常会导致招商引资工作难以取得预期成效。相反的情况是，那些重视与招商引资渠道合作和沟通的招商引资管理者，往往会因建立起创新性的渠道系统而取得明显的竞争优势。

3. 提高招商引资效率

从经济性的角度看，招商引资渠道把各个不同地方的招商引资项目进行分类，根据投资商需要沟通和匹配，这有些类似于婚介机构。毕竟单个地方政府招商引资项目是有限的，而市场上的投资商数量是非常庞大的，市场化招商引资渠道能够更有效地使招商引资项目与投资商匹配起来。

4. 发挥四大关键职能

招商引资渠道承担了四项关键职能，有助于促进招商引资工作的顺利开展。一是信息沟通职能。收集招商引资信息，根据投资商需求修订，突出强调关键信息，促成招商引资项目与意向投资商的合作。二是联系匹配职能。在投资商信息库中寻找意向投资商，根据项目双方的需求进行前期沟通，评估项目双方的匹配度。三是洽谈合作职能。就招商引资条件参与洽谈，促进项目双方达成合作，以实现招商引资项目及时落地。四是其他职能。为意向投资商提供融资渠道，并承担项目沟通的前期成本。

招商项目推介

> 用好国内国际两个市场两种资源,挖掘招商项目增量,建立项目推介优势。

招商引资推介是指能够刺激投资商的投资反应,促进投资行为的各种招商手段与措施。招商引资项目推介要获得成功,必须对项目推介的目标、规模、起始及持续时间、预算、媒介等制订周密、切实可行的计划(参见图7-6)。

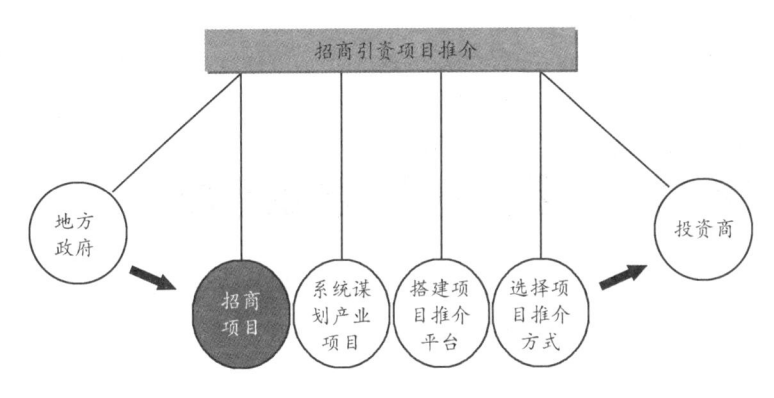

图 7-6　招商引资项目推介要素

1. 系统谋划产业项目

招商引资管理者根据当地产业发展实际,梳理筛选一批符合城市功能定位、投资回报潜力大、有一定融资需求的项目,向投资商推介。产业项目谋划要因地制宜,通常发达地区和城市重点推介高精尖产业项目,诸如生物医药、航空航天、智能制造、信息软件、现代物流等。无论如何,招商引资管理者都要始终坚持将引进高质量投资商作为推动地方经济高质量发展、激发市场活力、扩大有效投资的重要举措。所有这一切的基础都离不开产业项目的谋划。

2. 搭建项目推介平台

任何地方的招商引资项目,只有通过广泛、有效的推广与介绍,才能达到预期的目的。无论是发达地区,还是发展中地区,都要建立项目推介平台,或与相关平台合作。2023年7月,国家发改委为促进民间投资,着手搭建项目推介平台,在交通、水利、清洁能源、新型基础设施、先进制造业、现代设施农业等领域中,选择一批市场空间大、发展潜力强、符合国家重大战略和产业政策要求、有利于推动高质量发展的细分行业,鼓励民间资本积极参与。此外,招商引资管理者还要畅通项目融资渠道,为项目和资金架桥梁、搭平台、拓渠道。

3. 选择项目推介方式

> 项目储备越多,发展动力越有保障,重大项目为招商引资稳步增长提供了动力。

招商引资项目的推介,必须选择合适的方式。在考虑选择哪一种推介方式时,招商引资管理者必须根据地方招商引资环境、投资商的群体情况、国家有关的政策法规、招商情况等多种因素决定。此外,招商引资管理者要持续拓展招商合作平台,与经济发达地区或城市建立密切的联系,开展有针对性的招商引资活动,一方面宣传推介招商引资项目,另一方面增强与潜在投资商的交流沟通,树立良好的招商引资形象。

资料链接 7—4　主动"走出去",让更多外企近悦远来

"北外滩"将前往中国香港招商推介。上海虹口区相关负责人将带队前往中国香港展开为期 4 天的招商推介活动,面向 100 多家在港外企召开北外滩高质量发展推介会,探寻更多沪港合作机会。这也是今年上海首个"走出去"的政府招商团队。

为什么选择中国香港?一方面,上海与香港都在国家"双循环"新发展格局中承担着重要作用,虹口区港资企业集聚,随着北外滩全面起势,双方有更多协同共赢空间;另一方面,北外滩不断优化的营商环境与未来可期,正是上海这座韧性城市的缩影。"希望通过此次推介,让更多外资企业近悦远来。"

"好项目不缺土地,好产业不缺空间",是此次赴港推介的要义。以北外滩为例,这片有着后发优势的"黄金宝地",是上海中心城区不可多得的成片开发区域。特别是去年成片二级旧里以下旧改完成,今明两年,北外滩沿线多个地块将出让。虹口区还有大量写字楼、产业园区可供企业挑选入驻——不仅有黄浦江两岸风光尽收眼底的甲级写字楼,还有风貌保护区中的历史建筑,可以满足企业不同需求。

赴港期间,虹口将揭牌成立上海北外滩沪港投资促进服务中心,在未来开展常态化招商合作。此次"走出去"虹口区将围绕城市更新、风貌保护、地产开发等方面,与港商深入交流。

十多年前,航运产业在北外滩起步之时,得益于政策红利,大量香港企业汇聚于此,助力航运成为虹口支柱产业。虹口区也希望今后能在航运服务贸易进一步延链升级,特别是加快航运金融、航运保险、船舶管理和海事仲裁等高端航运服务业在北外滩集聚成势,共同推动上海航运中心建设再上新台阶。

当前,虹口区正掀起"硅谷到硅巷,科技回归都市"的浪潮。聚焦上海三大先导产业,虹口区希望通过"双城联动",引进一批高质量、前瞻性的香港院所科技项目,加速推动科技成果转化、科技服务业发展和科创总部集聚,构建北外滩科创总部集聚区和北中环科创产业集聚带。

同时,把握上海创建国家服务贸易创新发展示范区重大机遇,特别是立足上海金融科技园区、上海环境能源交易所等齐聚北外滩的优势,在金融科技、绿色金融等新兴领域发力。虹口区通过引进更多外资金融机构,打造高端全球服务商集聚区、具有全球影响力的碳交易定价中心和"数字强贸"服务高地。

资料来源:单颖文.主动"走出去",让更多外企近悦远来[N].文汇报,2023—02—22(2)。

7.5 招商引资服务策略

在招商引资具体工作中,招商引资管理者与投资商能否充分互动和沟通,决定着招商引资服务的质量水平(参见图7-7)。服务的质量不仅取决于招商引资管理者提供服务的态度、技巧和专业能力,还取决于招商引资管理者与投资商的沟通效果。随着招商引资竞争的加剧、成本的提高以及生产率增速的下滑,招商引资管理者需要以更高水平的服务来创造差异化,为投资商传递更大的客户价值。

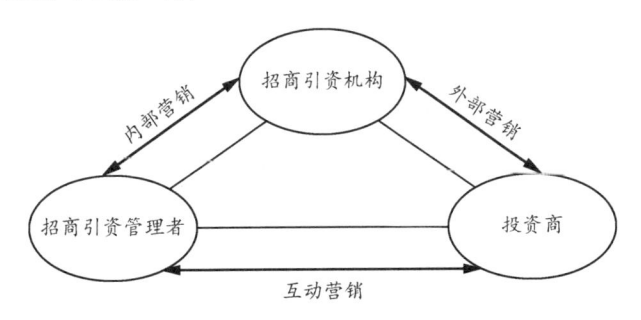

图7-7 招商引资管理者与投资商互动沟通

服务差异管理

招商引资管理者囿于成本约束,很难通过价格与竞争对手区分开来。对于很多投资商而言,如果各地招商引资机构服务水平差异不大,对投资项目盈利影响不大,就会愈加重视寻求价格洼地。

> 事实上,地方政府更需要投资商,而不是相反。满足投资商需求是招商引资工作的关键目的。

实践中,招商引资服务差异化更多依靠创新,关注投资商的痛点和问题,用服务创新来打开瓶颈,提升竞争力。例如,上海张江在生物医药领域率先开展真实世界数据研究、打通 CAR-T 等细胞治疗药物入出境等政策试点,加速生物医药研发企业产品注册上市,为投资商运营提供了巨大便利。

应付竞争对手的价格竞争,招商引资管理者可以提供更优质的服务,用服务抓住投资商的心。广西各地统筹谋划乡情茶话会、恳谈会、推介会,积极上门走访服务重点企业,精心组织开展桂商返乡共建壮美广西系列招商活动。此外,招商引资管理者还要重视优化服务渠道和流程,给投资商带来更多便利和实惠。

提升服务质量

招商引资管理者推进以投资商为中心的竞争策略,通过比竞争对手更稳定的高质量服务实现差异化。在这个过程中,投资商保有率是衡量招商引资服务质量的关键指标,能否留住投资商取决于招商引资管理者能否始终如一地向投资商传递客户价值。深圳市把优化营商环境作为"一号改革工程",创新"人工智能+互联网+信用+双随机"监管模式,减少行政执法对企业正常生产经营干扰,依法保护市场主体合法权益。

领先的招商引资管理者通常会设定较高的服务质量标准,密切观察竞争对手的服务表现,不断做出调整和改进。他们并不会满足于较好的服务,而是追求超出竞争对手和投资商期望的服务水平。例如,优秀传统文化滋养优越营商环境,苏州市厚植人文情怀,提供优质的创新创业土壤,优异的贴心暖心服务,优惠的人才扶持政策,优美的生态宜居环境,焕发"人到苏州必有为"的精气神,不断提升城市竞争力。

实践中,影响招商引资服务水平的因素众多,再优秀的团队也无法保证始终满足投资商的需求,在这种情况下,必须建立专业客户沟通人员,一旦与投资商之间的沟通出现障碍或者不快,就要及时加以弥补,从而换来更高的投资商忠诚度。

提高服务效率

如今,招商引资管理者面临巨大的人员效率压力,需要加强招商引资者的培训,招聘潜力更大的新员工,发挥现代信息技术的力量。提高服务生产率不能以降低服务质量为代价,需要时刻关注自己如何创造并传递客户价值这一关键问题。

成功的招商引资项目要让投资商"看得懂、找得到、愿意投",现代招商引资管理者必须比拼产业纵深度,站在投资商的角度思考,把资金和管理能力同时赋能到具体项目,深入企业一线和管理一线,发现问题、分析问题和解决问题。有时候,我们为投资商提供的不是"做饭"的原材料,而是一碗香喷喷的饭菜!

客观评价优势

对于招商引资管理者来讲,重要的是与投资商进行创造价值方面的交流,而不是单方面地输出自己的判断,"我们的资源很有特色,获得过多少机构的资质认证……来我这里投资,肯定会发大财",诸如此类的话,不仅没有实际效果,反而会引起投资商的反感。那么,应该怎么做,效果会更好一些呢?招商引资管理者要在干净、简洁且颇具时代感的地方,如办公室或招商中心,与投资商面对面沟通投资项目,随时回答投资商关心的问题,共同探索投资商在当地投资经营的盈利机会,以及如何避免市场风险,从一个战略伙伴的角度提出具有建设性的意见和建议。

> 差异化招商引资服务可以带来正向口碑和持久的投资商忠诚,树立显著的地方招商引资品牌。

良好的投资商关系,哪怕没有实现招商引资项目落地,也会积累市场人脉,把一个积极有担当的专业招商引资形象传达给投资商,无疑会为未来的招商引资拓宽道路。我们必须记住一句话"招商引资不是一朝一夕的事,而是一个长期的过程",每一名招商引资管理者都要为当地的招商引资事业添砖加瓦,共建具有市场影响力和美誉度的招商引资品牌。

资料链接7—5 20国记者向世界讲述重庆故事

2023年9月3日至6日,中国国际新闻交流中心和市政府外办组织拉美及欧亚地区媒体代表团到重庆参访。作为市政府外办打造的

"@重庆@世界"外事标志性品牌活动之一,这是近年来渝的最大规模外媒团,也是智博会迎来的首个大规模外媒采访团。

一、外媒记者关注智博会"黑科技"

新能源汽车、讯飞星火认知大模型、AIGC 数字人……一系列"黑科技"让外媒记者应接不暇。他们纷纷举起相机、手机等设备拍摄、记录。不少外媒记者还饶有兴致地试驾现场展出的中国产新能源汽车。

"中国的 AI 发展水平,实在是让人惊叹!亲身体验多个展出项目后,我更是感受到了中国在此领域的高水平。"《乌拉圭共和国报》编辑巴伦西亚·加西亚·科尔曼在接受采访时说。她表示,希望中国在聚焦技术发展的同时,能进一步扩大开放合作,也希望乌拉圭的产品能在更多像智博会一样的中国展会上展出。

二、"重庆造"智能网联汽车让外媒团惊叹

本次智博会聚焦智能网联新能源汽车领域。5 日上午,外媒团先后来到中冶赛迪集团有限公司和长安汽车股份有限公司。外媒团记者实地参观了中冶赛迪研究院展厅和实验室,了解中冶赛迪基于工业互联网平台的数字化智能化解决方案,以及在绿色低碳、仿真、智慧建造、智能机器人等方面的技术开发及应用情况。有外媒记者表示,中冶赛迪依托技术创新推动产业高质量发展的做法令人印象深刻,也给拉美和加勒比国家的产业转型升级带来了启发。

在长安汽车两江工厂,媒体团记者们认真了解长安汽车的发展历程、优势资源和汽车产品。不少外媒记者表示,"'重庆造'汽车的智能化水平令人惊叹。"巴西旗手电视台记者、主持人朱利安诺·迪普·伦西奥尼对中国的新能源汽车表现出极大兴趣,他也期待着中国与巴西今后的合作发展,"希望在未来,中国的生产技术、汽车整车及零部件等,都能引入巴西"。

三、用中文点赞"水陆空三型"国家物流枢纽城市

来渝首日,外媒团参观了内陆国际物流枢纽展示中心、铁路口岸整车检测点,一同见证了中欧班列(成渝)中国重庆至德国杜伊斯堡班列发车仪式,实地了解重庆建设港口型、陆港型和空港型"水陆空三型"国家物流枢纽城市情况。现场,记者们非常兴奋,纷纷记录自己的所见所闻,全方位报道重庆积极参与"一带一路"建设所取得的成就。

在渝期间,外媒团一行还参观了重庆市规划展览馆,深入了解重庆的规划发展;走进红岩革命纪念馆,实地感受伟大的红岩精神;乘坐长江索道饱览重庆美景,用镜头聚焦山水之城、美丽之地。

资料来源：何春阳.20国记者向世界讲述重庆故事[N].重庆日报,2023-09-07(2)。

7.6 招商引资创新策略

互联网和社交媒体已经成为招商引资管理者与投资商建立关系的新渠道。很多发达地区和城市的招商引资管理者开始重视招商引资的整合式营销，力图把新的数字营销方式与传统营销方式有机结合。其中，利用移动终端进行招商引资营销沟通，是所有数字营销平台中增长最快的一种。尽管网络、社交媒体和移动营销提供了令人振奋的巨大机会，招商引资管理者仍需要不断采取与时俱进的创新策略，学习如何有效地运用各种新资源和新要素(参见图7-8)。

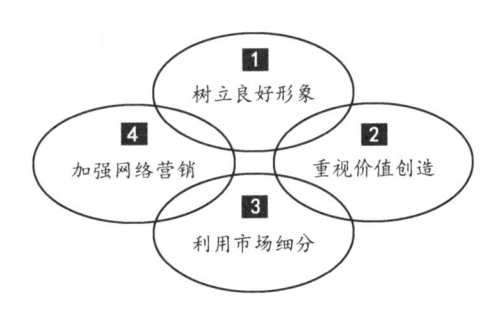

图7-8 运用新资源和新要素的方法

树立良好形象

招商引资管理者必须适应内外部环境变化，比以往更加强调项目的价值，突出其独特性和科技性等内涵式的价值。浙江绍兴市万丰航空小镇以飞机研发制造为核心，以通航运营、观光旅游、航空运动、飞行体验、驾照培训为亮点，产业、文化、旅游三位一体，生产、生活、生态融合发展，工业化、信息化、城镇化联动发展，成为宜业、宜居、宜游的美丽生态小镇，在市场上树立了良好形象，吸引着相关产业投资商的眼光。

1. 提供更有价值的服务

在激烈竞争的市场上，招商引资管理者不断降低投资商成本，提供各种"诱人"的优惠条件，力图吸引投资商。但是聪明的招商引资管理者明白，在不恰当的地方消减招商引资投入,或提供过多的招商引资优惠承诺,可能会损害长期的招商引资品牌形象,不利于维持良好的投资商关系。因此,招商引资管理者面临的真正挑战是,以提升服务质量为核心,在吸引投资商入驻的同时,兼顾当地产业的未来发展。因此与潜在投资商的沟通中,招商引资者不是片面强调低成本,而是强调在同样成本下提供更有价值的服务。

2.开展口碑式宣传

招商引资"口碑式"宣传效果更为突出,招商引资管理者与落户当地投资商友好沟通,让那些取得丰硕成果的投资商"现身说法",激发其他投资商的兴趣。深圳市推出"楼上产业应用基础研究、楼下企业孵化"的创新创业综合体模式,建立起"基础研究+技术攻关+成果产业化+科技金融+人才支撑"的全过程创新生态链,在生态链中受益的大量中小投资商,用自己的言行和成果带动了更多的投资商关注该模式。

3.营商环境就是生产力

只有优化营商环境,才能释放发展的内生动力。良好的营商环境可以为投资商提供优质的投资环境和高效的服务,从而促进招商引资工作的开展和地方经济增长。从整体上看,优化营商环境不仅是为了满足投资商发展的需要,更是为了推动地方经济的可持续发展。中新天津生态城坚持"筑巢"与"引凤"并重,提升城市综合承载能力,加大招商引资力度,建设现代产业体系,实现以产促城,以城兴产、产城相融。

重视价值创造

招商引资管理者重新审视自己与外部市场存在的广泛联系,在这个日益全球化的时代,每一个招商引资管理者都面临着拥有高超谈判技巧和优势特色资源的竞争对手,因此必须习惯于用更加开阔的视野来评估当地的产业、竞争对手和市场机会。甚至是适应"双碳"目标和生态文明要求,把招商引资的可持续性作为重要的课题进行研究和落实。

> 招商引资可以引导资金、技术、人才等资源要素向优势产业和优势区域集中,提高资源利用效率。

从本质上看,成功的招商引资管理者需要完成两项核心任务:一是为投资商创造价值;二是与投资商建立有价值的客户关系。为投资商创造价值,必须调研和理解投资商的需求,进而设计以投资商价值为中心的项目,通过卓越的客户关系管理,让投资商产生盈利,为双方的良性关系奠定坚实的物质基础。上海市静安区深入推进以科创动能增强、招商引资增质、总部经济增能、重点产业增效、土地"亩产"增长、重大工程增速和服务效能增优为内容的"七增计划",持续优化服务和制度供给,助力企业培育壮大新动能,破除中心城区"资源紧约束"瓶颈,让更多创新型企业大有可为、大有作为。[①]

实践中,哪里的环境优、服务好,企业和资源就自然会集聚到哪里。华为、比亚迪、腾讯等具备充分国际影响力的民营企业在深圳涌现,正是因为深圳有民营企业发展的土壤,而这个土壤可以说和深圳市政府一开始就确立了为民营企业服务的姿态有着重大的关系。地方政府需要从投资商那里获得自己的价值,诸如税收、就业、科技进步等,这些都需要从良好的投资商关系中取得。

利用市场细分

对产业或投资商进行市场细分,有很多种方法,也有很多种指标,招商引资管理者需要结合自身实际,单独或综合运用多种细分变量,诸如地理位置、市场规模、投资行为等,科学地进行市场细分。以人工智能产业为例,其包括基础层、技术层、应用层、治理层等66个细分环节,全国范围内有超过1万家相关企业,主要分布在京津冀、长三角、大湾区、成渝都市圈四大区域。通常情况下,为了使招商引资策略更具针对性,招商引资管理者需要确定更小、更易识别的目标投资商群体,使得每一个投资商群体都有明显的特征,诸如喜好、文化和投资行为等。

制定以客户价值为导向的招商引资策略包括四个关键步骤:一是市场细分。招商引资管理者把某一个产业划分为若干个子产业,在子产业领域,其投资商具有不同的需求、特点和行为。二是目标市场选择。招商引资管理者评价每个细分产业的市场吸引力,依据当地资源特色和优势,选择一个或几个细分市场。三是明确差异化。招商引资管理者向投资商提供独具特色的资源和服务,从而为投资商创造独特的卓越价值。四是招商引资定位。招商引资管理者使其资源和特色在目标投资商心目中创造一个清晰、独特的定位。上海虹桥国际中央商务区利用独特的区位和交通优势,重点打造创新集群,吸引周边省份的科创类企业大量集聚,为"大科创"赋能。

> 市场细分有助于招商引资管理者更加深入地了解产业需求和发展趋势,发掘市场机会,提升品牌影响力等。

市场细分是招商引资者强有力的工具,能够更好地识别和理解关键投资商,更有效地选择目标投资商,并针对目标投资商的独特需求,高效匹配

---

① 顾一琼."寸金地"如何让创新企业近悦远来[N].文汇报,2023-02-28(1).

市场资源和服务。例如,以建设"大零号湾科技创新策源功能区"为契机,上海市闵行区加快建设未来产业先导区,重点发展通用 AI、量子科技、新型能源、新型储能以及空天资源利用五个细分领域,树立大零号湾具有国际影响力的未来产业集群品牌。

加强网络营销

随着互联网的普及和网络技术的发展,网络营销已经成为招商引资管理者的一种营销利器(参见图 7—9)。信息技术、移动网络和新媒体的迅猛发展改变了人们的沟通方式,招商引资管理者必须适应技术进步,借助网络营销,吸引投资商的目光。

图 7—9　网络营销在招商引资中的作用

1. 增强招商引资沟通及时性

互联网时代,"互联网+"是大势所趋,招商引资管理者要与时俱进,顺大势,才能更好地把握机遇。通过网络营销,招商引资管理者可以更加便捷地与更多的投资商沟通,甚至是面对面沟通,大大提高了沟通效率,加速了投资落地进程。

如今,新媒体的力量让招商工作更便捷,招商引资管理者可以更好地确定目标客户群体,通过数据分析来了解客户需求,从而制定更加精准的营销策略,提高营销效率。实践中,招商引资管理者通过在网络上分享项目信息、招商引资环境和服务,沟通对投资商的承诺等,达到吸引新投资商和保持老投资商的目标。

2. 采取灵活的招商引资举措

招商引资管理者可以通过多种方式在网络上与投资商开展交流。一是在网络上发布招商引资项目,邀请投资商前来商务考察。二是建设网上招商引资宣传平台,让投资商更加全面、立体地了解地方优势资源、特色项目和成功案例。三是发挥新媒体优势,制作招商引资、特色经济、地方文化等方面的视频,发挥"眼球经济"的作用,让更多的投资商和消费者对当地招商产生兴趣,激发投资欲望。

精明的招商引资管理者能够熟练地使用各类社交媒体——网站、微博、公众号、视频号等——开展新营销。其中数字和社交媒体营销成为吸引投资商的有力工具,并且创造了更好的互动性(参见表7-2)。

表7-2　　　　　　　　　新媒体在招商引资中的价值

序号	关键作用	解释说明
1	拓展市场渠道	通过互联网平台发布招商信息,吸引更多的投资商关注,促进地方与投资商之间的合作
2	提升品牌形象	通过多种形式展示招商品牌形象,如官方网站、社交媒体等,从而提升知名度和美誉度
3	定位目标客户	通过大数据分析来确定目标投资商,制定更加精准的招商引资策略
4	提升沟通效率	通过在线沟通和交流,方便快捷地传递和反馈信息,从而提高招商引资沟通效率
5	降低招商成本	减少传统招商模式的中间环节和费用,降低综合招商成本

3. 发挥网络营销广泛性优势

网络营销带来了诸多好处,一方面降低了投资双方的交易成本,提高了投资效率,另一方面让更多的招商引资管理者节省了时间,用来学习和思考更加具有战略性的问题。当然,网络营销同样给招商引资管理者带来了诸多挑战,最为明显的是,各地招商引资管理者对少数优质投资商形成了过度竞争局面,导致了更高的招商引资成本。

现代招商引资管理者必须积极拥抱技术变革,适应网络营销大趋势。招商引资管理者可以借助多媒体技术,将信息以文字、图片、视频等多种形式传播,实现多元化、生动形象的营销效果。事实上,不论何种行业,网络数字平台都已经成为吸引客户和其他公众的强有力工具。招商引资管理者利用各种数字和社交媒体工作,一方面能够吸引与之直接相关的投资商,另一方面还可以向更广泛的潜在投资商宣传品牌和故事,密切相互之间的联系,树立与时俱进的良好形象。

资料链接7-6　如何抓住"牛鼻子"抢占创新高地

新一轮激烈的先导产业竞争中,如何抓住"牛鼻子"抢占创新高地?昨天,部分当选的在沪全国人大代表开展会前视察,代表们聚焦两个关键词:科技成果转化和人才。

加速"从0到10"的成果转化链路,结合调研与会代表建议大力发展这样一类创新联合体——企业内设科研机构。在前端,其接驳高校科研人员和科技成果;在后端,能充分对接市场需求。这样,企业按需研发,将科研资金用在刀刃上。

对于人才引育,代表们认为,不仅要关注"深度",也要聚焦"宽度"。一方面,基础研究领域需加码投入,吸引集聚高精尖人才,合力攻坚技术难题,填补产业链空白;另一方面,避免扎堆热门赛道,在基础底层技术领域加大布局,夯实未来产业发展之基。

一、让企业向科研机构精准"派单"

"高科技企业对基础研究投入如何,对研究人员助力研发是否有所期待?"座谈会上,来自高校的代表提出疑问。目前企业主要关注工艺研发方面,对基础研究有投入但占比不高。其中关键在于,基础研究是兴趣导向,科学家根据研究领域和兴趣选择方向。而应用研究则以市场需求为主。加快科研成果"从1到10"的转化效率,就要提升高校、市场的供需匹配精准度。

最好的成果转化方式是在企业里面成立研究机构。比如,企业需要哪些技术,经收集精准"派单"给高校科研人员;或者将高校科技成果对接给企业,让企业二次开发。"研究机构的意义在于引导企业准确'买断'科研成果,储备人才。"有代表提出,市场主体要有更长远的眼光和承担风险的心态。

二、梯度人才队伍呼唤灵活政策供给

从实验室到生产线,科研成果转化离不开高质量人才。这样的人才队伍呈现梯度式分布,既要有攻坚基础领域的科学家,也要有精耕工艺研发的技术骨干,还需要"小荷才露尖尖角"的蓬勃动力,针对不同类型人才需求,呼唤更为灵活的政策供给。

上海华虹(集团)有限公司代表坦言,"70后"技术人员,如果放在其他行业看算不上年轻,但放在集成电路产业,正是干事创业的"黄金年龄"。通过数年积累,他们经历了各业务条线的磨炼,既有理论基础,也有实践经验,是一家企业的"中坚力量"。不只是集成电路产业,对不少制造业企业来说,人才培养需经历一段漫长的成长期。他们在不同岗位上摸爬滚打10年以上,才能成为可堪大任的技术骨干、管理人员。该代表举例说,在部分投资数百亿元的产线上,需至少200名骨干技术人员来支撑运转。他建议,针对这些技术骨干,人才引进政策不能"一刀切"，应针对先导产业的特点制定更灵活的人才政策，不让单一的人才考评机制成为企业招募高精尖人才的"拦路虎"，也让更多"千里马"能竞相奔腾。

　　对于有潜力的年轻人，则应注重政策引导，吸引他们投身基础研究领域。复旦大学代表认为，人才培育不仅要关注应用端，也应聚焦研究端。他列举了一串数据：我国基础研究占研发投入比重约6%，相较部分海外国家差距不小。"基础研究的意义在于有一套完整的学术训练。"在他看来，这样的训练，不仅有助于科学家发现重大问题，也能用来解决制造应用领域存在的"卡脖子"难题。

　　资料来源：王嘉旖，苏展.如何抓住"牛鼻子"抢占创新高地[N].文汇报，2023—02—14(2)。

第 8 章
招商引资信息管理

万物互联时代,信息像空气一样无处不在,渗透于社会的各个方面。招商引资信息有助于了解投资商群体动态,掌握招商引资需求与招商引资环境发展趋势,为投资商提供项目和服务等重要资源。

8.1 招商引资信息收集

招商引资管理者需要掌握投资商的需求和投资动机,建立有价值的客户关系。然而,投资商的需求和投资动机并不是显性的——很多情况下,连投资商自己也不能清晰地表达出来。为了准确地把握投资商需求和动机,招商引资管理者就必须有效地管理来自各种渠道的招商引资信息。

招商引资信息开发

招商引资管理者从内部资料、招商引资情报、调研中获得所需的市场和投资商信息,运用创新性的方法,加深对投资商的理解,把关键优势要素资源如激光般聚焦于投资商(参见图 8-1)。

1. 梳理整合内部资料

很多招商引资管理者都建立了内部数据库。从地方政府各职能部门或当地的行业或企业收集数据,诸如关键行业数据、关键企业数据以及竞争对手的数据等。内部数据的优点是便捷性,可以迅速地获得信息,但通常这些数据信息不完整,由于数据老化速度很快,只能用于初步判定招商引资概况。

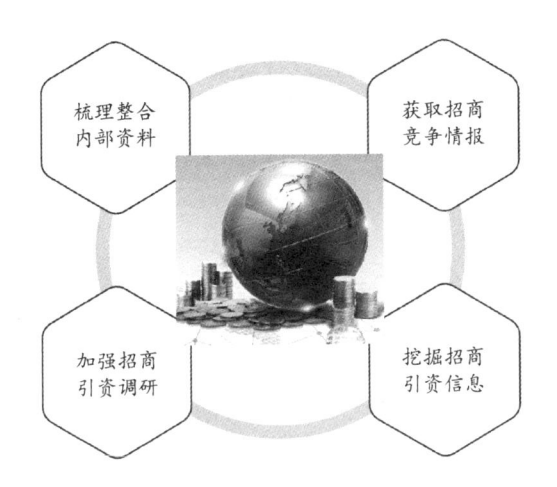

图 8—1　开发招商引资信息的方法

2. 获取招商竞争情报

招商引资管理者需要系统地收集和分析关于投资商、竞争对手和产业发展趋势等公开信息。利用竞争性招商引资情报，能够更加深入地理解市场环境，评价投资商需求，跟踪竞争对手的行为，帮助招商引资管理者制定更加有针对性的策略，提升当地招商引资竞争力。竞争性招商引资情报来源广泛，通常可以是投资商走访、招商引资员工交流、跟踪竞争对手的信息、互联网搜索等。值得注意的是，招商引资管理者需要利用合法的渠道获得公开的信息，而不应该违反法律或道德准则。

3. 加强招商引资调研

> 招商引资管理者必须解释调研的发现，归纳出明确的结论，向上级领导汇报。

要想了解特殊的市场行为或者投资商决策，招商引资管理者需要不断积累经验、掌握技巧，同时需要保持敏锐的市场洞察力和灵活的头脑，通过市场调研，在不断变化的市场中获得更多的投资机会和收益。通常可以采用的方法包括，一是查看公司年报、招股说明书等文件；二是关注相关行业新闻、市场动态和趋势；三是参加行业会议、研讨会和展览会，与行业内人士交流，了解行业的最新技术、市场趋势和发展前景，结识更多的投资商和合作伙伴；四是借助专业投资机构的力量，获取准确翔实的数据和方案。

4. 挖掘招商引资信息

很多情况下，招商引资管理者与投资商的沟通障碍重重，经常发现投资商对项目兴趣索然,提不起精神。遇到这些情况,问题通常不在于投资商,而在于招商引资管理者没有坚持"以投资商为中心",没有站在投资商的立场上思考。成功招商引资管理者具有持之以恒的精神,会不断地跟踪产业和企业,随着对产业和企业认知的加深,就会围绕投资商的需求,设计和开发出有价值的项目,获得投资商的认可。

大数据与招商创新

招商引资信息的收集和分析是捕捉市场机遇的关键所在。进入信息时代,市场上每天都生成海量的招商引资信息。现代招商引资管理者实际上并不缺乏信息,而是缺乏有效的招商引资信息,他们常常被数据所淹没。

1. 招商引资大数据

大数据应时而生,成为招商引资信息分析的一大利器。大数据分析是对海量的复杂数据进行收集、存储和分析的工具。大数据给招商引资管理者带来大量的市场机会。招商引资管理者使用大数据,能够收集到投资商的有效信息,更深入地理解投资商,促进招商引资工作的顺利开展。实践中,为了更好地利用市场上的信息,越来越多的招商引资管理者借助大数据工具,把海量的数据转化为有效的数据和信息。

> 大数据的应用与创新可以为招商引资工作提供更精确、更高效、更有针对性的解决方案。

招商引资管理者借助大数据分析从庞杂的数据信息中发现"有价值的信息",主要的途径:一是借助大数据平台的技术手段,广泛采集并分析投资商信息,将投资商意愿与本地产业发展方向精准对接;二是基于产业服务平台大数据,整合产业、园区、企业数据信息,业务数据信息,搭建产业园区、产业、企业的产业链图谱;三是形成动态企业数据库,打造综合招商新体系;四是针对投资商进行风险预警监控,从工商、经营、舆情等各维度实时了解投资商综合情况,提前预测风险值和发展潜力。

"恰当的数据远胜大量的数据。"事实上,仅仅依靠信息分析技术并不能建立与投资商的持久关系,招商引资管理者要意识到客户关系管理的重要性,运用高科技工具进行数据分析和挖掘,聚焦于为投资商提供价值。

2. 多渠道获取招商引资信息

高效的招商引资信息渠道是做好招商引资工作的关键(参见表8—1)。市场是由无数的企业"法人"和消费者"自然人"构成,犹如大海一般,蕴藏着无限商机。招商引资管理者的工作实际上就是收集、分析、决策和反馈市场信息,从中寻找和捕捉市场机遇。例如,中国香港贸发局在全球 40 多个商业中心设有办事处,以"为香港企业创造商机、促进香港的对外贸易、推广香港的产品和服务"作为宗旨和使命,为广大中小企业提供世界一流水准的竞争情报服务。

表 8-1　　　　　　　　　　招商引资信息的来源

序号	信息渠道	解释说明
1	相关政府部门	与上级产经部门保持密切联系,了解最新投资政策、发展规划和产业导向
2	驻外联络机构	利用政府驻外联络机构捕捉产业转移信息,特别是来自发达国家和地区的产业转移
3	协会和商会	协会和商会通常会发布行业年报、地域投资通报等信息,是了解行业信息和投资动向的重要渠道
4	大型企业动态	密切关注世界 500 强、国内 500 强及民营 500 强企业的投资计划和战略,这些企业通常会公开其投资规划和战略方向
5	科技发展前沿	关注科技领域的最新发展,了解新兴产业的趋势和投资机会

3. 招商信息是正确决策的基础

招商引资信息是区域经济发展的重要资源。从一定程度上说,招商引资就是收集信息、寻找机遇、寻求合作伙伴的过程。只有在信息充分且准确的基础上,才能做出正确的决策。如果没有可靠和充分的信息,招商引资管理者就犹如失去了耳目。

向内看,破题难;向外看,思路豁然开朗。互联网时代,很多招商引资项目成功与否的标准,也会出现较大的变化,在很多情况下,盈利并不是第一位的,速度、规模和市场占有率才是最关键的。成功招商引资管理者持续不断地以口碑式营销向市场宣传招商引资品牌。"坚持以投资商为中心"不能仅仅是一个口号,必须接地气,落地生根才能成长为参天大树。

招商引资信息管理

招商引资信息收集和分析需要做到全面、精准和深入,通过综合运用多种方法,提高信息的来源和质量,加强对信息的筛选和整理。之后,招商引资管理者运用科学的方法分析,更好地把握市场动态,发现潜在的投资机会,最终提高招商引资的效果和质量。

1. 收集分析招商引资信息

招商引资信息部门不仅要收集和分析数据,还要参与到投资商分析团队中,持续改进工作方法,运用数据和观察,辅以直觉判断,科学分析特定的产业或企业的投资商(参见表8—2)。事实上,有针对性的招商引资信息来之不易,"众人拾柴火焰高",招商引资信息需要所有相关部门和人员的共同努力,平时注意收集必要的数据和资料,经过一段时间的积累后,才可以形成具有当地特色的招商引资信息库,招商引资管理者可从中发现或提炼出有用的市场信息。

表8—2　　　　　　　　招商引资信息分析方法

序号	招商信息分析	解释说明
1	招商信息筛选	从收集到的招商引资信息中,筛选出有价值的信息,进行分类整理,方便后续分析
2	确定目标投资商	根据收集到的信息,确定可能的目标投资商群体,包括行业领域、投资规模、投资偏好等
3	投资商评估	综合评估目标投资商,包括市场规模、市场定位、竞争优势、财务状况、研发和技术投入等,判断投资商的风险和潜力
4	制定招商策略	制定针对性的招商引资策略,包括招商项目、优惠政策和专业服务等
5	跟踪和反馈	定期收集反馈信息,以便及时调整策略,提高招商引资的效果

2. 建立招商引资信息系统

很多招商引资管理者需要一套有效的招商引资信息系统,在恰当的时候以恰当的方式提供恰当的信息,协助投资商创造价值,并与之结成有价值的客户关系。

3. 加强招商引资信息系统维护

> 招商引资信息系统的使用者包括招商引资管理者、内部和外部的合作部门或组织,以及其他需要招商引资的人。

一套优秀招商引资信息系统必须是开放式系统,与招商引资环境密切相连,随时更新数据,甄别市场中出现的招商引资机遇,为招商引资决策者提供简洁高效的信息,帮助他们更好地理解市场和投资商需求。此外,由于获得、分析、存储和传递招商引资信息的成本迅速增长,因此招商引资管理者必须核算从额外信息中获得的价值与为此付出的成本之间的关系,但问题在于价值和成本通常并不容易直接评价,只能凭经验判断。

资料链接 8—1　加强招商引资信息的收集工作

招商引资信息作为一种重要的经济资源,是招商引资决策的"参谋",解决问题的"助手",加强与企业家联系的"桥梁"。因此,必须研究招商信息的传播途径,以便及时、全面、准确地收集信息,为招商引资工作做好基础的信息服务。为此,建议成立专门团队,加强以下几个方面的工作:

一是加强与上级组织机构的信息对接工作。重庆市级政府和部门发挥着更大的职能作用,拥有更多的资源,接触更多的信息,联系的企业层次更高,对经济发展和行业的把握更准确。因此,对接和利用好市级政府和部门的这些资源,引导其流向重庆市所辖区域,是一项非常重要的工作。

二是定期拜访行业协会、商会和其他社会组织。行业协会是一种民间性组织,它不属于政府的管理机构系列,而是政府与企业的桥梁和纽带。行业协会有组织、协调、服务、监管的职能,这些职能的履行,因而集聚了该行业大量的企业。因此,我们可以通过行业协会接触到优质的行业企业,从而进一步招商引资。

三是加强与长江经济带东部园区的沟通联络。东部发达城市的园区聚集了一大批企业,但由于城市定位和园区定位发生变化,需要腾笼换鸟,外迁一批企业。另外,还有一些企业因发展需求,需要在各区域布点。针对这种情况,我们应该密切联系东部发达城市和开发区,通过信息的交流交换,有针对性地招商引资。

四是建立与创业投资基金、风险投资资金的定期联系机制。创投是创业投资的简称,是指专业投资人员(创业投资家)为以高科技为基础的新创公司提供融资的活动。与一般的投资家不同,创业投资家不仅投入资金,而且运用他们长期积累的经验、知识和信息网络帮助企业管理人员更好地经营企业。所以,创业投资机构就是从事为以高科技为基础的新创公司提供融资活动的机构。因此,聚集在创投周围的都是高新尖的行业企业。而且经过创投评估的都是质量比较高的企业,我们只需跟紧这些创投公司,把他们投资的项目引进我们区域,那么,经过几年培育,收获的就是行业的领头羊类的企业。这是我们战略性高新尖行业精准招商一个非常重要的抓手。

五是加强与存量企业的沟通对话。存量企业的技术改造、其上下游供应链条上的企业都在我们招商的范围内,而且如果能形成产业聚集,这将对以后同行业的招商具有较大吸引力。因此,要认真挖掘存量企业的潜力。实践表明,发掘新客户的成本是维系老客户成本的7倍。

六是踏实做好到园区来访企业信息的收集工作。来访企业是有真实需求的企业,是实现精准招商的重要手段。因此,一定要服务好该类企业,做好信息的收集和调研工作。比如,其获得经开区招商信息的方式、主要的诉求、痛点等,把这些信息通过表格或谈话方式收集整理,全面了解企业的信息,为以后的同类型同行业的企业招商工作打好基础。

七是调研企业家、与企业家做朋友。企业家是我们招商工作最主要的对象,是企业的决策者。调研企业家,与他们做朋友,可以掌握企业家和企业及周边企业的各方面信息。这样既能更好地为企业服务,解决企业发展的问题,提高我们的营商环境,做好开发区的口碑,又能发现新的机会。

资料来源:郭旭.加强招商信息精细化管理的研究[J].改革与开放,2018(14):10—12。

8.2　招商引资信息调研

准确、及时、有效的招商引资信息是招商引资管理者做出准确判断和有效经营决策的重要依据。一方面,招商引资信息客观反映当地的招商引资目标、决策、政策、招商对象、招商项目、资源利用等内部信息;另一方面,又实际反映招商引资动态、市场现状、投资商情况、投资心理、招商竞争态势等外部信息。

招商引资信息调研

> 调查研究是谋事之基、成事之道,没有调查就没有发言权,没有调查就没有决策权。

调研贯穿于招商引资全过程,从发现、判断招商机会,到计划、执行、控制以及信息反馈,都是招商引资调研的范畴。招商引资管理者既可以自行开展调研,也可以委托市场专业调研机构开展调研,甚至是直接采购与调研对象高度相关的数据。

1. 明确招商引资信息需求

开展招商引资调研工作,最为关键的是确定调研问题和调研目标。对负责招商引资信息的部门而言,要明确了解当地招商引资信息所涵盖的范围,以及如何结合招商引资要求和投资商的信息需求整合信息资源、发布相关信息。从本质上看,收集招商引资信息的目的是,为信息系统的运行奠定基础,同时为投资商提供准确、完整、充分的信息服务。

招商引资信息渠道来源广泛,可以是内部的,也可以是外部的;可以是国际的,也可以是国内的;可以是二手的,也可以是一手的。这决定了招商引资信息收集是一项复杂的工作,要想及时获取有价值的信息,需要建立通畅、可靠的信息渠道。无论如何,招商引资信息系统一定要保持开放性,以便招商引资部门能够对外部的环境变化做出及时有效的反应。

2. 建立招商引资调研团队

招商引资调研运用科学的方法,有目的、有计划地搜集、整理和分析各种招商引资情报、信息和资料,把握招商引资现状和发展趋势,为制订招商引资计划和战略提供正确的依据。

招商引资信息收集是团队性工作,需要内部成员相互配合,共同完成。实践中,招商引资调研团队对团队成员提出了明确要求:(1)强烈的信息意识;(2)执着的敬业精神;(3)丰富的专业知识;(4)一定的外语水平;(5)特有的敏感性;(6)较强的文字处理能力;(7)一定的社会活动能力和实际经验。通过科学的调研,招商引资管理者可以充分地了解市场、认识市场,确定当地资源要素与投资商需求之间的内在联系,基于此,了解招商引资的特征及变化规律,有效地指导具体的招商引资活动。

3. 理解招商引资调研价值

> 正确的决策离不开调查研究,正确的贯彻落实同样也离不开调查研究。

要想在市场竞争中取得成功,招商引资管理者需要从海量的信息中寻找有价值的信息,吸引投资商互动沟通,更深刻地理解投资商需求,整合资源满足投资商需求,向投资商传递更多的客户价值。

有价值的招商引资调研要做到科学性、系统性和客观性。"科学性"是指用科学的方法收集、分析和整理有关招商引资的信息和资料,用以帮助相关人员制订有效的工作计划;"系统性"是指对招商引资需要开展周密的计划思考和有条理地组织调研工作;"客观性"是指对所有的信息资料应客观记录、整理和分析处理。

作为一种管理工具,招商引资调研必须依附于招商引资的问题而存在,招商引资调研所获效果的大小,也应视其协助解决问题的实际效果来确定。

现实的调研活动,不仅仅局限于汇编有关招商引资的大量统计数字,更为关键的是对事实以及统计数字的分析,从中得出科学的结论,让招商引资管理者认清现实情况,做出正确的决策。

招商引资调研内容

市场调研是招商引资者的基本功,也是推动招商工作发展的"金钥匙"。招商引资管理者开展正式调研,明确调研内容,系统地设计、收集、分析和报告特定的问题,推动招商引资工作顺利开展。

1. 完整的调研流程

招商引资管理者明确目标和问题之后,接下来就是列出详细的调研计划,列明数据来源,指明调研方法和获取信息的途径及工具。实践中,为了满足招商引资管理者的信息需求,调研计划可以收集二手数据或原始数据,从中分析和发现出重要的信息。最后,招商引资调研人员必须解释调研结论,并向管理者报告。

2. 全面的调研内容

招商引资调研需要全面、细致地了解当地的产业、政策、资源和企业情况,以及目标投资商的需求和投资意向等(参见表8-3),以便为招商引资提供科学、客观的决策依据。

表8-3　　　　　　　　　　招商引资调研内容(示例)

序号	调研目标	调研内容
1	产业调研	了解目标产业的发展现状、趋势、面临的挑战和机遇,以及产业内关键企业、市场份额和竞争格局等
2	政策调研	国家和地方政府的产业政策、税收政策、土地政策等,评估这些政策对招商引资的影响和潜力
3	要素资源调研	当地的自然资源、人力资源、技术资源等,以及这些资源的优势和开发利用情况
4	企业调研	当地企业的数量、类型、规模、产值和税收等,以及这些企业与目标产业的关联度和合作潜力
5	投资环境调研	当地的投资环境,包括基础设施建设、公共服务、社会文化环境等,以及这些因素对招商引资的影响和潜力
6	竞争对手调研	竞争对手的发展现状、经验和问题等,以及对当地招商引资的影响和借鉴

续表

序号	调研目标	调研内容
7	投资商调研	目标投资商的投资意向、需求等,以及他们与当地产业的关联度和合作潜力
8	招商风险评估	评估招商引资可能面临的风险和挑战,如市场风险、政策风险、技术风险等,并提出应对策略和建议

3. 聚焦潜在投资商

招商引资活动的最终对象是投资商,研究投资商的需求及其影响因素、投资行为及其规律,能够提升招商引资工作的针对性。招商引资管理者要想实现自己的战略目标,首先是做到"知己",了解当地拥有哪些优势及其对投资商的吸引力,同时也要知晓自己的劣势,并加以弥补和改善。其次是"知彼",了解投资商的实际需求,比如投资商有哪些投资意向?投资的产业方向是什么?投资商最担心的问题有哪些?……最后综合分析资金来源、投资规模、产业结构、招商对象和引资方式等,确定投资商关心的核心问题,找到双方结合点。

招商引资调研方式

调查研究要以问题为导向,首要的是把具体情况摸清楚,而不要急于下结论,问题都是扎根于实际情况中的,挖掘出问题的深层次根源,才能真正把调查研究和招商引资决策有效结合在一起,提升决策的科学化水平。真正让招商引资调研"深""细""实",取得更好的实效,运用合适的调研方式至关重要。招商引资调研方式多种多样,常用的调研方式如下。

1. 案头调研

案头调研,又称二手资料调研,是招商引资管理者根据自己的调研目标,有针对性地搜索和分析现有的、别人整理过的资料。之所以进行案头调研,主要是因为它是招商引资重要的信息来源,一是可以为某些决策的制定奠定初步基础。二是可以为实地调研提供必要的背景资料,使实地调研的目标更加明确;三是可以帮助招商引资管理者排除不理想的招商引资机会,从而节省时间和调研成本。

实践中,招商引资调研强调两个关键点。一是保证资料的时效性。案头资料多为历史资料,时间上的差别通常会产生适用性的差异。对这些资料的利用应注意时间因素的限制,有时可对资料进行必要的修正、补充。二是确定与调研目的的相关性。招商引资调研人员必须研究,他所找到的资料能否切中问题的有关方面,任何牵强附会只能使调研结果得出错误的结论。此外,在运用案头资料时,还要推敲其科学性。

2. 实地调研

实地调研是招商引资管理者亲自座谈、走访、观察所取得的资料。招商引资实地调研常用的方法是调查法和问卷法。

调查法是根据调研目的,有意识地选择一些有代表性的投资商单位或个人调查。一般需要配备科学合理的调查表和有经验的调研人员的询问来完成。在招商引资调研中,调查法是收集第一手资料最常用、最基本的方法。由招商引资调研者通过口头、书面或电信等方式,向被调查者了解市场情况、投资需求、投资心理、投资态度、投资习惯、企业经营等信息。

问卷是实地调研的基本工具,也是招商引资调研中必不可少的关键环节,其目的是方便调研工作的开展,收集特别有针对性的资料,为分析研究招商工作服务。问卷调研可以采取实地问卷和网络问卷两种形式,具体可根据实际情况选择。一份好的问卷要能保证调研所需资料的全面、客观和准确。

3. 专家座谈

专家座谈是一种非常有效的招商引资调研手段,可以通过与当地产业专家和学者的交流,深入了解当地产业的发展现状、趋势和前景,以及政策和投资环境等方面的问题和挑战。招商引资调研人员组织专家座谈,要把握好几个关键点,一是在组织专家座谈前,需要明确座谈的目标和重点;二是选择对当地产业有深入了解、丰富实践经验和独立见解的专家;三是提前设计具有针对性的问题,以便从专家口中得到更有参考价值的意见和建议;四是积极引导专家深入讨论,更全面、更深入地了解当地产业的发展情况和问题,以及未来的发展趋势和机遇;五是做好记录和分析工作,整理和归纳专家的意见和建议,获取更具有参考价值的结论和建议。

4. 综合运用

> 地方政府通过招商引资客户管理系统能够更好地理解投资商,提供更高水平的项目和服务,与投资商建立更加持久的关系。

通过各种方式获取的调研数据和事实,要综合运用和分析,以便更加准确地了解当地产业、企业和投资环境等情况。实践中,为了论证调研结论的准确性,招商引资调研资料需要相互配合、交叉使用,以达到全面、客观了解当地的产业、政策、资源和企业情况等目的,从而为招商引资提供科学、可靠的决策依据。

资料链接 8—2　调研谈话"四步法"

调研谈话是开展调研活动的重要手段,也是收集第一手资料的有效渠道。招商引资工作者只有全面掌握谈话技巧,灵活运用语言艺术,认真抓好调研谈话,才能为写出一流的调研报告奠定坚实基础。

第一步,建立感情,让人愿谈。这是开展调研谈话的前提。一是做足功课。俗话说:"磨刀不误砍柴工。"在谈话前,对被调研的内容,要充分掌握、了然于胸;对被谈话的对象,要了解情况、摸清底细;对谈什么、如何谈,要心中有数、有的放矢。唯如此,方能对症下药、事半功倍。二是用好开场。常言道:"万事开头难。"开展调研谈话,能不能开好场至关重要。在谈话开始时,要从对方最熟悉、最关心、最感兴趣的话题入手,用拉家常的方式和语言交流,使谈话对象能够轻松、愉快地进入交谈状态。三是以诚相待。古人云:"感人心者,莫先乎情。"真挚的情感交流能使谈话双方消除隔阂、加深了解、增进感情。要动之以情,推心置腹、开诚布公,投真情实感、讲真话实话;要晓之以理,坚持情理并举、情理交融,做到以情感人、以理服人。

第二步,引导话题,让人能谈。调研谈话的对象一般来自不同的岗位和群体,代表的利益不同,提出的意见和建议也往往有所不同。要善于根据调研情况,及时调整策略,引导他们围绕主题、敞开心扉、畅所欲言。一是选好时机。要遵循"一切以时间、地点、条件为转移"的原则,分清场合、抓住时机、循循善诱,主动延伸、挖掘、拓展谈话内容。二是把准节奏。好的节奏能使人精神振奋、心情舒畅。如果节奏太快或者太慢,就会让谈话对象心慌意乱、无所适从,甚至产生怀疑与误解。所以,谈话时要张弛有度、收放自如,以合理的方法取得最佳的效果。三是创新方式。要根据不同特点、不同类型的谈话对象,采取不同的谈话方式,创新使用提问式、启发式、漫谈式等方法,与谈话对象同频共振,激发他们的谈话热情和冲动,让他们成为谈话的主体。

第三步,因势利导,让人善谈。在谈话过程中,要能够审时度势、把握分寸,善于抓住对方言语的趋势,通过自己的语言加以引导,使谈话对象知无不言、言无不尽。一是增强谈话的主动性。干任何工作,只有掌握主动、知己知彼,才能游刃有余、百战不殆。要时刻保持冷静的头脑、清晰的思路,主动发问、由浅入深,着力提高谈话的质量和效率。二是增强谈话的针对性。在有限的时间里把调研内容准确、有效地讲清楚、说明白,开展有针对性的交谈。要分清主次、言简意赅,紧扣调研主题交流,不绕弯子、不兜圈子、不说废话、不加空话。三是增强谈话的巧妙性。调研谈话时,有的谈话对象可能会不知不觉偏离主题,这个时候就需要巧妙地把谈话对象引回到主题上来。

第四步,讲究策略,让人敢谈。这是深化调研谈话的关键。一是认真细心。开展调研谈话时,要时刻保持机敏的状态,细心观察对方的行为举止,善于从言谈、神色、表情等细微之处捕捉信息、找出亮点,真正把"话外之音"听仔细、弄清楚、搞准确。二是保持耐心。调研谈话要学会倾听、专心倾听、乐于倾听,在耐心等待、循序渐进中稳扎稳打、步步为营。三是长于攻心。对于谈话对象有意避开或者不敢说的问题,要打消他们的顾虑与担忧,让他们放心地讲、大胆地讲,说出真心想法、介绍实际情况,为调研报告的写作提供更加可靠、真实可信的素材和依据。

资料来源:袁帅锋.调研谈话"四步法"[N].中国组织人事报,2018－10－31(8),有改动。

8.3 招商引资信息运用

招商引资管理者需要从调研开始,倾听投资商的需求,深度了解投资商的偏好以及投资动机。从本质上看,优秀的招商引资方案始于优质的投资商信息及其相关的其他关键信息,诸如竞争对手、市场力量、产业趋势等。招商引资管理者要策略性、精准性和有效性地运用招商引资信息,把握产业发展趋势,找准产业发展关键,与潜在投资商建立起有效沟通(参见图8－2)。

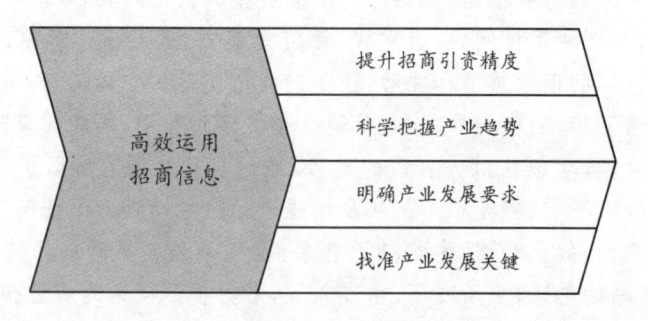

图8－2 高效运用招商信息的方法

提升招商引资精度

现代招商引资管理者必须掌握运用信息洞察投资商和市场的本领。招商引资信息管理的价值是通过数据和事实真正理解投资商的需求。通过大量的投资商走访调研，招商引资管理者能够多维度地了解投资商，与投资商密切联系在一起，共创价值，共享价值。

1. 把握招商引资方向

适应大数据时代的趋势，很多专业招商引资管理者组建了招商引资信息和调研部门，主要任务是依据市场信息制定招商引资图谱，提供招商引资的方向和路径。湖南省工信厅产业集聚推进处用两个月"画"了 10 张图，对应 10 大产业集群，瞄准打造国家重要先进制造业高地。其中，在工程机械产业集群企业分布图上，每一个黑色小点都代表一家工程机械企业，产业全景图背后则是全省工程机械集群现有企业库、拟引进企业库、在建项目库、拟建项目库的数据汇总。有了清单"按图索骥"，招商"导航"更精准，多家高端关键零部件企业开始落户长沙。

2. 避免同质化竞争

随着区域竞争日趋激烈，该如何解决产业定位同质化问题，实现精准招商？招商引资管理者依托自身产业优势，围绕地方产业链科学绘制"招商图谱"，有助于吸引重点产业链上关键企业入驻，增强招商引资的精准度。山东庆云县用好"图谱招商"关键一招，围绕主导产业，编制"1 个图谱、N 张清单"，委托专业机构编制《庆云县新能源产业发展规划》，明确锂电产业发展目标、路径和重点，筛选出近 500 家行业前 20 强和细分领域前 10 强企业，开展精准招商。

3. 突出当地竞争优势

招商引资管理者根据当地的资源优势、产业发展需求和市场需求，制定详细的招商引资计划和方案，明确招商引资的重点和方向。特别是基于当地竞争优势筛选出具有潜力和优势的招商项目和投资商，以优化政府服务、完善配套设施、提供政策支持等手段，提升对投资商的吸引力，实现与重点投资商的高效对接。当然，在招商引资过程中，管理者要注重实效和质量，建立科学的评估机制，全面、客观、科学评估和筛选项目，确保引进的项目和投资商符合当地产业发展的需要和投资环境的要求。

科学把握产业趋势

科学把握产业趋势需要从多个方面入手，比如了解国际、国内宏观经济发展趋势，关注目标产业的发展动态，深入了解当地产业发展状况，建立科学的预测和分析模型等。招商引资管理者把握产业发展趋势,能够有效提升工作效率。

1. 把握国际、国内经济发展趋势

招商引资管理者研究国际、国内经济的发展趋势和变化,有助于把握未来产业的发展方向和重点。例如,全球气候变化一方面给人类社会带来巨大威胁,另一方面也在可再生能源、技术创新、国际合作和市场需求增长等方面产生重大机遇。为了缓解气候变化影响、实现全球温控目标,能源绿色转型和低碳技术创新取得了迅猛发展,这为新能源产业发展提供机遇,也成为招商引资的热门行业。

2. 聚焦当地关键产业发展

招商引资管理者紧跟国际、国内产业发展形势,加强产业研究,聚焦当地重点发展的关键产业,把握当地产业的优势、劣势和发展潜力,围绕招商引资重点,做好招商引资项目的产业链上下游分析,绘制重点产业链招商图谱,编制重点区域招商地图。2022年,成都都市圈初步研究形成"1+3+4"产业图谱体系,即1个"产业链总图谱"、3张图、4张清单,共同梳理产业链上下游、左右岸,找准有望突破形成优势的重点环节、影响发展需要壮大的薄弱环节、制约发展急需引进的缺失环节,使招商引资工作做到有的放矢。

3. 筛选定位潜在目标投资商

招商图谱以地方重点产业链为主线,把握产业链上关键环节和关键企业,详细列明关键企业的地址、现状以及联系方式等信息。招商引资管理者根据初步沟通情况,筛选若干家企业重点沟通,重点突破,由专人密切跟踪。招商图谱不断细化和升级,能够增强项目招引的针对性和实效性,破解产业定位同质化等问题,因此,地方招商引资工作效率和成功率会持续提升。

明确产业发展要求

招商引资管理者只有明确地方产业发展要求,根据实际情况灵活调整产业发展策略,才能更好地把握机会,推动地方经济快速发展。

1. 招商信息提高决策科学性

> 招商引资信息如果没有用于制定出更有效的策略或决策,就不会产生价值。

招商引资是一种实践性极强的系统性工程,所有的理论和创新都离不开实践,要想做好招商引资工作,必须坚持"走动式"管理,深入一线调研。准确、及时、有效的信息是招商引资管理者做出准确判断和有效经营决策的重要依据。招商引资管理者不仅需要在开展招商引资之前做好相关信息的收集、调查研究、预测等工作,而且要在招商引资工作全面展开后,主动掌握招商引资环境变化,努力构建并维持良好的公共关系,拓展招商引资领域,提高沟通效率。

2. 以"两手抓"为主基调

招商引资管理者深刻把握地方经济发展的阶段性新特征新要求,把做实做强做优实体经济作为主攻方向,一手抓传统产业转型升级,一手抓战略性新兴产业发展壮大,推动制造业加速向数字化、网络化、智能化发展,提高产业链供应链稳定性和现代化水平。上海招商引资提出"四个论英雄"——以亩产论英雄、以效益论英雄、以能耗论英雄、以环境论英雄,建成以"亩产"和"创新"为导向的综合评价体系,着力推动淘汰落后过剩产能,助力优质企业的引入和创新发展。

3. 以产业结构优化为目标

地方产业发展要突出特色、发挥优势,注重产业规划和产业培育,优化产业布局和产业结构。尤其对于一些技术含量高的细分行业,要加快补齐短板。招商引资管理者将创新深深扎根于产业发展的土壤中,着力构建一批新的增长引擎,不断塑造发展新动能新优势。例如,广西兴业县以碳酸钙上下游产业链为重点,通过招商引资打造"碳酸钙产业林",推进产业结构优化升级。

找准产业发展关键

成功的招商引资项目大体分为三类,一是当地引入的有潜力的中小微企业,在培育中不断扩张,根扎得早扎得深,对当地的认同度高;二是与当地的上下游产业链匹配度高的投资商,具有产业协同效应;三是当地为投资商提供足够的资金支持,帮助其拓展市场。无论如何,投资商落户是一种互利共赢的关系。实践中,招商引资管理者统计分析招商引资信息,从中发现有价值的项目,抓住发展关键,创造双赢格局。

1. 重视数字赋能作用

> 数字赋能产业是在数字化技术的帮助下,提升地方传统产业的生产效率,挖掘新的经济增长点。

招商引资管理者要促进数字技术和实体经济深度融合,赋能传统产业转型升级,催生新产业新业态新模式。通常情况下,招商引资管理者需要从以下几个方面着手:一是加强互联网、物联网大数据等新型基础设施建设,为数字产业提供高效基础支持;二是重视数字人才的引进和培养,提供人才保障;三是鼓励当地企业引入和应用数字技术推动产业转型和升级。

2. 积极推进"产业图谱招商"

产业图谱招商是一种精准高效的招商引资方式,本着"差什么引什么、弱什么补什么"的原则,招引能够"建链、补链、强链"的大企业、好项目。实践中,有的地方提出以"制定一张产业地图、锁定一批目标企业、出台一套产业政策、制定一套招商方案、引进一批项目落地、推动一批项目开工和投产""六个一"为重点推进各项工作。河南漯河市商务局牵头绘制了《漯河市食品产业链招商图谱》,按照"一个县区一个主导产业、一个园区一套图谱"细分,绘制出健康食品、生物医药、医疗器械、智能制造、大数据等20套招商图谱,实现了对全市各县区主导产业和专业园区招商图谱全覆盖。"图谱招商"在漯河开花结果,为地方经济发展注入了新的活力。[①]

3. 整体把握产业发展关键

招商引资管理者要找准地方产业发展关键,全面把握产业链的各个环节,发挥比较优势,以强化产业协同,创新驱动发展、政策引导与支持、人才培养与引进、国际合作与交流等为主要工作抓手,构建良好的产业生态(参见表8—4)。

表8—4　　　　　　　　　　把握地方产业发展的关键

序号	关键点	解释说明
1	弥补产业短板	全面把握产业链的各个环节,制定相应的策略弥补或解决产业链中的薄弱环节或瓶颈
2	发挥特色优势	以自身的核心竞争力为基础,深化专业化分工和协作,形成具有特色的产业体系
3	强化产业协同	建立产业协同发展机制,促进各市场主体之间的有效合作
4	创新驱动发展	通过技术创新、管理创新、市场创新等方式,不断提升产业的竞争力和附加值
5	产业政策引导	出台相关政策引导和支持产业发展,利用政策红利推动产业发展
6	注重引才引智	重视人才培养和引进,建立完善的人才培养体系和激励机制
7	开放合作交流	加强与外部的合作交流,引进先进技术和管理经验,提高本地产业竞争力
8	促进绿色发展	注重生态环境保护和绿色低碳发展,实现产业发展与生态环境相协调

---

① 夏先清,杨子佩. 精准招商出新招[N]. 经济日报,2022—08—25(8).

总之,地方产业发展是一项综合性工作,涉及方方面面,招商引资管理者只有从各个维度思考,不断发挥比较优势,缩小比较劣势,才能有效提升当地产业的竞争力和可持续性。

资料链接8—3　深圳扶持软件产业高质量发展

8月25日,《深圳市工业和信息化局软件产业高质量发展项目扶持计划操作规程》(以下简称《规程》)印发,从技术创新、产业发展环境建设、市场主体培育、应用推广等方面,对不同项目类目的软件产业发展项目提供"真金白银"的扶持,其中有项目最高可获得5 000万元的一次性奖励。

作为全国软件名城,近年来深圳瞄准最高最优最强,加强顶层设计,提前布局,出台法规和政策措施,推动软件产业高质量发展。2022年6月,深圳发布"20+8"产业集群政策,《深圳市培育发展软件与信息服务产业集群行动计划(2022—2025年)》同期出炉,重点扶持软件与信息服务业集群。2022年10月24日,《深圳市推动软件产业高质量发展的若干措施》发布,提出打造"国家数字经济创新发展试验区"以及"国际软件名城"。

《规程》明确了资助的项目类别、标准及其费用范围。其中技术创新体系扶持计划包括产业链关键环节提升项目、国家级和省级重大项目配套项目、工业企业数字化技术中心项目。

其中,产业链关键环节提升项目是指,软件企业围绕大数据、云计算、区块链、信息安全等产业重点发展方向,组织实施经济社会效益显著、主要性能指标取得突破的新产品应用推广项目。项目资助标准为按照不超过项目审定总投入的50%,给予项目实施软件企业最高1 000万元资助。

《规程》对产业发展环境建设扶持计划项目进行扶持,包括深圳市软件名园项目,公共技术服务平台建设项目,高端展会、论坛、大赛项目,重大开源项目开源社区代码贡献项目,优秀开源软件捐赠项目。

《规程》还对软件和信息服务业企业落户项目予以奖励,对符合条件的"世界500强"企业,给予最高5 000万元的一次性奖励;对符合条件的"中国500强"企业,给予最高3 000万元的一次性奖励;对符合条件的"中国软件业务收入百强"企业或"软件和信息技术服务竞争力百强"企业或"中国互联网综合实力百强"企业,给予最高1 000万元的一次性奖励。

此外,《规程》规定,对软件云服务及低代码产品应用示范项目,按照项目审定采购额的5%给予用户单位资助,最高500万元。人工智能软件应用示范项目按照不超过项目审定总投入的30%给予用户单位资助,最高1 000万元。

资料来源:陈小慧.深圳扶持软件产业高质量发展[N].深圳商报,2023—08—27(A01),有改动。

第 9 章
招商引资沟通管理

沟通能力是招商引资管理者最为重要的能力之一,无论是制订工作计划,组织招商推介活动,还是部门间协调,与投资商交流,都离不开管理沟通。在很大程度上,管理沟通能力决定着招商引资管理者的工作绩效。

9.1 沟通是一种重要能力

招商引资沟通注重"双赢"或"多赢"思维,眼光不能局限于当前,而要放眼未来,从战略角度塑造良好的招商引资形象。招商引资管理者要想取得不菲的工作绩效,就必须持续不断地提升沟通能力。

持续提升沟通能力

> 招商引资管理者通过与投资商的沟通交流,哪怕只是小样本的非正式沟通,也可以获得较为深刻的市场洞察。

沟通是传递信息、传播思想、传达情感的过程。招商引资管理者一方面要明确表达出自己的意图和需要,另一方面要积极倾听和理解投资商的意图和需要,积极寻求双方的利益纽带,建立起双赢的合作关系。

1. 沟通促进投资商合作

"沟通"不仅仅是说话,更不是说的越多,沟通就越好。日常沟通中,我们不仅传递信息,而且表达赞赏或不快,提出自己的意见。具体来看,沟通的内容可以包括事实、情感、价值取向、意见观点等。招商引资管理者应该树立主动沟通意识,强化沟通技能的提升,促进投资合作和经济发展。从定义来看,沟通是指为了既定的目标,把信息、思想和情感在个人或群体间传递的过程。高效沟通的关键点在于弄清楚三个问题,即"和谁沟通,沟通什么,怎么沟通"。实践中,高效沟通可以消除招商引资管理者与投资商之间的误会,增进相互了解,达成投资合作共识。

2. 培养高效沟通能力

> 高效沟通能力不是人天生就具备的,而是在工作实践中培养和训练出来的。

沟通能力是指与他人有效沟通信息的能力,包括表达能力和倾听能力等多个方面。良好的沟通能力对于人际关系的建立和维持至关重要。招商引资工作中,一方面,招商引资管理者通过有效的沟通来建立和维持与投资商的关系,并获得他人的信任和尊重。另一方面,招商引资管理者需要与投资商有效沟通,了解投资商需求并向其推介项目或服务。此外,良好的沟通能力还有助于招商引资团队内部形成更好的协作,提高工作协同性,达成更好的工作绩效。

3. 沟通要以事实为依据

表面上,招商引资是招企业、招项目、招资金,但归根究底是指具体的"投资商",所以要从人性化、特色化、储备化的角度沟通和交流,对每个项目都要有不同的分析,突出实实在在的"特色"和"优势",切忌无中生有。

在招商引资沟通过程中,所陈述的事实、信息、数据等应该是真实、准确、可信的。而缺乏事实依据的沟通可能会导致误解、不信任和无效的沟通结果。招商引资实践中,事实和数据可以提供更具体、详细的信息,帮助双方更好地理解彼此的观点和需求,从而达成更有效的沟通。如果只是表达主观的观点或情绪,缺乏事实支持,就容易出现毫无价值的误解和冲突。

沟通助力事业发展

有统计数据表明,智商、专业技术和实践经验只占事业成功因素的25%,其余75%取决于良好的沟通能力。对于招商引资管理者而言,沟通能力是事业成功的金钥匙,良好的沟通能力不仅能够高效地处理与投资商的关系,提升组织管理效率,还能够给工作和生活带来无穷妙处,更好地实现工作和家庭和谐发展。

客观上,招商引资沟通存在"沟通漏斗"现象,即呈现一种沟通信息由上至下逐渐减少的趋势(参见图 9-1)。通常情况下,一个人心里想的

100％内容，真正表达出来的只有80％，别人能听进去的只有60％，能听懂的仅有40％，能转化成行动的变成20％，所以招商引资沟通需要双方的多次反馈才能达成一致。如果沟通缺失，将无法有效地实现招商引资的目标。

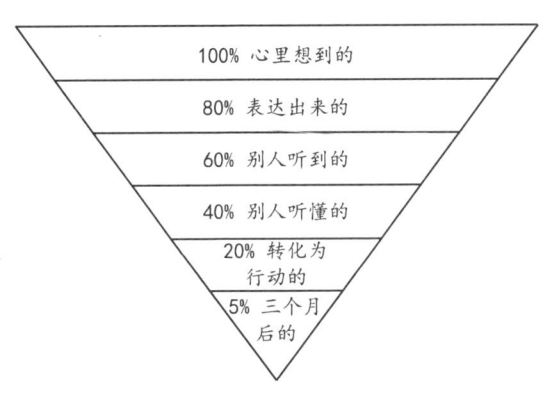

```
100% 心里想到的
80% 表达出来的
60% 别人听到的
40% 别人听懂的
20% 转化为行动的
5% 三个月后的
```

图9—1　招商引资沟通漏斗

松下幸之助有句名言："伟大的事业需要一颗真诚的心与人沟通。"在招商引资过程中，只有与人良好地沟通，才能为他人所理解；只有与人良好地沟通，才能得到必要的信息；只有与人良好地沟通，才能获得他人的鼎力相助。

沟通具有双重性质

人是多样化的，人的需要是多样化的，人的沟通方式也是多样化的。招商引资管理者不仅要有能力应对问题和挫折，还要努力与投资商、同事和合作伙伴建立良好的人际关系。成功的招商引资管理者通常以完成任务为导向，积极寻找机会与他人建立联系，而不会过多地考虑"面子"问题。成功的招商引资管理者在公开场合积极与人沟通，主动与人结识，递上名片，留下联系方式，而不是姜太公钓鱼——愿者上钩。

管理沟通既是一门科学，又是一门艺术。招商引资管理者既要掌握沟通中的规律性，也得知晓"因地制宜、因时制宜、因人制宜"。他们时时刻刻要记两个沟通技巧：一是什么该说什么不该说；二是应该怎么说，怎么说话才有技巧。请思考这么一个情景。当你碰到一位经济学大师，恰好他又喜欢写现代诗，你要怎么夸？一般人可能会说："大师！您的经济学和诗写得都太好了！"而有沟通技巧的人可能会说："大师！以前一直以为您在经济学领域造诣很深，没想到在文学方面的造诣也这么深厚啊！"

招商引资管理者不仅要态度积极、主动出击,还要把握最合适的沟通时机。"心急吃不了热豆腐",如果沟通场地、时间等时机不太成熟,就不能得到理想的结果,而如果延误了合适的时机,将使得沟通失去意义。

沟通基础就是尊重

高效沟通是为了达成共识,而不是单方面的信息传递。说对方想听的、听对方想说的,这就是沟通的奥妙,在此过程中必须严格落实"尊重"原则,只有这样才能实现沟通的目的。尊重是建立健康、积极的人际关系的基础,包括两重含义:一是自尊,即尊重自己;二是他尊,即尊重他人。实践中,尊重在招商引资沟通中发挥着重要作用(参见表9—1)。

表9—1 尊重的重要作用

序号	作用	解释说明
1	建立良好的人际关系	尊重对方的意见、观点和感受,能够促进双方的互信和合作
2	增强沟通效果	尊重可以让对方感到被重视和被理解,更愿意积极参与沟通,分享想法和意见
3	减少冲突和误解	当你的言论和行为表现出对对方的尊重时,他们也更愿意倾听和理解你的观点,从而避免不必要的冲突
4	增强相互之间的信任	当对方感觉到被尊重时,他们更容易相信你的诚意和意图,从而有助于建立信任关系

在"自尊"方面,招商引资管理者可以从四个方面着手思考。一是自尊自爱,做一个有独立人格和尊严的人,爱护自己的身体、生命、荣誉与名声;二是自强自立,有理想、有信心,具有勤劳、刻苦、踏实、细心、严谨等优秀品质;三是正确对待各种欲望,珍惜自己的劳动成果;四是遵纪守法,不损害不侵占他人和社会的利益,这既是保护自己,也是尊重他人。

在"他尊"方面,招商引资管理者同样从四个方面着手思考。一是尊重他人的独立人格,平等、公平地对待他人;二是同情、关怀他人,具有爱心、博爱的品德;三是以诚待人,不应欺骗、愚弄人;四是宽容他人的不足、缺点,容忍他人不同的生活方式、不同的思想观点与不同的文化传统等。

资料链接9—1 善交流 会沟通

交流沟通是一门学问,更是一门艺术。善交流、会沟通,是畅通信息、推进工作的基本功,是打开心扉、建立信任的"连心桥",是凝聚共识、激发动力的"催化剂",是获取教益、成长进步的"金钥匙"。

善交流、会沟通,首先要学会倾听。苏格拉底说,人之所以有一张嘴、两只耳朵,就是让我们多听少说。倾听看起来是件简单的事情,其实不然。倾听,就要会听、善听、听得懂,善于去粗存精、抓住要点,能够迅速把握实质、领会意图,一听就能听得出主次、辨得出真伪、分得出利害、明得了是非;不仅如此,还要能听懂"弦外之音""无心之声",听出隐衷、听出门道,从而心领神会、情达意通。倾听,就要广听、兼听,有雅量、有胸襟,既能听真话、实话、好听话,也能听怪话、气话、牢骚话、刺耳话,在众说纷纭中全面掌握情况,在比较印证中弄清事实真相,在兼收并蓄中明确努力方向。倾听,也要注意以一定的方式给予反馈,让对方感到被尊重、被需要、被肯定,这样就能获取信任、增强认同,从而让其知无不言、言无不尽,把掏心窝子的话说出来,进而该肯定的肯定,该纠正的纠正,该批评的批评。

如果说"听"是沟通的基础,"说"就是沟通的重要途径。说,就要拣核心的说、拣重要的说,瞄准问题、直奔主题,用最清晰、最直接、最简练的语言传递最关键的信息。说,就要区分对象说、分清场合说,针对不同对象的身份特征、心理特点、实际需求,紧紧抓住他们的关注点和兴奋点,说他们感兴趣、易接受、有共鸣、想听爱听能听进去的话。说,就要把握火候说、讲究艺术说,学会察言观色,善于洞悉心灵,准确把握尺度,精准拿捏分寸,果断抓住时机,急迫的事抓紧说,重要的事突出说,明确的事直接说,复杂的事择要说,沉重的事轻松说,偏差的事点拨说,犯错的事严肃说,细致入微、恰到好处,争取达到最好的沟通效果。

沟通要收到好的效果,就不能满足于我说你听或你说我听,而是要交流互换、达成共识、付诸行动。交流本身是双向、多向的,能够相互带动和促进。要广纳雅言、择善而从,广泛汲取各方面真知灼见,及时修正完善自己观点认识,像蜜蜂一样采百家之长、酿百花之蜜,不断获取智慧、增强动力、提高本领。要善于消除隔阂、化解矛盾,当双方情意不合、产生误会时,及时弄清症结所在,采取说明原委、主动检讨、行动印证、第三方解释等方式,积极消除误解、打消疑虑,去除芥蒂、取得谅解,促进相互信任、相互支持。要注重转化应用、见行见效,对达成的共识、形成的思路、商讨的措施,要在实践中抓紧推行运用,努力使之转化为实际成效。只有这样,才能充分体现交流的价值、沟通的意义。

资料来源:张广智.善交流 会沟通[N].中国组织人事报,2019—04—12(6)。

9.2 招商引资沟通关键

在进行招商引资沟通时,双方应该根据各自的价值取向,寻求共同利益,而不是通过单纯的双方讨价还价行为,做出不明智的决定。如果双方利益出现冲突,则要坚持使用客观标准评价,而不是意志力的较量(参见图 9—2)。

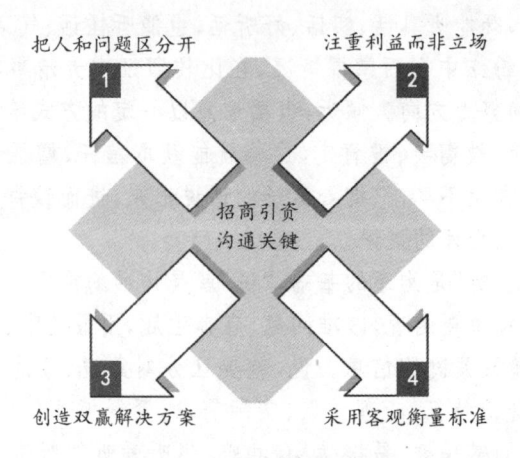

图 9—2 招商引资沟通关键

把人和问题区分开

招商引资沟通的基本事实是:与你沟通的对象不是"抽象的",而是具有情感色彩的人。对方有自己的价值观、需求和观点。为了避免双方的情感对峙,围绕问题沟通就需要我们把人和问题分开。招商引资管理者在沟通过程中应该把焦点放在问题本身,集中精力探讨问题的本质、影响和解决方案,而不是过多关注对方的个人特征或性格。

招商引资管理者要了解投资商的想法、感觉和需求,给予他们足够的尊重,同时根据关键价值评判和处理问题。首先明确双方的目标,其次向对方传达你已了解的信息,最后以对方能够接受的方式提出解决问题的方案。实践中,有太多人习惯于"以貌取人",见到自己喜欢的类型,就侃侃而谈,而遇到自己不"待见"的类型,就避而远之。真正的招商引资管理者关注点在"事",做到"对事不对人",强调把问题沟通好解决好,把事情做成做好。

注重利益而非立场

招商引资沟通的目的是解决双方或多方在招商引资过程中存在的利

益冲突,协调各方的利益,从而达成某种合作协议。投资商来当地投资或提供新技术或管理的目的,是要利用当地的优势生产要素,如优势产业生态、富有活力的市场、丰富且廉价的劳动力、低价土地资源以及其他各种优惠政策,最终获得丰厚的投资回报;而招商引资的目的是引进资金、技术和管理,提升当地经济活力和产业优势,实现经济起飞,提升地方整体实力。

> 招商引资沟通既要尊重对方的观点和立场,也要坚持自己的原则和利益。

招商引资管理者在沟通过程中要时刻保持冷静和专业,避免情绪化的反应或过度个人化的立场,尽量以客观、理性的态度探讨问题。高效的招商引资沟通分析并确定共同利益和冲突性利益,只有当共同利益大于冲突性利益时,双方的沟通才有可能达成一致,进而创造招商引资价值。事实上,如果招商引资沟通双方都能够明确自己的利益,就更容易找到共同的解决方案,因此,招商引资双方首先要做到"知己",确定自己的核心利益,而不是人云亦云,追求不切实际的幻想。

创造双赢解决方案

招商引资管理者引入"双赢"理念并贯穿于招商引资中,找准地方政府与市场的结合点,摆正自己在市场中的准确位置,以投资商"赢利"为出发点,营造平等有序的市场环境、稳定宽松的政治环境、公平公开的法治环境、高效务实的服务环境,促进投资商步入"赢"的良性循环轨道,带动经济跨越式发展,最终实现政府和投资商的"双赢"。

> 通过双赢方案,招商引资者可以在沟通中取得成功,建立更好的合作关系和信誉。

俗话说:"人往高处走,水往低处流。"如果一个地方的政策优惠、交通便利、环境优良,投资商在这里能赚到钱,就自然会吸引越来越多的投资商投资。具体来说,某个地方或城市只有提供比竞争对手更加优惠的政策,更加完善的服务,使投资商在这里赚到比其他地方更多的钱,投资商才会愿意来这里投资,从而形成产业集聚。

实践中,创造双赢的解决方案需要招商引资双方建立良好的关系,了解彼此的需求和利益,通过协商妥协、提供附加值、制定灵活的方案和确认共识来实现合作(参见表9—2)。

表 9—2　　　　　　　　　创造双赢解决方案的路径

序号	路径	解释说明
1	建立良好关系	增加双方之间的信任和合作意愿
2	寻求共同利益	了解对方的需求和利益，与当地的需求和利益结合起来，找到双方都可以接受的解决方案
3	适度协商妥协	通过平等协商和妥协，放弃一些自己的需求，以换取对方的让步和合作
4	提供额外价值	提供一些附加值或额外的利益，增加对方合作的积极性
5	制定灵活方案	考虑不同的选项和方案，灵活地调整己方的立场和要求
6	落实达成共识	确保双方对达成的协议有明确的共识和约定

采用客观衡量标准

在招商引资沟通中，为了避免对当事人过度关注，尽量以客观标准为基础沟通。这种客观标准通常以数据或事实为基础，用于评估某个现象或事物的性质、特征或表现，它们独立于沟通双方主观意志，不受情绪的影响。在这种情况下，使用客观标准不会损害双方的实质性利益，可以为招商引资沟通营造出公平的环境。

从项目联络开始，到项目合同签订，甚至是项目实施进程中，招商引资管理者都要尊重投资商的做法，而不是单从己方考虑问题。"投资商不是注重效率吗，怎么谈判时间拖这么长？""我们这么优惠的条件，投资商还在试图压价？""我都答应他们了，为什么还要亲自调查，是不是对我不信任？"……事实上，这些带有情绪化的表现无助于解决问题，反而会成为沟通的障碍。招商引资管理者需要通过收集数据和信息、明确沟通目标、采用客观指标、保持开放心态和及时跟进等方法，增强双方的信任和合作意愿，提高沟通的效率和效果。

资料链接 9—2　聚力招商引资　激活区域经济增长新引擎

经济指标成绩显著、项目建设总体顺利、资产盘活初见成效……今年上半年，创新经济走廊公司实现产值 266.8 亿元、同比增长 8.2%；固定资产投资 26.4 亿元、同比增长 46%，其中工业投资 20.6 亿元、同比增长 39%，实现了时间过半、任务过半的目标。

创新是引领发展的第一动力，是建设现代化经济体系的战略支撑。创新经济走廊公司坚持创新引领、精准招商的理念，不断提升招商引资的质量和效益,为区域经济发展注入了强劲的增长动力。

"2023年上半年,我们新签约大洋电机、聚赛龙等3个项目,完成合同投资额136亿元,完成计划进度的68%。"创新经济走廊公司相关负责人表示。

在招商引资方面,创新经济走廊公司不仅仅是简单地引进项目,同时注重激活地区的潜力和提升影响力。通过与企业深入沟通,解决企业在发展过程中遇到的问题和困难,公司不仅为企业创造了良好的投资环境,也为地方经济的可持续发展奠定了坚实的基础。

同时,为了取得更好的招商引资效果,该公司推广运用招商新模式,通过自持经营性资产获得低成本融资,有效缓解了资金紧张的问题,为项目建设提供了资金支持。

此外,公司还不断优化营商环境,推行企业走访和代办服务,为企业发展"扫清障碍",为投资企业提供更加便捷的营商环境,提高了企业的投资信心。

"现在,我们正通过适时筹办招商推介会,以长安项目带动相关配套企业沟通交流,储备信息资源,逐一筛选拜访,各个击破。"该负责人表示。

接下来,创新经济走廊公司将继续秉持精准招商的原则,深入推进招商引资工作。特别是针对重点项目,公司专人专班跟进,通过多轮精准对接,力争下半年再新签约一批项目。

突出"项目为王"工作理念,攻坚克难做好"招商引资"。创新经济走廊公司把握每个项目机遇,拼抢每次投资可能,全力推进项目招引,全力以赴为地方经济注入新动力,为渝北区经济高质量发展提供有力支撑。

资料来源:杨晨.聚力招商引资 激活区域经济增长新引擎[N].重庆日报,2023—09—05(6)。

9.3　招商引资沟通礼仪

礼者,敬人也。仪者,交人也。举止仪态之美需要讲究,礼仪内涵之美更为重要。商务礼仪是招商引资者在沟通过程中所应该遵循的一系列行为规范。招商引资管理者需要知道如何在商务活动中展现良好的个人形象,以及如何与投资商有效沟通。

招商引资人员礼仪

招商引资管理者要明确制定明确、具体、详细的礼仪规范,提高言谈举止、心理心态、行为习惯、道德修养等综合素质,并落实在工作和生活中,树立良好的个人风貌和团队形象(参见表9—3)。

表9—3　　　　　　　　　　招商引资人员基本礼仪

序号	基本礼仪	解释说明
1	主客分明	明确谁是主人,谁是客人。主人主动为来宾引路,提供茶水和水果等;客人入乡随俗,听从主人的安排
2	个人形象	穿着、谈吐、举止等要给人留下良好的印象
3	热情周到	在接待过程中,要表现出热情周到的态度,主动关心客人的需求
4	尊重客人	尊重客人的意愿和要求,不要强行推销或宣传自己的项目或服务
5	守时守信	遵守时间安排和承诺,按时到达现场或提供服务,不要迟到或爽约
6	语言文明	使用文明礼貌的语言,避免粗俗或不恰当的言语
7	注意保密	涉及商业机密的信息要注意保密,不要随意泄露给他人或媒体

合格的招商引资管理者需要遵循基本的礼仪之道和商业礼仪规范,围绕仪容仪表、行为举止、礼貌待人三个主要方面,做到热情、礼貌、文明、专业,赢得投资商的信任和尊重。

1. 仪容仪表

通常情况下,仪容仪表是指招商引资管理者的仪容、服饰和卫生等状况。招商引资管理者的仪容仪表会给投资商造成深刻的第一印象,因此良好的仪容仪表是招商引资管理者开展商务沟通的重要保障。

> 你所从事的招商引资工作,不仅是满足个人物质需求的岗位,更是为社会创造价值并实现个人价值的载体。

从现代商务角度看,招商引资管理者经常与投资商、中介和政府相关部门沟通,容光焕发、表情生动、干净利落的形象,更加有助于提升商务沟通的效果。招商引资管理者通常需要得体的修饰和化妆,突出自己容貌的优点,掩饰自己的缺点,这一方面是自尊的表现,另一方面是表达对沟通对象的尊重。但是,招商引资管理者要注意"过犹不及",要根据沟通对象的情况、环境特点、自身特点和当地风俗习惯等掌握好"度"。

招商引资管理者的服饰讲究美观大方,色调和谐典雅,与个人体型、工作环境、习俗相统一。在正式场合,招商引资管理者通常应该着正装,服饰搭配要适宜,而在非正式场合或者日常性沟通场合,可以较为随意,保持干净整洁协调即可。招商引资管理者的服饰、妆容和佩饰风格一致,相辅相成,关键在于"以简为宜,合乎身份"。

个人卫生是仪容美的关键,是礼仪的基本要求。招商引资管理者应该养成良好的卫生习惯,此外,不要在人面前清理个人卫生,这些行为都应该避开他人,否则,不仅不雅观,也是不尊重他人。

2.行为举止

行为举止是指招商引资管理者的动作和姿态,不仅表现着个人对待工作的责任感,还展现着招商团队文化和形象。端庄大方、精明干练、严守纪律的行为举止,有助于树立和维护当地招商引资组织的信誉和品牌形象。

站姿是人的一种本能,是一个人站立的姿势,最易表现人的姿势特征。"站要有站相",良好的站姿应该上身直、头端、肩平、挺胸、收腹,具体而言,男女略有不同。男性招商引资管理者在站立时,身体重心放在两只脚上,头要正、颈要直,双臂自然下垂,就像青松一样挺拔;女性招商引资管理者强调双脚、双膝、双手、胸部和下颌的协调自然,具有优雅和谐的姿态。良好的站姿会让呼吸顺畅,精神和注意力更容易集中,给人以自信开朗的直观印象。

坐姿是招商引资管理者就座的动作和姿势。正确的坐姿要求是"坐如钟",既能体现一个人的形态美,又能体现行为美。通常情况下,坐姿应当自然、文雅、舒适,基本要求是腰背挺直、手臂放松、双腿并拢、目视于人。实践中,面对不同的沟通对象,招商引资管理者可以选择不同的坐姿,要善于利用适当的坐姿表达对他们的敬意。诸如,在拜访上级、长辈和贵宾时,就座时可只坐座位的一半,身体略向前倾,这种敬意就会在无形中溢于言表。

走姿是人体所呈现出的一种动态,是站姿的延续。走姿文雅、端庄,不仅给人以沉着、稳重、冷静的感觉,而且是展示自己气质与修养的重要形式。招商引资管理者要力求"行如风",即走得轻松、优雅、有节奏感。通常情况下,正确的走姿是身体直立,昂首挺胸,收腹直腰,平视前方,双臂自然前后摆动。男性步履雄健沉稳,展现出刚健的魅力;女性步履轻松优雅,不快不慢,展现出温婉矫健之姿。

招商引资管理者的行为举止多种多样,需要在工作和生活中加以注意,养成良好的行为举止,展现自己的综合素质和修养,既能够增进与同事之间的沟通协作,又能够高效地与外部客户沟通交流,提升工作绩效。

3. 礼貌待人

文明礼貌不仅是个人素质、教养的体现,也是个人道德和社会公德的体现。"礼貌使有礼貌的人喜悦,也使那些受人以礼貌相待的人们喜悦。"招商引资管理者能够时时刻刻礼貌待人,他的工作就会如鱼得水。通常情况下,招商引资管理者可以从四个方面着手。一是与他们约定时间和地点见面时,应该准时到达,避免迟到;二是注意礼貌用语,灵活地掌握敬辞、谦辞和雅词,以友善客气的语气交流,表达出对对方的尊重和关注;三是学会倾听,与投资商交谈时,掌握多听少说的原则,尊重对方的意见和观点,不要随意打断对方的发言;四是及时给予反馈,接受他人帮助时,真诚地感谢对方的帮助,出现错误和误会时,要及时表达自己的歉意。

招商引资接待礼仪

招商引资管理者在工作中所接触的对象,多为上级领导或商界同仁,他们除了基本需求,通常还有更高层次的精神和价值追求。因此,招商引资接待要按照商务礼仪惯例和规范开展,注重一切从实际出发、勤俭节约、以人为本、热情周到等基本原则(参见表9-4)。

表9-4　　　　　　　　　招商引资接待基本原则

序号	基本原则	解释说明
1	准备充分	做好充分准备工作,包括但不限于了解客人的背景和需求,安排好接待的时间和地点,准备好接待人员和相关物品等
2	热情迎接	热情迎接客人,并做自我介绍,建立起轻松友好的氛围
3	文明交流	尊重客人的意见和需求,保持热情、耐心和自信,注意语言的文明礼貌
4	展示说明	向客人展示相关资料或产品,详细解答客人的问题和疑惑
5	妥当安排	根据客人的需求和实际情况,安排参观企业或工厂,参加会议或座谈会等
6	礼貌送客	感谢客人的来访和合作意愿,向客人表达再次合作的愿望,留下客人的联系方式,以便后续跟进

1. 接待前准备

招商引资管理者从接到客人来访通知后，接待工作就进入准备工作阶段，通常情况下要从五个方面着手：一是了解客人的基本情况，包括所在单位、姓名、性别、职务、级别人数，以及所乘车次、航班到达日期和地点，通知有关部门和人员做好接待准备工作；二是根据具体情况确定接待规格，对重要的客人，安排身份相当、专业对口的人士迎送，对一般访客，由擅于沟通交流的人员接待；三是根据对方意图和实际情况，拟定接待日程安排方案，报请领导批示；四是根据客人的身份和其他实际情况，安排具体接待人员、住宿、接待用车、饮食；五是掌握关键客人的简历和生活阅历，做到知己知彼、有的放矢，既体现对待项目认真严谨的态度，也体现了对投资商的重视，更能一下子拉近双方的情感距离，为项目的成功落户打下较好的基础。

2. 接待中服务

> 投资商是招商引资工作的价值来源，尊重客户是双方建立合作的基本前提。

招商引资接待工作较为烦琐，事无巨细都关系接待质量和当地招商形象，从事接待工作的人员要熟悉流程，工作周密细致，有条不紊。通常情况下，招商引资接待服务包括以下主要内容：一是根据客人的身份和抵达的日期、地点安排有关领导或接待人员到车站、机场迎接；二是双方根据已商定具体的活动日程安排有关领导看望客人，事先安排好地点及陪同人员；三是做好商务招待，根据具体人数、时间、地点、方式和标准安排好工作，掌握好节奏；四是做好商务会见、会谈安排，由主持人开场，围绕会议主题，按照会议议程逐项交流；五是做好项目考察安排，提前准备好项目资料，安排好领导和随行陪同人员，由专人进行沙盘讲解后，双方进入会议室就项目或其他话题座谈；六是要注意细节，有时候迟到一分钟、说错一句话、不讲文明、对当地政府或某个知名人物妄加评论等行为，不但有失自己的身份，而且有可能使在谈项目中断流产。

3. 送客后反馈

"迎人迎三步，送人送七步。"送客接待工作的"后续服务"，可以给对方留下美好的回忆：一是与客人握手道别后，一般应陪同送行至本单位楼下或大门口，待客人远去后再回办公室；二是对于外地重要客人，送行人员可前往贵宾住宿处，陪同其一同前往机场、码头或车站；三是接待后及时跟进，了解投资商对考察项目的兴趣，建立起更加密切的联系。

招商引资洽谈礼仪

招商引资洽谈相关方都会争取和维护自己的利益,过程中有合作也有冲突,需要面对面坐在一起,沟通、协商、讨价还价和妥协,以求实现合作和双赢。招商引资洽谈既要讲策略,也要讲礼仪,如果只讲策略而不讲礼仪,不懂尊重和适度妥协,就难以实现洽谈的成功。

1. 洽谈准备

> 充分的洽谈准备,有助于灵活地运用洽谈策略,更好地实现洽谈目的。

招商引资洽谈开始前,体现对对方的尊重,是赢得对方尊重和合作而必须做好的功课。招商引资管理者关键把握三个要点,一是友好协商洽谈的地点、时间。如果作为东道主,一定要做好迎送、款待、照顾对方的工作,赢得对方好感,获得理解、尊重和信赖;如果是客座洽谈,那么做到客随主便,尊重对方的文化、风俗习惯。二是妥善选择和布置洽谈场所。洽谈场所的光线、声响、温度、色彩、装饰等要有利于双方顺利的沟通。特别是座位安排,应根据实际情况精心布置和准备,按照各方各自团体中的地位高低顺序排定座次,符合社交礼仪和规范。三是参加洽谈的人员,不仅会前需要充分掌握有关洽谈各方的状况,具有较高的专业素养,而且应当注重自己的仪容仪表,按时出席会议,这是对洽谈对方应有的起码尊重。

2. 洽谈原则

招商引资洽谈过程中,只有相互尊重,才能实现相互理解,最终相互合作。招商引资管理者必须准确把握洽谈三原则,遵守礼仪规范。

一是尊重对手,礼敬对手。在项目洽谈过程中,招商引资管理者时时刻刻表达诚意和敬意,始终如一地讲究文明礼貌,面带微笑、态度友好、语言文明,保持良好的风度,这样才能最终赢得对方的尊重与合作。

二是依规依纪,诚实守信。招商引资管理者在洽谈过程中既要为利益而争,也要懂得"法大于情",所开展的活动,必须依照国家法律法规办事,只有这样才能确保"双方"的共赢成果。在关键问题上,还得本着"诚实守信"的态度处理。事实上,如果招商引资管理者没有法治思维和诚实守信的基本素质,就很容易犯下大错。

三是互利互惠,合作共赢。招商引资双方公平、合理、自愿洽谈合作,最终实现的是双方的互利互惠,不会出现绝对的得利者和绝对的失利者。成功的洽谈结果既是利己的,也是利人的,是一种共赢状态。事实上,现代招商引资管理者追求的是战略伙伴关系,双方是同舟共济关系,既存在一定的利益竞争,更要讲求实心实意的协作。

3. 洽谈礼仪

招商引资洽谈不能只顾利益,不顾礼仪。只有在整个洽谈过程中都注重礼仪,才能更好地达到洽谈目的。通常情况下,洽谈礼仪体现在以下四个方面(参见图9—3)。

图9—3　洽谈礼仪

首先是创造和谐的洽谈氛围。为了创造一种轻松、诚挚、友好的洽谈氛围,招商引资管理者要注意以下四个方面。一是正式洽谈前的友好态度,遵循商务礼仪开展介绍和自我介绍,目视对方,尊重对方,显示彬彬有礼的风度;二是谈吐自如,举止大方,有分寸地寒暄,缓解双方的紧张心理;三是以轻松、自然的语气先谈谈双方达成共识的话题,奠定双方合作的基础;四是以平等协商的态度阐述自己的观点,商讨关键性问题,并在对方阐述时认真倾听并用笔记下对方的关键性话语,鼓励对方坦诚全面地阐述,把握重点,寻找共赢的基础。

其次是进行平等的沟通交流。招商引资洽谈出现分歧是正常的事情,关键是要直面问题,以积极的态度商讨,以事实为依据,努力谋求双方达成一致。招商引资管理者通常要注意三个方面:一是坦诚相见,态度真诚地表达对问题的看法、希望和担心,打破双方的戒备心理,形成彼此信任、平等商讨的氛围;二是控制情绪化,保持清醒头脑,本着求同存异的原则,力争在和谐友好的条件下,心平气和地解决问题;三是发挥语言技巧,除了注意语言的客观性、逻辑性之外,尤其要注意语言的规范性和灵活性,根据洽谈对象的语言特点,做出恰当的应对,实现高效沟通。

再次是利用有效的提问技巧。招商引资管理者通过有效的提问技巧弄清事实,把握对方的意图和想法,表达自己的意见和建议。恰当的提问不仅可以"启发"对方思维,还能够引导洽谈的方向,获取更多的信息。招商引资管理者的提问要适当且有礼貌,体现出对对方的尊重。一是提问方式要委婉平和，既要针对具体问题，又不使对方感到难堪，通常不会追问令对方不悦的问题；二是事先做好提问的准备，做好问题提纲，不要贸然提问，事实上即便最有经验的记者，也很难临场提出好问题；三是把握好提问的时机，在对方发言时不要轻易用提问打断对方，可以把问题记下来，待对方发言完毕后再提问；四是耐心倾听，本着真诚合作的态度，实事求是地回答问题。

最后是真诚友好地辩论。招商引资双方分别从各自的立场看待问题，都希望洽谈朝着对自己有利的方面发展，这样必须会出现你来我往的讨价还价情形。事实上，只有真正的买家才会有褒贬，要是对项目没有兴趣，投资商也只会打哈哈。在招商引资洽谈中，不管立场有多么不同，意见分歧有多大，都要相互尊重。招商引资管理者必须注意洽谈的礼仪，避免失礼的言行。

招商引资争议处理

招商引资无小事。招商引资管理者要理智而冷静地面对争议，科学地分析争议产生的根源，面对投资商的抱怨，掌握争议缓解的技巧，妥善管理争议问题。实践中，招商引资管理者在处理争议时，一方面要尊重法律、依照法律规定办事，另一方面要尽可能维护双方的合法权益，促进双方和解或调解。

> 有效地与投资商建立信任、合作和互惠的关系，能够帮助你更好地影响和说服对方。

1. 避免不理智的争议

即使表面上看起来很微小的争议，如果不能及时处理，也可能会导致矛盾升级，给招商引资工作带来不必要的麻烦。招商引资管理者要按照礼仪规范要求，正确处理与投资商之间的争议，防止其进一步升级。招商引资管理者注意自我调节和控制，保持愉快的情绪，在任何情况下不要与投资商或潜在合作伙伴争吵。洽谈过程中，难免会遇到说话不客气的投资商，然而买卖是双方的事，也是长期的事情，招商引资管理者要有开阔的胸怀，不逞一时之强。"路遥知马力，日久见人心"，本着真诚的态度才会赢得投资商认可和尊重。

2. 从投资商角度审视争议

招商引资管理者要分析投资商的心理变化，找到争议问题的本质，主动换位思考，站在投资商的角度提出合理的建议，且能对项目特色和优势做简短而清楚的补充介绍，提高投资商的信心。当然，招商引资管理者可能会遇到"得理不饶人"的投资商,紧抓一个小毛病不放,这时就可以做出适当的解释或道歉,转而开展正常的话题,暂时搁置争议。

3. 认真调查争议的根源

招商引资管理者处理争议的最妥善方法是"摆事实,讲道理",力图以理服人。因此,招商引资管理者要对争议真相进行调查,找到争议的根源。一是现场调查,走到争议的具体地点,直观地了解争议事项;二是倾听争议方的具体意见,找到争议的根源以及解决方案;三是登门拜访,以真诚的态度了解争议的起因。无论如何,招商引资管理者都要做到有理、有据、有节,以解决争议为目的,而不是追究具体的责任方是谁。

4. 妥善处理出现的争议问题

招商引资活动中,每一名招商引资管理者都会遇到各种各样的争议,我们要做的不是完全搁置争议,而是尽量有效地化解争议,解决问题。一是端正态度,处理招商引资争议时,要以"以投资商利益为中心",诚恳地接受批评和建议;二是进行积极有效的沟通,认真倾听投资商的心声,了解其合理需求,尽可能予以满足;三是集中各部门的力量,采取积极的举措,力争快速解决争议问题。

资料链接9—3　商务礼仪在商务谈判中的应用

商务活动中必须遵守一定的礼仪规范。这不仅体现了个人的涵养,还展现了组织形象。在商务谈判过程中践行商务礼仪,打破传统的思维模式,有助于促进商务谈判活动的成功。

一、谈判前

商务谈判时间往往由谈判双方参与人员共同决定,谈判一方单独确定谈判时间而不考虑另一方的时间安排需求是非常失礼的行为。谈判双方在确定谈判时间的时候应在综合考虑双方时间安排后将对对方有利的时间确定为最终双方谈判时间,避免出现谈判人员在连续工作且身心疲惫的状态下参与商务谈判活动。

谈判地点的选择则要求谈判方确定在自身熟悉的场所进行。在熟悉的场所中谈判,对在谈判过程中争夺主动权有非常大的作用。如果在确定谈判地点的时候未能将谈判地点确定为自身熟悉的场所,也应积极将谈判地点确定为谈判双方共同熟悉的场所,防止在谈判过程中将主动权拱手让给对方,将自身处于被动地位。倘若双方的谈判活动需要多次进行,那么谈判地点的确定便可考虑交叉、换位进行。

主谈判人、谈判专家、助理是商务谈判活动时谈判人员的重要构成,谈判人员应选择综合素养较高的人员。在谈判过程中谈判人员所传递的形象是公司的形象,谈判人员留给对方的印象是对方对谈判活动的重要判断依据。作为最直接的谈判活动影响因素,谈判人员往往会影响一次商务谈判活动的最终走向。

二、谈判中

商务礼仪在商务谈判中主要应包括见面、座次、语言以及场下四个方面。

在谈判双方初次见面的时候,自我介绍是必不可少的环节。对此,应遵循身份地位由高到低、同级之间长辈先介绍的原则进行自我介绍。

如果是双边谈判,一般会采用长方形的桌子,双方各占一边。此时谈判桌应横向对着门口,确定谈判场所、对谈判场所熟悉的一方应背门而坐,将对门的一方留给另一方。双方负责人在中间位置落座后以右为尊,双方其他参与谈判的人员按照职位高低依次落座。

谈判人员在谈判时应把握主题,用委婉的方式让谈判活动进行下去。若出现谈判受阻的情况,谈判人员必须能够灵活采用应急手段,使谈判活动继续进行下去。同样,谈判中谈判人员应适当使用肢体语言,对于赞同的观点可以微笑、点头,对于疑惑的观点适当将疑惑展现在脸上。少说多听,在获得对方大量的信息、了解对方的意图后一击即中,做出最利于自身的谈判行为。

三、谈判后

商务谈判双方达成共识后,通常会举行签字仪式。在本项活动进行前,双方应就签字过程中所涉及的文档开展定稿、核对以及装订等工作,保证签字活动顺利进行。在活动完成后,双方参与谈判人员需要在签约大厅合影留念,合影结束后,双方人员按照职务高低依次离场。若双方商务谈判的过程中存在赠送礼物的仪式,需要在选择礼物前充分了解对方的喜好,选择合适的礼物,避免产生误会。

资料来源:李珏.论商务礼仪在商务谈判中的合理使用[J].国际公关,2019(7):291,293,有改动。

9.4 招商引资沟通策略

沟通能力始终是招商引资管理者一项至关重要的管理能力,展望未来,这种能力将会日益重要。有效的沟通策略能够促进招商引资双方的理解、信任和合作,产生富有价值的创造性行为。

落实高效沟通原则

> 提升会议管理效率,会前做好议题准备,坚持开短会,把主要时间和精力用在项目谋划和落实上。

调查表明,54%的争吵、冲突,不是因为双方意见不一致,而往往是因为双方的相互误解,没有真正理解对方。因此,招商引资管理者通过相互尊重、真诚无欺、地位平等、谦虚从容和求同存异等原则,有效地提高沟通效率,促进合作并保持良好的合作关系。

1. 相互尊重

如前所述,相互之间的尊重是实现沟通效率的重要前提之一。在招商引资沟通的过程中,要尊重他人的意见和想法,避免使用攻击性或争议性语言,以便建立良好的合作氛围。对"事"要据理力争,对"人"则应礼敬有加。在任何时候,可以不同意对方的意见,甚至可以提出相反的论点,但绝不能有不尊重对方权利的不礼貌言行。

2. 真诚无欺

招商引资沟通需要坦诚、主动地把自己的意见告诉对方,敞开心扉,真诚对待彼此,这样才有利于实现有效的沟通。如果沟通的过程中充满了怀疑、指责、欺诈等,那么整个沟通都无法产生任何价值。

3. 地位平等

有效沟通的先决条件是心平气和,营造平等和谐的交流氛围。招商引资沟通过程中,各方在地位、权益、责任上要平等相待,在合理、合法的情况下平等沟通,以事实和数据为基本评价尺度,采用以理评理、以理服人的方式,共同达成某种程度的共识。

4. 谦虚从容

招商引资沟通需要具有"海纳百川,有容乃大;壁立千仞,无欲则刚"的谦虚从容态度,给对方以信任感,使自己保持规范的礼仪和严肃的形象。只有自信的人才能笃定与坚持,也只有谦虚的人才懂得礼仪的重要。

5. 求同存异

招商引资沟通中经常会出现矛盾和冲突,但求同存异、相互妥协是达成共识的"关键"。在招商引资沟通前,尽可能了解对方的情况和需求,及时反馈自己的想法和意见,在确保己方底线的前提下,关照对方合理的、核心的诉求,通过各方的相互让步、争取达成大家都能够接受的、互惠互利的协议。

善于倾听对方诉求

是否善于倾听是衡量一个招商引资管理者水平高低的重要指标。招商引资沟通过程中,倾听占有极其重要的地位,事实上,倾听的时间要远远超过其他沟通方式。倾听是实现高效沟通的一个重要手段,招商引资管理者要愿听、会听、善听,实现有效地倾听(参见表9-5)。

表9-5　　　　　　　　　提高倾听效率的常用方法

序号	常用方法	解释说明
1	心态开放	保持开放心态,尊重对方的观点和诉求,不要过早地做出判断或评价
2	认真倾听	集中注意力,更好地理解对方的意图和需求
3	明确意图	简要复述对方的观点或请求,确认自己的理解是否准确
4	避免打断	让对方充分表达观点和诉求,避免打断对方的陈述或提问
5	积极反馈	通过点头、语言或文字等方式,进一步确认双方的理解
6	礼貌送客	感谢客人的来访和合作意愿,留下联系方式,后续跟进沟通

1.倾听获取更多信息

> 有效倾听要用心、用脑、用眼听出投资商的真正意图,明白一些弦外之音。

网络、报刊、文献资料是了解招商引资信息的重要途径,但受时效限制,而倾听可以得到最新信息。"说者无意,听者有心。"商务沟通过程中存在很多有价值的信息,一个随时都在认真倾听他人讲话的招商引资管理者,在与别人的闲谈中都可能抓住很多重要的信息。只有认真地倾听对方的陈述,鼓励对方讲出实情,观察对方的语气、语调,捕捉对方的表情和情绪变化,才能及时获得更多的有价值信息。

2.倾听表达本方的尊重

注意倾听是给人留下良好印象的有效方式之一。倾听是一种鼓励方式,能提高对方的自信心和自尊心,加深彼此的感情。招商引资管理者只有认真倾听,理解了对方的真正意图,才能找到解决问题的关键。

3.倾听是一种管理能力

成功的招商引资管理者,大多是善于倾听的人。招商引资管理者一方面充分认真地听取内部和外部的建议和意见,有效地增强处理问题的能力,培养出敏锐的判断力;另一方面认真用心倾听,了解投资商核心诉求,找到合作机会。

4. 倾听需要多种技巧

倾听是一种包含肢体、感情、智力的综合性活动,招商引资管理者需要掌握恰当的倾听技巧,一是保持良好的精神状态,排除有碍于倾听的环境因素;二是采用自然开放的姿态,向对方表达出接受、容纳、尊重与信任;三是用动作和表情给予呼应,用各种对方能理解的动作与表情,给讲话人提供准确的反馈信息;四是恰当地提出问题,从对方回答的内容、方式、态度、情绪等方面获得信息。

重要的事情当面谈

> 重要的事情当面谈,是一种在招商引资过程中建立信任、促进合作的重要策略。

招商引资会谈不是偶然的或随机的社会碰面,而是事先安排好、有目的的见面。招商引资管理者经常要拜访投资商、合作伙伴和友好单位,有些是礼节性的,而大多数既有礼节性又兼顾业务性。

1. 做好会面准备

高效的招商引资管理者"不打无准备之仗",在与投资商会谈前,充分准备自己要表达的信息和意图,明确自己的立场和对方可能产生的反应,以取得预期目的和效果。一是事先做好约定,让对方有所准备,招商引资沟通要围绕目标,清晰、简捷、明了地提出自己的沟通意图,言简意赅;二是配合对方的时间,尽量不在对方休息或用餐时间拜访;三是明确会谈的主题,以便双方"有的放矢",提高会谈的效率和成效;四是把握好会议时间,通常以 90 分钟为宜,既可以较为深入地沟通双方的情况,又不至于耽误对方的正常工作。

2. 带齐关键材料

通常情况下,招商引资会面的目的性较强,需要向投资商介绍相关的项目,或者沟通项目投资情况,因此必须准备好关键材料,以便就具体项目情况展开较为全面且深入的沟通。通常情况下,关键材料包括但不限于地方产业发展规划、招商引资手册、招商项目计划书、招商项目策划案等。

3. 精心准备"小礼品"

准备一些精心挑选的"小礼品"可以增加对方的亲切感和信任感。不论出于何种目的,一份包装精美、价格平实的"小礼品",总会让招商引资沟通更加顺畅。无论昂贵与否,总是代表着一种心意和真诚,让拜访对象感到尊重。当然,"小礼品"通常要遵循着"人无我有、人有我优、人优我特"的原则,尤其是能体现当地特色的礼品,可以让目标投资商更好地了解当地的资源和发展潜力,增加日后交流和合作的兴趣。

4. 重要的观点落到纸面上

招商引资沟通时,不能只是听听说说就算了,重要的观点和共识需要及时记下来,这些都是沟通的成果。事实上,招商引资管理者的每一次会谈都会听到很多新知识和新观点,"好记性不如烂笔头",用心记下沟通对象的关键信息,不仅自己可以积累更多的知识,还向对方表达出尊重,激发其沟通的欲望。最后,还要及时总结和回顾讨论的内容,做好后续跟进工作。

构建良好沟通机制

优秀的招商引资绩效离不开高效沟通,通过构建良好沟通机制,能够激励招商引资管理者加强与市场主体的沟通,捕捉市场机遇,创造优异的招商引资绩效。

1. 制订沟通培训计划

组织招商引资管理者沟通培训,从思想上提高招商引资领导、管理者和从业者对内外部管理沟通的认识,提高他们高效沟通的能力和水平,树立良好的沟通习惯,培养正确的沟通技巧,提高管理沟通水平。此外,有效的招商引资沟通,需要制订详细的沟通计划,包括沟通的时间、地点、主题和目标等。这样可以更好地掌握沟通的主动权,确保顺利沟通。

2. 建立沟通台账制度

招商引资管理者建立沟通激励计划,制定沟通台账制度,由专人负责详细记录每个招商引资管理者与沟通对象的沟通时间、沟通方法、沟通效果等,每月度、季度和年度进行统计,做出评价,与绩效考核奖励挂钩,让全体招商引资管理者树立良好的沟通态度。

3. 畅通高效沟通渠道

招商引资管理者积极拓宽沟通渠道,既要重视纵向沟通,也要加强横向沟通,既要了解不同沟通类型的长处和弊端,也要学会应用不同的沟通方式,灵活应对各类沟通问题,使得管理沟通真正发挥作用,有效提升招商引资绩效。

4. 做好沟通记录和跟进

> 招商引资沟通记录可以有效地积累重要的细节和信息,实现更高的沟通价值。

在沟通过程中,招商引资管理者要随时做好记录和跟进工作,一方面记录沟通的内容和对方的反馈,另一方面要及时跟进后续的行动和进展情况,更便捷地传达信息和达成共识。

资料链接9—4　沟通策略在企业绩效管理中的应用思考

绩效沟通能够强化企业凝聚力,在企业发展过程中占据着重要的地位。现阶段,企业需要正确分析绩效管理期间存在的各项问题,摒弃传统理念,制定健全的管理体系。

一、树立良好的沟通理念

科学合理的绩效沟通有利于提升企业员工的积极性,强化企业整体凝聚力,产生的意义非凡,这是企业能够确保绩效管理的基本方式。对此,企业管理层必须深入内部了解绩效沟通产生的作用,将绩效管理在企业发展中的效果发挥到最大化,注重绩效管理质量的提高,将其当成常规类型的经营方式。而且绩效管理部门也必须强化绩效管理工作的重视程度,为企业上下级绩效沟通提供便利的交流渠道,遵循基本的绩效管理理念,为企业绩效沟通工作开展奠定坚实的基础。

二、制定健全的沟通体系

要想推动绩效管理工作得到良好的开展,就必须结合实际情况制定完善的体系,从而推动绩效工作高效运行,体现出绩效的功效性。基于此,企业管理层须把绩效管理放在新的高度科学规划。一方面,按照绩效考核计划和绩效反馈表展开各个方面的沟通,确保内容的完善性,其中涉及绩效制度的制定和绩效工作的开展。另一方面,企业管理人员必须全面落实企业管理工作,加大上下级之间的沟通力度。在双方平等的基础上进一步沟通,创建规范性的信息平台,为双方交流和沟通提供便利,以此反馈员工绩效考核成果,提高绩效管理水平,推动企业稳定发展。

三、全面掌握绩效沟通环节的技巧

人和人的沟通交流被称之为一项艺术。从本质上看,企业绩效管理中的绩效沟通其实是艺术交流的一种形式。合理的沟通技巧有利于绩效管理工作的开展,企业绩效沟通过程中务必掌握各项技巧。结合企业绩效沟通实际开展情况来看,具体表现为仔细聆听、肢体语言、懂得体谅等。绩效沟通技巧落实到位,必定会产生良好的效果。无论是普通员工还是企业绩效管理层都必须树立正确的绩效沟通理念,进一步学习和掌握相应的技巧,解决绩效沟通中存在的各项问题,降低绩效沟通误差现象出现概率,从而确保绩效沟通整体质量。

四、利用信息化技术提升绩效沟通效率

伴随着信息化技术的创新和改进,互联网概念对各个行业产生了重要影响。在企业管理过程中,互联网和企业管理是改革的关键所在。借助互联网技术的优势构建高效率的信息化共享平台,确保信息沟通的流畅性,进而提升企业绩效沟通质量,提升企业竞争水平,使其在激烈的市场竞争中占据主动地位。

资料来源:杨永梅.沟通策略在企业绩效管理中的应用思考[J].环渤海经济瞭望,2023(5):105—107,有改动。

第 10 章
招商引资团队建设

现代招商引资是一项综合性、创新型工作需要强有力的团队来完成。优秀的招商引资团队汇聚各方人才,"眼观六路,耳听八方",不仅能抓住当前的市场风口和热点,还能够前瞻性地谋划地方经济高质量发展。

10.1 招商引资人才

教育、科技、人才是地方经济发展的基础性、战略性支撑。招商引资管理者作为奔走在市场第一线的人才,直接与投资商沟通和洽谈,是地方招商引资活动的宣传员和实操人。招商引资团队只有不断地培养和引进合格的、有能力的、有进取心的人才,才能有效推进地方经济跨越式发展。

树立科学人才观

招商引资竞争中,人才成为至关重要的因素。高素质的专业招商人才是招商引资工作的主体力量,为地方招商引资工作的顺利开展提供强力支持。招商引资管理者要始终坚持科学人才观,充分认识人才的重要性,积极引进和培养人才,发挥出人才的能力和潜力。

1. 充分重视人才培养

高素质专业招商引资管理者既需要扎实的经济、管理、法务、财务等专业知识,也需要专业的商务、公关、洽谈、语言等技能。更重要的是,招商引资管理者只有把自己的知识和智慧运用到具体招商活动中,融入招商过程,才能筹划一系列行动吸引外来资金和项目落户当地,从而实现自己的价值。

归根结底,经济高质量发展必须依靠人才的发展和素质的提升。从具体实践来看,很多地方的招商引资管理者,既不知道到底需要什么样的人才,也不知道如何培养人才,只是一味地相信"实践是检验人才的唯一标准",招商引资人员只经过简单的培训,就放马江湖,听之任之,这样不仅不会促进当地招商引资工作,还会带来很多负面影响。实际上,招商引资人才是复合型人才、创新型人才,管理者必须充分重视对招商引资人才的培养,采用科学有效的方法,不断提升他们的专业素质和综合素养。

2. 优化人才发展环境

招商引资管理者瞄准招商引资工作的需要,营造出尊重知识、尊重人才的发展环境,吸引高端人才、培养优秀人才、锻炼创新型人才,致力于打造若干支高效的招商引资队伍。一是通过人才培训,提升人才综合素质,对标地方产业发展需求,以交流合作为抓手,以实际培训效果为导向,培养一批实力型人才;二是完善人才政策环境,努力提升人才的待遇,让招商引资人才发展有通道、职业有规划、成长有希望;三是研究制定招商引资人才激励办法,发挥他们在产业发展、技能培训和人脉集聚方面的优势。

3. 合理配置人才资源

招商引资战略能否取得成功,在多大程度上取得成功,往往取决于招商引资管理者的综合素养与能力。实践中,招商引资管理者要能够熟悉当地的政治、经济、文化、政策等各方面优势,也要熟知当地的主导产业,以及如何引入合适的产业、合适的投资商以及合适的项目。例如,安徽合肥市通过多种方式,打造了一支懂产业、通政策、熟悉市场、擅长谈判、精于资本运作的招商引资队伍,实现了招商引资工作跨越式发展。

招商引资管理者专业的产业知识、沟通技能以及对当地资源优势的合理阐述,可以极大地增加投资商的信心,并为投资商的投资决策提供坚实的信息支撑。现实情况是,大多数地方政府和园区的招商引资管理者素质参差不齐,难以适应工作需要,很多招商局变成了单纯的接待局。

让拔尖人才不再泯然众人,厚植创新文化是关键。只有改变传统的、陈旧的人才观念,善于发现创新型人才,敢于把他们安排到能够发挥作用的岗位上去,才能有效地盘活整个招商引资系统,实现"庸者下,平者让,能者上"的良性格局。招商引资管理者要建立健全地方招商人才选拔、使用、培训、考核机制,以更好地发挥招商人才的主观能动性,群策群力,促进区域经济快速、健康发展。

4. 搭建人才发展平台

招商引资管理者面向地方产业发展需求和人才储备情况,一方面搭建招商引资人才发展平台,明确培训方向,争取在重点领域、重点产业率先取得突破,构建显著的人才优势;另一方面力争让招商引资人才平台更好地适应社会、组织和个人发展的需求,将单一的、低阶的人才培育成多元的、高素质的复合型人才。与此同时,地方各部门齐心协力共同营造出良好的"尊重人才、崇尚招商"的社会氛围。

培养复合型人才

> 招商引资管理者只有具备丰富知识、专业能力、责任担当和科学思维,才能担负起招商引资工作创新的使命。

招商引资人才的素质和能力成为能否做好招商引资工作的重中之重。复合型人才是推动招商引资工作发展、促进地区经济增长的重要人才资源。无论是国外招商引资,还是国内招商引资,都需要通过多种途径和方式培养和引进复合型人才,提高他们的专业素质和能力水平,为地方经济的发展提供智力和动力(参见图10-1)。

| 1 加强政治理论学习 | 2 适应产业转型升级 | 3 对标招商岗位需求 | 4 做好招商业务培训 |

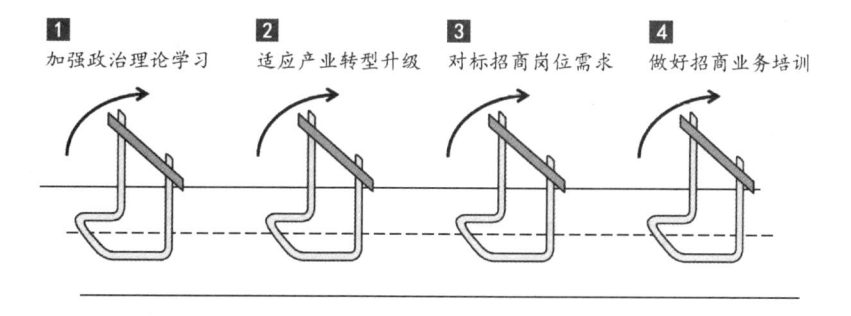

图10-1 复合型招商引资人才培养路径

1.加强政治理论学习

招商引资管理者首先重视理论学习,包括政治理论、经济理论、社会理论、管理理论以及与本职工作紧密相关的技术理论,把理论与当地经济发展结合起来,不仅要通过理论学习找准经济发展的突破口,还要通过理论学习提升科学决策能力。

尽管大多数招商引资管理者理论功底深厚,也非常重视理论学习和研究,但不可否认的是,仍有一些地区的招商引资管理者对理论的重要性认识不够。在实际工作中,由于缺乏招商引资相关理论的指导,盲目相信经验和感觉,特别容易"被忽悠"。招商引资工作的决策者没有理论的根基,工作就会是盲目的,无法真正促进工作的稳定发展。

2. 适应产业转型升级

现代产业发展涉及数字化工艺、大数据、云计算、工业互联网等新一代信息技术，企业的技术和工艺流程也在不断更新。招商引资管理者不仅要掌握专业知识，还要具备工业互联网思维、数字化环境分析能力、解决问题能力等，以多学科、多元化知识为支撑，成为复合型人才。

招商引资管理者全面运用战略思维进行思考和筹划，以投资商需求为中心，综合发挥各项有形资源、无形资源和组织能力优势，协调各部门宏观管理和经济综合发展职能。重庆市坚持把招商引资作为经济发展"一把手工程"，每年都确定若干重大招商项目，明确招商方向，市委、市政府主要领导亲自挂帅，亲力亲为。

3. 对标招商岗位需求

尽管招商引资管理者需要掌握多种知识和技能，但也不可能是"百事通"，更多的是追求成为"T"字形人才，即知识面较宽，对某一领域具有深刻的认知的人才。实践中，招商引资管理者要结合地方经济发展，基于组织发展战略，动态地调整组织结构，明确岗位职责，从中提炼出岗位的关键能力。此外，招商引资管理者要能够掌握岗位所需的新技能和新知识，努力成为"学习型"个人，满足动态变化的岗位需求，创造更大的岗位价值。

把最优秀的招商引资人才放在最有前景的关键领域，提供充分的资源和支持，让他们心无旁骛地在招商一线战斗。如果某个地方想引入较为知名的国际企业，那么必然面临着重重考验。通常情况下，企业会对当地进行多次投资考察，开展多场谈判，内容涉及规划、政策、环境、人力资源、生产配套、可持续发展等多个方面。如果招商引资管理者未能及时做出专业性回答，势必会影响投资商的信心，因此，现代招商引资人才要具备综合素质，胜任多项角色，能及时准确地与投资商沟通。

4. 做好招商业务培训

招商引资管理者加强招商引资人才全面培训，让他们既懂得当地的资源优势和特殊性，也要知道外部宏观环境发展及产业发展动态，更重要的是，培育他们的创新思维以及"诚信"理念。

> 增强招商引资培训的系统性、针对性、有效性，首要的是精准把握培训需求。

坚持把招商培训需求调研贯穿培训前、培训中、培训后全过程，准确把握地方招商引资人才发展总体要求，围绕招商引资组织需求、岗位需求、个体成长需求开展调研，以招商引资管理者的共性需求、通用能力为切入点，侧重于培训主题、培训计划、培训内容等的调研分析。

通过招商引资培训，招商引资管理者弥补知识缺陷、能力短板和经验盲区，成长为招商引资工作的行家里手。招商引资培训要以"招商引资工作需要"为指引，以"招商引资人才需求"为依据，聚焦地方招商引资工作的重点难点问题，突出专业赋能，既有"点菜式"课程，又注重新思路的借鉴、新经验的传播和新成果的运用。

提升人才竞争力

> 成功的招商引资管理者取决于99%的努力（专业知识、个人魅力、语言表达）+1%的技巧。

人才是招商引资活动的核心，招商引资人才的素质直接决定了投资商对于某一区域的总体印象，是影响投资商项目及资金投资的至关重要因素。现代招商引资人才需要具备7种核心能力。

1. 卓越的市场策划能力

招商引资管理者培植优质投资商客户群，及时了解投资商对于投资的需求，发掘潜在投资商，因此，需要分析判断国内外宏观经济发展趋势以及关键行业发展趋势，结合当地的优势，准确把握招商引资机遇。招商引资分析不仅有赖于思考能力和洞察能力，同时也和知识面以及所掌握的信息资料者有关。对招商引资管理者来讲，尤其是一些最新信息，可以提供亟须的、新颖的、及时的招商引资发展动态。招商引资管理者在市场上从各种综合信息和各种资源的配置当中创造机会，取得预期效果。

2. 清晰的投入—产出意识

招商引资管理者综合评估引进的资金、项目、设备、人才等要素，需要具有投入—产出意识，不仅考虑到招商引资的短期利益，也要兼顾中期和长期利益。招商引资管理者坚持一切招商引资活动都要以恰当的投入取得最大的效益，以实现综合效益最大化。

实践中，招商引资需求具有阶段性，当地经济发展在不同时期对于资金和项目引入的需求是不同的，并不是越多越好，招商引资管理者要根据当地经济发展的需求合理规划，否则可能导致引入过度，发生恶性竞争，导致外来投资商与本地经营者之间产生冲突等。

3. 具备创新和创业精神

招商引资管理者要具有敏锐的信息意识，熟练掌握信息收集渠道及分析技巧，时刻注视国内外政治、经济新动向和资金流向，善于在竞争中捕捉最新信息，抓住关键机会。更为重要的是，招商引资管理者要具备创新和创业精神，能够独立思考、勇于尝试，积极拓展新领域、新机会。同时，向投资商提供相关信息成果，促成投资商的投资意向，建立投资商意向档案，持续跟进。

4. 很强的组织沟通能力

招商引资是一项复杂、系统的工作，很多情况下，需要招商引资管理者用创造性思维来解决难题。此外，招商引资工作需要与多部门交往，经常与投资商、各政府部门打交道，因此，招商引资管理者必须具有开放的思维和组织沟通能力，把招商引资活动的各个要素、各个环节，从纵横交错的相互关系上，有效合理地组织起来，更好地与投资商建立起战略伙伴关系。

5. 卓越的谈判技巧

招商引资的过程也是与投资商沟通和谈判的过程，从初步确立投资意向到最终项目落地，每一个环节都需要与投资商协商洽谈，因此，招商引资管理者要具有卓越的谈判技巧，能够与各方利益相关者有效沟通和协商，在充分尊重双方利益的基础上，争取达到双赢效果。

6. 全方位的服务意识

招商引资管理者是政府和当地人民的代表，应立足地方经济长远发展，牢固树立服务投资商的理念。实践中，全方位的服务意识要求招商引资管理者以投资商需求为核心，不仅在招商引资前，而且在招商引资后，都能为投资商提供最佳的、最及时的、最专业的服务，帮助投资商降低投资成本，减少不必要的审批环节，加速企业发展，产生优秀的招商引资绩效。

7. 明确的法制观念

> 市场经济行为需要法律法规保障，招商引资管理者要树立明确的法制观念，坚守底线思维，不可逾越红线。

招商引资管理者应了解和遵守相关法律法规和政策规定，包括国内外贸易、知识产权保护、投资促进等方面的规定。在开展招商引资工作时，他们需要明确各项工作的合规性和合法性，确保所引进的项目符合国家法律和政策的导向。同时，他们还需要在项目实施过程中遵守相关规定，确保企业行为合法合规，保障各方利益。除了掌握相关法律法规和政策规定外，招商引资管理者还应该注重自身法律意识的培养，需要形成自觉的法律思维，在工作中始终遵循法治原则，尊重和维护法治秩序，避免违法违规行为的发生。

资料链接10—1　创造人才成长的宽容环境

2023年9月4日,华为内部论坛"心声论坛"发布题为《任总在高端技术人才使用工作组对标会上的讲话》的文章,华为创始人任正非表示,要让大家畅所欲言,"炸开"思想。

据了解,这是2023年7月28日任正非在高端技术人才使用工作组对标会上的讲话。讲话内容分为四个方面,分别是建立高端技术人才储备库、对优秀人才激励、全才和领袖,以及创造人才成长的土壤和宽容的环境。

任正非在讲话中表示,要建立自己的高端人才储备库,只要是优秀人才都可以进来。"我们是储备人才,不储备美元,最终储备出自己的人才库",他强调,高端人才指技术方面,管理类或其他行业不在此列。

如何留住优秀人才?任正非认为,物质激励不是最主要的。第一点应该是能找到自己热爱的岗位,要重视这些人才在工作岗位的发挥,同时也评价他的贡献。他认为,全才是从专才中产生的,领袖是自然成长起来的,在选择干部的时候,没贡献不考核,节省人力资源。

任正非在会上强调,华为要创造人才成长的土壤和宽容的环境,让大家畅所欲言,"炸开"思想。他称,喝咖啡是一种形式,网聊也是"喝咖啡"。

此外,他认为高级专家要用更多精力来读文献,而不是埋头做事。他认为,要形成一个良好机制,让优秀人才涌现。

资料来源:陈姝.任正非最新发声谈人才:创造人才成长的宽容环境[N].深圳商报,2023—09—05(A04)。

10.2　招商人才策略

招商引资管理者根据不断变化的招商引资形势,引进优秀的人才,有有计划、有针对性地培训,提升招商团队的整体素质。世界上没有完美的招商引资工具和方法,招商引资管理者唯有不断学习,打造学习型个人和团队,才能与时俱进,成为产业专家和投资商的合作伙伴。

> 建立建强企业家、科研人才、产业工人"三支队伍",激发地方产业创新创造活力。

招商人才价值

成功的招商引资，离不开高素质招商引资人才的支撑。各国、各地区之间的经济竞争，最根本的是人才的竞争。如何才能激发招商引资工作的活力？首要的就是重视招商引资人才的引进和培育，通过各种激励政策，激发他们的工作热情。招商引资人才对于地方经济的发展和产业竞争实力的提升具有重要的推动作用，其关键价值主要体现在四个方面。

1. 引领经济创新发展

招商引资人才通常具备开拓创新的精神和能力，能够洞察市场变化，把握新兴产业发展趋势，为投资商带来独特的创意和解决方案，在一定程度上帮助其在激烈的市场竞争中脱颖而出。从地方经济发展角度看，招商引资管理者需要调动地方各类科研机构的积极性，发挥人才和组织优势，形成一股创新的战略力量。

2. 促进与投资商合作

招商引资人才在理解和尊重不同国家和地区的文化差异方面往往具有独特的优势，能够通过与投资商沟通交流、调查问卷等方式获取更多的信息，及时解决问题和反馈情况，有助于与投资商建立长期稳定的合作关系。此外，他们还可以为投资商提供全方位的服务支持，包括协助办理相关手续、提供人才和技术支持、协助解决相关问题等。

3. 优化配置经要素资源

如前所述，"让投资商赚到钱"是招商引资工作的制胜理念和法宝；"让人才实现价值"是招才引智工作的根本出发点。在这方面，招商引资人才能够通过自身的专业技能和专业知识，有效整合和配置各种资源，提高资源利用效率，为投资商创造更大的价值。

4. 推动地方经济发展

地方经济发展的各种资源中，人才资源是最核心、最活跃的资源，起着决定性作用。招商引资人才在政策解读、法律咨询、战略规划、市场调研等方面往往具备专业知识和技能，能够准确把握市场趋势，为投资商提供科学的招商引资项目和运营建议，从而推动地方经济的发展。

招商人才引进

招商引资管理者制定人才引进策略，需要从当地实际情况出发，综合考虑，运用多种手段和策略，遵循科学的人才引进流程，提高人才引进策略的实施效果（参见图10-2）。

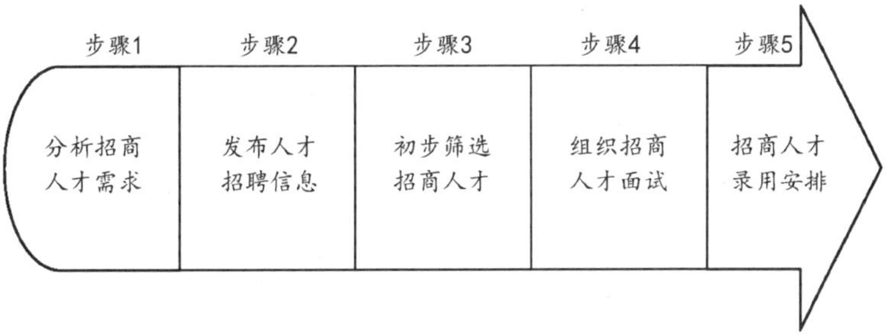

步骤1 分析招商人才需求 → 步骤2 发布人才招聘信息 → 步骤3 初步筛选招商人才 → 步骤4 组织招商人才面试 → 步骤5 招商人才录用安排

图 10－2　招商人才引进流程

1. 分析招商人才需求

招商引资人才需要具备市场开拓能力、信息搜集能力、积极发现问题和解决问题的能力、风险评估能力、协调能力和关系网络建立能力等。然而，不同的地方、不同的岗位，对招商引资人才的要求各有不同。引进招商引资人才首先明确基本要求(参见表 10－1)。

表 10－1　　　　　　　　　招商引资人才基本要求

序号	基本要求	说明
1	专业知识	了解商业项目策划、招商管理等方面的业务知识与实践操作，还需要对产业园区开发的业务流程有所了解
2	经验背景	有 2~3 年以上项目策划和招商管理经验或有市场营销及相关专业培训经历，接受过市场营销、产业项目策划、招商管理等方面的培训
3	社会资源	拥有丰富的社会公共关系资源，与各种机构、企业、政府等拥有较广泛联系
4	沟通表达	具备优秀的沟通能力，能够有效协调、沟通同事、投资商和其他外部人员
5	团队管理	良好的自我管理，以及成功管理和领导团队的经验和能力
6	信息管理	保持敏锐的市场嗅觉，及时收集招商引资相关信息

招商引资管理者的教育背景、知识结构、技能水平和以往工作的经验，是"冰山"露在水面上的部分。知识经济时代，要更加深入地挖掘招商引资人才的潜在素质需求，建立适应当地特色的人才综合素质标准，基于这个标准，优选出招商引资人才，使得整个招聘引进过程更加科学化、规范化。

2. 发布人才招聘信息

招商引资人才需求信息摆脱传统以学历、专业和工作经历为主的招聘方式，以个人能力模型为基础，明确对招商引资人才的实践成果导向需求，只有这样才能更好地表达对职位申请者能力的要求，吸引在特征、动机等潜在能力方面与岗位需求相匹配的人才。招商引资人才信息发布可选择多种渠道：一是召开招商引资专长人员供需洽谈会和网络招聘会，并专门开设网上招商引资人才窗口；二是在各大院校中开展招商引资人才招聘会，吸引有兴趣的毕业生加入；三是鼓励内部人才推荐，给予一定的激励奖金。

3. 初步筛选招商人才

根据个人能力模型设计并筛选求职申请表，降低招聘成本，提高招聘效率。申请表的内容除了包括传统个人简历所必需的项目，如个人基本情况、工作经历、教育与培训情况等，还要根据个人能力模型设计一些行为描述式问题。例如，为了解求职者是否具备市场开拓能力，可以设置问题："你认为影响招商引资市场开拓的潜在因素有哪些？"为了解求职者是否具备信息搜集能力，可以设置问题"请问，你通常采用什么方法搜索招商引资网络信息，最常用的关键词有哪些？"。为了解求职者是否对招商引资工作有积极性，可以设置问题为"请问本地招商引资项目主要有哪些"。通过对以上问题的回答，招聘者可以从答案中分析并提炼求职者的胜任特征，既可作为初步筛选的依据，也可为后续的进一步面试提供基础。

4. 组织招商人才面试

在个人能力模型对招聘岗位要求的基础上，编制能够有效判断识别应聘者是否具备该岗位能力的面试试题。面试过程中，主要是以结构化面试的形式，针对某些能力标准，设计一些基于行为事件的面试问题，询问应聘者某些具体事例和关键行为，以此来考察应聘者是否具备该项能力。题目的编写都是以个人能力模型中的能力考核评估为基础设定的，题目应具有较高的区分度和鉴别力，能力较强者和较差者在该题的得分上会有比较显著的差异。以下是行为事件面试问题示例：

问题1："除了目前的一些招商引资网站，你认为还有哪些途径可以获得招商引资信息。"对该问题的回答可以考察应聘者是否具有广博的知识面和信息搜集能力。

问题2："如果你在与投资商合作的过程中犯了一次比较严重的错误，受到了投资商的指责，你将如何应对，如何挽回尴尬的局面？"对该问题的回答可以考察应聘者是否具有协调能力和诚恳的态度。

同时，还要对面试人员进行系统培训，力求面试人员能严格按照结构化的面试程序和评分标准及面试试题来实施面试。特别是,对面试人员进行思想教育,严格执行公开、公平和公正,对所有的竞争者应当一视同仁,对合格人员应该采用竞争选拔,择优录用。

5. 招商人才录用安排

从面试中筛选出候选人后,通过小组讨论法、情景测试法和心理测试,进行科学评估。根据各个测试阶段的综合表现,选拔出适合的招商引资人员。以这种基于个人能力模型选拔出来的招商引资管理者,无论是目前具备的专业知识、未来的潜力,还是心理素质,都会比较符合工作要求,有助于推动工作的顺利开展。更为重要的是,招商引资管理者要依托当地特有的自然人文资源、特色优势产业等,积极为人才搭建好事业发展平台,让人才干事有舞台、发展有机会和晋升有空间。

招商人才培养

招商引资管理者建立科学的人员培养体系,根据实际需要开展专题培训,提高项目信息研判、跟踪、洽谈水平,提升招商团队的整体素质和能力,同时还要注重在一线锻炼招商队伍,理论与实践结合,培养一支熟悉产业经济、掌握投资政策、通晓招商规律、精通项目谈判的专业化招商队伍(参见图10-3)。

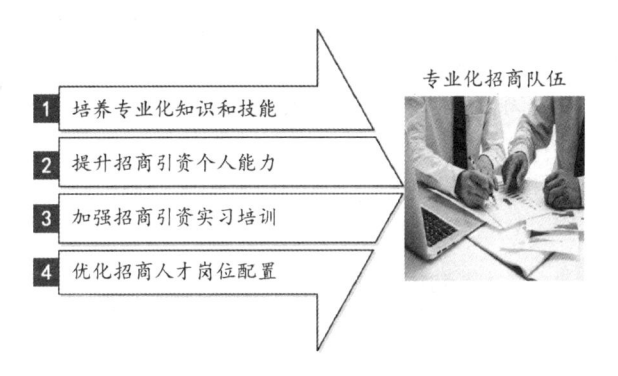

图10-3 专业化招商队伍培养路径

1. 培养专业化知识和技能

只有招商引资管理者具备了专业知识技能,才能够胜任相关岗位工作。关于招商引资专业知识和技能培训的方法多种多样,可以是短训班、研修班、讲座、经验交流研讨会、参观交流等。优秀的招商引资管理者必须深入全面地了解当地政府政策、产业规划、投资环境。因此,招商引资管理者需要构建学习型团队,及时更新团队观念和知识结构,以适应新的招商引资形势。

2. 提升招商引资个人能力

对招商引资管理者开展能力培养,可提高招商引资团队整体能力。一方面,招商引资管理者可以通过培训、研讨会等方式,培养创新思维和创新能力;另一方面,通过实践锻炼、案例分析、角色扮演等方式,培养实践能力。实践中,可以让招商引资管理者通过模拟训练,掌握技巧和方法。只有通过持续不断地培训,提升个人综合能力,才能使招商引资管理者与所在岗位更加匹配,有助于适应招商组织的长期需求,达到人才资源的最优配置。

3. 加强招商引资实习培训

经过前期培训与内部学习,新进招商引资管理者应该了解和掌握了当地的基本情况,以更快地适应环境和工作岗位,同时建立良好的人际关系,增强团队意识与合作精神,尽快地融入团队。

> 开展招商引资实习培训,注重培训内容的针对性和实用性以及培训方式的灵活多样性。

针对工作的实际需要,招商引资管理者要加强项目策划、市场调研、资源整合、风险评估等与实际工作紧密相关内容的培训。此外,还可以通过导师制,为实习人员分配经验丰富的招商导师,导师可以指导其学习、解答疑难问题,提供个性化的辅导和发展建议,帮助新进人才尽快完成角色转变。

4. 优化招商人才岗位配置

基于招商引资岗位的特殊性和重要性,根据招商引资管理者在上述培训中的综合表现,并结合个人意愿,对他们进行合理的岗位配置(参见表10-2),更好地发挥其积极性和个人能力,为实现当地招商引资战略目标提供人才支撑。

表10-2　　　　　　　　招商引资人才岗位优化方法

序号	优化方法	解释说明
1	明确岗位职责要求	针对不同的招商岗位,制定明确的岗位职责和要求,让招商引资管理者清楚自己的工作内容、责任和目标
2	建立完善的人才测评机制	通过对招商人才的能力、素质和业绩等方面的综合测评,了解其特点和优势,为合理配置岗位提供依据
3	灵活调配招商人才资源	根据项目的实际需要,将不同专长的人才合理搭配,形成优势互补的团队,提高整体招商效果
4	畅通职业发展通道	制定明确的晋升通道和职业发展规划,让招商人才看到自己的未来,激发工作动力和热情

续表

序号	优化方法	解释说明
5	建立有效的激励机制	通过建立合理的激励机制,如奖励制度、评优评先等,激励人才在招商工作中取得更好的绩效

优化招商人才岗位配置是发挥招商人才能力的关键做法。要做到这一点,招商引资管理者要转变人才管理理念、手段和方法,充分培育和发挥他们的积极性、主动性和创造性,满足当地发展的需要。

资料链接 10－2　政府招商引资人才培养对策

政府招商人员的专业素养能够减少投资人对项目考察的成本并极大地提高决策效率。相较于招商引资人才的引进工作,做好招商引资人才培养是实现政府招商引资人才可持续发展的关键。本文据此出发,旨在通过分析政府招商引资人才培养中呈现的问题,提出有效对策。

一、紧盯人才项目落地

目前存在三个限制政府招商人才培养的主要方向。第一,政府招商人才培养中存在微观宏观差距,微观视角的主导地位,限制了政府在人才培养方面的有效性;第二,政府宏观人才培养体系要想有效,就需要关注组织本身以外的多个外部人才系统;第三,缺乏外部人才环境中人才战略的上下整合,组织"真空"无法实现有效的人才培养。表现在顶尖人才的引育上有待深入,孵化器、协会、相关专业机构的引才荐才资源有待挖掘,自主申报的国家级、省级海外高层次人才等人才培育工作有待加强,部分已落地的高层次人才项目的人才外溢效应有待进一步发挥。为此,政府务必要高度重视,紧盯人才项目落地。

在招商引资人才培养的过程中,政府的职责是加强人才培养项目的落地服务,包括职业辅导、学业支援、实习机会,以及与业界建立伙伴关系。为此,要做好市、区人才认定的申报协助、人才码的协助开通、安家费购房(租赁)补贴、人才公寓入住、高层次人才子女就学等服务工作。抓紧组织对接已通过评审未注册的人才项目,争取应落尽落,尽快完成人才项目定级、任务书签订、政策享受等手续工作,促进优质人才及人才项目集聚。进一步做好政策宣讲,让更多的人才了解政策,充分发挥顶尖人才创新创业十条政策作用,让人才知道政策、让政策吸引人才。

二、创新载体有序运作创新

招商引资人才培养是实现政府人才工作水平提升的关键源泉,对招商引资人才就业和地方经济增长产生重大影响。人才培养战略为政府提供了重要的潜在人力价值来源。受到整体社会和经济环境的影响,政府招商引资人才的供应、构成和流入、内部和流出组织的力量、系统和结构,比以往任何时候都更加复杂和流动。为此,有效整合各方资源,建立良好的人才任用、提拔、奖励等机制是培养高素质招商人才的核心环节,这可以为政府的人才战略及其有效性提供必要的支撑。

将组织人才管理的有效性定义为以业务为中心的人才战略的设计和实施,该战略考虑受一个或多个外部宏观人才环境影响的跨层次互动,以利用战略优势并降低因嵌入式差异产生的人才风险。在内容方面,除常规的人才项目路演对接、人才创新交流会等专业性较强的人才活动,可举办青年人才主题沙龙、单身人才联谊会等趣味性强的人才活动。

三、校地合作嫁接资源

招商引资就业和培训旨在加快人才培养的进度,缩短完成行业认可的证书和学位的时间。为此,在招商引资人才培养的过程中,地方政府要充分发挥其强大的高校资源和校友网络,旨在与各大高校建立战略合作关系,同时,举办创新创业路演和高新技术产业成果对接交流会,为地方政府带来高质量的创业创新活动,促进技术转移交流及重点优质项目落地,将寻求技能和支持的学生转型到相关部门。根据劳动力市场的需求,为学生提供招商引资工作所必需的实践培训和经验。

资料来源:罗红松.关于政府招商引资人才培养的思考与建议[J].经济师,2022(7):13—14,有改动。

10.3 招商团队构成

招商引资团队是地方政府对外形象的展示窗口,需要受到充分的关注和重视。对于有经验的投资商来讲,看招商人员的面貌就可以大致判断某个地方的招商效能。

打造高绩效团队

> 成功招商引资离不开高效的招商引资团队,招商引资绩效与招商引资团队密切相关。

作为一项综合性、专业性、创新性工作,招商引资涉及产业经济、区域经济、市场营销、城市规划、经济管理等多个领域的知识。做好地方招商引资工作,最根本的是要靠一支高素质的专业招商队伍(参见图10－4)。

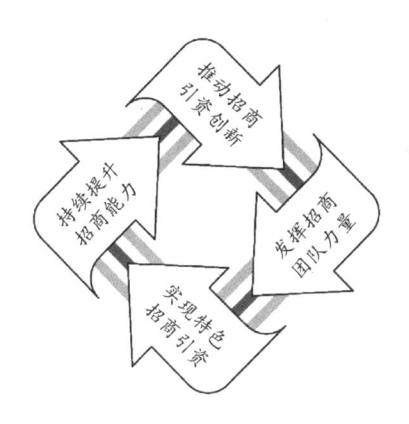

图10－4　打造高效绩效招商团队路径

1. 推动招商引资创新

招商引资团队必须持续不断地跟踪市场需求信息,研究市场消费者的产品使用、购买行为和生活方式的变化趋势,设计新的项目来满足市场需求,匹配投资商的兴趣。深圳市积极推动"风投＋科技"发展模式,搭建国内外各种风投机构与高科技企业的投资与科研嫁接桥梁,积极引进重大科研项目。

2. 发挥招商团队力量

招商引资工作需要高效、专业的团队来支撑。招商引资不单是招商人员个人素质与能动性的表现,更是整个团队市场运作能力和综合协调能力的反映。随着产业转移的不断深化,招商团队针对已有资源,有选择性、有目的地到境内外经济发达地区或资金、技术密集的地区,主动出击、选择重点目标客户突破。安徽合肥市利用专业团队进行招商引资,针对性很强、成功率较高。2007年引进京东方,2011年引进长鑫半导体,2019年引进蔚来汽车……一个个龙头企业,形成了一条条产业链,打响了合肥的招商引资金字招牌。实践中,招商引资团队需要完成两项基础性工作,一是了解投资商的投资决策特点;二是有针对性地提升招商引资执行力。

3. 实现特色招商引资

招商引资管理者以优势产业为核心的主导产业,构建以产业协同为目标的产业集群,培育与主导产业相关细分领域的隐形冠军(战略性新兴产业)。招商引资团队顺应数字化转型升级,定向精准招商,立足"互联网＋",借助当地产业基础,探索建立互联网＋定制订单、互联网＋智能制造、互联网＋文化旅游、互联网＋物流产业、互联网＋医药大健康等新型生产制造服务体系，着力推进地方特色招商。

4. 持续提升招商能力

高素质的专业招商人才队伍是招商引资工作的主体力量，因此要通过多种举措，激励综合素质高、工作能力强的骨干力量加入地方招商队伍。每一位招商引资管理者都应该具备深厚的理论基础和实战经验。所要求的不仅是对政策法规、时事理论的掌握，还要了解外事接待、国际惯例、谈判技巧、公关谋略等基本常识，对计算机、互联网的应用能力更是不可或缺。招商引资管理者犹如企业中的营销人员，是地方经济发展中最活跃的动力源，某种程度上，对他们重视程度再高也不为过。

招商引资领导者

招商引资领导者是招商引资发展成功的领头羊，从战略角度出发，指挥协调各种资源，驱动自身和团队达成招商引资目标。成功的招商引资领导者要将所注意力集中到"价值创造"上，不仅要了解自身的优势和价值观，而且要学会"时间管理""有效决策""管理沟通"……只有这样，才能够把优质投资商留下来，把更多高质量投资商吸引过来（参见图10—5）。

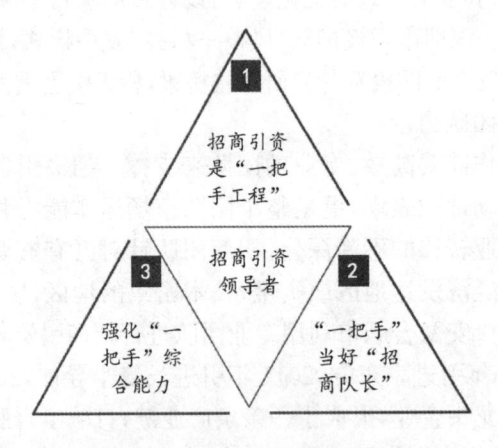

图10—5　招商引资领导者工作方法

1. 招商引资是"一把手工程"

推动招商引资工作取得新成效，要树立"一把手工程"理念，设立"招商引资"领导小组，由"一把手"担任总指挥，建立强大的顶格推进机制阵容。卓有成效的招商引资领导者既坚持实事求是，根据当地的经济、社会、文化实际确定目标和任务，制定有效的举措，又要具有战略思维和眼光，始终牢牢把握住工作的正确方向。

对于很多地方来讲,要想打开招商引资局面,推动本地区经济跨越式发展,必须坚持招商引资的"一把手"位置。近年来,很多亿元级项目纷纷落户浙江衢州市,从客观条件看,衢州市无论是交通区位、城市能级还是园区硬件,优势均不太明显,究其根本原因,在于当地党政"一把手"深入招商一线,树立招商引资就是"一号工程""一把手工程",变招商引资"裁判员"为一线招商员,亲自收集信息、登门拜访、上门招商,并随时重点督查工作的整体推进情况及阶段性目标完成情况。①

2."一把手"当好"招商队长"

招商引资领导者及时把握上级对招商引资工作关注点的变化,结合自身项目特点和产业规划,及时调整工作重点。例如,政府项目为地方招商引资提供了大量机会,要想真正抓住机会,招商引资领导者需要找到关键的项目决策者,确定影响项目投资行业的主要因素,并把握投资决策的全过程。实践中,很多政府投资项目会照顾到中西部地区、少数民族地区、经济落后地区等,当地招商引资领导者必须把握机会,争取大项目、关键项目落地。

> 依托产业人才政策举措,持续推进招才引智,招引一批特色产业领军人才和团队。

在宏观上,"一把手"要把握战略主动,加快建设现代产业体系。招商引资领导者需要深刻洞察当地关键产业及相关产业发展潜力,包括市场趋势、竞争对手、产业链上下游等,敏锐地捕捉商机。既巩固传统优势产业领先地位,又创造新的竞争优势。一是加快传统制造业数字化转型,着力提升高端化、智能化、绿色化水平;二是推动战略性新兴产业融合集群发展,构建新一代信息技术、人工智能、生物技术、新能源、新材料、高端装备、绿色环保等一批新的增长引擎;三是推动现代服务业同先进制造业、现代农业深度融合。

在微观上,"一把手"要大兴调研之风,梳理产业发展"痛点"和"堵点"。一家家企业去考察,一个个项目去洽谈,一份份合作意向去争取……敢于拿下面子,放下架子,既要下去联系基层,了解企业,了解项目,也要走出去招商引资,争取项目。招商引资领导者走到一线去,俯下身子,准确、全面、深入地了解地方产业发展现状,可以更好地与投资商沟通,为之增强投资信心。2007年,广达电脑考察国内第三基地的选址,经惠普推介与重庆接洽,

---

① 周宪彪.亿元大项目缘何纷纷落户衢州——衢州高新区招商引资工作启示[J].中国高新区,2016(2):76-79.

正是重庆市委、市政府的国际性视野、推动产业发展的决心，最终让广达决定落户重庆。

3. 强化"一把手"综合能力

具备领导能力的"一把手"，必须是知识型、学习型人才。招商引资领导者在经济形势变化中找准战略性新兴产业发展方向和切入点，抢抓"相对宽松政策"重大机遇，"内培＋外引"加速战略性新兴产业发展，诸如风电、光伏、新材料等，梳理专精特新企业清单，引导民间投资，把"问题清单"转变为"成果清单"。

一是眼光向外，紧盯市场，抓好招商项目谋划，精准细致地谋划关键战略性新兴产业重大项目。招商引资领导者需要具备较强的人脉资源整合能力，广泛联系、结交各类人士，包括政府官员、企业家、专家学者等，有效地利用和扩大人脉圈，获取更多的信息和资源。此外，还要负责组建专业化团队，找准优势产业和资源要素，画好产业图谱，主动对接具有市场影响力的央企、国企、民企等。

二是优化营商环境，确保有为政府和有效市场同向发力。首先招商引资领导者挂点联系重点企业制度，落实"一企一策"，密切联系税务、工商、人社等部门，精准掌握政策导向，提供细致服务。其次，主动对接银行及辖内企业召开产融交流会，着力解决中小微企业融资难问题。最后，加快推进线上审批全程代办等政务服务模式，构建"线上＋线下"项目联动管理系统，提高项目建设管理透明度和服务效率。

三是落实"一把手"招商责任，精准对标抓实招商"第一要事"，通过上门拜访企业、座谈商洽、"一把手"外出招商等形式，做好招商引资引领和示范工作，组织召开产业招商项目推进协调会，不断强化"主动跑、主动找"意识，不断拓展招商引资渠道，寻找新的工作着力点和突破口。

招商引资执行者

> 具有丰富工作经验和实际绩效的干部和骨干员工是"招商引资"工作的执行者。

招商引资从来就不是一项简单的工作，而是一项综合性的工作。招商引资执行者负责与投资商接触和协商，为投资商提供咨询服务，协助他们了解当地的投资环境和政策，并解答可能的疑问。在项目落地后，他们还负责监督和评估招商引资的效果，并根据反馈信息进行必要的调整和改进。实践中，招商引资执行者是招商引资工作的中坚力量，是决定招商引资绩效的关键所在。合肥市"县干招商"让百名县处级领导干部赴一线、抓招商、促发展，干部在经济发展中起带头作用，在招商实践中增强本领，在落实中加深招商引资工作认识。

1. 空谈误事，实干兴商

招商引资是引领地方经济繁荣发展的必由之路，也是构建开放型经济的关键手段，封闭保守是招商引资工作最大的敌人。招商引资执行者需要在实践中不断探索富有产业特色且符合当地经济实情的方法。一是招商引资管理者要具有创新精神，敢于打破思维定式、工作惯性和路径依赖，以创造性落实开拓事业新境界。二是招商引资是一项实践性工作，要想做好它，就需要下大功夫研究当地的实际情况，找对路子，一代人接一代人干下去，只有真抓实干，以改革创新精神持续优化营商环境，才能取得实效。三是招商引资工作是做出来的，而不是谈出来的，离开具体的招商引资实践，一切都是毫无价值的空谈。

实践中，地方招商引资管理者善于谋划、巧于运作、勤于落实。特别是在项目建设方面，他们要一手拿项目，一手拨算盘，提前算好生态账、经济账、民生账，通过"前置、并联、容缺"等措施，实现拿地即开工，提升招商引资工作效率。

2. 战略引领，聚焦价值

适应招商引资内外部环境变化，依托当地优势要素，为构建和维持核心竞争力，制定全局性招商引资战略方案。一是综合运用市场、行政和法律手段，吸引外部资金、技术和人才，与当地特色要素相结合，培育出核心竞争力，促进经济高质量发展。二是树立正确招商引资理念，坚持以"投资商利益"为中心，分析投资商对哪些项目或优惠政策感兴趣，需要提供什么样的服务等。三是以市场为导向，合理配置内部资源，满足投资商的需要（"5R"原则，即在恰当的时间、恰当的地点，以恰当的价格，向恰当的投资商，提供恰当的项目或优惠条件）。四是在充分调研的基础上，结合自身优势和特色，分步骤、有重点、有考核地开展具体招商工作。

3. 把握重点，顺应趋势

> 把握数字化、网络化、智能化融合发展的契机，发挥地方产业比较优势，加快数字基础设施和服务体系建设。

招商引资执行者立足区域产业特征和产业发展重点，围绕战略支撑产业、传统优势产业、高新技术产业、新兴产业等，确定若干专题性的产业招商领域，做出科学的产业、企业、项目定位。一是精心打造懂产业、通政策、善谈判、识商辨商能力强的专业招商队伍,继续提升招商引资力度和成效。二是围绕地方重大发展战略、产业发展导向,发布项目招引指南、组织项目管理培训。三是顺应产业转移趋势,将招商产业导向与区域产业定位结合起来,主要吸引最适合区域产业发展的资金和人才,增强招商的产业针对性。四是密切关注重点地区和城市在相关产业领域内的投资需求,有针对性地定向承接,重点吸引相关招商产业领域的重点企业,以实现大项目的龙头带动与产业聚集效应。五是全面深入地研究目标产业和企业投资落地所需要的环境条件,包括作为大环境的产业投资条件和作为小环境的企业投资条件。

4. 拓宽渠道,整合营销

招商引资者重视营销工作,采用多种手段开展营销整合活动,一是先行规划,构筑工业园区、产业园区、高新区、创新区等招商引资载体,创造"让居者乐居,让投资商赚钱,让旅游者快乐,让创业者成功"的优良投资环境。二是整合传统媒体和新媒体,向全社会、海内外宣传本地的资源、优惠政策和比较优势,从而引起投资商的注意,并调动潜在投资商的兴趣。三是举办投资说明会、项目推介会、合作研讨会、商品展销会、交易会等各种活动,进行招商引资谈判、吸引投资,这个过程中要注重与当地特色的深层次结合,实事求是,不能过度包装。

5. 加强售后,诚意服务

> 对符合条件的投资商给予资金补贴、用地用房保障、人才奖励等多维度政策支持。

招商引资执行者需要做好"售后"服务,单单以"招进来"为目标的招商行为,都是一种"流氓"行为。招商跟谈恋爱很类似,从最开始选择目标,主动出击,自我营销,到最终抱得佳人归,婚后维持家庭稳定,一丝一毫都不能马虎,必须拿出十足的诚意。正是因为抱着这样的负责心态,招商引资执行者就愿意从投资商的角度考虑问题,尽为他们做好服务。很多地方在招商引资过程中都明确提出了"管家式服务",不仅要服务意向企业,也要服务落户企业。每个项目都有专人负责,在企业咨询、考察、洽谈、前置审批、注册登记、政策兑现、跟踪服务等全生命周期内,不管遇到什么问题,一个电话,就有工作人员上门服务。实际上,企业也是由人组成的,是人就会懂感情重感情,只要能从投资商的角度考虑问题,就没有谈不拢的买卖。

6. 讲好故事,做好宣传

招商引资既是投当下的项目,也是投未来的预期。招商引资执行者既要脚踏实地地把项目分析好,也得有战略眼光,学会讲"故事",为投资商描绘未来的蓝图和美好愿景。成功的招商引资执行者重视与投资商建立紧密的日常工作关系，习惯于走访企业，广泛结交并深入了解重要行业内的关键客户，扎实地积累关于该行业的技术、产品和服务知识，了解投资商的"痛点"。他们通过持续跟踪该行业内的龙头企业，结识企业的重要决策者，耐心地观察和研究如何与该投资商合作，帮助投资商在激烈的市场竞争中取得成功。

招商引资储备军

招商引资储备军是各地招商引资机构为推动经济发展而组建的一支年轻、有潜力、有活力的招商预备队。他们在招商引资工作中发挥着重要的作用，为当地经济发展做出了积极的贡献。通常情况下，有志于"招商引资"的优秀人才是储备军主要来源，招商引资管理者需要培养和引入一批专业知识扎实的高素质储备人才，为地方招商引资长远发展奠定坚实的人才基石。

1. 有志于招商引资工作

招商引资人才是基础性、决定性、战略性资源。负责招商的人应该都是非常懂行的人，这是一个活到老学到老的行业，必须对当地园区和产业的所有情况，尤其是优惠政策、发展规划，都要了如指掌。招商引资储备军必须从骨子里爱招商引资工作，思想上得"入定"，仅仅靠指标意识，是做不好招商工作的。

招商引资工作的主要内容是招企业、招项目、招资金和招人才，归根究底这些都离不开与投资商的沟通，因此优秀的招商人员要善于与投资商高效沟通，无论是区位、产业和人才，还是资源、服务和环境，都能详细分析，明确最关键的优势要素，从人性化、特色化、储备化的角度沟通和交流。

2. 培训新兴产业人才

招商引资管理者面向地方关键产业发展，培养和引进相关的产业人才，诸如新能源产业、新兴涉农学科专业、生物医药专业等，以适应地方产业需求，服务地方产业发展。诸如，选派招商引资储备人才到经济先进发达地区学习和考察，尤其是珠三角、长三角和京津冀地区，通过一线深入交流，详细学习支持民营经济发展的具体做法。

> 越是任务艰巨、形势复杂多变，就越要重视学习和培训，使个人的专业综合能力与工作岗位职责相匹配，更好地把握外部机遇。

实践中，很多招商机构设置不明确，人员配备整体素质差，根本适应不了新时期高强度招商引资的要求。然而，商机是跑出来的，招商引资管理者必须走到市场中寻找新商机，沟通新投资商。"今年的行程已经全部排满，国内、国际市场都要跑，重要国际性展会、国内重点城市……一个都不能少，今年的飞行里程怕是要创新高。"这是一位招商引资者的成功秘诀，没有勤劳，哪里会有功劳。

3. 重视打造学习型组织

"发展是第一要务，人才是第一资源，创新是第一动力"，招商引资管理者坚持引进与培养相结合，既要出台优惠政策引进外来优秀人才，还要鼓励培养本地优秀人才，丰富区域人力资源储备库（研发创新人才、管理人才、高技能人才……）。招商引资储备军通常需要经过一定的培训和提升，才能具备相关的专业知识和实践工作技能，更好地完成招商引资任务。之后，他们通过持续不断地学习，总结归纳地方产业发展的规律，明确招商引资方向，掌握科学的招商引资方法，持续提升产业判断力、战略思维力和实践操作力，成长为地方招商引资的骨干力量。

资料链接 10—3　安徽天长多维研判发现潜力干部

近年来，安徽天长市实施干部"慧眼"工程，通过多层次推、多场景识、多维度储，精准发现和储备一批有潜力、口碑好的优秀年轻干部。

召开领导干部大会，非定向推荐市直单位、镇街党委和政府正职各 5 名，作为调整配备正职人选的重要参考。结合年度综合考核，采用"会议推荐＋谈话推荐"方式，在 80 个市直单位和镇街开展非定向推荐。从具备较强培养潜力、未来可堪使用的角度，每个单位分别推荐 1~2 名科级干部和科级以下干部，科级干部一般在 45 周岁以下，科级以下干部一般在 35 岁以下。累计谈话 1 600 多人次，共推荐产生初步人选 302 人。

坚持不唯票、不唯分，从政治素质、个人履历、专业特长、业绩荣誉、主要不足 7 个维度，系统分析和综合研判推选出的年轻干部，绘制干部特征"雷达图"，直观展示干部专长特点和短板不足。采取日常调研、一线跟踪、嵌入督查等方式，查看干部在关键事、关键时的实际表现，及时掌握干部在重大斗争中的鲜活事例，从中比对分析研判，更加精准立体识别优秀干部，最终确定入库潜力科级干部、科级以下干部各 100 名。

对入库潜力干部进行多角度、多维度分类，如按照人员身份分为公务员、事业人员、国有企业人员，按照成熟度分为当前可使用、近期可考虑、未来可培养,按照发展方向分为综合性正职、副职和专业性正职、副职等。入库潜力干部名单只由组织部门内部掌握。潜力干部库实行动态管理、优进绌出,年度集中调整,平常随时调整,特别注重在基层治理一线和急难险重任务中发现和储备潜力干部,始终保持优秀年轻干部"一池活水"。

资料来源:李伟成,陈令东.识人有慧眼 源头有活力[N].中国组织人事报,2023—09—05(2)。

10.4 招商团队建设

招商引资团队是由招商引资者、管理者、领导者以及储备军组成的一个共同体,需要有补位意识,合理利用每一位成员的知识和技能,发挥各自的特长,互相支持和协作,共同解决问题,达成良好的招商引资绩效。

培养招商团队意识

没有完美的招商个人,只有完美的招商引资团队。现代招商引资团队对协作需求增加,愈发凸显团队意识的重要性。招商团队成员需要具备强烈的认同感、归属感和荣誉感,自觉主动地与团队成员一起为实现团队目标而共同努力(参见图10－6)。

图10－6 招商引资团队意识

1. 协作意识

招商引资团队协作意识是指在执行某种具体任务过程中,团队成员之间相互配合的能力。协作意识让每位成员为团队尽心尽力,共同提升团队的竞争力。招商引资团队既有分工,又有合作,只有具备了良好的协作意识(参见表10－3),才能充分发挥团队的优势和潜力,提高工作的整体水平和效果。因此招商引资团队建设必须以团队贡献为核心,吸纳、培养和激励团队成员,真正树立起"一荣俱荣,一损俱损"的团队价值观。

表 10—3　　　　　　　　招商引资团队的协作意识

序号	协作意识	解释说明
1	信息共享	团队成员之间要充分共享和交流各自掌握的信息和资源,更好地发挥整体信息优势
2	分工合作	根据每位团队成员的优势和特长,合理分工合作,最大限度地发挥各自的优势能力
3	互相支持	团队成员之间互相支持和协助,共同解决问题和克服困难
4	团队沟通	定期进行团队沟通,及时交流工作进展、困难和问题,共同探讨解决方案
5	知识分享	团队成员分享招商引资的理论知识和实践经验,相互学习和借鉴
6	团结协作	团队成员团结一心、齐心协力,增强团队的凝聚力和战斗力

2. 市场意识

招商引资团队要具备敏锐的市场洞察力和应变能力。一是了解当前市场的需求和趋势,有针对性地制定招商引资年度工作计划;二是根据市场的变化和投资商的需求,灵活调整招商引资的策略和手段,在市场环境发生变化时,及时调整投资项目的方向和重点;三是积极开展市场调研、营销策划、品牌推广等,更好地与投资商沟通,提升地方招商品牌影响力。

3. 服务意识

思想差距是最大的差距,观念落后是最大的落后。招商引资团队努力营造一种信任的氛围,让投资商感受到安全可靠,循序渐进引导他们来投资。一方面,招商引资管理者必须具备责任意识,关键看行动、根本在担当,落实好"四个亲自"工作要求,把招商引资工作责任扛在肩上、抓在手上、落实到行动上;另一方面,招商引资团队成员积累经验、掌握专业知识和技能,培育良好的职业道德,发挥主观能动性,落实好团队工作任务。

4. 创新意识

招商引资团队要勇于尝试新的思路和方法,不断优化策略和手段,提高工作效率。一是发挥每一个人的创新潜力,凝聚智慧、汇聚成创新的强大合力;二是探索新的招商模式,如产业链招商、专业化招商、网络招商等,更加精准地对接投资商和项目;三是创新项目策划的方式和手段,注重项目的特色和优势,以及市场前景和投资潜力等方面,提高项目的吸引力和成功率;四是对于新引进的投资商和项目,建立一套完善的培育体系,帮助其快速适应市场、提升竞争力。

强化招商团队能力

高效招商引资团队的四大特征是有组织、有纪律、有理想、有力量。对于地方经济发展而言，招商引资团队能力是至关重要的。当我们审视全国甚至全球的经济发达地区时，就会吃惊地发现，它们都拥有数量众多的高素质招商引资团队。实践中，招商引资团队能力是团队建设的关键所在，匹配招商引资工作需求，通常要具备四种关键能力：管理能力、专业能力、创新能力和服务能力。招商引资管理者要着眼于团队关键能力，通过有效的手段，持续强化团队能力（参见表10—4）。

表10—4　　　　　　　　　提升招商团队能力的主要手段

序号	主要手段	解释说明
1	明确的团队目标	明确招商引资团队共同的愿景、使命和价值观，让每个成员都清楚自己的角色和价值
2	有效的沟通机制	通过定期的会议、交流平台等方式，确保成员之间能够及时、准确地沟通想法和意见
3	可靠的信任关系	招商引资管理者与团队成员之间相互信任，建立良好的团队氛围
4	共同的工作流程	通过培训、指导和改进工作流程，确保团队成员了解如何协调并完成工作
5	持续的自我评估	鼓励成员提供反馈和建议，定期进行自我评估，了解团队的能力和短板，采取相应的改进措施

1. 管理能力

每一位招商引资者，无论有没有下属，事实上都属于管理者。招商引资管理者要有责任心，具有自我管理能力，设置较高的绩效标准，控制、衡量并指导自己的绩效。其中，理解投资商的现实及其所崇尚的价值，是招商引资管理的重点。有管理能力的招商引资管理者，一是学会对自己负责，明白自己的优势，知道如何为组织带来价值；二是既懂得向下管理，也懂得向上管理，致力于成为一名高绩效的管理者；三是掌握丰富的管理和专业知识，懂得与他人配合，进而创造更多的招商价值。

2. 专业能力

最好的招商引资管理者应该能够和企业互动，这其中不光是单方面介绍有什么租金优惠和税收返还政策，更应该是解答企业提出的关键问题。任何一名投资商都关心未来的发展，关心园区能提供什么样的核心价值，打造的产业载体有哪些实质内容,上下游产业链是否完整等,如果招商引资管理者连这些问题都回答不出来,肯定不能说服客商。招商引资沟通要讲求策略,尽量不要搞大规模的拉锯战,要小步快跑,先争取较小项目迅速落地,只有取得了初步成功,投资商才会放心把项目做大,把投入做大。

3. 创新能力

卓有成效的招商引资创新不是来自办公室,而是来自一线的团队实践,招商引资管理者要以市场为导向,激发一线招商引资管理者的创新积极性。无论如何,成功的招商引资不只是吸引投资商,而是在于向其提供优质的项目和服务,运用专业团队的力量,帮助投资商项目落地,及时实现预期的盈利。因此,现代招商引资管理者能够且必须建立一支专业运营团队,与投资商分享产业发展的最新数据和成果,为投资商提供个性化的项目服务,多渠道联系专家资源,为投资商解决技术方面的难题,拓展产品市场……很多发达地区或城市的招商引资团队开始打造投资商服务体系,形成复杂高效的招商关系网,围绕地方关键产业,建设良好的产业发展生态。

4. 服务能力

招商引资团队必须强化服务意识,提高自身的服务能力,更好地服务地方产业发展。招商引资者和投资商是一种战略伙伴关系,要有相互支持、不离不弃的精神。实际上,现代招商引资管理者需要一支专业化的投资运营团队,帮助投资商确定问题,解决问题,在一定程度上对项目运营提供支持。

任何时候,招商引资管理者都要与投资商紧密合作,针对投资商的个性化问题提供定制的解决方案。从短期看,满足投资商当前需求的招商引资管理者会赢得投资商青睐,从中长期看,招商引资管理者与投资商建立有价值的伙伴关系,持续为投资商提供价值,不断做大做强投资项目,树立投资商和投资项目标杆。

加强招商人才管理

招商引资团队的根本是人才,需要不断改进和创新人才管理,打造"人尽其才、才尽其用"的良好局面。招商引资人才管理的核心是吸引、保留、用好人才,充分发挥人才潜能,创造更大的招商引资价值。

> 营造真心爱才、诚心引才、倾心聚才、暖心留才的社会氛围,为高质量发展提供智力支撑。

1. 坚持人才优先发展

拥抱变化、专注主业、创新驱动,是成功招商团队的关键,所有这一切都不开人才资源。现代招商引资是一项持久性的工作，需要立足当下，实干为要，只有坚持人才优先发展，才能把各种资源有效地配置到位，引得来投资商、留得下项目、干得好产业，切实落实并完成既定的招商任务，在地方经济发展中发挥示范引领作用。

2. 做好人才培养和赋能

招商引资管理者秉承"全员学习、终身学习"原则，打造学习型组织，让学习成为人才的必需和习惯，实践是人才的"试金石"，招商引资管理者要把培养人才的"主战场"放在一线，坚持实践标准，在一线发现、历练、培养和成就人才，不断提升人才实战能力和破解难题能力。

3. 用好用活各类人才

招商引资管理者要通过战略引领和激励机制相配合，让团队成员产生较强的归属感、获得感和幸福感。招商队伍稳定了，才能充分发挥人才创新积极性。传统招商引资通常是政府部门的"主营业务"，通过层层下达指标，并纳入干部绩效考核鞭策招商引资者努力工作。从积极的角度看，这确实能够引起政府各部门的重视，营造良好的招商引资氛围，并且能够发挥一些人的"特有资源"，促进经济发展；从消极的角度看，这是一种典型的政府角色"错位"和"越位"，无法激发招商引资管理者的创新性和动力。现代招商引资团队更加突出市场化运作，突出管理者和服务者双重角色，灵活配置团队各类人才，充分发挥优势，避免劣势，做到人事相宜、人岗匹配。

4. 创新人才流动机制

> 招商引资人才合理有序流动有利于盘活人才资源、提高工作效率和优化人才结构。

招商引资管理者要根据各个岗位的任职标准合理安排人才。一是畅通内部人才市场，实现纵向、横向和跨界流动，争取从外部引进的人才岗位不低于20%；二是建立柔性流动机制，通过引智合作、人才租赁、挂职派遣等方式，不求为我所有，但求为我所用；三是定期开展人才盘点，建立招商引资人才库，积极发现培养综合素质优、发展潜质强的好苗子；四是实行末位淘汰制，如规定每年流动人员比例不低于10%。

促进招商互动沟通

招商引资管理者有效地促进团队互动沟通，能够增强团队的凝聚力和合作意识。

1. 努力克服沟通障碍

实践中,招商引资团队在沟通意识、沟通频率、沟通渠道、沟通效果等方面均存在较多问题。例如,某县级市的招商引资团队调研问卷显示,招商引资管理者认为沟通顺畅且高效,而数据反映的情况恰恰相反,针对"您愿意与团队成员分享并交流招商信息吗?"这个问题,有55%的人员选择了"不愿意",28%的人员选择了"不确定"。事实上,尽管我们都知道招商引资沟通的重要性,但在实际工作中并没有很好的举措把沟通的作用发挥出来。因此,招商引资管理者需要积极克服团队存在的沟通障碍,不断完善和提高团队的互动沟通效果。

2. 强调以人为本理念

高效的招商引资团队强调以人为本理念,加强管理者与员工之间的有效沟通,充分了解员工的性格特点以及能力水平,建立良好的沟通氛围。一是鼓励团队成员发表意见,尊重团队成员想法,使所有人员都积极参与团队建设;二是对团队成员的想法和意见进行反馈和总结,以便让每个成员了解整个团队的进展和情况,也让团队成员感到自己的意见受到了重视;三是注重团队成员之间的差异,根据团队成员的能力和意愿进行岗位匹配和优化。

3. 制定团队沟通制度

高效的招商引资团队沟通需要制度保障,提升沟通成效。一是建立双向沟通机制,让团队成员充分表达自己的意见和看法,从而激发团队内在的潜能;二是开展沟通技能培训,提升团队成员的沟通能力,掌握沟通的技巧,这不仅有助于团队沟通管理,而且有助于团队成员自身成长发展;三是建立完善的沟通反馈机制,有效提升沟通的有效性;四是鼓励团队成员之间开放、坦诚沟通,分享自己的想法、意见和建议。

提升招商运营效率

招商引资管理者努力提升招商团队的专业能力、干事本领,以勇争一流、追求卓越的行动不断提升运营效率,推动地方经济发展开新局和创新绩。

1. 听取专业声音

> 对地方产业情况的掌握越是全面、准确,就越能为招商引资工作谋划、决策制定提供科学支撑。

实践中,招商引资项目通常需要专业投资人士把关,用他们的"火眼金睛"找出项目的亮点或价值点。如果项目没有通过专业人士的初步审核,就需要重新设计。如果项目被盲目地推向市场,结果一定是很不理想的。我们不妨这样思考,那些通过专业投资人审核的项目,未必会取得预期的成效,而那些无法通过专业投资人审核的项目,一定不会取得预期的成效。

招商引资工作要尊重专业投资人士的意见,避免"头脑发热"式决策。实际上,要想把招商引资工作做好,需要认真倾听"三个好声音",一是听取产业专家的声音,为产业发展把好脉开好方;二是听取投资商的声音,让招商举措更接地气,更有实效;三是听取人民群众的声音,把维护最广大人民的根本利益,作为推进招商引资工作的出发点和落脚点。

2. 遵循市场规律

招商引资项目要找到专业投资商,也就是说该投资商要在项目领域有着丰富的运营经验和成功实践。实践中,招商引资者必须敬畏市场规律,隔行如隔山,招商引资项目取得成功的关键因素通常不是资金,而是投资商的管理和运营能力。尽管地方经济发展鼓励当地年轻人创新创业,但对外招商引资的做法通常是找到市场上已经证明取得某种成功的投资商,用项目和资源吸引他们,让他们和当地的资源结合起来,做大做强项目,引领经济高质量发展。

3. 树立底线思维

招商引资管理者注重实际情况,从底线出发,稳健地推进工作。一是应深入调研当地及周边地区的产业和市场,了解当地的优势产业、重点企业、资源禀赋等,为招商引资工作提供科学依据;二是积极利用互联网、新媒体等现代手段,如建设招商网站、微博、微信、视频号等平台,多渠道宣传当地投资环境和优势项目;三是在招商引资工作中,注重项目的质量而不是数量,重点推介符合当地产业发展方向、具有长远发展潜力的项目;四是充分认识到招商引资风险,建立完善的风险评估和防范机制,加强项目审查和风险监控。

4. 推进精准招商

数字化时代的招商引资者,拥有了更便捷的工具,能够与投资商及时沟通和交流,与以往广撒网式的"大招商"不同,现在更加强调"精准招商",围绕关键点,直接与目标投资商开展深度交流和沟通,建立起互动性更强的密切关系(参见表10—5)。

表 10-5　　　　　　　　　　推进精准招商的关键点

序号	关键点	解释说明
1	加强市场调研分析	了解当地产业链的优势和不足,掌握目标投资商的需求和意向,为精准招商提供科学依据
2	制定特色招商方案	制定具有特色的招商方案,包括招商目标、招商策略、招商方式、预期效果等,根据实际情况不断调整和优化
3	注重产业协同发展	通过引进龙头企业,带动上下游企业协同发展,形成完整的产业链条
4	建立高效工作计划	针对不同的产业链环节,制定具体的招商计划和措施,明确责任人和时间节点

成功的招商引资管理者都会依法建立起有效的投资商发展计划,不仅持续不断地吸引新投资商加入,而且特别关注原有投资商,努力让他们留下来,发展好。

资料链接 10-4　打造招才引智强磁场

位于合肥市高新区的清新互联信息科技公司,是一家以视觉人工智能为主攻方向的国家专精特新"小巨人"企业,研发生产的 5G 超高清智慧视觉产品和视频综合平台、中心管理软件等产品,应用于能源、消防、应急指挥等众多领域。创业过程中,来自政府和国资背景的资金支持加速了清新互联的成长。2016 年,尼秀明团队入选安徽省扶持高层次科技人才团队 A 类名单,可享受省级 1 000 万元资金扶持政策。作为对省级资金的配套,合肥市及合肥高新区也给予 1 000 万元资金支持。

……

致力于细胞工程核心技术的中科普瑞昇生物医药科技公司,依托中国科学院合肥物质科学研究院研究力量,建设肿瘤细胞库,为肿瘤药物研发、临床治疗等提供支持,去年营收 6 000 余万元。中科普瑞昇创业过程中,来自政府扶持资金和产业引导基金的支持同样发挥了重要作用。"我们在 2016 年入选省高层次人才团队 B 类名单,获得省市各 600 万元的资金支持。"中科普瑞昇总经理告诉记者。2020 年,省高新投管理的"三重一创"基金又向中科普瑞昇投资,支持企业建设省精准用药工程实验室。

与真金白银的支持同样重要的是,国资投资管理机构在帮助缺乏经验的创业者规避融资"陷阱"上也能发挥关键作用。尼秀明在创办清新互联之前,曾创办过另一家公司。"那是2002年,风险投资的概念还没普及,创业生态也不像今天这样完善。我们因为缺少启动资金,引入了外部投资人,但为此放弃了大部分股权。"尼秀明回忆,当时,自己和创始团队缺少融资经验,失去了对企业的控制权,导致企业长远发展受到影响。这也是尼秀明后来在创办清新互联时,对股权融资非常谨慎的原因。

中科普瑞昇融资过程中,省投资集团、合肥产投集团等战略投资者优化设计了中科普瑞昇的股权结构。因为恰当的估值和合理的股权设计,中科普瑞昇在经过多轮融资后,创始团队仍持有合适的股权比例,形成了较为合理的责任安排和利益连接机制。

对科技人才团队创新创业的强有力支持,不仅激活了本地人才资源"存量",更吸引外地人才来皖逐梦,创造了"增量"。省投资集团发挥国资投资平台功能,打造"科大硅谷"核心区中安创谷科技园,已累计招引490家企业。连续六年承办"创响中国"安徽省双创大赛,吸引7 253个海内外项目报名参赛,其中海外项目1 344个,推动68个海外项目和37个省外项目落地安徽。

资料来源:汪国梁.打造招才引智强磁场[N].安徽日报,2023—09—05(10)。

第 11 章
推进政府基金招商

当前及未来相当长一段时期,投资都是政府的一项重要职能,事关经济社会发展全局,也是引导和带动社会资本和扩大有效投资的工作抓手。2002年,北京市中关村管委会出资设立"中关村创业投资引导资金",成为国内第一只由政府出资设立的、具有"引导"名义的投资基金。

11.1 政府基金招商内涵

当前,地方招商引资工作既面临巨大战略性机遇,又遭受严峻的挑战。在这种情况下,招商引资工作需要有为政府与有效市场相结合,发挥政府和市场两种手段,通过基金投资激发地方关键产业主体的活力。2023年2月,上海启动"助推民营经济高质量发展金融服务月",打造"金融服务直通车"2.0版,旨在助力1 000家创新企业获得金融支持,梳理10 000家"白名单"企业建立数据库,切实赋能民营企业高质量发展。

政府基金招商概念

> 招商引资管理者要从以"土地优惠+税收减免"为主的政策优惠思维向以"资本运作+基金支持+环境优化"为主的市场化思维转变。

政府基金由各级地方政府通过财政预算安排,以单独出资或与社会资本共同出资设立,采用股权投资等市场化方式,引导社会各类资本投资于经济社会发展的重点领域和薄弱环节,支持相关产业和领域发展。实践中,政府投资基金一般分为政府出资设立的综合性基金、创业投资引导基金(母基金)、非公开交易企业股权的股权投资基金、创业投资基金。从定义上看,政府基金招商是指地方政府通过设立引导基金或产业基金,对投资商项目进行股权投资,以吸引有影响力的龙头企业落户,带动上下游企业持续进入,形成产业集群。政府基金招商模式的关键在于,地方政府以投资基金的方式,直接或间接地对投资商进行股权投资,为投资商提供资金支持,优化其资本结构。

1. 政府引导基金发展迅猛

随着国家相继出台扶持政府引导基金的政策,各级地方政府开始纷纷设立引导基金,助力提升地方产业创新能力和核心竞争力。2021年,为加快实施创新驱动发展战略,加速推动科技成果转化与应用,国家出台《国家科技成果转化引导基金管理暂行办法》。总体上来看,作为一种政策创新工具,政府引导基金出现"井喷"式增长,据不完全统计,目前国内政府引导基金超过1 000只。其中,市级政府引导基金数量占比最高,并出现逐步下沉的趋势。

> 政府引导基金具有促进区域经济发展,促进产业转型升级的积极作用。

国际经验认为,种子期的项目是股权投资市场中"市场失灵"的主要领域,也是政府引导基金的重要支持方向。从实践中看,政府引导基金主要以股权投资、少量债券投资为手段,投资当地中小企业或政府扶持的重点行业,以此发挥财政资金的杠杆作用及政府资金的引导作用,并不以营利为目的。

2. 基金运作模式多种多样

政府引导基金是由政府出资设立、按照市场化方式运作、吸引社会资本和民间资本参与,以产业政策导向为主要目的的股权投资基金。政府引导基金作为一种政策性基金,以及政府主导的新型投资方式可以采取因地制宜的运作模式,目前最成熟的四种运作模式分别是"上海模式""深圳模式""苏州模式"和"天津模式"。其中,上海模式按市场化运作、政府主导的原则,发挥政府财政资金的放大效应,吸引社会资本,投向重点发展的战略性新兴产业。

3. 政府基金助力招商工作

政府引导基金在推动地方产业发展、招商引资等方面具有重要作用。从定义上看,政府基金招商就是一种通过政府设立的基金,以股权投资等方式,吸引外部投资商或社会资本参与当地经济发展的方式。

> 设立政府基金,吸引社会资本参与,发挥财政资金杠杆作用,激发产业投资活力。

实践中,政府基金招商不仅能够解决当地企业融资难、融资贵的问题,促进产业发展,还能有效地引进外部投资商,助力当地经济持续发展。招商引资管理者推进政府基金招商需要把握如下三个关键点:一是结合当地产业基础和资源禀赋,梳理重点产业发展目标,制定有针对性的基金方案,实现产业链上下游的协调发展,打造具有竞争力的产业集群;二是与市场化机构合作,通过让利共赢等机制,实现市场化机制筛选项目,有效分散基金运作风险;三是地方政府积极为投资商提供增值服务,例如政策支持、市场开拓、管理咨询等,通过"投资＋投智"相结合的方式,提升投资商运营效能。

政府基金招商价值

在民间投资预期较弱时,政府要发挥有形之手的力量,通过产业投资基金发挥投资引导作用,重点在于为地方产业发展打基础、利长远、补短板、调结构。此外,招商引资管理者需要加大科技和产业投资,超前开展重大科技基础设施和关键核心技术研发能力建设,提供好要素保障,兼顾好经济效益和社会效益。总的来说,政府基金招商的价值主要体现在四个方面(参见图11－1)。

1. 促进重点产业发展 2. 引入投行运营思维 3. 创造新的竞争优势 4. 推动招商引资发展

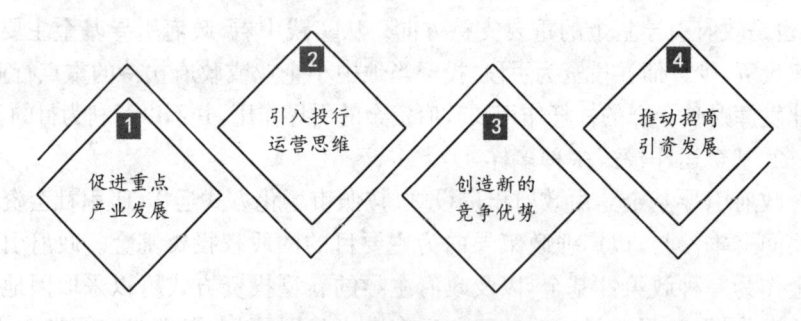

图11－1 政府基金招商的价值

1. 促进重点产业发展

政府基金作为金融资本和产业资本紧密结合的产物,已成为继传统银行、证券市场融资工具之后的一种创新融资模式,在缓解地方中小企业融资难、推动传统产业升级、促进招商引资等方面起到了突出作用。招商引资管理者需要提前布局重点产业领域,对接政府基金,努力打造现代产业体系,一方面发挥传统优势产业的基础作用,另一方面提升战略性新兴产业和现代服务业的竞争优势。

> 政府产业基金聚焦招商引资重点产业、重点企业、重大项目,大力支持"专精特新"企业成长,促进创新链、产业链、资金链深度融合。

政府基金招商可以有效地吸引有影响力的龙头企业落户,带动上下游企业持续跟进,以基金为线索,串起产业链,形成产业集群,进一步推动产业与金融融合发展。《关于打造"3+N"杭州产业基金集群 聚力推动战略性新兴产业发展的实施意见》提出,杭州市政府主导,整合组建杭州科创基金、杭州创新基金和杭州并购基金三大母基金,参与投资 N 只行业母基金、子基金、专项子基金等,最终形成总规模超 3 000 亿元的"3+N"杭州基金集群。

2. 引入投行运营思维

招商引资存在一个"悖论",当项目本身不差钱的时候,更容易与外部投资商达到合作,而当项目本身处于缺钱状态时,投资商就会迟疑不决了。招商引资管理者引入投行运营思维,可以帮助政府基金招商更加精准、高效、规范地运作。从投行思维来看,基金运营既是一项服务工作,也是一项创新工作,更是一项风控工作。

政府基金主要是为了支持战略性新兴产业和未来产业中的企业发展,能够加速科技创新成果的转化,促进创业企业快速成长。在创新型国家中,诸如瑞士、美国、英国、以色列、日本等,政府引导基金成为推动战略性新兴产业快速发展的有效手段。当前,地方政府越来越重视"资本招商""基金招商"在引领产业发展方面的作用,其中的核心是如何建立投行思维。

政府基金招商投行运营思维的核心是"服务、创新、风控"。投行思维强调以客户为中心,以市场为导向,以客户需求为出发点,为客户提供优质的服务。在政府基金招商中,招商引资管理者需要以客户为中心,了解投资商的需求和偏好,为其提供定制化的投资服务和支持,以实现资金的最大化增值。此外,招商引资管理者还需要以市场为导向,了解当地产业的发展趋势和市场需求,制定出符合市场需求的基金方案,提高基金的吸引力和竞争力。

作为创新工作,投行思维强调创新意识和创新精神,注重创新模式的探索和实践。在政府基金招商中,招商引资管理者需要具备创新意识,注重创新模式的探索和实践。例如,可以通过设立子基金、引入知名基金管理人、与市场化机构合作等方式,提高招商引资效果和效益。

作为风控工作,投行思维强调规范运作和风险控制,注重风险防范和化解。在政府基金招商中,招商引资管理者需要注重规范运作和风险控制,制定科学合理的投资策略和风险控制措施,防范和控制投资风险。

3. 创造新的竞争优势

政府基金遵循政府引导、市场化运作的原则,带动社会资本发展实体经济,为新兴产业和创业企业提供融资渠道,成为促进招商引资的有力工具,对经济结构调整优化和转型升级起到重要促进作用。2023年,上海组织发起长三角二期基金,目标规模100亿元,聚焦长三角地区,围绕集成电路、生物医药、人工智能三大先导产业布局,以投资和服务推动长三角区域形成具有国际竞争力的优势产业。

> 招商引资管理者发挥政府基金的引导效应,能够有效提升财政资金配置效率,推动更多社会资本参与,助力构建"双循环"发展格局。

地方产业政策的目的是通过支持一些产业部门,创造更好的经济发展环境,最终实现结构的优化,而这仅靠市场力量是难以达到的。实践中,社会资本的高效利用对产业升级起到引领作用,而政府产业基金能够有效缓解由于市场失灵而引致的创投产业融资难处境,搭建创投企业与社会资本的融通桥梁。《郑州市大力开展"基金入郑"行动若干政策措施》提出,采取多种举措,力争到"十四五"末,私募股权、创投基金总规模突破2 000亿元。

总之,政府基金招商可以通过拓展市场、获取资源、降低成本、提升效率、降低风险等方面,创造新的竞争优势(参见表11—1),从而推动地方产业的发展和升级。

表11—1　　　　　　　　政府基金招商创造新的竞争优势

序号	竞争优势	解释说明
1	助力投资商发展	帮助投资商将业务拓展到新的市场和地区,扩大市场份额和提高营业收入
2	获取更多的资源	帮助投资商获取更多的资金、技术、人才和供应链等资源,加强自身的实力和竞争力
3	降低投资商成本	通过各种支持和优惠降低投资商的生产和运营成本
4	降低投资商风险	分散投资商的市场风险,减少对单一融资渠道的依赖

4. 推动招商引资发展

政府基金背靠政府信用,其投资行为可以反映出当地政府的信任和支持,这种信任可以吸引更多的投资者和合作伙伴,帮助创业公司获得更多的资金和资源,降低创业公司的融资难度。此外,政府基金管理团队根据项目的实际情况投资,深入分析和研究项目的可行性和前景,可以在一定程度上降低项目的风险。

随着数字化营商环境进一步完善,营商政策越来越公开透明,传统招商中惯常使用的土地、税收、金融优惠手段,更加难以为继。招商引资管理者需要找准产业"风口",打通创新服务产业通道,用好政府引导基金,把握住投资机会,引进和发展一批重点产业和企业。

政府基金招商特征

政府基金能够有效地引导社会资金参与实体经济,发挥财政资金的杠杆放大效应。政府基金招商基于这种独特的优势和特点,为地方政府招商引资和投资商发展提供了新的思路和方法(参见图11-2)。

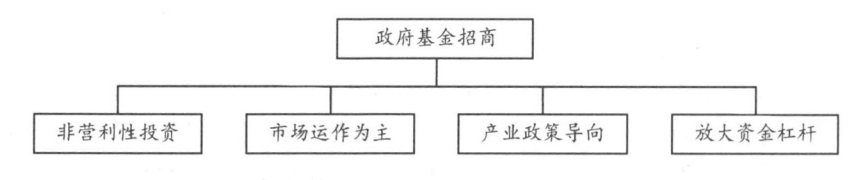

图11-2 政府基金招商特征

1. 非营利性投资

政府在基金招商中起着重要的引导作用,以各种方式引导基金投资到特定的产业或项目上,或者通过政策、税收等手段引导基金的投资方向。与传统的市场化主体不同,政府基金不以追求商业利益最大化为目标,而以一种专项基金的形式存在。地方政府设立基金,重在发挥政策导向作用,克服市场失灵带来的资源配置问题,并为市场带来投资资金,这也与一般商业性基金存在本质性差异。

2. 市场运作为主

> 规范管理政府基金,坚持市场化运作、专业化发展、现代化管理,逐渐提升基金的使用效益并降低风险水平。

政府通过引导基金或产业基金对当地产业进行股权投资,为目标投资商提供一定的资金支持,降低其债务负担。在这个过程中,政府基金运作要遵循市场规律,加强内外资源整合,根据项目收益、多元投资者的股权比例等,设计科学合理的补偿与让利机制,引导各类社会资本增加对特定产业领域的投资。

实践中,政府通过公开招标、谈判沟通等方式,选择合适的专业基金管理人或投资机构，由其具体管理运作，借助优秀的基金管理人才，提高政府资金运作效率。总的来说，社会资本与政府基金的有效匹配离不开市场化运作，很多政府基金以基金管理机构、投资项目为主，通过科学的绩效评价体系，促进社会资本按照高效合理的方式运转。

3. 产业政策导向

作为一种创新型政策性工具，政府基金旨在吸引更多的社会资金进入特定产业领域，如新一代信息技术、生物技术、新能源、先进制造业、现代服务业等，重点投资那些符合国家产业政策、发展前景良好的产业，注重优化产业结构，实现政策目标，促进本区域的经济发展。根据《大连市政府引导母基金管理办法》，2023年大连设立市政府引导母基金，首期规模为100亿元，主要投向科技创新、战略性新兴产业等重点产业领域。

4. 放大资金杠杆

政府基金通过政府背书的方式，充分调动民间资本、银行、担保机构、保险机构、境外资本等多元投资主体参与地方产业投资，发挥财政资金的杠杆效应，吸引市场资金，形成多元化、多形式、多渠道的资本供给形式，真正起到"四两拨千斤"的作用。截至2023年7月底，山东省新旧动能转换引导基金参股设立基金134只，投资项目1 390个，投资金额1 724亿元，带动社会投资4 906亿元，在促进投资新兴产业、优化创新生态、保障重大战略等方面发挥了重要作用。

实践证明，政府基金的引导效应在成熟的创投市场更明显。招商引资管理者若想发展好地方产业基金，需要综合考虑人才、产业、资本等方面因素。一是掌握新知识和新技能，应对不断变化的市场环境，培育和引进一批高素质的创业者等。二是战略性新兴产业发展较好，投资商对应用场景的理解更为深刻，对下游客户的接触更便捷。三是地方投资机构活跃、风险投资机构集聚，为产业投资商提供丰富的资金支持。

资料链接 11－1　石景山引导基金引进企业估值超 50 亿元

当前，石景山区正大力推动数字经济发展，用好引导基金，加速应用场景落地。成立一年多来，石景山引导基金不断开拓市场，已引进4只子基金协同投资，推动十余家企业落地，引进企业估值超过50亿元，成为助力石景山区产业转型的新引擎。

近年来，石景山区把推动产业转型升级、大力发展数字经济作为全区经济工作的战略支撑，大力推动"一轴四园"产业功能区、"1＋3＋1"高精尖产业体系和"五子"联动融合发展，全面提升区域产业体系现代化水平。数据显示，去年，石景山区高精尖产业收入达2 966.7亿元，近三年平均增速达到15%。

为了更好地促进数字经济发展,2021年,石景山区设立现代创新产业发展基金(简称石景山引导基金)开展投资运作,基金总规模为30亿元。自成立以来,该基金密切关注智能科技新动态,引进人工智能等技术应用场景落地,重点支持科技创新、文化创意、高端制造等领域优质企业,放大政府引导基金的杠杆效应,成为推动全区高精尖产业发展的重要金融力量。

商汤科技作为亚洲最大的人工智能软件公司之一,长期投入自主原创技术研究,具备行业领先的多模态、多任务通用人工智能能力。2023年7月,石景山引导基金成功投资商汤科技旗下的国香资本发起和管理的产业基金,投资金额5 000万元人民币。该基金围绕人工智能全产业链进行投资布局,包括基础技术类企业和应用场景类企业,利用商汤平台资源赋能被投资企业并创造价值。

目前,商汤国香资本投资的渲光科技(3D图形引擎)总部已迁入石景山区。渲光科技开发的具有自主知识产权的渲光3D引擎,历经十余年研发及迭代,已经成为具备世界一流引擎内核、完整工具链、跨终端平台、支持全品类应用开发的大型通用实时3D图形引擎。渲光科技现已支持多个纯国产软硬件环境,是当前该类基础软件中首个且唯一通过工信部信创检测认证的产品。

资料来源:孙云柯.石景山引导基金引进企业估值超50亿元[N].北京日报,2023—08—15(7)。

11.2 政府基金招商运作

招商引资管理者要引导资金投向供需多方受益、具有较大乘数效应的新型基础设施、战略性新兴产业、民生短板等领域,提升政府基金投资的精准性和有效性。实践中,政府基金的募资、投资、投后管理、清算、退出等,主要通过市场化运作,政府不参与日常管理。

政府基金募集方式

政府基金的募集方式灵活多样,地方政府可以根据实际情况和需要,选择适合的方式募集基金(参见表11—2)。上海市普陀区国有资本投资有限公司发挥"资本赋能、合作赋能、场景赋能"的功能优势,依托"基金+基地+

产业+平台+服务"五位一体的资本招商模式,加强各类科创资源的整合利用,积极参与"半马苏河"科创基金,聚焦普陀区重点培育的智能软件、研发服务、生命健康、科技金融4个产业和一批科创新赛道,全面深化引导基金、项目直投、功能性产业基金各板块投资运作。①

表11—2　　　　　　　　　政府基金募集的主要方式

序号	募集方式	解释说明
1	政府直接出资	政府以财政资金、国有企业资金、政府引导基金等形式独资设立产业基金
2	加强金融合作	与金融机构合作,利用金融机构的资金和渠道优势,扩大资金来源和投资范围,提高投资效益
3	共同投资基金	政府与其他投资者共同出资设立产业基金,共同投资于特定的产业或项目
4	债券融资投入	政府通过发行债券的方式募集资金,将募集的资金用于设立产业基金或直接投资于产业项目

政府基金资金主要来自支持创业投资企业发展的财政性专项资金,引导基金的投资收益与担保收益,闲置资金存放银行或购买国债所得的利息收益,个人、企业或社会机构无偿捐赠的资金等。以政府基金具体运作来看,主要通过地方政府财政拨款出资设立母基金,与基金投资机构、被投企业、基金管理者等社会资本,共同发起设立子基金,按市场化模式运作。

政府基金运作管理

政府基金的运作管理遵循科学决策、规范操作、风险控制和透明披露的原则,力图实现基金的合规运作和良性发展。此外,政府基金还需要积极探索创新模式和运作方式,更好地适应市场的变化和满足当地产业发展的需求。

1. 政府基金投资决策

政府基金投资决策需要建立完善的投资决策流程和风险控制机制,确保项目投资决策的科学性和合规性。在投资决策中,专业管理团队需要对投资项目进行严格的尽职调查和风险评估,根据投资项目的实际情况制定个性化的投资方案。2023年7月,湖北省由省级财政出资设立政府投资引导基金,建立科学决策、投资容错、激励约束等管理机制,通过放宽限制条件、提高政府出资比例、降低返投倍数、合理设置容忍度指标、实

---

① 张晓鸣.以商兴商,不断扩大招商引资"朋友圈"[N].文汇报,2023—02—17(2).

施财政出资让利等一系列有效措施,切实营造更加开放、灵活、宽松的发展环境,不断提高对社会资本的吸引力。

如前所述,政府基金的投资方向应该与当地的产业发展规划相符合,同时需要考虑市场需求和投资风险等因素。在确定具体投资方向时,基金管理者进行充分的市场调研和风险评估,确保基金的投资收益和安全性。

2.政府基金投资管理

通常情况下,政府参与度越高、市场化程度越低,其投资效率越低,这跟政府管理水平较低、容易发生廉政风险有关。反之,政府参与度越低、市场化程度越高,其投资效率就越高。因此,政府基金投资管理大多采用政府指导与市场化运作相结合的方式,以期能够真正发挥政府基金的作用。

> 将政府产业基金作为转变地方政府投资方式、创新招商引资、扶持实体经济的重要工具。

具体来看,地方政府以公开、公平、公正的方式,择优选择一批符合条件的股权投资机构,在征求财政部门意见后,签订合作协议。实际上,政府基金作为一种新型的投资方式,如何使得委托人与代理人之间实现双赢,提高基金运作效率,能否选择专业的基金管理团队成为关键所在。

受托管理机构需要组建专业的投资团队,包括投资经理、行业分析师、风险控制人员等,配合地方政府的发改委、工信局、市委军民融合办等产业主管部门,开展股权资助相关工作,利用丰富的投资经验和专业知识,深入分析和研究投资项目,制定科学的投资策略,实行有效的风险控制,扶持当地产业的健康持续发展。

3.政府基金风险管理

政府基金需要建立完善的管理制度和操作规范,对投资项目实行全程风险控制。一是明确政府基金投资流程,诸如投资项目筛选、尽职调查、风险评估、投资决策、投资跟踪与评估等环节,制定具体的操作规范和标准;二是按照相关规定披露政府基金信息,及时、准确、完整地披露基金的运行情况、财务状况和投资项目信息等;三是积极寻求投资退出渠道,实现投资收益的最大化,并有效地控制投资风险程度。

4.政府基金投资模式

政府基金投资模式主要包括四类,需要根据不同的基金类型和投资目标选择和设计,以有效推动产业发展,促进创新创业和提高资金使用效率(参见表11—3)。在选择投资模式时,招商引资管理者需要考虑各种模式的优缺点和适用范围,并进行全面的风险评估和效益分析。从政府引导基金运作来看,其投资策略选择具有较大的灵活性,政府引导基金项目出资比例多在20%~30%。实践中,有些地方政府依据产业发展阶段以及当地经济总体水平,会把引导基金的出资比例提升到50%,这通常意味着政府承担了更多的市场风险,进而对引导基金的投资能力要求更高。

表11—3　　　　　　　　　　政府基金投资模式

序号	投资模式	解释说明
1	股权投资	以参股的方式投资于某个企业或项目,成为其股东之一,并享有相应的权益和义务
2	跟进投资	在投资某些企业或项目后,可以继续跟进投资,以支持这些企业的发展
3	风险补助	补贴一些具有较高风险但具有社会效益的企业或项目,以降低其经营成本和风险
4	融资担保	为某些企业或项目提供融资担保,帮助其获得更低成本的资金

1. 股权投资

政府基金着眼于促进地方经济发展、优化产业结构投资企业股权(如初创型高新技术企业)。为了更好地发挥杠杆作用,政府基金让利给社会资本或者与民间资本共担风险,不参与基金的日常经营,在约定的一段时间后退出。

> 地方财政专项资金通过"拨改投"等方式,拓宽基金出资渠道,壮大基金规模,撬动社会资本。

具体工作中,基金运作由专业投资机构管理,在市场化运作的前提下,寻找具有投资价值的企业项目,但股权投资一般不超过整个基金的25%。地方产业主管部门根据项目投资方案,确定拟扶持项目名单,上报联席会议审议,公示后将扶持计划上报地方政府最终审核,再由财政部门将股权投资资金划拨至股权代持机构托管专户,由股权代持机构代表政府出资。

2. 跟进投资

政府基金与社会投资机构达成协议,在投资机构确定所投项目后,政府基金按照一定的比例持续跟进投资。这种投资模式可以帮助政府基金更好地掌握被投资企业的发展方向和战略,并对其实行有效的监管和控制。

政府基金为当地潜力企业提供更多市场化的投资便利政策,丰富市场股权投资资金供给主体,充分发挥"国资实力+市场化活力"优势。实践中,政府采用跟进模式直接投资企业,普遍运用于对经济不发达地区产业以及初创期高新技术企业的扶持,目的是有效地解决市场外部性问题。

3. 风险补助

政府基金为了鼓励社会资本对特定产业和领域开展投资,对其投资过程出现的损失,进行一定的补偿。这种投资模式可以帮助政府基金更好地促进创新和创业,但也需要考虑到市场资源配置扭曲的问题。

实践中,风险补助能够有针对性地引导社会创投机构投向地方政府鼓励发展的产业和企业,补助的额度根据具体情况而有所不同。除此之外,该模式通过政府扶持导向及资金背书,降低了社会资本的风险,能够吸引更多社会资本的加入,有利于放大资金杠杆。例如,针对部分投资机构不敢投、不愿投等问题,郑州市设立创业投资风险补贴,对投资中原科技城内科技企业发生风险损失的,按照股权投资金额的10%给予投资风险补贴,单个项目最高补贴100万元,同一创业投资基金最高补贴1 000万元。

4. 融资担保

政府以自身的财政资金为投资机构提供担保,支持各类创新创业型企业获得各类债券融资。一是直接给投资机构提供信用担保;二是通过间接补贴,通过专业的担保机构为投资机构担保。融资担保可以帮助政府基金缓解企业融资难的问题,但也要考虑到担保可能导致财务风险增加的问题。总的来看,融资担保能够大大提高政府财政资金的利用效率,避免财政资金的浪费,资金杠杆效应明显,所需承担的风险较小。北京市印发的《关于发挥政府性融资担保基金作用 进一步深化政银担合作的若干措施》提出,充分发挥政府性融资担保机构作用,引导本市政府性融资担保(再担保)机构聚焦主业、支小助微、降低费率,进一步深化银担合作,增强金融服务小微企业能力。

政府基金投资退出

政府基金投资退出的方式及原则主要参考私募股权投资基金的投资退出方式,诸如企业上市、并购重组、股权转让、股权回购、破产清算等,实践中可以采取更为灵活的退出方式。通常情况下,政府基金的投资期限为5～10年,退出是基金运作流程的最后一道程序,能否顺畅退出对于政府基金的运作至关重要。

1. 企业上市

企业上市是指股份公司以首次向社会公众公开招股的发行方式(IPO),将所有权的一部分出售给公众,从而获得新资金的过程。政府基金在投资的企业上市后,可以将拥有的股权在市场上出售或转让。通常情况下，通过企业上市退出，政府基金和社会资金都能够实现增值，这是最理想的退出方式。尽管企业上市退出，能够为政府基金带来较为理想的收益，但其所持有股票仍受到锁定期和减持等条件的限制，在持股期间，仍有可能会产生价格波动风险。例如，合肥投资的安徽省首个晶圆代工厂晶合集成（688249），成功登陆科创板。

2. 并购重组

并购重组是企业基于经营战略考虑，对股权、资产、负债进行的收购、出售、分立、合并、置换活动，表现为资产与债务重组、收购与兼并、破产与清算、股权或产权转让、资产或债权出售、企业改制与股份制改造、管理层及员工持股或股权激励等。政府基金所投资的企业被并购或重组，也是一种较为理想的退出方式。通过市场对所投资企业进行公平客观的估值，政府基金将所投企业的股权全部或部分转让出去。相比企业上市退出而言，并购重组方式具有周期短、程序简单等优势，且不受锁定期和减持等条件的限制，能够较为快速地实现一次性退出。

3. 股权转让

政府基金将所持的股权或份额转让出去，值得注意的是，这会涉及国有资产重大转让，需要进行资产评估。一般情况下，国有资产产权转让需要上报国资监管机关批准、评估和进场交易，特殊情况下还需要本级人民政府批准。实践中，政府投资基金所持的股权或份额需要通过法定程序转让，需要开展可行性研究和方案论证、审计标的企业、评估股权价值、以评估结果确定转让价格，并在产权交易场所公开交易。

4. 股权回购

政府基金与相关机构签订股份回购协议，事先约定在满足一定条件下，由其他投资人按照事先约定的价格和方式回购股份，以实现政府基金出资金额的回收和退出。这种方式可以最大限度确保政府基金的资金安全，降低基金运作风险。

5. 项目清算

项目清算主要包括破产清算和解散清算，通过清算退出是针对投资项目失败的一种退出方式。事实上，无论政府基金如何小心谨慎，项目运营失败总是大概率事件。政府基金需要定期评估所投资项目，如果无法维持运营或者成长速度无法达到预期，为了减轻社会资金和财政资金的损失，就要采取投资项目清算，以收回资金用于新一轮投资。

资料链接11—2　合肥市科创投资"投早、投小、投长远"

科技创新要真刀真枪地干，离不开真金白银的投入。那么，钱从哪里来？以往一些地方投资，不少是以国资平台自有资金或土地投资入股，并给予财政补贴等支持，这种做法可能使地方政府财政赤字扩大。仅靠财政资金和国有资本力量有限，合肥的做法是充分发挥国有资本引领带动作用，推动有效市场、有为政府同频共振，探索"科创＋产业＋资本"发展路径。

"用市场的逻辑谋事，用资本的力量干事。"合肥市国资委主任说，合肥灵活运用基金，实现了"四两拨千斤"。今年年初，合肥市政府设立总规模200亿元的引导母基金，引导社会资本合作设立各类专项基金，支持合肥科技创新发展。

国有资本领投，社会资本跟投。2022年6月10日，河北金力新能源科技股份有限公司隔膜研发项目落地合肥，总投资60亿元，由政府引导母基金参股的海通国家中小基金引进，海通国家中小基金出资6 000万元，其中政府引导母基金出资900万元。也就是说，政府引导母基金用900万元撬动了60亿元的项目。

"不再像过去那样撒胡椒面，专项基金拥有信息优势，可以敏锐捕捉到前沿新兴项目，能够集中力量花小钱办大事。"合肥市财政局局长说。

目前，合肥已形成以天使投资、创业投资、产业投资基金为代表，总规模超过1 800亿元的"基金丛林"，采用"基金＋产业""基金＋基地""基金＋项目"等方式，为创新创业提供资金支持。资本、科技与产业之间的藩篱一步步被打破。在合肥维信诺科技有限公司展示厅，双曲面屏手机、波浪状电子书……各式各样的显示屏呈任意弯曲、折叠拉伸之态，令人叹为观止。"这主要归功于第6代全柔AMOLED生产线。"维信诺公司党委书记说，为抢占新型显示竞争优势，2020年维信诺谋划筹建第6代全柔AMOLED生产线。在缺少启动资金的关口，合肥芯屏产业投资基金领衔出资60亿元，社会资金跟投，达产后可实现年产各类屏体2 800万片，大大提升了我国显示技术的国际竞争力。

"国资领投，不是与民争利，不参与市场充分竞争的项目，只做社会资本不愿意干、地方经济发展急需干的事。"合肥市投资促进局局长说，合肥相继成立合肥市建设投资控股（集团）有限公司、合肥市产业投资控股（集团）有限公司、合肥兴泰控股集团有限公司，三大平台各有侧重，或聚焦前沿性、开拓性技术突破，或扶持高新技术企业，或稳定支持重点产业，合力扶持合肥科技创新、产业发展。

资料来源：经济日报调研组.科创合肥——践行习近平经济思想调研行[N].经济日报，2022—09—13(11)。

11.3 政府基金招商策略

地方政府坚持把发展经济的着力点放在实体经济上,设立政府投资基金,带动社会资本加大投力,助力现代产业体系建设。政府基金在支持初创公司、高科技公司和基础设施项目方面发挥着重要作用。实践中,招商引资管理者根据当地的实际情况和发展需求来制定政府基金招商策略,在这个过程中,注重体制机制创新和资源合理配置等方面的问题(参见图11-3)。

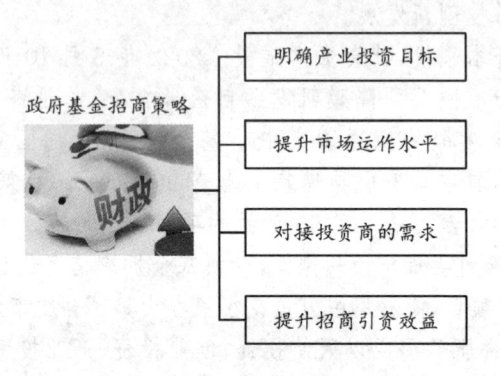

图11-3 政府基金招商策略

政府基金招商策略:
- 明确产业投资目标
- 提升市场运作水平
- 对接投资商的需求
- 提升招商引资效益

明确产业投资目标

如前所述,政府基金的关键目标是吸引更多的社会资本进入当地重点产业领域,促进本地区产业转型升级和经济的快速发展。与之相匹配,政府基金招商通常会制定合理的让利制度,建立有效的监督和激励机制,既保证政府基金保值增值又能够促进投资商落地生根。政府基金招商,首先应该明确投资的目标和方向,例如支持当地关键产业发展、促进创新创业等。此外,招商引资管理者需要分析当地的产业基础、资源禀赋、比较优势等,确定重点产业和有发展潜力的细分领域。

> 招商引资管理者根据地方资源禀赋优势与产业发展战略规划,选择行业赛道及目标投资商,对接地方产业基金,助力做大做强。

1. 政府基金信号效应

企业是市场经济的竞争主体,政府主要作用是引导和扶持企业发展。成立政府基金不是让政府直接参与竞争,而是传递国家和地方支持发展某些关键和重要产业的一种信号,试图解决资本市场的信息不对称问题,引导社会资本投资关键产业,有效拓宽资金渠道,降低资金成本,发挥输血造血功能。例如,安徽合肥市产业投资引导基金、创业投资引导基金已完成189个项目投资,投资额超78亿元,先后投资京东方,押注半导体,接盘科大讯飞,引入蔚来、大众,投资维信诺……合肥天使投资基金规模6.24亿元,已投资项目81个,投资额4.18亿元。

2. 密切联系当地产业

更好地发挥政府基金的作用,招商引资管理者要密切联系当地产业,根据当地产业发展的条件,做到因地制宜,通过政府基金促进关键产业生态发展,努力建立产业竞争优势。2023年,重庆产业投资母基金成立,总规模为2 000亿元,在投资运作方面突显四大特点:一是突出重点领域,聚焦重庆万亿级智能网联新能源汽车、电子信息等产业集群,与头部投资机构、产业方共同组建子基金群;二是突出重点企业,主要关注有意到重庆发展的市外先进制造业重大项目、重庆先进制造业链主企业、专精特新企业、科创型企业、拟上市企业、制造业产业生态链关键环节等重庆企业;三是突出放大撬动功能,力争总规模放大至6 000亿元基金群,带动超万亿元重庆先进制造业投资,进而推动一大批战略新兴企业和创新创业企业落地生根;四是突出市场化运作,管理费、超额利润分配以及项目定价、估值、退出等均按市场化规则运行。

3. 找准主导产业定位

政府基金需要明确成立目标,准确定位角色和动能,与优秀的基金管理机构合作,聚焦地方产业发展定位,找准产业链关键节点企业,通过国有资本投入,带动社会资本进入,共同培育发展产业项目,待项目成熟后,国有资本以市场化方式退出,转投其他产业项目,不断延伸和拓宽地方产业链条。例如,国新基金积极引导和带动社会资本向战略性前瞻性领域集中,支持科技创新、国资央企改革发展和转型升级。

> 在推广政府基金招商时,强调通过科技手段提升基金的运作效率和投资效果。

政府基金招商围绕制造业高端化、智能化、绿色化发展,对引进投资规模大、带动作用强、示范效应好、对地方经济发展具有重大作用的战略性新兴产业项目,给予项目投资支持,加快产业项目落地。例如,山东省新旧动能转换引导基金以财政资金为"引",吸引优质资本资源,在促进投资兴业、优化创新态,保障重大战略方面发挥了重要作用。

提升市场运作水平

很多情况下风险性高、发展潜力大且处于生命周期初期阶段的产业,无法依靠市场获得充分的发展资金,政府基金的及时介入,有助于它们度过"幼年期",在市场中建立起参与竞争的力量。事实上,政府基金的运作是由专业机构负责管理,市场化提升了财政资金的效率和效益。

1. 促进新兴产业发展

对于大多数地方来讲,政府基金规模不宜过大,通常投资规模保持在1亿~2亿元。政府基金的关键优势在于政府的背书,由此增加社会投资者对投资项目的信心,既可以由政府单独出资,也可以与国企或者其他基金合作,共同出资。例如苏州国发创投、苏州产投集团、苏州科创投、苏州天使母基金和苏州基金整合成立苏州创新投资集团,净资产、管理规模跻身国内创投第一方阵。

> 为推动特色优势产业和新兴产业发展,政府基金招商呈现提级加速趋势。

政府基金的形式多种多样,重在引导动能目标各有不同。例如,对于种子基金而言,更加着眼于打通科技成果转化的"最初一公里",一方面,种子基金能够给初创型科技企业提供项目启动资金,建立风险容许机制,允许出现最高不超过50%的亏损;另一方面,种子基金可以帮助链接产业链上下游资源,更好服务项目落地。

2. 创新基金运作模式

各地经济发展程度不同,产业特色各异,政府基金的设立和运作需要因地制宜。通常情况下,随着产业投向更加精准和集中,对地方招商引资管理工作提出了更高水平的市场化和精细化要求,以营商环境为抓手,实现与产业发展的良性互动。

对于经济发展水平相对落后的地方,招商引资管理者要控制政府基金规模,把投资方向与当地的优势产业结合起来,更好地发挥引导作用;对经济发达的地方,招商引资管理者要利用产业发展优势,着眼于战略性新兴产业和未来产业发展,吸引国内外大型风投私募入驻,发挥产业带动作用。此外,各地政府基金运作需要根据内外部环境变化不断创新,诸如杭州市围绕打造科技成果转移转化首选地,深入实施科技成果转移转化"145"行动,扎实推进国家科创金融改革试验区建设,组建规模超3 000亿元的"3+N"产业基金集群,推动"科技—产业—金融"良性循环。

3. 优化政府基金环境

各地政府基金的运作大多是采取市场化运作,政府干预较少,为更好发挥政府基金作用,仍需持续优化政府基金运作环境:一是在聘用母、子基金的监督机构时,坚持市场化导向;二是定期对外公开管理机构的报告和投资项目的实时进展等内容;三是在保障各方利益的基础上,提高监管的便利性与严格性。

> 建立政府基金招商评价体系,对投资项目过程和阶段成果进行跟踪评估。

近年来,为了充分发挥政府基金的作用,地方政府持续完善"投行思维",更好地配置人才、产业、资本等要素,优化绩效考核、基金激励与尽职免责,逐渐提高对子基金的出资比例,并降低返投要求等。例如,2023年,苏州市财政局印发《苏州市政府投资基金管理办法》,规范苏州市政府投资基金的管理与运作,充分发挥政府投资基金对经济社会发展的积极作用,促进政府投资基金业务持续健康运行。

对接投资商的需求

为了有效地服务于投资商,尤其是关键投资商,招商引资管理者必须敏锐地观察市场,运用自己的专业知识,与投资商展开有价值的协作,建立招商引资差异化优势。作为与投资商协作的结果,地方招商引资管理者所获得的将与投资商一样多,甚至会更多!

1. 解决资金供给瓶颈

地方政府基金能够有效缓解投资商资金压力,关注和支持当地企业创新活动。目前,苏州有各类基金2 800余只,总额达8 000多亿元,充足的资金储备可以助力产业的持续创新。如今,现代招商引资大大拓展了资本范围,既招产业资本,也招商业资本、金融资本和风险资本。招商引资管理者适应投资商需求,逐步建立当地基金招商专业团队,培育和发展基金投资、投行招商的专业能力、资源体系和决策流程,更熟练地驾驭资本,实施基金招商。

2. 推行资本联动招商

地方政府推动社会资本、产业平台、国有资本等参与设立政府基金,重点用于服务招商引资项目落地,加大重点区域的产业、科技、招商、金融部门的协调联动,鼓励金融机构协助开展招商,鼓励行业龙头、优质企业等通过兼并重组、产权转让等方式吸引新企业、新业务落户。招商引资管理者坚持金融为实体经济服务的基本定位,聚焦产业迭代升级和集群创新能力提升,加强招商项目的路演推介、产融对接服务。

3. 拓宽企业资金渠道

招商引资管理者借助政府基金的优势力量,积极强化国有股权的市场化参与度,拓宽各类融资渠道,打造地方特色产业集群,培育新的经济增长引擎。2022年,江苏省推出"苏服贷"产品,由省财政出资设立普惠金融发展风险补偿基金,引导金融机构加大对省内中小型现代服务业企业的信贷支持力度,聚焦首贷、精准服务,面向省内符合国家标准的中型、小型、微型现代服务业企业,实行贷款对象白名单管理。

提升招商引资效益

招商引资管理者推进政府基金招商,不仅有助于降低成本、提高效率、增加附加值、优化资源配置、拓展市场等,而且能够吸引更多优质投资商落户,提升招商引资效益。

1. 优化资源配置

优化资源配置主要包括提高资源利用效率、促进资源的共享和流通、加强区域合作、推进经济结构调整以及加强政策引导等。政府基金招商能够合理配置内外部资源,包括人才、资金、政策等,尤其是通过加强与高校、科研机构等的合作,可以吸引更多优秀的人才和科创资源。

> 政府产业基金取得成功既具有一定的客观性,也具有一定的主观性,并不是一种必然结果,需要有宽容失败的环境。

2. 提供增值服务

地方招商引资工作和投资商运营结果息息相关,如果投资商无法取得预期的收益,当地招商引资工作绩效就不会好。越来越多的招商引资管理者意识到了这一点,为了实现招商引资战略目标,他们开始着手建立专业团队,为投资商提供更具价值的服务,帮助投资商提高竞争力,实现业务增长。由此而形成的战略伙伴关系,不仅有助于实现招商引资工作的双赢,而且擦亮了地方招商引资的金字招牌。例如,江西省"财园信贷通"模式是典型的省级"埋单",基层得利,普惠企业,为当地中小企业提供了"真金白银"支持,稳住地方经济发展"基本盘"。

3. 聚焦经济发展

在错综复杂的国内外经济形势下,地方经济发展面临着重重压力,只有抓住招商引资这个关键动力,才能够有效地促进经济发展。一是促进科技产业集聚发展,尤其是新一代信息技术和绿色环保技术的加速集聚;二是推进产业结构优化升级,使现代服务业成为经济增长的主动力;三是以开放的态势和优质的服务,源源不断地获取外部资源,释放当地经济增长潜力。

4. 突出精准招商

在推进招商引资过程中,招商引资管理者和投资商需要寻找一个相互合作发展的切入点,最终实现"双赢"。成功的招商引资管理者依法建立起有效的投资商发展计划,不仅持续不断地吸引新的投资商加入,而且特别关注原有投资商,努力让它们留下来,发展好。数字化时代的招商引资拥有了更便捷的工具,更加强调"精准招商",与目标投资商建立起更加个性化、互动性更强的密切关系。

资料链接 11—3 苏州实施参天计划打造超级链主

苏州,何以成为民营经济的热土?《证券时报》记者近日深入苏州调研发现,独特的文化基因、优越的营商环境和高效的发展模式等,是苏州民营经济发展的深厚土壤。在资本市场,苏州民营上市公司阵容庞大,却鲜有千亿市值的"超级链主"。展望未来,一方面,苏州民营企业要继续用科技创新铺前路;另一方面,苏州要践行"参天计划",借助资本市场打造更多的产业创新集群龙头企业。

一、藏在产业园区里的"热带雨林"

独墅湖东畔,苏州国际科技园常灯火通明,这个成立于 2000 年、占地面积仅 0.77 平方千米的土地上,已累计培育了 17 家民营企业成功上市,同程旅行、中际旭创、思瑞浦等名企均出自这里。

"产业园就是产业链。产业园是民营经济发展的重要载体,园区经济往往是民营企业展翅腾飞前的'凤巢'。"苏州市产业园发展促进会会长对《证券时报》记者表示,苏州拥有 20 个省级以上开发区,在这其中又分布着 3 000 余个特色产业园、科技园等创新创业产业基地。开发区、产业园、科技园是苏州民营企业的聚集地和创新活力迸发的"热带雨林"。

而在大大小小的开发区、园区取得辉煌成绩的背后,由地方国资主导的创投力量功不可没。

在苏州湾东太湖西畔,一片新的"热带雨林"正受到精心浇灌。在苏州市吴江东方国有资本投资经营有限公司(以下简称"东方国资")打造的苏州湾创投壹号内,479 家各类金融机构已在此汇聚。目前,东方国资旗下设立了母基金、直投基金等各类基金超 70 只,合计规模超 500 亿元,参股子基金投资已累计培育上市企业超 60 家。

"作为国有资本投资集团,我们认为金融的重要功能在于发现价值,尤其是硬科技的未来价值。"东方国资董事长对《证券时报》记者表示,"公司自成立以来,参投了 80 余家企业,投资阶段基本上是 A 轮。硬科技型民营企业的培育周期往往超过 10 年,而我们的责任就是帮助他们度过早期的研发阶段,实现从 0 到 1 的成功过渡。"

二、"育林"更要"参天"

同花顺 iFinD 数据显示,截至 8 月 31 日,苏州境内 A 股上市企业数达 214 家,位列全国第五,仅次于北京、上海、深圳和杭州。苏州民营上市公司 165 家,占上市企业总数的 77%。

然而,苏州"资本军团"总体上大而不强,主要表现为上市公司数量较多,市值普遍不高,且未出现超大市值的巨头企业。Wind 数据显示,截至 9 月 1 日,苏州上市公司总市值为 1.64 万亿元,低于杭州(2.83 万亿元)、广州(2.01 万亿元)等城市。

苏州有资本市场的"高原",却还未形成"高峰"——这是苏州民营企业家圈子流传的一句话。对此,苏州市产业园发展促进会秘书长对《证券时报》记者表示,许多苏州民营企业将上市作为发展的一大目标,而上市后的企业却不擅长利用资本市场工具做大做强,并强化市值管理。上市企业较难实现市值与内在价值的动态均衡。

正是在此背景下,苏州正深入实施参天计划,即借助资本市场打造产业创新集群龙头企业,力争每年通过资本市场募集资金近千亿元,到 2025 年千亿市值上市公司累计达到 5 家以上。

资料来源:陈雨康.民营经济热土苏州:实施参天计划打造超级链主[N].证券时报,2023—09—07(A002)。

第 12 章
产业链特色化招商

产业链配套越完善,交易成本越低,资本增值的空间就越大,对投资商的吸引力也就越大。实践证明,产业链招商能够适应产业关联发展的内在需要,降低产业投资商经营成本,拓展产业发展空间,优化产业发展环境,提高产业竞争力和可持续发展能力,成为地方招商引资的重要创新方式。

12.1 产业链招商内涵

要想招商引资工作取得实效,最根本在于"两个结合",即把招商引资和产业发展规律与当地经济发展实际相结合,与当地的优秀文化相结合,更好地利用外部资源激活当地资源,汇聚成地方发展的强大动能。

产业链招商内涵

招商引资管理者加快建设现代产业体系,很重要的一项任务就是,推进地方产业基础高级化和产业链特色化,利用先进科学技术和经营管理模式,组织生产和提供服务,实现产业链资源优化配置和竞争优势突出。

1. 产业链内涵

产业链是产业经济学中的一个概念,是国民经济各产业部门之间基于一定的技术经济关联,依据特定的逻辑关系和时空布局关系而客观形成链式形态。产业链存在紧密的上下游关系和价值交换,上游环节向下游环节输送产品或服务,下游环节向上游环节反馈市场和最终客户对产品或服务的相关信息(参见图 12-1)。

```
┌──上游──┐   ┌──中游──┐   ┌──下游──┐
```

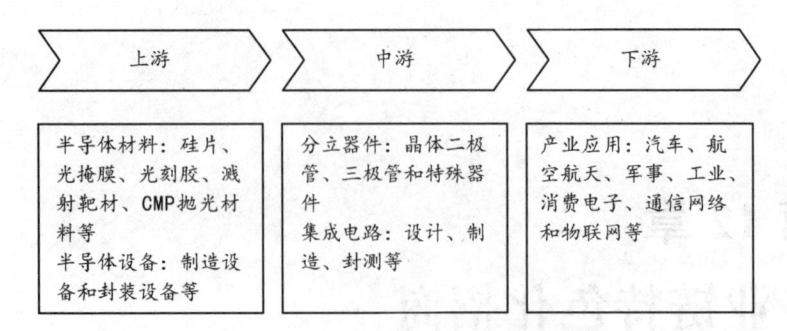

| 半导体材料：硅片、光掩膜、光刻胶、溅射靶材、CMP抛光材料等 半导体设备：制造设备和封装设备等 | 分立器件：晶体二极管、三极管和特殊器件 集成电路：设计、制造、封测等 | 产业应用：汽车、航空航天、军事、工业、消费电子、通信网络和物联网等 |

图 12—1　半导体产业链(示意图)

产业链围绕核心企业(链主企业)开展,通过对信息流、物流、资金流的交互,从采购原材料开始,制成中间产品以及最终产品,最后由销售网络把产品送到消费者手中,将供应商、制造商、分销商、零售商、最终用户连成一个整体的功能网链。

> 积极强化产业链核心企业"链主",发挥联动作用,协调地方产业链分工和价值创造。

招商引资管理者要着眼于,当地产业链特色优势,集聚上下游产品,降低综合配套成本,拉长拓宽产业链条,培育地方优势支柱型产业。一是培育或引进若干个"链主"企业,带动整个产业链的发展,提升产业链结构的完整性和空间布局的合理性;二是加强产业链上各企业间的协作,优化布局产业链上中下游环节,提高整个产业链的效率和效益;三是优化地方产业结构,发挥产业特色优势,提高整个产业链的竞争力和附加值;四是加强产业链政策支持,提高整个产业链的竞争力和发展潜力。

2.产业链招商

产业链招商是指围绕一个产业的主导产品及其配套的原材料、辅料、零部件和包装件等产品来吸引投资,谋求共同发展,形成倍增效应,以增强产品、企业、产业乃至整个地区综合竞争力的一种招商方式。相比传统招商模式,产业链招商比拼的不是土地、税收等政策优惠,而是以产业链分析为基础,满足构建地方特色产业链的需要,寻找和弥补产业链薄弱环节,确定目标企业,有针对性的招商模式。总体上看,产业链招商是一种系统性招商方式,需要政府和企业同向发力,制定符合地方产业特色的产业战略,建设高效的产业载体,联动产业链上下游企业,共同推动产业链特色化发展。

> 把技术、品牌、标准、服务等作为价值创造的重要力量,升级价值实现模式。

招商引资管理者要以地方特色产业链分析为基础,千方百计地满足构建产业链的需要,弥补产业链薄弱环节,通过内培外引,构建起地方特色产业链发展优势。例如,为加速区块链初创企业"从0到10"全过程创新,上海市市北高新区块链生态谷开园,聚集国内外优秀区块链上下游生产企业与平台,在工业供应链、食品溯源、司法存证、知识产权保护等领域,开发并形成了区块链特色应用。

3.产业链招商优势

产业链招商以市场前景比较好、科技含量比较高、产品关联度比较强的优势企业和优势产品为核心,以资本为纽带,向上连接,向下延伸,前后联系形成链条,将企业的单体优势转化为区域产业的整体优势。实践中,产业链招商是一种非常有效的招商方式,能够提升招商效率和完善产业环境,促进地方经济发展和土地集约化利用(参见表12-1)。

表12-1　　　　　　　　　　产业链招商的主要优势

序号	主要优势	解释说明
1	提升招商效率	产业链龙头或关键性项目的招商引资,有助于推进"以商招商",积极引进上下游生产企业或服务性企业与之配套,提高招商引资的精准度
2	优化产业环境	通过上下游关系或协作关系,优化产业发展环境,提升经济和社会效益
3	提高要素效率	提升当地企业投资密度,促进企业不断增加投入,集约化地利用地方生产要素
4	产生溢出效应	促进产业知识、技术等扩散到外部,产生溢出效应,有效促进地方就业、提升科技水平、增加税收收入等

全球化时代,为了寻求最佳资源配置,产业在全球转移和流动,资本越来越看重一个区域的产业集群优势。产业链招商模式应运而生,通过改进产业配套方式,整合产业链上下游资源,巩固扩大产业链核心企业,构造新的产业链弥补不足,有效地促进了地方招商引资工作的创新发展。招商引资管理者根据当地产业发展阶段,制定恰当的政策,充分利用企业、政府、科研机构之间的关系,强化产业链关系,有效推动产业链建设。实践中,具有核心竞争力的战略管理型企业(链主企业),通常根据技术路线图进行中长

期的专利布局,有效构筑技术壁垒,维持在产业链中的高附加值有利位置。内蒙古包头市围绕稀土磁材产业链、补齐稀土发光产业链,推动稀土产业向长链条、宽领域、高质量发展,制定稀土产业链招商方案,成立招商专班,制定"一业一策"招商、"一单一图"招商、以商招商工作机制。

产业链配套体系

产业链配套体系是指围绕特定产业链的各个环节进行匹配和支持,形成完整的系统,确保产业链的正常运转和优化。通常情况下,产业链上游为产业链提供基础保障,中游是产业链的核心环节,下游把产品和服务推向市场,并提供相关服务。而产业配套体系,诸如技术研发、物流配送、金融服务、咨询规划等,是构建地方产业链竞争力的重要资源保障。

1. 打造现代产业集群

> 现代产业集群是提高地方经济竞争力的有效途径,也是工业化发展到一定阶段的必然趋势。

作为一种有效的产业组织形式,现代产业集群能够产生高效的专业化分工协作体系,形成更好的供应、销售市场和渠道,更容易获得熟练工人、技术人才、设备和原材料。客观上,由于学习效应和竞争效应的存在,现代产业集群能够使基于资源禀赋的比较优势发展为基于创新能力的竞争优势,大大加快地方整体创新步伐。

在很大程度上,地方产业能否形成竞争优势,不仅是依靠一个或几个大公司或集团,而是依靠整个产业配套体系。实践中,完善的产业配套体系、较好的产业配套条件,能为投资商提供生产环节的配套支持,提高各种生产要素的流动速度,大幅降低产品生产的综合成本。

2. 完善产业链配套

完善的产业配套体系是提升地方产业竞争优势的重要途径。实现产业配套可以通过产业链招商来完成,即通过"以商引商"完善产业发展需求。完整的产业链配套体系包括产业链自身配套、生产服务配套、非生产服务配套和基础设施配套四个层次。具体实况路径包括:一是引进制造业企业上游企业;二是通过建立综合大市场实现本地化供应;三是大力发展与地方特色产业链相关的和生产性服务业。

3. 适应产业发展需要

从经济角度看,投资商对投资地的选择是一个经济成本的综合衡量与比较过程,涉及土地、水、电等基本生产要素成本,以及产业配套、产品市场、投资政策、法治环境、政府服务、熟练工人等各方面因素,其中,产业上下游配套能力是一个非常重要甚至是具有决定性影响的因素。地方政府通过产业链招商,上下游企业利益捆绑在一起,实现产业高度聚集。良性竞争促进技术快速迭代,不断向高技术企业进化。

产业链招商关键

经济全球化和区域经济一体化背景下,产业互动、合作与对接势头愈发强劲,积极进取的企业强化跨地区、跨国界产业资源要素配置,整合自己的上下游关联企业,形成开放型产业链。

1. 做好产业链分析

招商引资管理者只有根据完善而详细的地方产业发展战略,才能更好地把有限的资源用在重点招商产业上。当然,地方政府既可以在相关政策上对重点产业予以倾斜,也可以在增强产业配套能力(包括产业中介服务水平)上有所作为。苏州市在同新加坡合作过程中,从药企身上看到了生物医药产业的独特优势,积极通过招商引资发展生物医药产业。经过十余年的发展,生物医药已经成为苏州"搬不走、压不垮、拆不散"的产业创新集群。2022年,苏州市生物医药产业规上工业产值超过2 000亿元,位居全国前列。[①]

> 核心技术是企业的核心竞争力,也是更好融入产业链的"敲门砖"。

经济发展环环相扣,产业链是重要支撑点,产业链招商以产业链分析为基础,做强融合创新的产业链,汇聚新功能。一是分析招商目标产业在当地或区域内的优势和发展潜力,确定产业链招商的重点和方向;二是弥补产业链的薄弱环节,在稳健的基础上,进一步延链、强链;三是建立专门的招商团队,负责产业链招商工作做长,做强地方产业链。例如,合肥市招商引资工作紧贴国家产业发展方向,遵循"龙头企业—产业链—产业集群—产业基地"的产业发展逻辑,建立在扎实的专业基础、产业规律基础、产业配套基础之上。

2. 编制产业链图谱

招商引资管理者通过深入分析目标产业的产业链,明确产业链各个环节的龙头企业、关键性项目和配套企业,绘制出地方产业链招商地图。这将有助于精准定位目标投资商,提高招商效率。

---

① 何聪,郑海鸥,王伟健. 一座城,创新实践人文经济学——苏州推动文化与经济融合发展调查[N]. 人民日报,2023-09-08(1).

产业链招商还是顺应产业转移趋势,主动承接产业转移,推动地区经济发展的有效手段。例如,东部沿海地区紧紧抓住发达国家和地区产业转移的机遇,主动融入国际产业链,推进加工、科研和服务一体化、组团式发展,培育了一批耦合度高、竞争力强的产业集群。招商引资管理者围绕地方的主导产业发展方向,编制实施重点产业精准招商目录图谱,梳理主导产业全链条龙头企业、总部机构、独角兽企业、行业冠军企业和新兴企业并形成重点招商名单,把产业链企业、投融资专利等数据打通,对接当地实际情况,制定出有效的招商引资策略。

在招商引资管理者的建议下,地方政府要对"链主"企业和上下游关联配套企业成功落地、协同投资给予有针对性的支持。一方面发挥当地特色产业链带动作用,支持"链主"企业通过委托外包、市场采购、投资合作等方式,招引上下游优质项目;另一方面鼓励特色产业链配套企业积极协助引进"链主"企业。

实践中,招商引资管理者绘制地方产业链现状图和产业链远景图,以其中存在的差距为今后招商工作重点,做到精准规划招商产业发展方向。为切实提高招商精准度,昆明市绘制"8+N"产业链图谱,设置工业和信息化、商贸服务业等8个产业(专项)招商组及1个综合保障组。全市投资促进系统全力推进"8+N"重点产业链延链补链招商,通过"龙头企业+市级部门+区县"招商模式,共同招引重点产业链上下游配套企业。[①]

3. 激发产业链活力

> 加强地方关键产业链经济运行相关数据分析和监测,完善实时动态监测和反馈机制。

对于地方招商引资管理者而言,需要加强市场分析能力,依靠强有力的招商引资信息系统和客户管理系统,构建满足市场需求的产业链。一是全面掌握关键产业链上的重点企业、重大项目、核心技术、竞争优势等内容,把握产业发展现状及未来趋势;二是梳理地方有哪些发展平台、多少土地储备、哪些资源储备等,准确理解关键产业发展的制约瓶颈;三是预估能有多少资金支持、多少政策扶持、多少人才保障等内容,预判是否符合国家和地方鼓励发展产业,准确把握产业发展前景。例如,经过20余年发展,深圳无人机产业已经形成了完整产业链,拥有大疆创新、丰翼科技等无人机企业超过1 300家,2022年产值达750亿元,占全国七成,其中消费级无人机占据

---

① 李向雄,张雁群,党晓培.高质量招商引资 集聚发展新动能[N].云南日报,2023-08-28(1).

全球70%的市场份额。

4.优化产业链服务

现代招商引资的竞争优势越来越取决于当地的特色产业链、产业生态、高素质人才、社会文化等要素资源。美国"硅谷"是世界高新技术创新中心，以英特尔、苹果公司、谷歌为代表的高科技公司纷纷落户于此，这在很大程度是得益于"硅谷"的冒险文化，在这里，商业冒险被认为是一种美德而不是罪恶，失败的风险也是可以接受的。

招商引资管理者根据当地产业特色和优势，选择适合发展的特色产业链，制定相应的招商政策和服务措施，增强对目标投资商的吸引力。一是根据目标产业的特点和当地产业环境，包括针对特定产业发展的财税、土地、人才科技等方面的优惠政策；二是营造良好的产业链投资环境，包括提高政府服务效率、完善基础设施建设、优化生活配套设施等；三是举办地方特色产业链招商推介会、参加经贸洽谈会等活动，积极展示当地的产业链优势；四是积极为入驻投资商提供全方位的服务，包括协助企业办理相关手续、提供人才和技术支持、搭建企业合作平台等。通过上述举措，招商引资管理者持续优化产业链服务，提高投资商的满意度和归属感，促进当地产业链的稳定和特色化。

资料链接12—1　抓好精准靶向链式招商

上个月，汽车产业大会在广州召开，以白云区汽车智能网联产业园、百亿级汽车产业基金、广州工控花都千亿级汽车零部件产业园等为主的34个汽车产业链重点项目成功签约落地，项目总投资332亿元。随着这批项目签约落地，广州积极组织招商引企、打造万亿级"智车之城"的战略规划有了现实版图。

汽车产业链招商引企的成效，释放了广州力抓精准招商的鲜明信号。前不久召开的广州市委经济工作会议强调，要着力抓好招商稳企，把招商引资作为"一把手"工程，开展"精准靶向链式招商"。

正因秉持"精准、靶向、链式"的理念与原则，广州吸纳了来自全球市场主体的"信任票"，凝聚了"投资广州，就是投资未来"的企业共识。华星光电T9、现代氢能、广汽丰田五线等重大项目建成投产；工业投资1 230亿元，增长11%，连续四年稳定在千亿元以上……招商引资是经济发展的生命线，精准招商引资是城市经济发展的活力源。

构建招商引资"强磁场"。从开放条件看，广州坐拥高水平对外开放的历史积淀；从区位条件看，广州是"两个窗口"，粤港澳大湾区核心引擎功能强劲；从招商成果看，有采埃孚百亿级汽车电子工厂等重大关键项目落地广州。今年,广州再宣示"制造业立市"的战略目标,为招商引资明确了方向。多重优势条件为广州发挥虹吸效应奠定坚实基础。接下来,广州将进一步构建大招商工作格局,统筹推进内外资一体化全产业链招商,精准吸纳高端资源。落实"制造业投资10条""稳外资12条"和新版外资准入负面清单;继续办好粤港澳大湾区全球招商大会、海洋经济博览会等;重点招引根植性强、竞争力强的科技类制造类企业。

释放重大项目"引力波"。招商引资成果转化离不开项目支撑,尤其重大关键项目,这是高端资源落地广州的"引力源"。广州精准引进一批具有龙头引领、造血强链功能,能够迅速形成现实生产力的上下游重点产业项目;实施带厂、带需、带楼招商,强化招投联动、投引联动,全力打通产业项目招商落地"最后100米";既重视引进新项目,也鼓励和支持现有项目增资扩产……坚持工作跟着项目走、资金跟着项目走、服务跟着项目走,狠抓项目落地落实。

种好营商环境"梧桐树"。营商环境是经济发展的土壤,是市场主体的氧气。不断优化营商环境,为企业投资营造国际一流的营商环境,是高质量招商引资的重要抓手。近年来,广州推进营商环境从1.0升级至5.0;广州市高质量发展大会明确将持续深化国家营商环境创新试点,各区、各部门优先安排与抓经济、抓项目、抓企业服务相关的工作,推动各类资源、政策、服务向产业发展倾斜。抓住营商环境这个关键点,破立并举,灵活革新,广州用日拱一卒的"进"厚植有枝可依的"根",让招商引资"梧桐树"茁壮生长,让"金凤凰"安心、放心和开心落地。

资料来源:庞亚男.抓好精准靶向链式招商[N].广州日报,2023-01-30(A04)。

12.2 产业链招商关键

招商引资管理者基于当地具有特色优势的产业,谋划产业链招商,提供有特色的专业化服务,扶持发展和培育地方优势产业链,同时,引导同产业内的企业向产业园区聚集,促进特色优势产业集群加快发展。

定位和研究产业链

招商引资管理者围绕当地龙头企业建链,发挥龙头企业引领带动作用,稳定现有的上下游产业链,拓展地方特色产业链。2019年年底,晶澳科技与义乌信息光电高新技术产业园区管理委员会签订项目投资框架协议,就年产5GW高效电池和10GW高效组件及配套项目达成合作意向。在当地招商引资管理者的有效推动下,三个月后,晶澳科技决定扩大在义乌的投资,2020年2月,宣布将前述项目调整为10GW高效电池和10GW高效组件及配套项目,总投资达102亿元。

1. 分析研究产业链

招商引资管理者全面梳理当地主导产业链的各个环节,包括链主企业、产业分布、优势领域、薄弱环节、缺失环节等,联合产业链专家服务团队、咨询机构等,深入剖析现有产业链,发现问题,为制定招商策略提供依据。为形成完整产业链,对于"卡脖子"类项目,招商引资管理者围绕产业链缺失环节,通过"一企一策"的方式重点引进关键企业,从全局发展的角度精准施策,强化补链招商。此外,还要引导核心企业参与解决产业链发展问题,搭建产业链创新联盟、创新联合体,开展产学研用协同攻关,推动关键共性技术、核心技术的产业化、规模化。

> 瞄准地方关键产业链短板,梳理相关产业的龙头企业、总部机构、潜在独角兽企业、专精特新企业,形成招商引资目标清单。

2. 确定链主企业

招商引资管理者精心选择技术能力高于同行业的龙头企业,带动配套企业,形成产业集群。一是围绕支柱龙头企业、优势企业,结合国家产业政策,策划出一批重点发展的项目,为产业链招商提供必要的项目储备。二是培育和引进龙头企业,围绕龙头企业,从纵向和横向两个方向拓展产业链。三是开展以商招商,积极发挥现有企业招商主动性,积极引进相关配套企业,提高产业链招商的成效。

3. 延伸扩宽产业链

招商引资管理者围绕产业链上下游延链,强化纵向联合,重点根据产业链延伸步骤,根据招商产业图谱,依次有序主动对接目标投资商。合肥市坚定"产业强市"不动摇,聚焦短板产业补链、优势产业延链,传统产业升链、新兴产业建链,不断推动战略性新兴产业融合集群发展。2022年,合肥市战略性新兴产业对工业增长贡献率达78%,成为科技创新的"关键变量",正加速转变为当地高质量发展的"最大增量"。

围绕产业链聚人才

产业链和人才链是相互关联、相互促进的关系。要围绕产业链的各个环节和需求,精准引进和培养相应的产业链人才,更好地推动产业链高质量发展。

1. 集聚产业链招商人才

招商引资管理者优化政策、完善服务,为优秀人才提供良好的发展环境。一是组建链长制招商团队,配备具有招商实战经验人员、熟悉主导产业人员,以及根据实际情况选择财务、法律、金融等专业人才。二是精心挑选科技人才组建产业研究团队,配合当地优势产业链,以该领域内领军人物作为科研带头人,吸纳熟悉一线生产的科技人才作为研发人员。三是以攻破当地产业关键难题、提升生产制造水平、研发新型产品等为目标,引导地方企业加强科研攻关能力。

2. 吸引产业链亟须人才

对于一些关键的产业链环节,诸如技术研发、市场拓展等,招商引资管理者需要重点关注,加强人才引进和培养。一是通过加强与高校、科研机构等的合作,共建研发中心、技术转移中心等,共同推动产业技术的研发和创新,提升产业链的技术水平和竞争力。二是增加企业对高级人才的吸引力,出台对应的人才引进政策,做到敬才、爱才、惜才、留才,在安家补助、子女就学、个税减免、贡献奖励等方面给予必要支持。三是加强与产业领先企业的合作,引进和培养产业高端人才,可以给予优秀人才更加优厚的待遇、更加广阔的发展空间等,以吸引更多的人才向产业链上重点产业集聚,推动产业链的升级和发展。《2023年陕西省24条重点产业链急需紧缺人才目录》明确急需紧缺岗位579个,涵盖专业技术、技能人才、经营管理、市场营销等类型,引导急需紧缺人才向重点领域、重点产业、重点企业流动集聚。

3. 培育产业链技能人才

招商引资管理者针对当地产业链人才需求情况,统筹推进产业人才引进与培训平台建设,解决技能人才尤其是高技能人才的需求。一是调整当地职业院校的学科和专业设置,形成与产业链发展相适应的学科专业布局;二是推广"校企双制、工学一体"办学模式,鼓励职业院校设立产业学院,推动企业与高等学校、职业学校加强合作;三是推动高技能人才发展有通道、职业有规划、成长有希望、价值被认同;四是搭建各类立功竞赛平台,推动各类高技能人才队伍的培养。

构建现代产业载体

招商引资管理者充分发挥当地资源优势和产业基础优势,以产业园区为载体做大做强现代产业集群,以消费升级为抓手做大现代服务业,以信息化赋能做强战略性新兴产业,以数字经济转型升级传统产业。

1. 优化产业布局

招商引资管理者根据当地资源禀赋、产业基础和市场需求等条件,科学规划产业布局,明确产业发展重点和优先发展方向,注重规划引导和政策支持,实现产业协同发展、错位发展、有序竞争、相互融合。一是明确主导产业定位,形成优势互补、协同发展的产业布局;二是提升高技术产业和服务业的比重,提高产业附加值和市场竞争力;三是合理配置产业资源,严格环保、能源、用水等法规和标准,推动产业发展与环境保护的良性互动。

2. 完善产业链条

招商引资管理者针对产业链的不同环节和节点,制定差异化的招商策略,精准引进和培育优质企业,补齐产业链短板,促进产业链向高端攀升。一是打造以企业为主体、市场为导向、产学研深度融合的技术创新体系,提升产业链技术创新能力;二是利用新技术、新业态、新模式升级传统产业,推动传统产业向中高端迈进;三是鼓励和支持上下游企业加强协作,形成产业发展共同体,实现产业链整体优化和升级;四是围绕重点产业和关键环节,精准开展招商引资活动,补齐链条短板,增强产业链韧性。

3. 塑造产业品牌

招商引资管理者重视地方产业品牌建设,培育一批具有核心竞争力和市场影响力的产业品牌。一是推动产学研用"四位一体"深度融合,加强技术创新、产品创新和模式创新,提高地方产业创新能力;二是参加国内外行业展会,开展网络营销地方,扩大产业品牌影响力和市场占有率;三是注重品牌形象和知识产权保护,加强品牌维护和危机管理;四是积极帮助企业开拓国内外市场和拓宽销售渠道,持续创新,提高客户满意度。

强化产业精准服务

招商引资管理者整合政府部门、企业和社会各方面的资源,建立完善的产业服务体系,搭建公共服务平台,持续加强和提升产业服务能力,为地方特色产业链提供精准的、个性化的服务。

1. 深入推行链长制

> 链长制是推动地方产业高质量发展的一种创新制度,有助于提升特色产业链发展韧性。

招商引资管理者在经济发展领域引入"链长制"，有利于聚焦重点产业，统筹调度要素资源，实现"延链、补链、强链"。一是建立"链长＋项目管家＋服务专员"团队，形成"一个项目、一个微信群、一个企业项目负责人、一个链长、一个项目管家、一个服务专员（经办人）"，开展招商项目落地"保姆式"服务；二是建立基于产业链链长、产业联盟盟长、关联银行行长的"三长联动"机制，链长主动协调，"三长"共同量身定做产业链融资方案，创新开发金融产品，满足企业在生产运营、技改扩能等方面的融资需求；三是建立基于产业链链长、产业联盟盟长、产业研究院院长的"三长响应"机制，及时收集产业技术研发需求，准确提供相应的研发服务；四是精准引导产业链升级，在对外开放合作中，精准对接国际国内市场，全面提升产业链竞争力。

2. 创新产业链服务

招商引资管理者通过创新服务模式、服务内容、服务技术和渠道等措施，为地方特色产业链提供更加精准、个性化的服务。一是满足投资商不断变化的需求，提供更加个性化、精准的服务，包括在线咨询、远程服务、即时通信、在线协作等；二是提供更加新颖的服务内容，诸如产业研究、数据分析、营销推广、金融服务等，帮助投资商实现转型升级和创新发展；三是运用最新的技术手段，诸如人工智能、大数据、云计算等，为投资商提供更加智能化、高效化的服务体验；四是利用新一代信息技术，实现服务渠道的多元化和智能化，提高产业链服务的覆盖面和到达率。

3. 推进产业链招商

招商引资管理者积极开展产业链招商，有效放大地方资源优势，提升产业集群能级，使优秀企业引得来、留得住、发展得好。实践中，招商引资管理者基于地方产业定位、资源禀赋、市场空间和政策环境等方面的发展基础和比较优势，谋划关键产业链的培育和引进。例如，苏州市梳理出成功投资商清单，及时跟踪投资商的上下游合作企业，推进"链条式"招商；云南昆明市突出重点产业链招商，绘制"8＋N"产业链"全景图"和"现状图"，2022年产业项目到位资金创近年新高。

资料链接12－2　拥抱元宇宙，前瞻布局 XR 产业新赛道

作为上海人工智能产业发展重要的承载地与试验田，临港新片区前瞻布局 XR 产业新赛道。昨天，临港举办"拥抱元宇宙，探索新视界"XR 产业大会暨2023年"开门红"签约活动，15家人工智能产业重点项目签约入驻，总投资额177亿元，覆盖 AR 光学零件及产品制造、AI 芯片、工业软件等多个热门领域。《临港新片区加快 XR 产业集聚发展行动方案》和《2023年临港新片区信息化项目场景》同时发布，支持XR产业发展。

一、力争3至5年XR产业总体规模超100亿元

XR即扩展现实，是AR（增强现实）、VR（虚拟现实）、MR（混合现实）等多种技术的统称。根据《上海市培育"元宇宙"新赛道行动方案（2022—2025年）》，到2025年，本市元宇宙相关产业规模达到3 500亿元，推动建设一批颇具特色的"元宇宙"产业园区，并把XR产业作为发展"元宇宙"的重要支撑。

北航新媒体艺术与设计学院院长、虚拟现实技术与系统全国重点实验室沈教授认为，2022年，全球XR出货量达到970万台，预计2023年将同比增长31.5%，未来几年还将持续增长30%以上，到2026年将达到3 510万台出货量。"通过政产学研通力合作，XR产业将在医疗、教育、游戏、娱乐、零售、制造等应用领域不断深化。"

当天发布的《临港新片区加快XR产业集聚发展行动方案》和《2023年临港新片区信息化项目场景》显示，新片区力争用3至5年时间，XR产业总体规模突破100亿元，围绕XR关键器件、关键技术、终端设备、内容供给、关键软件等方向展开布局，建成一批覆盖全产业链生态的公共服务平台，打造具有区域影响力的特色园区和产业发展集聚区，并推动产业与场景联动。

"我们非常看好XR产业，XR相关技术和产品是进入元宇宙的钥匙和通道。"临港新片区管委会高科处负责人说，譬如，以后只要戴上一副XR眼镜，就能轻松实现手机、电脑等多个智能终端无缝衔接。而新片区拥有完善的集成电路和人工智能产业体系，可以支撑XR产业技术创新和人才需求。

二、以"链主"为中心发力打造XR产业链集群

当天签约的15家人工智能产业重点项目涉及多家细分赛道内领军企业，包括AR光学零件及产品制造龙头企业舜宇光学，工业软件企业优铖工逸、木链科技以及AI芯片头部企业芯链微、芯鳍、芯迈微等。它们的入驻将带动更多先进技术成果在临港落地转化，为加强人工智能产业引领打下坚实基础。

当天，舜宇光学被授牌"临港新片区XR产业链主企业"，将集中优势资源在临港建设半导体光学研制基地项目，布局AR光波导片、AR光机及光传感器等核心零部件的研发及生产。

上海鲲游科技有限公司拟投资5亿元建设晶圆级光学芯片研发生

产中心。该项目可以实现晶圆级光学技术的研发、制版、量产、检测等环节,具有晶圆级光学完整闭环能力,产品广泛应用于光传输领域、5G光纤器件、手机3D传感应用等。

"通过链主企业吸引产业上下游集聚,发力打造XR产业链集群。临港新片区将推动产业链、创新链、服务链的三链融合,进一步释放前沿产业集聚、政策制度创新、应用场景开放溢出效应,为人工智能产业营造最优生态氛围。"高科处负责人告诉记者,XR产业有许多环节,即使是小小一副眼镜也包含许多技术和零部件。如同特斯拉能带动一批汽车零部件企业落地一样,舜宇光学作为链主也能带动一批上下游企业集聚。新片区未来还将围绕链主需求精准招商,帮助企业高效对接,同时,将开放一批智能化应用场景,帮助企业验证、测试、技术迭代,为产品走向市场提供助力。

资料来源:周渊.临港:拥抱元宇宙,前瞻布局XR产业新赛道[N].文汇报,2023—02—22(2).

12.3　产业链招商策略

招商引资管理者以"强链、延链、补链"为抓手,围绕地方重点产业和特色产业链寻找潜力项目,推进现有项目,促进项目转化落实,让招商引资成效听得见、看得到、落得下。近年来,产业链招商已成为许多地方招商引资管理者促进与培育产业经济的重要抓手,取得了明显的成效。

做大做强产业链规模

招商引资管理者根据地方特色产业链的发展趋势和需求,引进和培育产业链上的关键环节和优质企业,推动整个产业链的优化升级。

1. 创新产业链招商

招商引资管理者不断创新产业链招商模式,发挥地方特色产业链优势,围绕若干个优势产业,通过产业配套招商,吸引产业链配套企业和服务企业,增强地区产业链优势(参见表12—2)。2023年,广西南宁市聚焦推动跨境产业融合发展、构建新能源产业生态,紧盯新能源、新能源汽车及零部件、电子信息、金属及化工新材料等千亿元重点产业延链补链,以全产业链思维,创新方式招大引强、招新引优。

表 12-2　　　　　　　　　产业链招商创新(示例)

序号	创新方法	解释说明
1	垂直整合	通过并购同一产业链上的供应商、生产商或销售商等,实现上下游企业间的资源共享和协同
2	技术改造	引入新技术、新工艺、新设备和新材料,改造和提升产业链的制造和创新发展能力,实现补链与强链
3	协作分工	通过区域分工、产业协作,实现资源共享和优势互补
4	集群招商	以某一产业为核心,吸引相关企业集群式发展,形成产业集群效应
5	以商招商	通过现有的知名企业的产业链需求,吸引上下游配套企业前来投资建厂

2. 构筑"一盘棋"格局

唯有链主企业强,才能带动产业链、人才链、创新链一起强。产业链招商要注意引进产业链上的项目链、产品链、人才链、技术链,构筑地方招商引资"一盘棋"格局。一是通过以商引商等模式,积极引进上下游生产企业或产前产后的服务性企业与之配套;二是通过上下游关系或协作关系,使产业集群中的企业相互促进;三是细化关键产业链的突破方向、发展目标、具体举措,加大对产业链的垂直整合和横向集聚力度。

3. 提升产业链竞争力

招商引资管理者要增强机遇意识、危机意识,适应现代技术变革趋势,挖掘投资商需求,针对需求持续创新服务,对关键产业链中的关键企业形成强大的"吸引力",以产业链为主线,补齐突出短板和弱项,增强产业链竞争力。例如,苏州市倾力培育生物医药产业,助力新药研发、高端医疗器械、生物技术及新兴疗法三大重点产业集群快速崛起,目前集聚生物医药企业3 800多家,总产值超过2 400亿元。

> 借助互联网平台,以资金融通为抓手,创新产业链金融服务模式,助力企业从"制造"向"智造"升级。

拓宽产业链融资渠道

产业链融资是金融服务机构对产业链上的多个相互关联企业提供灵活的金融产品和服务的一种融资模式。2023年,成都市28条重点产业链共出现210起融资事件,总金额超过200亿元,有力地推动了电子信息、数字经济和大健康产业的发展。

1. 积极发展产业链融资

通常情况下,产业链中除了核心企业,其余的一般都是中小企业,大部分中小微企业依附于某一条产业链生存和发展,进而依赖产业链融资。产业链融资能够把控产业链的信息流、物流、资金流,从采购原材料开始,以企业为中心,以企业在产业链的资源需求、资金需求、上下游供需为出发点,使得中小微企业运营资金得以盘活,促进金融资源的高效使用。

2. 引导发展股权式融资

股权式融资是指企业通过发行股票、股权转让、定向增发等方式筹集资金,增加公司的注册资本和股本。股权式融资为产业链上的中小企业提供了解决融资困难的可能,但是也面临多种因素的制约,诸如政策引导不足、非上市公司股权交易市场的缺失、银行参与不足等。招商引资管理者鼓励和引导企业通过股权式融资方式获取资金支持,加大对股权式融资平台的支持和投入力度,双管齐下,提高股权式融资的规模和质量。

3. 创新产业链融资方式

招商引资管理者不断创新产业链融资方式,帮助投资商获得资金支持,降低融资成本和风险。一是推广资产证券化,将资产池转化为可流通的证券化产品,盘活企业资产,提高资产效率;二是加大对融资担保服务的支持力度,提高融资担保服务的质量和规模;三是持续创新融资方式,如互联网金融、融资租赁、资产重组等,帮助更多的投资商获得资金支持。

融合产业链和创新链

招商引资管理者融合产业链和创新链,可以促进地方产业链高效运转,推动创新链升级发展,持续推进科技创新,打造更多"隐形冠军",形成科技创新聚集地。

> 创新链是产业链发展的动力之源,推动产业链迈向高层次;产业链是创新链落地生根的载体,转化和反哺创新链成果。

1. 创新链产业链融合发展

创新链产业链融合发展涉及创新活动、产业活动的各个环节,是一个相互交织的复杂系统。招商引资管理者需要从以下几个方面重点着手,一是促进创新要素向企业集聚,增强企业自主创新能力,以龙头企业为核心,在合理分工的基础上有重点、有目标、有步骤地塑造技术创新网络。二是围绕关联产业领域重点布局产业创新平台,实施核心技术攻关,推进科技攻关成果产业化,加强新产品、新技术、新工艺开发和推广。三是加强现代化产业的高层次人才引进和培育,既引进和培育一流创新人才,又引进和培育高技能人才。

2. 创新链产业链互动发展

围绕产业链部署创新链,一方面,创新链带动了整个产业链中各个环节的创新,即表现为知识、技术等科技成果在产业链上流动的高效转化;另一方面,产业链的研发、制造、销售等各个环节,由于引入了知识、技术,从而能够实现产业链的增值。总之,由创新链串联的创新活动,融入产业链之后,产业链自身得以更好的发展。因此,招商引资管理者要加快创新链与产业链的深度融合,通过提高科技成果转化和产业化水平,实现创新与产业间的高效适配与良性互动。

3. 积极创造融合发展条件

> 创新链和产业链是相互融合,相互促进的关系,是推动地方招商引资良性发展的关键。

招商引资管理者鼓励和支持产业链的创新主体发展,为创新链融合到产业链当中积极创造条件。一是促进创新要素向企业集聚,增强投资商自主创新能力,将转型创新作为经济发展的重要目标;二是加强新产品、新技术、新工艺开发和推广,引领未来的产业链创新发展;三是鼓励有条件的投资商与高校、研发机构的科研力量对接,加快实现科研成果转化为生产力;四是加强专业技术人员培训力度,学习消化新知识、新技能,真正掌握核心与关键技术。

4. 努力实现价值增值

招商引资管理者发展创新链,帮助产业链实现价值增值链。一是明确支持战略性重大项目和高端装备实施技术改造的政策方向,全面推进传统制造业绿色改造,培育绿色供应链;二是把促进战略性新兴产业快速、高效发展作为产业链发展重点目标,在技术研发、成果应用、产品推广方面,投入更多的人力、财力和物力,提升企业创新能力;三是推动新一代信息技术与现代化产业的融合发展,提升企业研发、生产、管理和服务的智能化水平,加强关键核心技术攻关,提高关键环节和重点领域创新能力。

实施产业链差异发展

实践中,很多地方招商引资管理者对上级产业政策导向理解不深刻,不顾当地资源禀赋,盲目跟风追求"高大上"产业,导致地方产业链同质化、招商手段同质化,严重妨碍了地方产业差异化发展。实践中,地方招商引资管理者需要努力构建产业链发展的"差异化路径"。

1. 产业差异化

招商引资管理者特别注意围绕产业链开展招商引资工作,重视依托产业链培育来发展区域产业经济,通过发展产业链为经济增长积蓄新动能、注入新能量。招商引资管理者在具体确定产业结构和产业体系的时候,要着力考虑地方的资源优势和环境特点,有选择地融入区域发展产业链条,某些产业或领域与其他城市保持竞合关系,寻求差异化的战略定位。

2. 项目差异化

招商引资管理者依托优惠政策所形成的优势是短暂的,经济的活力必须建立在有特色、有优势的产业链基础上。招商引资管理者应以产业链招商为重点,一是根据国家和地方产业政策及实际,全面分析现有产业链发展面临的机遇、挑战、优势与劣势;二是抓紧研究和制定切合当地实际的产业发展"白皮书",围绕支柱或优势产业、产品推出产业链招商项目;三是加速现有产业的链化延伸、补缺,做大规模,做优配套,集中投入,逐步提升生产能力和产业集聚度;四是加大地方特色产业链招商宣传力度,营造舆论氛围,让国内外投资商知晓当地产业政策、特色和趋势。

3. 政策差异化

招商引资管理者关注国际国内产业结构调整及转移的趋势,国家产业战略变化及本地区的比较优势、招商环境变化等,结合地方现有的市场需求、市场发育、产业发展在人才、技术、投资、组织管理等方面具备的要素条件,以及政府在财政、配套、服务、产权保护等方面的支持能力,制定出切实可行的产业链招商措施和绩效管理制度,确保特色产业链招商的导向性和可操作性。

> 招商引资管理者选择可以产生竞争优势的差异化政策,根据当地实际情况,落实和宣传差异化政策。

产业链招商政策的重点在于,一是要放在有效推动地方产业网络整合,提高企业产品、技术的关联度等方面,实现产业资源优化配置。二是要有针对性地布局、规划和建设好现有的大项目,为产业链预留充分的空间,充分释放大企业对产业链的规模带动作用,提升区域生产能力和产业集聚度。三是要全方位培育产业链招商主体,重点骨干企业可通过项目合作实现并购嫁接;外资企业可通过增资扩股扩大生产规模;外贸企业可通过订单共享联动发展;私营个体企业可通过出让股权,连锁经营。四是要提升产业链环节配套衔接,促进大企业在集群中与产业链上的中小企业建立紧密联系,发挥其在招商引资、技术创新和市场营销中的骨干引领作用,提升技术延伸产业链,消除大企业核心技术"空心化"隐患,促使品牌企业变成品牌产业,实现大中小企业互促共进、协同发展的产业链集群效应。

资料链接 12—3　深汕加快构建"一主三辅"现代产业体系 挺起制造业当家产业"硬脊梁"

以实体经济为本,坚持制造业当家是深圳经济高质量发展的有力支撑。制造业当家,也是深汕特别合作区探索新型工业化和进一步推进城乡区域协调发展的发力点。

一、瞄准高端高新,链式招商扩大"朋友圈"

深汕特别合作区紧盯"链主"企业,瞄准"领军"企业,引进符合"一主三辅"产业链发展需求的项目落地,构建强大的产业"朋友圈",形成优质企业"强磁场"。

"最好的营商环境就是企业觉得办事方便,企业的合理诉求得到最大程度的解决。"在大力开展"一主三辅"产业招商的同时,深汕特别合作区持续提升营商环境,实施与深圳"同城同质同效"营商环境行动,落实深圳市"万名干部助企行",开展"我帮企业找市场"等专项活动,协助解决企业在审批、成本、用工、平台等方面的"急难愁盼"问题。

"站在新一轮世界科技和工业革命的角度,纵观百年汽车发展历史,深汕'一主三辅'产业布局抢抓了新能源汽车发展新机遇,布局了新型储能新赛道,将成为深圳打造新一代世界一流汽车城重要一环。"深圳大学粤港澳大湾区新兴产业发展研究院院长建议,深汕"一主三辅"产业布局要立足"全面规划、重点突破",要围绕相关企业精准招商,围绕落地企业精准培育,以商招商、以企引企,延长产业链、提升价值链、打通供应链、完善利益链,挖掘链条潜力提升产业优势。

二、坚持龙头牵引,"链"就千亿产业集群

制造业立区,从哪立?制造业当家,如何当?深汕选择龙头牵引,狠抓大产业、大平台、大项目、大企业。在深汕特别合作区,深汕比亚迪汽车工业园一期零部件项目 17 条产线已经投产,二期项目正加快建设冲刺投产,打造比亚迪新能源汽车下一个产量增长极。一花独放不是春,百花齐放春满园。除了比亚迪以外,近年来,深汕特别合作区抓好龙头牵引、大企业带动、大项目引进等,形成了以大企业做实大产业、以大项目带动大发展的态势,还引进了悠跑科技、壁虎科技、京西重工、力劲科技、东风李尔等新能源汽车细分领域重点头部企业,集聚一批创新活跃、高利润、高附加值的优质产业项目。

三、强化要素保障，蓄势赋能高质量发展

深汕坚持下好高品质产业空间供应保障"先手棋"，加速整备"平方千米级"高品质土地空间，加快打造"百万平方米级"高标准产业用房。广阔的土地空间、相对低廉的土地价格，成为吸引许多制造业企业落户深汕的重要原因。2023年上半年，深汕新签订征地协议约185公顷和新增土地移交约260公顷，完成土地供应298公顷，其中产业用地供应207公顷。新建成6万平方米产业空间，新增"工业上楼"项目9个，厂房建筑面积74万平方米。创新"村企合作"开发留用地模式，新建蛟湖产业园、新田坑村民小组工业留用地项目，预计新增产业用房30万平方米。深汕工业互联网制造业创新产业园等8个产业园可提供280万平方米成熟的产业空间。

资料来源：刘淑芳.深汕加快构建"一主三辅"现代产业体系 挺起制造业当家产业"硬脊梁"[N].深圳商报，2023－08－30(A03)。

附录1　精准招商引资策略

进入新时代，推动产业转型升级，实现地方经济高质量发展。我们要
- 进一步解放思想，全面提高对外开放水平；
- 科学界定地方产业特点，塑造差异化优势；
- 推进高质量招商引资、招才引智（双招双引）。

全面认知招商引资的战略价值

通过招商引资实现"引进新变量，创造新组合，提供新可能，培植新优势"

- 实现"十四五"高质量开局的关键举措
- 加快跨越式发展的战略性先导工程
- 地方产业转型发展的切入口和突破口
- 地方干部高质量培养的主战场和主赛道

议题

¶全面认识招商引资的时代背景

1. 世界百年未有之大变局加速演进

世界之变、时代之变、历史之变正以前所未有的方式展开	■ "逆全球化"思潮抬头，单边主义、贸易保护主义明显上升； ■ 中美贸易摩擦、俄乌危机、去美元化加速…… ■ 局部冲突和动荡频发，进一步扰乱了全球产业链供应链，世界进入新的动荡变革期。
国际政治、经济、文化力量对比深刻调整	■ 世界多极化发展明显加快，正走向"多极均衡化"； ■ 中国经济总量稳居世界第二位，连续17年对世界经济增长的贡献率超过30%； ■ 中国国际话语权明显提升，有力地拓展了国家利益边界和战略回旋空间。
新一轮科技革命和产业变革正在创造历史性机遇	■ 信息、生命、制造、能源、材料等前沿技术和颠覆性技术群体性突破； ■ 数字化、智能化技术成为全球重大技术突破的重要方向； ■ 科学、技术与产业联系更加紧密。

2.中华民族伟大复兴之战略全局全面推进

树立目标导向，中国共产党聚焦中心任务

- 团结带领全国各族人民全面建成社会主义现代化强国，实现第二个百年奋斗目标；
- 以中国式现代化全面推进中华民族伟大复兴。

把握战略主动，加快建设现代产业体系

- 传统制造业要加快数字化转型，着力提升高端化、智能化、绿色化水平；
- 推动战略性新兴产业融合集群发展，构建一批新的增长引擎；
- 推动现代服务业同先进制造业、现代农业深度融合。

畅通"双循环"，大力做好对外招商引资

- 发达国家和新兴经济体都把吸引和利用外资作为重大国策；
- 推进高水平对外开放，提升招商引资国际竞争力；
- 既要把优质存量外资留下来，还要把更多高质量外资吸引过来。

3.统筹两个大局下的招商引资

大兴调研之风，梳理产业发展"痛点"和"堵点"

- 对地方产业情况的掌握越是全面、准确，就越能为谋划工作、制定决策提供科学支撑；
- 招商引资管理者必须走到一线去，俯下身子，准确、全面、深刻地了解地方产业发展情况。

强化辩证思维，找准招商引资"关键点"

- 眼光向外，紧盯市场，把准地方产业发展方向；
- "内培+外引"加速战略性新兴产业发展；
- 梳理专精特新企业清单，引导社会投资，把"问题清单"转变为"成果清单"。

强化战略思维，找准"发力点"

- 抓好招商项目谋划，精准细致地谋划关键产业项目；
- 画好产业图谱，找准优势产业和资源要素，主动对接央企、国企、民企等；
- 有为政府和有效市场同向发力，树立"一盘棋"思维。

思考题

1. 当前，我国经济已由高速增长阶段转向_____发展阶段，正处在转变发展方式、优化经济结构、转换增长动力的攻关期，建设现代经济体系是跨越关口的迫切要求和我国发展的战略目标。

2. 贯彻新发展理念，建设现代经济体系，必须坚持质量第一、效益优先，以_____为主线。
   A. 转变发展方式　　　　　B. 优化经济结构
   C. 供给侧结构性改革　　　D. 转换增长动力

3. _____是第一要务，_____是第一资源，_____是第一动力。
   A. 人才　　　B. 创新　　　C. 发展　　　D. 资金

议题

精准招商引资工作关键思考

思路决定出路，理念决定成败

- 积极适应经济新常态，树立科学招商新思维；
- 不断创新招商工作方式，实现绩效新突破。

- 正确的招商思路产生正确的招商行为；
- 正确的招商行为产生良好的招商成果。

- "让投资商赚到钱"是制胜理念和法宝；
- "让人才实现价值"是根本出发点。

招商引资是一项开创性的工作，需要树立正确理念。

1.谁是"招商引资"的主力军

高效招商引资队伍

- "一把手"是招商引资工作领导者；
- "一把手"当好招商突击队队长

- 具有丰富工作经验和实际绩效的干部和骨干员工是招商工作执行者；
- 打造学习型个人和组织

- 与招商引资工作相关的当地各部门是辅助者；
- 树立和践行"大招商"理念，做好招商服务

- 有志于招商引资的优秀人才是储备军；
- 丰富理论和实践知识，提升综合素养

2. 招商引资"有所为有所不为"

有所为：
- 立足区位、交通、资源和现有产业优势；
- 高效对接"十四五"产业发展战略规划；
- 依托地方战略重点产业，优化营商环境；
- 制定地方主导产业现状和未来图谱，提升精准招商水平。

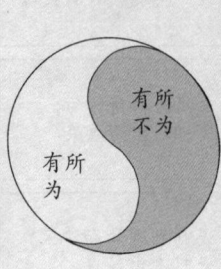

有所不为：
- 脱离当地产业发展实际，盲目追求高大上；
- 缺乏战略引领，盲目追逐市场热点和亮点；
- 缺乏创新思维，坚持用老办法解决新问题；
- 无视地方招商引资瓶颈因素，片面推进抓大抓强。

3. 把握招商引资六个关键趋势

趋势1：从招商引资到双招双引
- 贯彻落实新发展理念，实现高质量发展，迫切要求地方政府必须招商引资、招才引智；
- 吃透当地的产业基础、比较优势和整体的产业突破方向；
- 围绕区域发展战略目标开展招商引资、招才引智。

趋势2：围绕地方优势产业链抓招商引资
- 围绕重点产业、龙头企业积极开展产业链招商；
- 找准与本地产业、区位、人才和综合成本等优势的契合点；
- 寻求上下游配套企业，做大各个产业链上的"朋友圈"，形成倍增效应。

趋势3：地方产业引导基金对接招商引资
- 建立地方产业引导基金，吸引龙头和专特精新企业入驻；
- 以股权投资和其他优惠政策，吸引社会资本参与（3倍或4倍杠杆）；
- 更多投入企业技改、科研成果产业化，推动企业重组和并购。

附录 1

趋势4：创新建设招商引资新载体
- 打造高起点、高标准、高质量的现代产业园区基础设施配套和优良环境；
- 以一流的环境吸引一流的企业和人才，创造一流的效益；
- 努力向高端产业进军，创造最具竞争力的"产城融合"产业园。

趋势5：强调有为政府和有效市场两手抓
- 赚钱的事让市场干，不赚钱的事让政府干；
- 大兴调研之风，准确把握投资商需求；
- 招商引资工作和投资商保持"清醒"关系。

趋势6：战略引领招商引资合作
- 结合本地实际情况，制定招商引资战略规划；
- 以战略眼光、高端标准，引领招商引资突破发展瓶颈；
- 实现招商信息管理、招商营销手段和招商队伍现代化。

4.提升招商引资管理者的效率

招商引资管理者

- 实现价值的唯一来源在外部市场，而不是组织内部，必须时刻关注外部环境变化，集中优势资源捕捉外部机遇；
- 有效的时间管理，把时间集中到关键事项上，诸如大客户沟通、市场调研、战略管理等；
- 注重360度管理沟通，强调与上级、同级和下级的交流沟通，围绕价值创造开展高效工作；
- 擅长分析和利用招商引资团队成员的长处，打造有竞争力的招商引资团队，重视建设学习型组织，为未来培养人才；
- 定期集中相当长一段时间，认真思考关键领域或关键事项的决策，做好招商形势研判，保持战略定力。

315

5.理解稻盛和夫的人生方程式

成功＝能力×努力×态度

- 做好眼前的事，拼尽全力的努力，才能拥有充实的人生意义；
- 成为一个坚持"1万小时"理论的践行者。

成就＝能力×创新×态度

- 每日不断地进行创造性工作，哪怕每一天只有一点点而已，都坚持着；
- 即使再平凡简单的工作，都会带来飞跃性的进步。

议题

精准招商引资策略与实务

附录 1

提升"精准招商引资"的高质量和高水平,落实好有效招商策略,应该
- 基于当地产业发展现状,科学分析外部环境的机遇和威胁;
- 学习借鉴国内外开展招商引资工作的先进经验和做法;
- 从战略角度思考具有地方特色的招商引资策略和举措。

1.科学地设计使命、战略目标和产业定位

- 确定以市场为导向的组织使命(谁是我们的客户?客户的需求是什么?我们如何为客户提供价值?);

- 落实一套有效的目标层级体系(财务、客户、运营和发展);

- 明确产业定位:哪些产业是优先产业,提供更多的支持;哪些产业需要精简;形成与时俱进的现代产业体系;

- 围绕核心产业,分层次分重点,做深做实前瞻性战略谋划,紧抓标杆性企业和引擎性项目,紧盯成长能力强、关联度高的战略性项目。

2. 与投资商建立有价值的客户关系

注重客户关系管理
- 招商引资管理部门制定更加周详的计划；
- 为投资商提供价值，建立强有力的客户关系。

合力提供高效服务
- 重视招商引资工作推进的系统性、整体性、协同性；
- 各部门协同制定招商引资政策和机制；
- 优化招商要素资源配置，精简办事流程。

优化产业发展生态
- 坚决贯彻中央、省级关于优化营商环境、保障企业发展的决策部署和措施要求；
- 着眼当下与未来的统筹，打造良好的地方产业发展生态。

3. 精心设计凸显地方优势的特色项目

传统招商引资项目
- 传统四段式：项目简介、投资规模、政策优惠、联系方式；
- 招商引资项目既不能突出当地的优势与特色，也无法引起投资商的兴趣。

特色化招商引资项目
- 依据地方经济发展战略，结合国家和省级产业发展政策；
- 设计充分发挥当地优势，体现当地特色，符合当地实际，适合当地发展的招商引资项目；
- 相应出台扶持重点行业发展的系列措施。

持续优化营商环境
- 转变思维，突出体现地方优势的特色服务；
- 对接投资商，为之提供有价值的市场信息服务；
- 制定有针对性的法规和政策。

附录1

4. 注重招商引资过程中的盈利模式

树立招商共赢理念
- 地方经济借助于投资商实现跨越式发展;
- 招商引资工作以投资商利益为中心;
- "共赢"就是当地招商引资的名片和品牌。

创造长期持久价值
- 在招商引资过程中必须加强综合成本核算,调整招商引资思路;
- 在引进资金、项目方面要特别注意成本核算;
- 以务实的心态、周密的策划和深谋远虑的思考,做好招商引资工作。

5. 进行科学的招商引资运作

有效的差异化政策
- 在产业创新、产业扶持、招商引资、科技人才、金融服务、就业创业、新基建等方面实现错位发展;
- 各部门政策注意相互协调发展,形成合力。

建立招商专业队伍
- 组建由研究、招引、服务、专家组成的产才一体化招商队伍;
- 以培训为抓手,持续不断地提升招商队伍整体素质和能力;
- 优化产业整体发展格局。

提高招商引资效能
- 以优化经济结构为核心目标,改善环境,创新发展;
- 加大地方优势产业的招商引资力度;
- 全面提高招商引资质量和水平。

6. 落实招商引资"一把手工程"

- 设立招商引资领导小组，由"一把手"担任总指挥，建立强大的项格推进机制阵容；
- 科学评估项目规模和发展前景，科学定级分档，不同项目档次对应不同参与领导级别，合理分级赋权，加速项目落地进程；
- 及时把握上级对招商引资工作关注点的变化，结合自身项目特点和产业规划，及时调整招商工作重点；
- 敢于拿下面子，放下架子，既要下去联系基层，了解企业，了解项目，更要走出去招商引资，努力争取项目。

7. 创新运行机制，开展全程跟踪服务

完善招商引资软环境
- 抓好软环境需要从机制上入手，采取有效措施，加强投资商全方位服务；
- 实行招商引资联合办公制度，由相关部门"一站式"办公，做到以投资商为中心的"一条龙"服务。

以项目落地、盈利为导向
- 为投资商提供优质、文明、高效和有价值的项目服务；
- 加大项目领导、协调和服务力度，及时掌握项目进展情况，跟踪督办落实。

8.构建招商引资共赢新格局

开展部门联合调研
- 开展专题调研,摸清产业、企业、项目实际需求;
- 召开专题座谈会、研讨会、协调会,研究提出政策建议;
- 人无我有、人有我优、人优我特,凸显特色招商引资。

强化人才培训力度
- 围绕招商引资工作实务、重点产业经典案例、产业发展情况、机制政策、工作流程等多个方面,开展专业队伍培训;
- 采用有效的方法和策略,扎实开展产业链精准招商。

构建利益共享格局
- 将财税收入、土地收益、生产总值等按比例共享,变"各自角力"为"协同共赢";
- 抓项目就是抓发展,谋项目就是谋未来。

思考题

1. 卓有成效的招商引资管理者应该把时间和精力集中在_____。
   A. 组织内部　　　　　　B. 组织外部
   C. 内部和外部

2. 现代招商引资是_____参与管理的事情。
   A. 政府"一把手"　　　　B. 招商引资相关部门
   C. 经济发展相关部门　　D. 所有政府相关部门

附录2 招商引资关键名词

招商引资:招商引资主体(地方政府、产业园区或企业)以投资商需求为中心,积极营造最佳的营商环境,优化配置资源要素,通过培育和引进两种手段,集聚有竞争力的投资商,最终创造最佳综合效益的过程。

招商引资战略:适应招商引资内外部环境变化,依托当地优势资源要素,构建和维持核心竞争力,寻求经济可持续发展而做出的总体性谋划。

招商引资模式:招商引资管理者采取的吸引和引导外部投资商的创新策略和关键措施,包括产业链招商、资本招商、网络招商、科技招商、代理招商、以商招商、飞地招商、机构招商、赛事招商等。

招商引资理念:招商引资管理者在招商引资过程中所遵循的基本原则和指导思想,包括以投资商为中心、突出招商比较优势、创新发展、诚信服务等。

营商环境:投资商在招商引资中涉及的政务环境、市场环境、法治环境、人文环境等外部因素和条件。

外部环境分析:对招商引资外部环境因素的系统分析和评估,包括宏观环境分析、产业环境分析和竞争对手分析三个层次,有助于招商引资管理者在市场竞争中采取更有针对性的策略,抓住机遇并规避风险。

内部环境分析:对地方招商引资的有形资源、无形资源和组织能力的系统分析,有助于招商引资管理者科学地了解自身的优势和劣势,更好地适应外部环境的变化,实现招商引资战略目标。

核心竞争力:一个地区或组织在招商引资过程中所具备的独特优势和能力,有助于吸引外部资金、人才和技术等资源,促进当地经济发展和转型升级。

招商引资创新:在招商引资过程中引入新元素、创造新组合、提供新可能,培植新的竞争优势。

现代产业体系:以实体经济为基础,以科技创新为引领,以资金、人才等关键要素为保障的产业体系,包括战略性新兴产业、现代服务业和先进制造业。

战略性新兴产业:以重大技术突破和重大发展需求为基础,对经济社会全局和长远发展具有重大引领带动作用、成长潜力巨大的产业。

现代服务业:以现代科学技术特别是新一代信息技术为主要支撑,建立在新商业模式、服务方式和管理方法基础上的服务产业,既包括新兴服务业,也包括对传统服务业的改造和升级。

先进制造业:也称"高端制造业",是制造业不断吸收先进高新技术成果,综合应用于制造的各个环节,实现优质、高效、低耗、清洁、灵活生产,从而取得良好经济和社会效益的制造业。

生产性服务业:为促进工业技术进步、产业升级和提高效率提供保障的服务业,是从工业内部生产服务部门独立发展起来的新兴产业,本身并不向消费者提供直接的、独立的服务。

未来产业:当前尚处于孕育孵化阶段,具有高成长性、战略性、先导性的产业,代表了未来技术和经济发展的趋势。它并不是一个具体的产业类别,而是一个相对概念。

产业定位:招商引资管理者根据地方产业综合优势、独特优势、发展阶段以及运行特点,科学地确定主导产业、支柱产业和基础产业。

产业转移:随着资源供给或产品需求条件发生变化,某些产业从某一国家(或地区)转移到另一国家(或地区)的经济现象和过程,包括国际产业转移、产业梯度转移和区域内部产业转移。

产业集群:在特定区域中集聚一定数量的、具有竞争与合作关系的产业链企业、各类专业中介机构、相关产业机构群体。

产业结构优化:遵循产业结构演化规律,通过技术进步促进产业结构向更高层次演进的趋势和过程。

产业融合:不同产业相互渗透、相互交叉,最终融合为一体,逐步形成新产业的动态发展过程,该过程可以是自发的,也可以是政策引导或市场推动的。

主导产业:在区域经济中具有重要地位,能够依靠科技进步或创新,获得新的生产函数,能够有效带动其他相关产业快速发展的产业。

独角兽企业:一般是指市值超过10亿美元且成立不超过10年的创业企业,往往拥有独有核心技术或颠覆性商业模式,具备创新性强、增长速度较快等行业特征。

瞪羚企业:创业后跨过死亡谷,以科技创新或商业模式创新为支撑,进入高成长期的中小企业。

雏鹰企业:注册时间不超过10年,具有较强创新能力,在某一细分行业取得突破,具有较好发展前景,获得市场认可的创新型企业。

专精特新企业:具有"专业化、精细化、特色化、新颖化"特征的中小企业,专注于核心业务,拥有很高的专业化生产、服务和协作配套能力。

"小巨人"企业:即专精特新"小巨人"企业,"专精特新"中小企业中的佼佼者,专注于细分市场、创新能力强、市场占有率高、掌握关键核心技术、质量效益优的排头兵。

企业孵化器:一种新型的社会经济组织,通过提供研发、生产、经营与办公等共享设施,以及系统的培训和咨询服务支持,降低创业风险和创业成本,提高企业的成活率。

飞地经济模式:两个互相独立、经济发展存在落差的行政地区通过跨空间的行政管理和经济开发,实现两地资源互补、经济协调发展区域经济合作模式,在推动中西部发展和东部产业转移方面,提供了一个新的平台。

总部经济:一些区域依据特有的优势资源,吸引企业总部集群布局,通过"总部—制造基地"功能链条,实现区域分工协作和资源优化配置。

洼地效应:一个区域与其他区域相比,营商环境质量更优,对生产要素形成更强的吸引力,产生独特的竞争优势。

IPO:即 Initial Public Offerings 的缩写,首次公开募股或首次公开发行股票,是一家股份有限公司第一次将股份向公众公开出售。

PPP:即 Public-Private Partnership 的缩写,是政府和社会资本合作开发公共基础设施的项目运作模式。该模式鼓励私营企业、民营资本与政府合作,共同参与公共基础设施的建设。

现代产业园区:地方政府根据经济发展要求,通过行政手段划出一定的区域,适应新时代要求,以战略规划,为引领聚集各种要素资源,有针对性地引进和管理入驻企业,并为之提供良好的产业发展环境。

产城融合:以城市为基础,承载产业空间和发展产业经济,以产业为保障,驱动城市更新和完善服务配套,提升土地价值,二者相互融合,以实现产业、城市、人口之间互为依托的高效发展模式。

中国特色小镇:不同于传统意义上的小城镇,是集聚人才、集聚技术、集聚资本等高端要素的特定空间,包括休闲旅游、商贸物流、现代制造、教育科技、传统文化等特色小镇。

政府基金招商:地方政府通过设立引导基金或产业基金,主动开展股权投资,吸引有影响力的龙头企业落户,带动上下游企业持续进入,形成产业集群。

政府引导基金:由政府发起的,通过股权或债权等方式,吸引各类社会资本参与的政策性基金,主要包括创新创业引导基金、产业引导基金和PPP基金。

产业链招商:招商引资管理者围绕一个产业的关键企业或主导产品,吸引配套的原材料、辅料、零部件和包装件等投资商,谋求共同发展,形成倍增效应,以增强产品、企业、产业乃至整个地区综合竞争力的一种创新招商方式。

链长制:地方主要领导挂帅担任链长,充分发挥地方党政一把手集聚内外部资源的能力,提升当地产业链现代化水平,推动产业链高质量发展。

产业招商图谱:根据地方经济发展和产业转型升级需求,绘制潜在招商目标图谱,包括产业分布图、产业发展趋势图、重点企业分布图、招商项目分布图等。

"放管服"改革:是"简政放权、放管结合、优化服务"的简称。"放"即简政放权,降低准入门槛。"管"即创新监管,促进公平竞争。"服"即高效服务,营造便利环境。

亩均论英雄:一种建立以亩均单位建设用地上的投入和产出,作为招商引资衡量标准的政策配置体系,目的是激励亩均效益领跑者、倒逼亩均效益低下者,形成节约集约用地的高质量发展模式。

投资强度:用固定资产投资额(包括厂房、设备和地价款)除以土地面积得出的数值,是衡量土地利用率的重要标准。

投资密度:单位面积内吸收的资金数量,可以衡量一个地区的投资水平、投资热度或投资饱和度。

投资回收期:招商引资项目投产后,获得的收益总额达到项目投入的总额,所需要的年限。

七通一平:地方产业园区基础建设中,前期工作的道路通、给水通、电通、排水通、热力通、电信通、燃气通及土地平整等。"七通"是地方产业园区必须具备的最基本条件,是造就优美环境的基础和先决条件。

投资商行为:投资商在一定经济环境下,基于不同动机所产生的投资活动。

大数据管理:利用大数据的理念和技术手段,对招商引资过程进行数据分析和挖掘,以便更好地服务招商引资决策和执行。

招商引资调研:为了吸引国内外投资商,招商引资管理者深入调查和研究市场环境、政策环境、资源环境等各方面因素。

招商引资沟通:在招商引资过程中,招商引资管理者与潜在投资商或合作伙伴交流信息和交换意见。

招商引资礼仪:在招商引资工作中应遵循的礼仪规范,不仅代表着招商引资管理者的个人形象和素质,更是对招商引资工作的尊重和敬业精神的体现。

复合型人才:具备跨学科、跨领域的能力和专业知识,可以更好地理解和处理各种招商引资复杂问题的高素质人才。

招商引资团队:由各类专业人员组成的,以促进地区经济发展为目标的团队,专注于寻找和引进外部资金、技术、人才等资源。

"一把手"工程:由地方最高领导人亲自领导并参与的招商引资工作方式,主要党政领导组织招商活动、参与重点项目洽谈和决策,投入大量的时间和精力推动地方招商引资工作。

附录3　招商引资潜力测试

招商引资工作是一项创新型工作,对招商引资人员综合素质有着较高的要求。要想做好招商引资工作,实现自我价值,招商引资管理者需要把自己的特质与具体岗位职责更好地结合起来,真正把握住人生出彩的机会。

1. 定位人才特质类型

	基本类型		定位(示例)
	外向(Extrovert)	内向(Introvert)	E
关键特征	1. 愿意与他人沟通交流; 2. 先行动,再思考; 3. 说多听少; 4. 喜欢知识广博	1. 希望独自研究学习; 2. 先思考,再行动; 3. 听多说少; 4. 喜欢专业精深	你是内向还是外向
	理性(Logical)	感性(Sensible)	L
关键特征	1. 客观地分析问题; 2. 追求逻辑和公平; 3. 问题导向; 4. 追求成就感	1. 关心他人的感受; 2. 注意感情与和谐; 3. 情感导向; 4. 追求和谐感	你是理性还是感性
	严谨(Rigorous)	灵活(Flexible)	R
关键特征	1. 坚持工作原则; 2. 先工作后娱乐; 3. 结果导向; 4. 注重时间管理	1. 凡事留有余地; 2. 先娱乐后工作; 3. 过程导向; 4. 注重创新管理	你是严谨还是灵活
总结			ELR 类型

2. 了解职业特质类型的优势和劣势

序号	特质类型	基本含义	优势	劣势
1	ELR	外向 理性 严谨	1. 客观地洞察事情本质; 2. 创新性地解决问题; 3. 自信且有领导才能; 4. 工作原则强、标准高	1. 对人缺乏足够的耐心; 2. 缺乏处理人际关系手段; 3. 不太注重细节; 4. 过分强调工作
2	ESR	外向 理性 灵活	1. 实时信息敏锐洞察力; 2. 强有力的目标管理; 3. 创新和随机应变能力; 4. 在工作中充满活力	1. 独立工作能力弱; 2. 不喜欢事先准备; 3. 缺乏足够的耐心; 4. 易冲动或受迷惑

续表

序号	特质类型	基本含义	优势	劣势
3	ELF	外向感性严谨	1.优秀的沟通交流能力； 2.天生的领导才能； 3.强有力的组织能力； 4.高效的团队合作	1.容易理想化； 2.不擅长压力管理； 3.易于仓促决策； 4.控制欲过强
4	ESF	外向感性灵活	1.敢于冒险和尝试； 2.发散性思考问题； 3.学习和适应能力； 4.洞察客户的需要和动机	1.工作条理性较差； 2.易于烦躁和发火； 3.讨厌重复性工作； 4.组织性纪律性较差
5	ILR	内向理性严谨	1.遵循计划工作； 2.专注于具体工作； 3.注重事实和细节； 4.强调绩效管理	1.变革管理能力较差； 2.不愿接受创新性工作； 3.战略思维和意识不足； 4.工作灵活性不足
6	ILF	内向理性灵活	1.出色的计划能力； 2.头脑冷静，观察敏锐； 3.良好的适应能力； 4.愿意接受新事物	1.战略思维不够； 2.不愿意语言交流； 3.不喜欢事先准备； 4.容易出现烦躁情绪
7	ISR	内向感性严谨	1.聚焦中心任务； 2.工作努力负责； 3.杰出的组织才能； 4.尊重他人	1.缺乏自信与安全感； 2.不愿接受新事务； 3.害怕和担心组织冲突； 4.容易出现沮丧情绪
8	ISF	内向感性灵活	1.工作考虑周到细致； 2.打破常规思考问题； 3.擅于收集分析信息； 4.积极投身于喜欢的工作	1.工作优先次序感不强； 2.只喜欢自己愿意做的事； 3.不愿按传统方式工作； 4.容易有不切实际的想法

3.高效匹配你的招商引资工作岗位

序号	类型	工作特征	岗位匹配	改进方向
1	ELR	运筹帷幄	1.招商管理； 2.产业分析； 3.营销销售	1.放慢工作节奏； 2.关注细节； 3.建立和谐关系
2	ESR	工作热情	1.市场调研； 2.招商策划； 3.驻外办事	1.三思而后行； 2.善始善终； 3.和谐同事

续表

序号	类型	工作特征	岗位匹配	改进方向
3	ELF	公关专家	1. 招商传播； 2. 行政管理； 3. 营销销售	1. 放慢工作节奏； 2. 适度放权； 3. 客观公正
4	ESF	自信自强	1. 网络传播； 2. 招商策划； 3. 人员培训	1. 增强工作计划性； 2. 集中精力逐一解决问题； 3. 坚持到底
5	ILR	从容不迫	1. 行政管理； 2. 信息管理； 3. 风险评估	1. 勇于探索新事务； 2. 考虑人性因素； 3. 成为学习型个人
6	ILF	做到最好	1. 营销销售； 2. 技术管理； 3. 产业分析	1. 加强沟通交流； 2. 考虑他人感受； 3. 诚信为本
7	ISR	注重名誉	1. 产业分析； 2. 行政管理； 3. 专业技术	1. 勇于表达自己； 2. 灵活随和； 3. 深谋远虑
8	ISF	大智若愚	1. 招商策划； 2. 人员培训； 3. 人力资源	1. 设定合理目标； 2. 懂得妥协让步； 3. 客观看待问题